女たちの中東
ロジャヴァの革命

——民主的自治とジェンダーの平等

ミヒャエル・クナップ
アーニャ・フラッハ
エルジャン・アイボーア
序文 デヴィッド・グレーバー
山梨 彰 訳

青土社

Revolution in Rojava:
Democratic Autonomy and Women's Liberation
in Syrian Kurdistan
Contents

女たちの中東 ロジャヴァの革命
民主的自治とジェンダーの平等
目次

序文　デヴィッド・グレーバー　13
序言　ミヒャエル・クナップ　29

プロローグ
ティル・コーチャーへの途上で　37

第1章
背景　43
1・1　ロジャヴァの地理
1・2　歴史的な概観

第2章
ロジャヴァの多様な文化　65
2・1　クルド人
2・3　アルメニア人とアラム人

2・2　アラブ人
2・4　マイノリティの集団

第3章
民主主義的連合主義　89
3・1　クルディスタン労働者党とそのパラダイム変換
3・2　民主主義的連合主義
3・3　評議会民主主義
3・4　民主主義の概念

第4章
解放　103
4・1　組織化の開始
4・2　シリアでのアラブの春
4・3　非合法な評議会
4・4　ヒューラー協定
4・5　革命はコバニで始まる
4・6　デリークとアフリンの解放
4・7　解放の後で

第5章 女性の革命 121
5・1 ロジャヴァの女性
5・2 革命の中の女性
5・3 コングレヤ・スター
5・4 三州での女性
5・5 二重指導体制と四〇パーセントの割当制
5・6 女性組織
5・7 ジェンダーの平等は男性の問題でもある
5・8 過激派イスラム対女性解放
5・9 展望

第6章 ロジャヴァの民主主義的自治 149
6・1 民主統一党
6・2 西部クルディスタン人民評議会
6・3 西部クルディスタン人民評議会のシステム
6・6 地方行政
6・7 社会的契約
6・8 民主主義的自治行政組織
6・9 ロジャヴァ・北部シリアの連邦制

6・4　アレッポのコミューン
6・5　クルド最高評議会
6・10　西部クルディスタン人民評議会と民主主義的自治行政組織

第7章
市民社会連合　201
7・1　市民社会連合組合
7・2　文化と芸術
7・3　革命的青年運動
7・4　殉教者家族組合
7・5　人権委員会
7・6　市民社会の組織化

第8章
防衛――薔薇の理論　215
8・1　人民防衛隊
8・2　女性防衛隊
8・3　正当な自衛
8・4　セレーカニイェの解放
8・5　ティル・コーチャーの解放
8・6　訓練と入隊
8・7　装備、部隊、戦術
8・8　今日のセレーカニイェ

8・9　ギレ・スピーの解放
8・10　シリア民主軍
8・11　人民防衛隊と女性防衛隊の重要性

第9章　新しい司法制度　253

9・1　構造
9・2　平和委員会
9・3　法律的手続き
9・4　司法プラットフォーム
9・5　アサイシュ

第10章　教育の民主化　269

10・1　革命前後
10・2　復興と教育
10・3　クルド言語・歴史・文芸アカデミー
10・4　その他のアカデミー
10・5　展望

第11章 保健医療 283
11・1 解放前後
11・2 保健会議
11・3 いくつかの難問
11・4 保健会議と民主主義的自治行政組織

第12章 社会的経済 293
12・1 バース党による植民地化のもとで
12・2 解放の影響
12・3 禁輸措置
12・4 社会的経済
12・5 協同組合
12・6 生産の統制
12・7 協同組合の拡大
12・8 これからの課題

第13章 環境に関わる諸課題 319

13・1 生物多様性の破壊
13・2 水の危機
13・3 廃棄物の処理
13・4 大気汚染
13・5 石油生産
13・6 展望

第14章 隣人たち 335

14・1 シリア反体制派のイスラム主義化
14・2 イスラム国
14・3 クルド地域政府
14・4 公正発展党統治下のトルコ
14・5 北部クルディスタンの民主主義的自治
14・6 トルクメン人民兵
14・7 シリア民主軍とジハーディスト

第15章 展望 369

15・1 ロジャヴァと覇権勢力
15・2 シリア内部での解決策
15・3 国際的連帯
15・4 コミューン主義か野蛮か

あとがき
民主主義的自治の哲学　アーシャ・アブドュラ　*387*
訳者あとがき　*395*
解説（松田博公）　*399*
著者について　35
略語集　31
原注　1

英訳者の注解

本書『ロジャヴァの革命』は、北部シリアで進行中の、民主主義的で、ジェンダーの平等を志向し、協同組合による革命に関する最初の詳細な本である。原典はＶＳＡ出版社によって二〇一五年三月にドイツで刊行された。この英語版は、原典の正確な翻訳として手掛けられたが、一六ヵ月の時の経過の中で大幅に改訂され、最新情報が盛り込まれるにいたった。それ故、本書は多くの点で新しい本だといえる。プルート出版社には、編集上の支援をしてくれたこと、多くの読者に本書を送り届けてくれたことに感謝したい。また、早くから翻訳を支援してくれたシャーコ・ゲイラニ、連帯してくれたニューコンパス出版にも感謝したい。

ジャネット・ビール

Revolution in Rojava:
Democratic Autonomy and Women's Liberation
in Syrian Kurdistan

女たちの中東 ロジャヴァの革命

民主的自治とジェンダーの平等

序文

デヴィッド・グレーバー

今日では多くの「革命家」でさえ、革命が現実的に可能だという考えを密かに放棄したようだ。私は「革命」という語を古典的な意味で使うことにする。それはつまり、ある種の民衆蜂起によって既存の権力構造とそれに支えられた支配階級が打倒され、ボトムアップ型の民衆組織がそれに取って代わることである。二〇世紀にはほとんどこうしたことは起こらなかった。例えばボルシェヴィキを憎悪した革命家たちでさえ、革命そのものは支持した。エスノナショナリストに指導されるようになった民衆蜂起でさえ、もしそれが純粋に民衆的であると見なされれば、単純に非難されることはなかった。これには明白な理由がある。二〇世紀の大半、革命家は一時的にどんなに困難な状況であろうと、歴史が平等と自由をより拡大する方向へ進んでいくものだと考えていた。なんらかの形態の暴政を揺るがす民衆蜂起は、一時的にどんなに混乱し、道を外しても、解放という偉大な運動の担い手であるのは明らかだった。

この種の盲目的な楽観主義を主張するのは、いまではもう難しいのは無理もない。この楽観主義の結果は、往々にして極端に破壊的な素朴さだった。しかし、素朴さをシニシズムで置き換えても特に役立つわけでもない。多くの場所でこのことが起こったことは認めなければならない。少なくとも革命的左翼だと自認する人の大半は、実際に地球上に起こるある程度成功したかなりの数の革命運動に対してすら、即座にかつほとんど反射的に非難するような政治的立場に立ったように思える。これはロジャヴァについても確かに起こった。数多くの人々は、直接民主主義と協同組合的経済とエコロジーの真剣な実践を志向する民衆運動が、もっとも権威主義的で未開といわれてきた世界のこの場所で出現したことを知って非常に驚愕し、深く感動した。何千もの武装した女性解放論者が家父長制社会の軍を戦場で敗退させるのを目撃して、やはり驚愕し感動したことも言うまでもない。その一方、こうしたことが実際に起こっているのを信じようとしないか、あるいは人を欺くような何らかの理由がこの背後にあるに違いないと考えて、その理由を見つけ出そうとする人も多かった。この種の反応は、主要なマスメディアの、あるいはアメリカやヨーロッパの政治家のものと考えられる。マスメディアやこれらの政治家は、何世代にもわたって中東の人々がどれほど絶望的なまでに遅れているか、公式的民主主義と女性の権利のようなリベラルな価値観に対する中東の人々の伝統的で非妥協的と考えられた敵意が、どれほどサウジアラビアのような極右の政治体制(「こんな連中から他に何が期待できようか?」)の維持を正当化したか、さらには帝国の銃撃にさらされる不幸極まる統治体制の中でも生きざるをえない民衆への終わることのない爆撃や虐殺を正当化したか、と世界中に説教してきた。このようなマスメディアと政治家にとっては、生活のすべての局面での非常に根源的な形式の民主主義と、単なる女性の権利にとどまらない完璧な女性の平等を受け入れた民衆運動の出現が、触れたくない話題であることは驚くことではない。ところで左翼はどうなのか。

私が強調する反応は、健全な(実際のところ必要な)単なる懐疑主義を通り越していた。私の旧友のイギリス人活動家は、中東の出来事に強い関心を持っていなかったが、ロジャヴァ革命を聞き知ると、ロンドンでのロジャヴァに関するイベントに参加して、この革命を非難し、支援しないように注意を促すパンフレットを配ることが正しい対応だと心に決めた。この惑星上に残された限られた時間において、普遍的な自由と平等の運動を促進するために成し得ることのなかで、そんな対応が最善の時間の使い方だと一体なぜ人は決める気持ちになるのだろうか。

＊　＊　＊

薄情ではあるが、そういう分子に「負け犬左翼」というレッテルを貼りたくなる時がある。その意味は、こういう連中が決して能力が劣っているというのではなく、最終的な敗北の必然性を暗黙に前提にした政治的立場だったということである。こうした態度がいつも私たちに付きまとってきたのは認めざるをえない。「善戦する」という言葉を考えると、この言葉には、勝つことはもちろんないだろうという前提が含意されているようだ。しかし冷戦終結後、負け犬左翼の数は急激に膨れ上がった。現在考えられるものとしては、それには主に二つの分派があるようだ。つまり、純粋主義者と過激な反帝国主義者である。前者は、自らの独特な教条を細部に至るまで受け入れない者は本当の革命家ではないという古いマルクス主義的な前衛思想を抱き、その思想は、いかなる革命でも本当の革命に関する自らの理論に合わないならば、革命が起きないよりも悪いという結論にまで至る。このような姿勢は、アナーキストやマルクス主義者のサークルでは、ある種の冷淡な党派主義へと収斂していく。多くの者は、革命が起こることを無意識に恐れているように思われる。なぜなら革命が起これば、美容師も郵便局員も「共産主義理論」や「止揚」について議論するだろうし、革命家たちに特別なことは何もなくなるからである。

後者の反帝国主義者はもっと奇妙である。いうまでもないが、北大西洋の軍事力による世界の支配に反対する人々のことを私は語っているのではない。人がどれだけ革命家でありながら、革命的に実践しないかを推測するのは難しい。「金融化された」資本主義は本質的に軍事資本主義である。J・P・モルガン・チェース社はもちろん、スタンダード・アンド・プアズ社でさえ、その力はアメリカの軍事力に全面的に依存している。資本家が利潤を引き出す秘密のやり方（内部の経営）でさえ、ますます単純に強圧的な力によって行われている。こういうことから抜け出すことはできない。その代わりに私が今語っているのは、帝国主義の計画を挫折させること（あるいは、いかなる文脈でも帝国主義者と「同じ側」にいるように見える外見を避けること）がいつでも他の何よりも優先されるべきだという感覚である。もし現実には革命が不可能だと密かに決心しているならば、その時だけこの態度が道理にかなう。その理由は以下のようである。もし、真の民衆革命が例えばコバニの街で起こっていて、その成功が世界に対する指標や模範であり得ると本当に思われていたとしよう。そのとき、多くの豊かな白人知識人は自分たちの評判を落とすよりも、虐殺を恣《ほしいまま》にするファシストによってそのすべての革命家が殺される方がいいとは考えないだろう。評判を落とすということは、この地域ですでに空爆を行なっているアメリカ帝国主義軍がファシストの戦車に注意を向けてもいいのにと示唆する場合である。しかしながら呆れたことに、これこそが「ラジカル」と自称する多くの者が実際に取った立場であった。

＊　＊　＊

私がロジャヴァ革命を支持するのは、革命家が勝利するのを見たいからだ。クルド人の自由を求める運動は、一九七〇年代に武装闘争が始まり、ずっと今日まで驚くほど劇的に進化してきた。新しい思想、議論、実践の寄せ集めが、旧タイプのマルクス主義の教義と論争にとって代わった。独立したクルド人の国家を要求するのでなく、国家の概念そのものが拒絶され、アメリカ人の無政府主義者でソーシャル・エコロジストのマレイ・ブクチンの思想、他の著作家たち、クルド人の伝統、革命組織の広範囲にわたる実践経験、これらの統合に基づく民主主義的連合主義の原理が受容された。この変化は単にアブデュラ・オジャランの着想を集めたものではない。オジャランの逮捕と収監、それに続く一連の新しい著作の出版以前から、いくつかの地域でのクルド人の運動がすでに行っていた討論に基づくものであった。それにより議論は一層活発に刺激されて、その中には最終的に結論が出なかったものも多い。例えばクルディスタンコミュニティ連合（KCK）の共同議長の一人が私に語ったことによれば、クルド人の国家の独立要求を放棄する提案を伴う正式な合意形成過程は、一八ヵ月以上を要したし、それに憤慨したかなりの数のメンバーが去っていくのを促した。とはいっても、当初は新しい政策を受け入れずに去っていった多くのメンバーは、その後復帰したのであるが。思想だけではなく、感情も世代も文化的しきたりについても衝突した。地域ごとで進行の度合いは非常に不均衡であった。ロジャヴァでは、クルド人の女性運動が関わっていないところを見つけるのは難しい。トルコやイラクの幾つかの地域では、ほとんど全面的にクルディスタン労働者党が熱心に指導しているところでさえ、疑いなく家父長制が残存している。ロジャヴァにおいてさえ、多くは隠された形をとってはいるが、妨害がある。「男性は誰も公にはジェンダーの平等の原理にあえて異議を唱えない」と、ロジャヴァの女性組合イェキティア・スターのオルグは私に語った。「しかし、革命の一年目は、女性への肉体的暴行がほぼ倍増した」。このことが主な理由となって、女性法廷と女性司法委員会が作られ、それにより、地区での「平和と合意」委員会が有罪と判断した加害者男性への処罰が確実に増えた。私がこの点を強調するのはただ、現実の革命的な変化というものは闘いなくしては勝ち取れないし、内部の社会的闘争は外部の目からは見えないからである。

＊　＊　＊

私は人類学者で、しかもロジャヴァを訪問したのはわずか一週間ほどの短期間であり、言葉は分からない。しかし、人類学者である私には、少なくとも未知のことすべてへの鋭い感覚が備わっていた。本当に起こっていることを感じ取るまで数年かかったとしても、その数年後までには多くのことがまったく違っているかもしれない。しかしまず私が見たことは、これが正当な民衆革命であると理解するに十分なことだけではなかった。正当な民衆革命という意味は、私たちが出会った人々が新しく手に入れた自由、尊厳と心からの陽気さとをはっきりと感じていたということである。恐らくこれらは見せびらかそうとして装われたのではなかった。それだけではなく私は、大衆を革命的に動員する場合にめったにないようなシナリオ、そしてほとんど最善のシナリオを目撃していた。支配階級は結局ほとんど逃げ出し、政府は自ら解散して、事務所やコンピューターやファイルや拷問道具を綺麗に片づけた。もっとも重要な建物や工場や耕作地はすでに正式な公共財産であった。しかし、基本的な給料はほとんど不在になった中央政府によってまだ支払われていた。さらに、社会的にもっとも保守的な家族でさえ、その多数は革命組織を正当な民族解放運動の一部分と考えた。もちろん他の点では、最悪といっていい事情が存在した。ロジャヴァは完全な禁輸措置状態におかれ、敵対勢力に全面的に包囲されていた。ロジャヴァを破壊するためならなんでもやりかねないトルコ政府、同盟者であるトルコを喜ばせるために、シリアの同族クルド人から必需品の医療物資すら奪い取ろうとするイラクでの右翼クルド人政府、秘密警察の権力を再興するための好機を待つバース党政府、ロジャヴァを排除すると決めた反乱軍同盟、ロジャヴァを征服するためにすべてを思い通りにしようとするイスラム国、自らの目的に合致する限りでのみイスラム国と戦い、ロジャヴァの勇気と犠牲を利用しようとするアメリカとロシア、この両国はその上でロジャヴァを背後から即座に突き刺すのは周知のことだ（ここでの唯一の戦略的問題は、どちらがそれを最初にやるかということだった）。こうしたことのすべてに関わらず、ロジャヴァが生き残り、成功し、そして成長すらしたという事実は、革命的状況の中で解き放たれたエネルギー、勇気、創造性、そして本当の人間の叡智が発現された証明である。この革命的状況において突然、その考え方など何ものではないとみなされた人口のおよそ九五パーセントが急に自由になって本当に能力を発揮できることを見出し、欲することはなんでも語るのである。人を恐れさせ愚かにさせていた機構が突然姿を消すそのとき直ちに、どのような人間の集団でも集合的な知性の奔流を目撃する。

＊　＊　＊

革命理論については、ロジャヴァのそれは幾分かユニークといえるだろう。本質的に権力状態が二重であることにまず気づく。まずは、まったく政府のように見える民主主義的な自己管理行政が存在する。省庁、議会、最高裁判所が備わっている。ロジャヴァ諸州の公式の憲法を読むだけでは、これが、進んだ社会的民主主義国家、あるいはせいぜい民主主義的な社会主義国家以上のものであるという印はほとんど見出せないだろう。数多くの政治的党派があるが、主に民主統一党（ＰＹＤ）が力を握っている。一方で、メンバーの多くがやはり民主統一党あるいは元民主統一党だった民主主義的社会運動（TEV-DEM）によって組織されたボトムアップ型の仕組みもあり、そこでは主導権が完全に民衆集会に由来する。これら二つの制度上の仕組みにおける権力のバランスは流動的にみえ、いつも交渉をしている。これこそが革命的な二重権力状態のもとで想定されることだろう。類似物で比較すれば、例えばボリビアの社会主義政党の社会主義運動（MAS）とエル・アルトのような都市部での民衆集会との関係がある。ボリビアで独特なのは、双方が協調しているだけでなく、双方が同じ運動によって、ある場合は同じ個人によって始められた唯一のケースだと思われることだ。

この非常に非日常的な状況は、ロジャヴァの革命家たちが置かれている無秩序で混乱した環境が直接もたらした結果であろう。すなわち、内戦、難民、外国からの支援、禁輸措置などの現実がある。少なくとも二年前には、ロジャヴァの最東端のジジーレ州のキャンプには非常に多数のヤズディ教徒の難民がいた。難民の状況は絶望的だった。なぜなら、現地の団体はこの人たちにジジーレ州に豊富にあるパンやガソリンを提供できたが、この難民たちは他の物品を自分たちに支給する手立てを何も持っていなかったからだ。国連の難民担当者は最初テントでさえ提供するのを拒んだ。ロジャヴァは建前上まだ主権国シリア政府の一部だから、当該当局からの許可があるまで何もできないというのであった（許可がやがて出される訳でなかったことは言うまでもない）。結局、テントと幾つかの発電機はうまく手に入れたが、それ以上は事実上だめだった。まったく突然で予期できない密輸入や時々しか開かないイラクへの一つの橋という例外はあるが、取引は絶たれているので、ロジャヴァは、教育用具から腎臓透析器の交換用部品に至るまで何でも多かれ少なかれ国際NGOに頼らざるをえない。しかし、NGOとともに仕事をするには、多少は政府のように見えるように組織化しなければならない。確かに、国際的な権威が真剣に受け止めるには、長官や外交官や正式な自由民主主義という飾りがなければならない。しかし、同時に私が話をした誰もが、こういう組織が決して国家を構成するのではないと憤慨して主張するのが常であった。

これは一体どういう意味だったのか。なぜなら、多くの人が無政府主義の影響を受けた理論を教えられているので、この人々にとって「国家」は本質的に体系的な強制の構造を意味していたからだ。よく知られたジョークによれば、「世界のこの場所で自分の国家を求めることは、基本的に『私自身の言葉を話す秘密警察によって拷問される権利を要求する』ということだ」。バース党の警察と秘密警察が完全に排除されただけでなく、この地域に置かれた民衆治安部隊であるアサイシュは、結局自己管理行政組織にではなく、現地の集会に責任を負った。この集会は（重要な決定のために）合意の形成とそれが過半数の賛成を得ることに取り組んだ。実際にこの集会がただの見世物ではなく真の決定組織だという私にとって何よりも明白な一つの証しは、私たちが訪れた最初の集会で多くの人が叫んだり手を振ったりして、混乱した激しい言い争いになったことである。あとで私があの大騒ぎは一体何だったのかと尋ねたところ、砂糖を隠匿して値段を吊り上げようと何人かに疑われた現地商人のことが問題になったからだと言われた。地区司法委員会は、現地のアサイシュに家宅捜索するように求めたが、アサイシュは、指揮官からの許可がなければそれはできないと説明した。これが怒りの原因になった。「指揮官だって⁉︎ それは我々のために仕事をするものだろう！まさにそんな風にして官僚制が忍び寄って来るんじゃないか！」、もう一人は、「じゃあ、どうしろと言うんだ。何か特別な帽子でもかぶって着飾るのか？　それとも大きなバッジをつけるか？　そうすれば多分指揮官にも分かるだろう」と言った。

銃を持つ者がトップダウン型ではなくボトムアップ型の仕組みに結局責任を負うというのは、大きな原則的な問題であるように思えた。もしそうでなければ、著しく間違っていることがあった。女性防衛隊の兵士でさえ、司令官によって与えられた「命令」だと仄めかされると時にわだかまりを感じた。なぜかといえば、これは国家ではないと兵士は主張したからだ。そして暴力と強制の構造からの解放は、広い範囲にわたって進んでいると思えた。女性民兵の始まりを尋ねると、返ってきたのは同じ決まった言い方だった。「私たちは資本主義者に反対している。二〇世紀という時代から私たちが学んだことの一つは、国家から逃れることなくして資本主義から逃れられないということだ。そして家父長制を除去しなければ、国家から逃れられないのだ」。ここに含意されているのは、全女性に自動型兵器を使える機会を与えることが、明白な本当の出発点だろうということだ。

＊　＊　＊

旅の終わりに民主主義的社会運動の活動家数人が私たちに批判を求めた。「私たちは自分たちがどんなに素晴らしいことをしているかとは聞きたくない。私たちが見落としていること、誤解していること、いまだにひどく間違ってやっていることについて外部の目が必要なのだ」と語った。私たちは皆、できる限り意見を述べようとした。ここでの滞在はとても短期間だったので、本当の意味で批判的に分析する手立ては実際持っていなかった。もちろん私は言ったことを細かく覚えているが、それは私自身の考えだけでなく、グループで交わした長い意見交換に基づいていた。将来大きな問題になってもおかしくないと思える論題なので、この話で終えるのも悪くはないだろう。懸念されそうなのは、以下のことである。

1　階級の問題　マルクス主義の遺物をクルド人の運動は拒否するが、その一つとして、社会階級に関するあらゆる問題を脇に置いてきた。私の質問に対して、ある組織担当者が私に言ったように、「封建制とは何か、資本主義とは何か、買弁エリートとは何か、民族エリートとは何かというような古い対話を本当に続けなければならないのか。例えば女性への抑圧のような他の問題を話し合うほうが変革にとってはもっと良いことではないか」。そのように言われると、議論するのが難しかった。しかし、権威ある政府と政府に密接な地方での同盟者が地域から逃げて、もっとも重要な所有物を捨て、その所有権を暴力も合法的な反対すらもなく奪ったので、ロジャヴァでの革命は容易すぎたといえる事実は、ある意味で、他の構造的な特徴を見落とさせることになった。マルクス主義の用語をやめピエール・ブルデューが広めた用語を使うなら、経済資本は部分的に没収され、社会資本は幾分か再編成されたが、文化資本——特に階級的なハビタス（習慣的行動）——はほとんど影響を受けなかったということだ。運転手の立ち居振る舞いはまったくパリのタクシー運転手のようだったし、大学の学生も少なくともその半数は、やはりまったくパリの大学生のように見え、行動した。私たちが目撃したような革命の発酵の時期には、こうしたことは大きく違わないように思えた（私は一週間半しか滞在しなかったから、よく分からないが）。しかし、もしこの構造に直接問題として取り組まなければ、それはいつもぶり返すことになるだろう。確かにアカデミーの制度が、社会・文化資本の現存の構造を無効にする知識の形を普及することを意図しているように思える一方で、この点での取り組みがどれだけ維持でき、自覚的であるかは、私にははっきりとしなかった。

2　時間の問題　ロジャヴァで採用された直接民主主義という形態は、非常に時間がかかる。男性と女性の二人の代議員を送ることによって地域集会（local assembly）は地区集会（neighborhood assembly）と連合している（それに付随した健康、教育、治安などの活動グループもそれぞれ自らの代議員を送り、それぞれのグループと互いに協力する全女性グループも代議員を送る）。さらに、この地区集会グループは同じように二人の代議員を自治体集会（municipal assembly）に送る。この人たちは代表ではなく代議員だと強調していた。代議員はどんなことでも相談しなければならないし、自分で決定できない。しかし、自治体集会のメンバーは誰でも三つの違うレベルの三つの違うグループに参加しなければならず、しかももし自治体の活動グループのメンバーならば最低六つのグループに参加するのである。会議は長いので、日中の相当の時間を費やす自由のない人がどれだけ都合がつけられるかは想像しがたい。確かにこれでは積極的な政治的な役割を果たす人が限定されてしまい、この体制が正に避けなければならない政治家階級を生み出す危険を招く。

3　トップダウンとボトムアップの構造の統合　民主主義的な自主組織、事実上公的な政府、ボトムアップ構造を持つ民主主義的連合主義の間を均衡させることの難しさは、前者を国家の類似物へ転化させる外部からの大きな圧力があることだ。この圧力はあらゆる方向からやってくる。例えば、「人権監視団（Human Rights Watch: HRW）」の『クルド人の支配下で』という初期の報告書では、告発された犯罪者を国際基準を満たす裁判にかけていないと、ロジャヴァが非難された。実際ロジャヴァでは、少なくとも最初の段階では入念な合意形成による訴訟手続を行う。これは、話し合いによる解決というクルド人の伝統的なやり方を正義の回復の原理と組み合せるようにしたものであり、同時に報復や復讐の原理を排除した。権利侵害行為が立証されれば、容疑者と被害者、それにその家族は、処罰や他の処置に関して全員が同意しなければならない。しかし、このような裁判は「国際基準」に合致しないので、「人権監視団」の基準では人権侵害である。次に評判の高いNGOの厳しい審判の結果、ほとんど確実にロジャヴァが武器を輸入するのはいっそう困難になる（それゆえに若い男女が戦場で死ぬ）。そして、例えばインスリンの輸入を受け入れるNGOとの契約を結ぶこともいっそう難しくなるかもしれない。そうなると糖尿病患者も死ぬ。こうして、既存の環境で新しい革命的な仕組みを創造しようとしている者たちは、ある種の道徳上のジレンマに直面しているという感覚を抱き始める。

私がカーミシュロにいた時、まだシリア政府の統制下にある制限地帯が幾つかあった。うち一つは、郵便局と近くのアルメニア人地区を取り囲んでいた。しかし、その最大のものは地域の空港であった。私にはいつも不思議だった。ある日私は尋ねた。ロジャヴァ自身は他に空港を持っているのか、と。無いという回答であった。政府は、重病患者をダマスカスの病院に搬送するのにかつてこの空港を用いていたが、昨年中止された。それは突然明らかになった。アサイシュと人民防衛隊・女性防衛隊によって空港は容易に占拠されたのだ。しかし、肝心なことは何だろうか。アサイシュと人民防衛隊・女性防衛隊は、軍用飛行機を持っていない。商用飛行機については、一体どこを飛ぶというのか。シリアのいずれでもないことは明白だ。しかし、ロジャヴァの外部への飛行を手配するのが認められるならば、数限りない条約や協定の加盟国にならなければならないだろう。例えば、治安協定、関税協定、健康と安全協定、商業協定などである。このような協定が締結できるのは国家だけである。もし、民主主義的な自己組織が自らを国家だと宣言せず、他者にそれを認めてもらわなければ、できることは何もないであろう。

唯一の可能な対応は二重である。まずなによりも、実際の国家でなくともできる限り国家のような組織的構造を最低限考え出すことである。それは、「国際社会」の基準に合致し、そうすれば国際社会と相互協力ができるであろう。第二に、細胞膜の一種を作ることだが、それはすなわちこうした公的な構造と民主主義的連合主義の精神で創造されたボトムアップ型の構造との間で情報を交換し、資源をやり取りする方法である。こうなってもボトムアップ構造が危うくなることにはならない。

前者にともなう問題は、分権化したシリアの自律的な地域としてであれ、あるいはシリア内の民主主義的連合主義の三州としてであれ、ロジャヴァがそうした状況を承認するならば、外国からの圧迫という問題はさらに悪化していくだけだろう。そしてそのときに社会階級の問題が（第二に時間の問題も）影響し始めるだろう。外国の教育を受けた、あるいはその手段をもつテクノクラート志願者、経験豊かなビジネスマン、もしこのような人々が（将来の混合経済においては何人かはいるだろうが）、もっと一般的にはより大きな社会的・文化的資本を持つ人々がまだいるならば、国際的な制度との統合に向けた圧力が加えられるであろう。それによる筋書きは非常に悪い結果をもたらすと想像できる。第二のことにともなう問題は、今まで誰もこのことを実際にやってみたことがないことであり、どうすればうまくいくか、あるいはうまくいくことでさえ、それを知るはっきりとした方法はないのである。

＊　＊　＊

私は実際には悲観論者ではないから、悲観的な見解で終わりにしたくはない。ロジャヴァとクルド人の運動がこれらの問題を一般的な形で解決するようには思えない。しかし、ロジャヴァの存在そのものがまったく思いもよらないことなのだ。もし二〇一〇年にクルド人の運動に参加していなかった者に、二〇一五年までには中東の重要な帯状地帯に直接民主制を要求する武装した女性解放論者の反乱があるだろうと告げたとすれば、大部分の者は正気の話ではないと考えたであろう。

革命は厄介で混乱を招く。ほとんど想像しがたい恐ろしいことが起こる。最善の場合でさえ、権威主義的要素や偏見や冷笑が隙間や割れ目に入り込んでいく。最善の人々でさえ愚かで不正なことをしかねない。しかし、それ自体歴史の中の物質的な力となりうる純粋な幸福を解き放つことも革命は可能にする。それは、民衆が自分をどのように考えていたか、どこに目を注いでいたかで分かるだろう。そして以下の可能性について不意に思いをめぐらせることからも分かるだろう（「病気にかかるのはほとんどの場合結局、樹木の数が不十分なせいで、微妙に環境が悪化するためだと言えるのか？」「権利？　権利とは何か？　もし権利が何であるかを知らなければ、私が何かを『持つこと』はどうしたらできるのだろうか？」「女性も男性の名誉を擁護できないのだろうか？」)。

私たちが去る時、世話になった人たちに、ここに持ってきたものはもうないと謝った。人々は禁輸措置状態にあり、ほとんどの物品は供給不足だった。一人の女性が返事をしてくれた。自分だけのことと言いながら、「そのことはあまり心配しなくていいのです。私は誰も与えてくれないものを持っています。私には自由があるのです。二～三日後にはあなたは自由がない場所に帰らなければいけません。私の持ちものをあげられる方法があればいいのですが……」と。

序言

少し前までは、北部シリアで民主主義革命が出現するとはほとんど誰にも予想できなかったし、そんなことが起こることさえ信じられなかった。クルド人の解放運動が「民主主義的連合主義」という構想を軸に社会を建設するという目標を宣言した二〇一一年の春の時点でさえ、ほとんど注目されなかった。クルド人解放運動の一員の民主統一党（PYD:Democratic Union Party）が、多様な民衆と政治活動家のための参加型民主主義の包括的上位団体として西部クルディスタン人民評議会（People's Council of West Kurdistan）を創設した時も関心を向けた者は多くなかった。二〇一二年七月、クルド人が多数を占めるロジャヴァの都市や村落が一つ一つ民衆蜂起によってバース党独裁から解放され、民主主義体制を作り上げた時もほとんど注目されなかった。

しかし、こうした蜂起は非常に意味深い重要な現代革命の徴候であった。二〇一四年一月、ジャジーラ、コバニ、アフリンというロジャヴァの三つの州は、民主主義的自治宣言の発布に取り掛かり、それによって、新しい体制が包摂的かつ多元主義的であることを保障する「民主主義的自治行政」を創設した。バース党支配ともショービニストともイスラム主義反対派とも結びつかない「第三の道」を作ろうとした。

その後、二〇一四年九月から二〇一五年一月にかけて、革命防衛隊がコバニでイスラム国（ＩＳ）に対して驚くべき抵抗をし、打ち破った。やっと世界は気づいた。今ではたくさんの革命家、民主主義者、左翼、社会主義者、自由意志論者《リバータリアン》、人権団体は、ロジャヴァとして知られる北部シリアの自由地域の存在を知っている[*1]。

大方の予期に反し、民主主義的自治は北部シリアで成功し、一つの現実だと証明された。二〇一五年から一六年における、ギレ・スピー（ティル・アビヤード）、ヘセケ、ティシリン・ダムの解放、シリア民主主義軍とシリア民主主義評議会の創設、マンビジュ作戦は、この体制が全シリアにとって実現可能なオルタナティブたりうることを示している。

シリア戦争は、数十万人の犠牲者を出し、さらに毎日多くの人が亡くなっている。都会も田舎も、国のインフラストラクチャーも、自然環境も破壊されている。数百万人のシリア人が、住む場所を追われ、ヨーロッパでの現在の「難民危機」の多くを引き起こしている。しかし解放されたロジャヴァは、イスラム国や他の勢力の手による破壊に直面しながら、ほとんど自分自身の力で守ってきた。

トルコ共和国の内部では、ロジャヴァ革命とシリア戦争は大きな政治的論題である。数百万人のクルド人がトルコ共和国の国境内に住み、多くの者はクルド解放運動に接近し、ロジャヴァ革命を強く支持している。トルコ内の革命家、社会主義者、左翼、自由意志論者、他の団体や個人もますます革命を支持し、多くはクルド解放運動との関係を作り出し、深めようとしてきた。

しかしトルコの政権党の公正発展党（ＡＫＰ）や他の反動的な政党は、イスラム国、ジャブハット・アル・ヌスラ、アーラー・アル・シャーム、民族主義的ショーヴィニズム組織（例えばシリア国民連合）のような超保守的なサラフィスト・ジハーディスト団体〔サラフィストとは、自分たちがコーランの唯一の正しい解釈者であると信じ、穏健なイスラム教徒が不信心者であると考える過激派スンニ派のイスラム過激派組織のこと〕への暗黙あるいは直接の支持に向かう。二〇一四年一〇月、コバニでの戦争の最中にロジャヴァ革命の支持者が、大きな民衆蜂起に立ち上がった時、トルコ国家とその対ゲリラ鎮圧部隊は厳しく逆襲した。

二〇一五年六月のトルコの総選挙で、民衆の政治的同盟を支持する市民が、最低基準の一〇パーセントを凌駕するのに十分な大量の票を投じる結果となり、クルド人を支持する左翼の人民民主主義党（HDP：Peoples' Democratic Party）がトルコ議会で多くの議席を得た。アメッド（ディヤルバキル）とスルチ（コバニとの国境）でのその年の夏の虐殺は、何百回もあった他の攻撃と合わせて、トルコの自由クルドと左翼民主主義者に対する野蛮な戦争への道を開いた。

公正発展党政府は、左翼民主主義者とロジャヴァ革命の成長によって政治権力を失うことを恐れて、人民民主主義党とクルド人の運動に対する人種差別的な憎悪キャンペーンを扇動し、それは二〇一五年一〇月一〇日の平和的に抗議する者一〇二人のイスラム国による虐殺となった。この無慈悲なキャンペーンは、二〇一五年一一月一日の「抜きうち解散総選挙」での公正発展党の勝利の一因となった。トルコ国家は、ニセビーン、シーロピ、シュルナク、スールのようなクルド人地区や都市を組織的に破壊し続けた。どの点から見ても戦争犯罪である。ジズレの根拠地だけでもおよそ一五〇人の市民が虐殺された。

しかし、抵抗も拡大している。ロジャヴァ革命がずっと続いていることと抵抗の拡大によって、公正発展党の対外政策の目標には支障が生じている。かつてトルコ国家は、サウジアラビアとカタールと同盟した「スンニ枢軸」によって中東の政治で決定的な役割を果したいと望んでいたが、今やその拠り所を失った。シリア戦争へのロシアの介入は、一層トルコの影響力にとって邪魔となった。二〇一六年七月一五日のトルコの軍事クーデタの企図は、反動的権力間での激しい闘争であった。ロジャヴァとシリアでの革命的民主主義的勢力が強化されれば、北部クルディスタンでのトルコ国家の戦争政策を打ち破る助けになるだろう。

一方、二〇一六年三月のシリアでの「ロジャヴァ・北部シリアの連邦制」の宣言と樹立は、「第三の道」として、アサド政権とショービニズム的イスラム主義者とが広く勢力を持っている状況を断ち切る可能性を持っている。この連邦制は、イスラム国から新たに解放された地域と三州を合わせたものである。宗教的、エスニック上、社会的に背景が異なる人々がますます、抑圧的シリア国家の外部に生活を作り始めている。この人々は、たとえトルコ国家が率いる反動権力がロジャヴァを破壊しようとしている時でも、ほとんど自ら主体的にこの歩みを続けている。

地域の力と国際的な力の役割は決定的である。二〇一五年初めにコバニでイスラム国を破ってからはずっと、ロジャヴァ三州とシリア民主軍は戦場でアメリカと戦術的な理由でうまく協調してきており、同時にロシアとの比較的肯定的な関係を持ってきた。ロジャヴァにとっての難題は、革命の原則にずっと忠実にありながらこのような勢力との複雑な関係を維持することであろう。

二〇一四年五月、私たち三人は北部シリアの人々が第三の道の成果をどのように成し遂げているかを直接学ぶためにロジャヴァへの旅に出た。ロジャヴァがどのように解放され、自衛組織がどのように作られているかを知りたかった。また、直接民主制に基づく社会がどのように作られたか、民衆評議会による意志決定過程がどのように働いているかを知りたかった。さらに、トルコとクルド地域政府が強いた禁輸措置にもかかわらず共同体の経済生活がどのように組織されているかを知りたかった。なかでもとりわけ知りたかったのは、ロジャヴァ革命における女性の重要な役割についてであった。

私たちは、長年にわたりドイツでクルド問題に関して活動してきた。しかし、ロジャヴァに行く機会を得て、これまでにも増して興奮した。「タートオルト・クルディスタン（TATORT KURDISTAN）」を代表して、私たちはまずクルド地域政府内のシレマニ（スレイマニア）、それからモスル（イスラム国の占領直前に）を経由してティル・コーチャー（アル・ヤルビヤ）を旅した。ここで国境を越えてロジャヴァの一番東の州のジジーレに入った。四週間にわたってヘセケとセレーカニイェを含むジジーレの全地域を訪れた（私たちの中の二人は二〇一六年初めの第二回目の訪問でコバニにも行った）。インタビューした人は、一二〇人以上（二〇一六年にさらに三〇人）になり、数え切れないほどの対話をした。自由に動き回れたし、私たちを締め出した建物はなかった。活動家や民間人の家に泊まった。私たちは多くのジャーナリストや外部の者が普通は聞けないような困難な問題や自己批判についても内情を知った。民主主義的自治への旅をできるようにしてくれたすべての人に、地上で戦うすべての活動家や自由の戦士に、そして特にこの革命の中心であるすべての女性に感謝している。

本書は、二〇一四年五月と二〇一六年初めに私たちが見た政治的状況の観察を再現している。本書は科学という圧倒的な権威が定義する「客観性」を持っているとは言わない。客観性があることは主観的であることと現実的には切り離せないし、研究者の本来の目的を隠すために利用されがちだ。私たちの経歴や関心の所在は皆違うが、女性解放論者、国際主義者、エコロジスト、左翼自由意志論者という共通点がある。私たちとロジャヴァ革命との連帯は、開放的で明白であるが、抱える問題や困難を見て見ぬ振りをするような連帯ではない。

私たちがロジャヴァで女性の活動家や戦闘員と過ごした時間の中で、革命を作り出したのは二〇一二年七月とそれ以後の出来事によるということがはっきりと分かった。活動家たちは、ロジャヴァ社会の皆が自発的に意志決定過程に参加するようにと忍耐強く促した。これは革命の原理の参加という稀な例である。何百万人もの有志が国民国家の外部に政治組織を作ろうと大きな努力をしており、戦争と禁輸措置にもかかわらず、人々は、社会正義に則って民主主義的秩序を賢明にも作り出している。コミューンに基づく経済も形成されている。

ロジャヴァ革命では、深刻な人権侵害が幾つか生じたが、これまでの歴史のどの左翼革命にもまして、自らの過ちから学習する必要性が強調されている。ロジャヴァの活動家は、過去に世界で起こった革命から徹底的に学んできたし、組織のヒエラルキーと権威主義の危険性に屈服しないように内部で強く努力してきた。

ロジャヴァの第三の道は、今中東を覆っている衝突、虐殺、強制的追放の蔓延をやめさせるたぶん唯一の解決策であろう。と同時に、それは抑圧と搾取に抵抗し、自由と平等と新たな生活のために闘うすべての人にとって希望の道しるべとなっている。北部クルディスタンとトルコはこの希望がさらに広がりうる次の地域かもしれない。いや、そうあるべきだ！　ロジャヴァとシリアそして北部クルディスタンとトルコにおける政治的発展は、コバニの防衛が二〇一四年秋に始まった時のように相互に連携を保っている。もし革命がトルコへ越境したら、それを手離さないでおこう！

ミヒャエル・クナップ
アーニャ・フラッハ
エルジャン・アイボーア
二〇一六年五月

プロローグ

ティル・コーチャーへの途上で

二〇一四年五月、南部クルディスタン（北部イラクの）からロジャヴァへの国境を越えるのは簡単ではなかった。密輸業者やゲリラの通る道をたどることや、あるいはティル・コーチャー（アラビア語でアル・ヤルビヤ）の街を横切ることはできたかもしれない。

クルド地域政府[*1]は、セマルカという小さな町でティグリス川にかかる舟橋を設置した。しかし橋の目的は、自由な旅行ができるようにすることではなかった。ロジャヴァの住民の立ち退きを促すためであり、その結果南部クルディスタンで金持ちになるとロジャヴァでも成功の足がかりができた。のちにクルド地域政府は、このセマルカの渡しを恣意的に開けたり閉じたりした。また、禁輸措置を強制するために深い塹壕を掘り、それによりロジャヴァは四方から経済的に圧迫されていた（12・3を参照）。

旅行中にシレマニから同行してくれたのは、二人のクルド人亡命者のザヘールとサルダールだった。二人の説明によれば、クルド地域政府では、イラクの石油収入全体の驚くべきことに一七パーセントを占める石油収入によって情実経済が作られてきた。人口の大半は政府からの配給で暮らしている。二つの主要政党のクルディスタン民主党とクルディスタン愛国者連合の数千人の党員は、約五〇〇万ディナール（約四二〇〇ドル）の手当てを毎月受け取っている。ペシュメルガの戦闘員は七〇万ディナール（約五八八ドル）、警察官は九〇万ディナール（七五六ドル）を受け取る。二つの主要政党のどちらかと結びついた者が配置されている。実際に働いているのはバングラディシュやフィリピン出身の人々であり、この人々はまたペシュメルガの戦闘員の召使として仕える場合もある。実際にはしばしば奴隷扱いされ、賃金は安く、性的虐待を受けることさえある。

クルド地域政府は、石油を除けば地域経済を発展させることを何もしていない。その結果、この土地の生産物は多くない。工業品は外国から、大半はトルコから輸入される。クルド地域政府は、輸入に頼り、何も生産せず、石油だけで生きる第二のドバイたらんことを願っている。パンと果物でさえ、農業の発祥地の肥沃な三日月地帯として歴史上知られるこの地域へ、外部から運ばれるのである。

シレマニで私たちが会った二人のロジャヴァからの避難民は、生活費を稼ぐにはクルド地域政府の独裁政治に従わざるをえないと語った。二人はアザードとデルマンといい、年は一五歳と一六歳、カーミシュロ（ロジャヴァの町。アラビア語でアル・クァミシュリ、アラム語でカミシュリ）からここに来て、トルコの会社の建築部門で一年間働いた。給料は契約では二〇〇〇ドルで、カーミシュロの家族に送金するつもりだった。しかし今日まで一銭も受け取っていない。クルド地域政府は独立した司法制度を持っていないので、二人は要求を主張できない。それで二人は最近、民間建築業者で床タイル職人として働き始めた。援助が必要な時は、二人はロジャヴァからのクルド人の代表組織の民主主義的社会運動（TEV-DEM）（6・2を参照）の地域事務所へ行く。

南部クルディスタンは、コンクリートの不毛地帯へと変わりつつあり、自らの富を制御の利かない建築ブームへ投じている。クルド人が多数派のキルクークの町で運転手をしているマフームドは、庶民の身の安全は保障されず、良い仕事に就けないと私たちに語った。政治家はいつも多くの約束をするが、何も実現しない。マフームドは南部クルディスタンの最近の選挙で、わずかながら少しの希望が見えたと言った。[*2] シレマニでは選挙で新党のゴラン党〔ゴラン党（Gorran、英語で"Change"）は、ナウシルワン・ムスタファの指導下にあるイラク・クルド人の政党であり、二〇〇九年に創設され、クルド地域政府を統治するクルディスタン民主党とクルディスタン愛国者連合の二党連合政権に対する、公的な野党である〕が勝った。マフームドはこの結果に多くの望みを持っていないが、少なくともゴラン党は国家予算を公表した。この党は以前日和見的で、現在の政府の腐敗を公開したことを除けば、自らの綱領を何も提案していなかった。

マフームドは、虐殺者サダム・フセインの時の方がずっと暮らし向きが良かったと私たちに言った。その時は政府が基礎的な食料品に補助金を出していた。マフームドの父も運転手で、子どもを一〇人養ったが、マフームドは三人の子どもに食べさせることさえままならない。クルディスタン民主党にもクルディスタン愛国者連合にも所属せず、クルド人解放運動を支持している者は誰でも、すべてを統制しているクルド地域政府の機構のもとでは仕事を見つけられなかった。旅行の同行者の二人のイギリス人は、状況は悪化するだろうと言った。たとえば、ナイジェリアでは石油の富から利益を得ている民衆はまったくいない。

イスラム国が占領しつつあったモスルに入った。通りには駐屯兵が配置され、どの曲がり角にも検問所があった。兵士は制服から戦車までアメリカ軍の装備をまとっていた。

一九二〇年代にはモスルは、クルド人とキリスト教徒が優勢な都市であったが、両者ともほとんど追放された。四〇〇〇万人の都市だが、その様子は衝撃的だった。ここかしこに埃《ほこり》とゴミがあり、どの街角にも兵士が駐屯していた。建物に挟まれた通りを車が混乱を極めて走りまわっていた。爆撃で焼き払われた家並みと垂れ下がった電線は黙示録のような光景に見えた。「モスルを旅するときは頭に被りものをしろ」と忠告されていた（私たちが帰国したわずか一週間後にモスルはイスラム国に侵攻された）。

写真1　爆撃で瓦礫になったティルベスピーの家屋

私たちがモスルを去る時もまだ兵士たちの姿はあった。軍は通りを相当の努力で確保していると運転手は言った。同行者は、イラク軍や警察が見えたらいつでも頭を下げて目立たないようにしろ、たびたび軍や警察はイスラム国と協力しているから、と私たちに語った。

南部クルディスタンとロジャヴァの国境地点のティル・コーチャーでは、入国許可がなかなか出なかった。かなりの難儀の末とうとう国境を渡れた。やっと、自由ロジャヴァに入った！

ここの風景はまったく違っている。水平線まで小麦畑が広がっている。ロジャヴァはシリアの穀倉地帯で、国内の小麦の六〇パーセントを産する。後で知ったことだが、毎年ここでは一〇〇万トンの小麦を産するが、消費量はわずか一万トンだ。禁輸措置のために（12・3参照）、ロジャヴァの通商路は閉ざされ、小麦を輸出できない。解放後に建てられた通りの標識にはクルド人の名前が記されていた。殉教した戦闘員の写真がたくさんある。

ティルベスピー（アラビア語でアル・クァタニヤ）という小都市を通った時、爆撃で焼かれた家があった。二ヵ月前にイスラム原理主義者の攻撃を受け、一人の友人[*3]（heval）が殉教したと同行者のジューディが説明した。しかし、人民防衛隊（8・1参照）は攻撃を跳ね返し、現在イスラム原理主義者は自爆攻撃を仕掛けている。攻撃を阻止するため、アサイシュ（Asayîş）と志願者は二四時間交替で通りをパトロールしている。この人々は給料を受け取っていない。ただ自由な国を守りたいだけだ。

爆撃で焼かれた家があるが、ロジャヴァの第一印象は平和で美しい場所である。泥壁の家は大地に溶け込み、羊は道沿いで穏やかに草を食む。イラク側の粗野なコンクリートの都市の何か脅迫的な風景とはどんなに対照的なことか。ロジャヴァ革命にようこそ！

第 1 章
背景

クルディスタン（「クルド人の土地」）という名称は一二世紀に初めてアラビア語の歴史書に現れ、タウルス山脈の東部山麓が北部ザグロス山脈[*1]と出会う地域を指す。地球上のクルド人の人口はかなりまちまちだが、もっとも実際に近いのは、三五〇〇万人から四〇〇〇万人の範囲である。このうち、一九〇〇万人がトルコ、一〇〇〇～一八〇〇万人がイラン、五六〇万人がイラク、三〇〇万人がシリア、五〇万人が旧ソ連、一〇〇万人がヨーロッパに住む。[*2]

クルド人は、アラブ人、トルコ人に続く中東で三番目に多いエスニック集団である。今日のクルド人の居住地域は比較的密集しており、トルコ、イラク、イラン、シリアにまたがっている。この地域は水が豊富であり、そのためとりわけ戦略的に重要である。シリアとイラクに水を供給するティグリス川とユーフラテス川はクルディスタンにトルコ側（バクル）を通って流れこんでいる。

クルド語がインド・ヨーロッパ語族のイラン語派に属することは言語学者の間で一致しているが、クルド語はペルシア語とは著しく異なる。共通あるいは標準のクルド語もなく、標準的な文字体系や正書法もないのは、クルディスタンの分割状態、様々な国家でのクルド語の禁止などのためである。クルド語は主に五つの方言あるいは方言集団に分類できる。クルマンジ（Kurmancî）、南部方言（ソラニー Soranî、シレマニー

Silemanî、ムクリー Mukrî)、東南部方言(シネイ Sineî、キマンシャー Kimanşah、レキー Lekî)、ザザ(Zaza、別の言語とみなされる場合もある)、グラニー(Guranî)である。[*3] 方言の間の違いが大きいのでお互いの会話を理解するのは容易ではない。

クルド人の起源については確かなことは分からない。研究者、民族主義者(クルド人もトルコ人も)、クルディスタン労働者党でさえも、イデオロギー的信条に基づいてそれぞれの主張を唱えている。トルコの公式イデオロギーのケマル主義は、「国と民族とが国家において不可分に一体であること」[*4]を掲げる。ケマル主義によれば、トルコの全市民はトルコ人であり、非トルコ的アイデンティティを認知することを望むのは、分離主義として迫害される。トルコ人はクルド人がトルコ民族の系統を引くと主張している。

多くのクルド人は自分たちとしては古代メディア人が祖先だと考えている。一九七八年に公表されたクルディスタン労働者党の最初の綱領は、「私たちは紀元前一世紀に初めて私たちの土地に住み始めた。私たちの民族の祖先のメディア人が歴史の舞台に歩を進めたのである」[*5]と述べた。クルド人が民族としてクルディスタンに住む権利を正当化する場合、その論拠を血縁的な系統関係よりも土地に定住してきたことに置く傾向がある。[*6] しかし、クルド人が継続して居住していることとメディア人の系統であるという想定が、はるか昔に集合的な理解となった。

1・1 ロジャヴァの地理

オスマン帝国時代(一二九九〜一九二二)に遊牧アラブ人は現在の北部シリアに入り込み、地元のクルド人に出会った。中心的な貿易路によって、アレッポとモスル、そして今日の南部イラクが結ばれていた。両

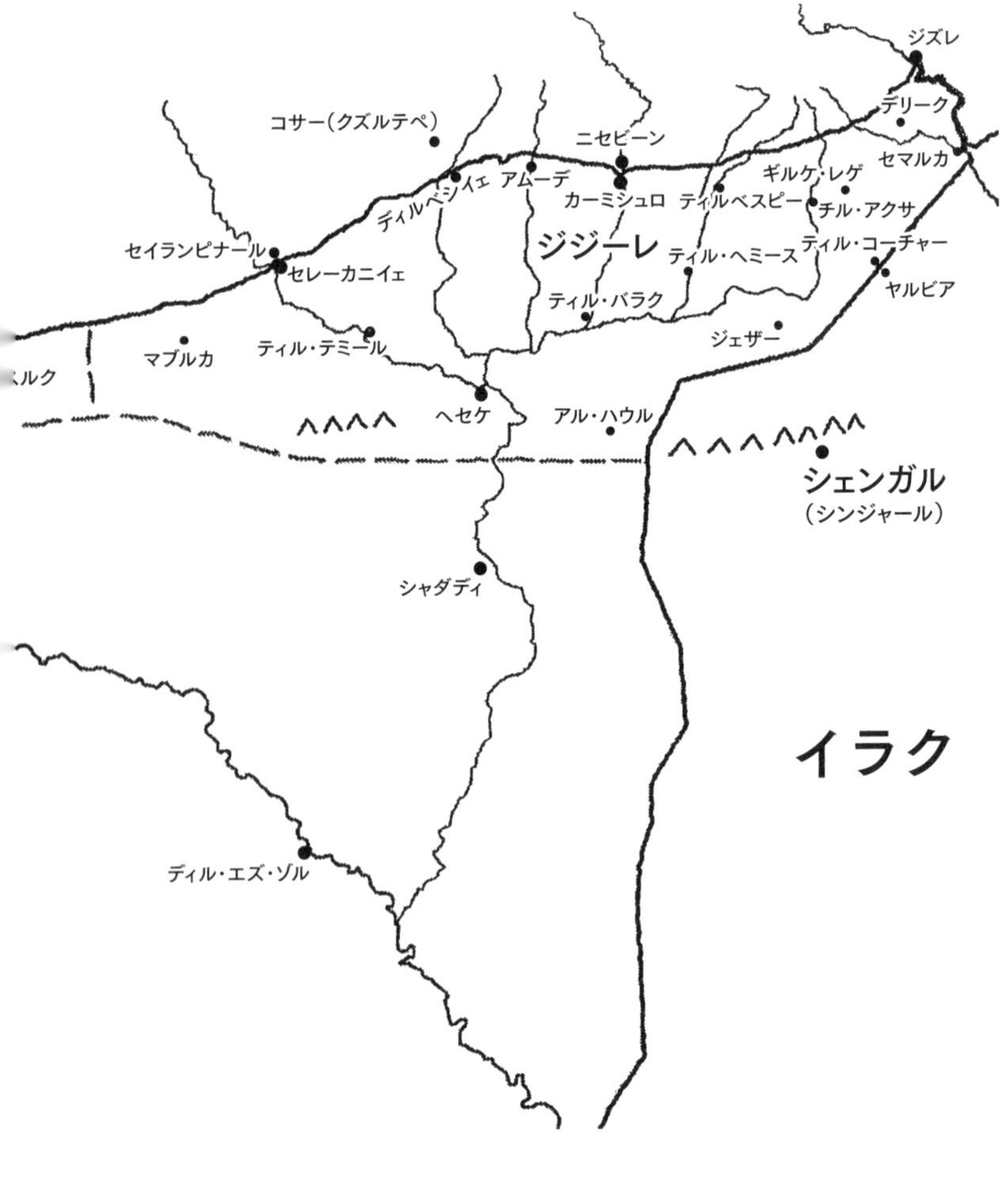

図1・1　ロジャヴァの三州：アフリン、コバニ、ジジーレ

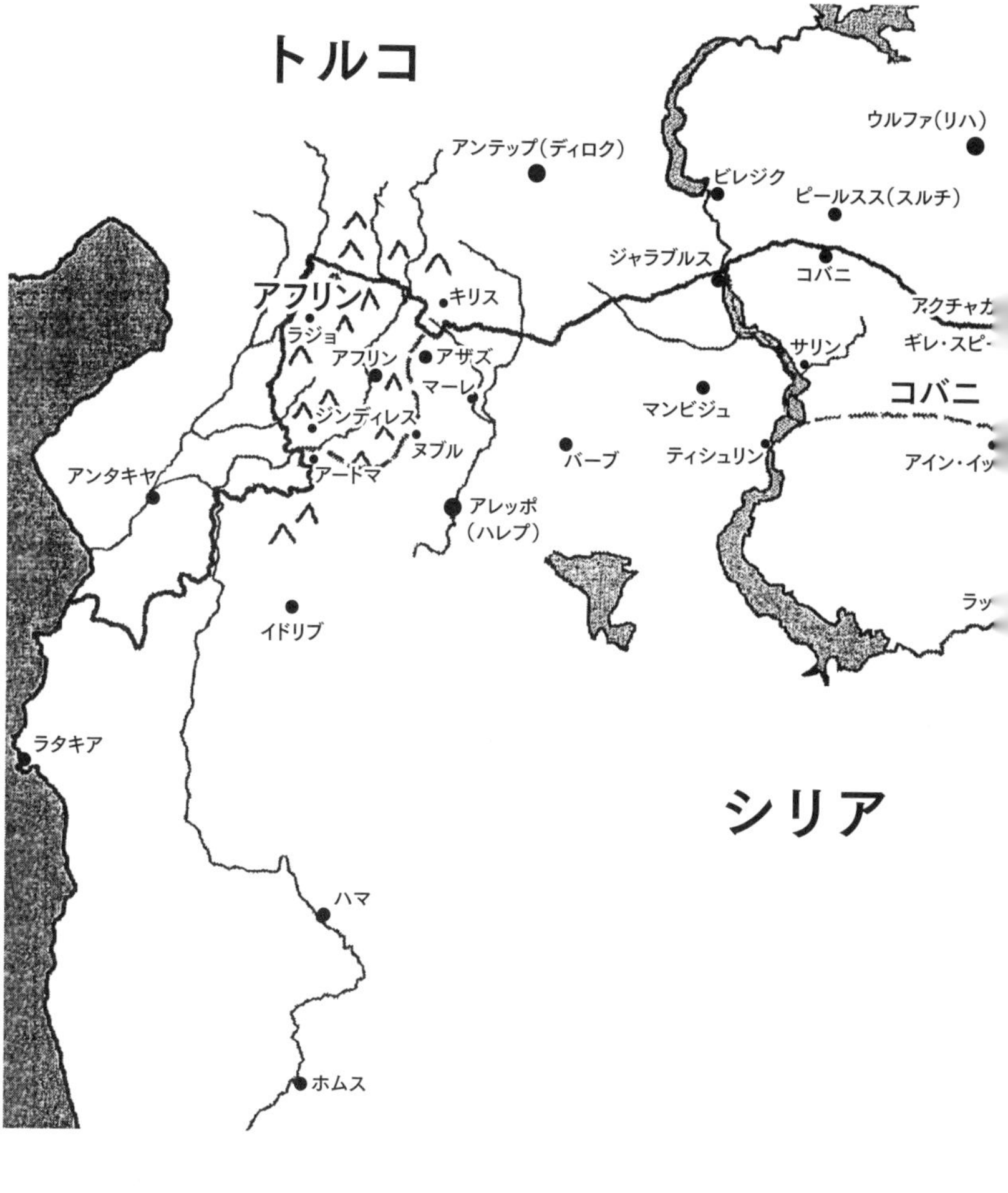
トルコ
ウルファ(リハ)
アンテップ(ディロク)
ビレジク
ピールスス(スルチ)
ジャラブルス
コバニ
アクチャカ
アフリン
キリス
ラジョ
アフリン
アザズ
サリン
ギレ・スピ
マーレ
コバニ
マンビジュ
ジンディレス
ヌブル
バーブ
ティシュリン
アンタキヤ
アードマ
アイン・イッ
アレッポ
(ハレプ)
ラッ
イドリブ
ラタキア
シリア
ハマ
ホムス

大戦間期にクルド人とキリスト教徒はトルコでの迫害から逃げ、ここに落ち着いた。この人々はこの地域の遊牧民とともに、現在のロジャヴァの住民の大部分を占めている。

一九二三年、第一次世界大戦の勝利者は、シリアとトルコを分ける五一一マイル（八二二キロメートル）にわたる国境をつくった。この線はベルリン―バグダッド鉄道路線沿いにジャラブルスとニセビーン（トルコ語ではヌサイビン）の間に恣意的に引かれた。

ほとんどの住民がクルド人である三つの島状の地域が、この国境のちょうど南にある。もっとも東にあるのが、ティグリス川を少し伸ばした方向でイラクに隣接するジジーレである。中央にはコバニ、もっとも西にはアフリンがある。ジジーレの真南のイラクにはシェンガル山脈（シンジャールとも言う）があり、ここに住むのはクルド系のヤズディ教徒（Ezidis）である。

二〇一二年七月、シリア戦争の最中に、クルド人運動はクルド人が多数住むこれら三つの地域をバース党支配から解放した。二〇一四年一月この三地域は自ら行政的な州として宣言し、民主主義的自治行政を作り出す課題に取り掛かった。[*7] 現在各州は、過渡的な行政の統治下にある。二〇一六年三月ロジャヴァ・北部シリア連邦制（ＦＲＮＳ）が宣言された（6・9を参照）。ここには三州と最近イスラム国から解放されたいくつかのエスニシティが混在する地域が含まれている。

アフリン州

アフリンはもっとも西端の州で、北（キリス）と西（ハタイ）でトルコの州と国境を接している。面積は八〇〇平方マイル（二〇七〇平方キロメートル）に及び、町が八つ（中心にアフリン市、シェラワ、ジンディレス、マバタ、レコ、ビルビレ、シイェ、シェラ）と三六六村落がある。アフリン州にはクルド・ダグ

（「クルド人の山」という意味で、クルド語でクルド人のチャーイェあるいはクルマンジ、アラビア語でジャバル・アル・アクラード）として知られる高地も含み、この高地は、西はトルコ国境、南と東はアフリン川と多少それを越えて、そびえている。クルド・ダグは標高四一六三フィート（一二六九メートル）である。[*8]

アフリン市は一九世紀に貿易路の中継地としてできた。人口は一九二九年に約八〇〇人だったが、一九六八年までにおよそ七〇〇〇人に増え、二〇〇三年には三万六五六二人である。[*9]二〇一一年にシリア内戦が始まった時、州の人口は見積もりで四〇万人だったが、戦いが始まるやアレッポから多くの難民がアフリンに移動し、人口は一二〇万人に膨張した。

住民の多くはスンニ派イスラム教徒のクルド人である。さらに少数のトルクメニスタン人も住むアフリン北部の町マバタにはおよそ八〇〇〇人のアレヴィ・クルド人のほとんどが住んでいる。[*10]ヤズディ教徒のクルド人の村落は七五〇〇人から一万人の居住者がいて、現地ではザワシュトリーと呼ばれている。州の外務関係委員会の委員長シレマン・ゼーファー氏によれば、人口の一〇パーセントはアラブ人である。他の州に比べると、部族（アシーレト）の役割はここではもう重要ではない。

アフリンの地形はほとんどが高台であり、古代からずっと人が定着していて遊牧民の脅威もなかった。この点で他の二つの州と異なっており、両大戦間期に耕地として耕されるようになった。[*11]地中海性気候であり、年平均降雨量は一五〜二〇インチ（三八〜五一センチ）である。アフリンの谷という低地帯では、ディーゼル機関のポンプで地下水をくみ上げて赤土が集約的に耕されている。収穫されるのは、小麦、綿花、柑橘類、ザクロ、メロン、葡萄、イチジクだが、主要な作物はオリーヴである。この州には一三〇〇万本以上のオリーヴの木があると推計される。ここのオリーヴの品質の高さは地域外でもよく知られている。[*12]

シリア統治下ではアフリンはアレッポ県の一部であった。二〇一四年九月に民主主義的自治の宣言をした。

集会で委員長に女性のヘヴィー・イーブラヒム・ムスタファが選出され、イーブラヒムによりレムジ・シェイフムスとエブディィル・ヘミド・ミステファが副委員長に指名された。[*13]

コバニ州

アフリンの東約六一マイル（九八キロメートル）にコバニ州（アラビア語でアイン・アル・アラブ）がある。標高約一七一〇フィート（五二〇メートル）のところにあり穀物栽培の盛んな経済的要地である。シリアの水資源の大半を供給するユーフラテス川が、州の西部国境となる。北部クルディスタンの雪解けの後、四月と五月に川の水位が最高になる。[*14] 国境に位置することと豊富な水資源のため、コバニ州は戦略的に非常に重要である。

首都のコバニ市は、ベルリン―バグダッド鉄道の建設時の企業都市として一八九二年に創られた。コバニという名称は、ドイツ語のKompanie（会社）の転訛形だと考えられている。一九二三年に引かれたシリア―トルコの人工的な国境によってこの都市は分断されている。鉄道の北にあるトルコ側の国境の町ミュリシトピナール（クルド語でエトメネク）は、以前はシリア側コバニの郊外であった。ミュリシトピナールの北東のもっとも近い町は、ウルファ県にあるヌルチ（クルド語でピルスース）である。コバニがシリアの占領下にあったときはアラビア語の名称のアイン・アル・アルブであり、その意味は「泉」あるいは「アラブの目」である。

クルド人アシーレト（asîret）は、コバニ地方に長く暮らしてきた。その大半は遊牧民であった。[*15] 二〇世紀にトルコでの迫害から逃れたクルド人難民にとってコバニが故郷になった。トルクメン人もコバニに住んでおり、アルメニア人難民もオスマン帝国による迫害を逃れてここに定着したが、一九六〇年代にその大半はアレッポかアルメニアへ去った。二〇一一年のシリア反乱の時には、およそ二〇万人がコバニ地域に暮らしていた。[*16] シリア内戦の間にシリア内で厖大な移民が出て、人口は約四〇万人に膨らんだ。コバニ市については、二〇一一年以前の人口は、定住者が五万四六八一人だったが、現在は一〇万人以上である。[*17]

二〇一二年七月一九日、コバニ市はバース党支配を駆逐したロジャヴァでの最初の都市となった。コバニ州は二〇一四年一月二七日に自治を宣言した。コバニの執行委員会の委員長は、エンヴァー・ムスリームで、この人物は副委員長としてベリーヴァン・ヘセンとハリド・ビルギルを指名した。アフリン州と同様、コバニ州もシリアの統治下にあり、アレッポ県の一部である。

二〇一三年の終わりにイスラム国は、コバニ州とコバニ市を占領しようとしたが、人民防衛隊と女性防衛隊（8・1と8・2を参照）は、この攻撃を何度も撃退した。二〇一四年九月半ばイスラム原理主義者の民兵がコバニ市に新たな大きな攻撃を始めた。アフリン州やジジーレ州から孤立したコバニは敵に包囲された。住民の大半は逃亡し、町の防衛をする戦闘員だけが残った。この抵抗は世界的に注目され、北部クルディスタンの人々が、そして空爆を行うアメリカ中心の国際的な連合が抵抗を圧倒的に支持した。二〇一五年一月人民防衛隊と女性防衛隊はコバニを解放し、この地域からイスラム国を排除した。

コバニ市と村落の八〇パーセントが破壊されたが、二〇一六年初めまでに住民の三分の二が帰還した。戦争以前は、部族に属することが多くの人にとって大きな意味を持っていたが、治療のためにロジャヴァからドイツに運ばれた傷ついた戦闘員は、戦争が始まってからは部族員であることは意味をなさなくなり、それに代わり革命の新しい政治組織や人民防衛隊・女性防衛隊との密接な繋がりが深まったと、二〇一五年一一月に報告されている。

私たちが訪れた二〇一四年五月時点では、アフリンとコバニの境の六一マイル（九八キロメートル）の一部は、自由シリア軍（ＥＳＡ　14・1参照）とジャブハット・アル・アクラード（人民防衛隊と連合している）とが統制していた。[*18] しかし、二〇一四年末からイスラム国のテロ民兵が地域の大半を統制した。トルコ軍は、人民防衛隊と女性防衛隊がこの地帯をも統制しないように二州の間に「緩衝地帯」を設定したかった。この地帯にはイスラム国にとって重要な供給ルートのヤラブルスがある。

二〇一五年六月、人民防衛隊と女性防衛隊、およびブルカン・アル・フィラート（自由シリア軍のグループ）は、ギレ・スピー（アラビア語でティル・アビヤード）を解放した。ここは、ジジーレ州とコバニ州の間にあり、クルド人、アラブ人、トルクメン人が混在する自治的統治組織がたてられた。解放地域はコバニ州に併合され、この結果、ジジーレ州とコバニ州の間の空所が埋められた。

ジジーレ州

ジジーレ（アラビア語でジャジラート・イブン・ウマール、アラム語でゴザルト州）は、コバニ州の約三〇マイル（四八キロメートル）東に位置し、三州のうち最大であり、トルコ国境に沿って一七四マイル（二八〇キロメートル）広がっている。面積は八八八〇平方マイル（二万三〇〇〇平方キロメートル）である。

小麦畑にあふれた景色の中に無数の丘（tell）が点在し、丘に因んだ名前の町が多い。例えば、ティル・コーチャー、ティル・ブラーク（アラビア語でタッル・ブラク）、ティル・テミール（アラビア語でタッル・タミール）などである。[*19] 州の唯一の高台は、カラチョックスであり、デリーカ・ヘムコ（アラビア語でアル・マーリキヤー、アラム語でダイリーク）とリメラン（アラビア語でルメラン）との間にある。しかし、海抜二四六〇フィート（七五〇メートル）なのでそれほど高くはない。ヘセケ（アラビア語でアル・ハサカ）の南西には標高九二〇メートルのケズワン（アラビア語でアブド・アル・アジズ）山脈がそびえ、ヘセケの東は約三〇〇メートルの高さの火山円錐丘がある。ジジーレを通って西にドライブすると、キューディー山脈とバゴク山脈が見え、右側遠くはトルコ国境であり、左側（つまり南側）はシェンガル地方である。

ジジーレは一三七万七〇〇〇人の住民がおり、平均人口密度は六〇人／キロメートルである。アフリン州とコバニ州の住民のほとんどは、クルド人だが、ジジーレの人々は多様なエスニシティからなり、クルド人、アラム人〔Syriac、またはSuryoye。古代アッシリア人の子孫を自称し現代アラム語を話すキリスト教徒の人々。シリア共和国国民との混同を避けるため、以下では「アラム人」と表記する。ドイツ語ではAramäerとも言う〕、アラブ人、アルメニア人である。革命の結果、現在はジジーレ州には公用言語が三つあり、クルド語、アラム語、アラビア語である。多くのアラブ人の村落は解放され、ディル・エズ・ゾルとラッカ（アラビア語でアル・ラッカ）から多くの人々がジジーレ州に避難し、クルド人やキリスト教徒たちの多くはヨーロッパへの移民となった。

ジジーレ州には一七一七の村落が点在し、そのうち一一六一は主にアラブ人が住む。バース党政権は、一九六〇年代にアラブ人をここに移住させ（2・2参照）、現在人口の五四パーセントはアラブ人である。クルド人は人口の四二パーセントとなっており、四五三の村落には主にクルド人が住んでいる。五〇の村落は大部分がアラム人で、ジジーレ州の人口の二・九パーセントを占める。四八村落には、アラブ人とクルド人の住民数が均等であり、三村落はアラブ人とアラム人、二村落はアラム人とクルド人がそれぞれ同じ人口数である。[*20]

都市の大半は三つの名前を持つ。遠い北東部の都市は、アラビア語でアル・マリキヤ、アラム語でデリーク、クルド語でデリーカ・ヘムコと呼ばれる。カーミシュロは行政組織の中心地だが、この都市の一部は未だバース党支配の下にあるので、行政の一定部分はアムーデの街に移された。シリアの支配下でのジジーレ州は、建前としてアル・ハサカー県に属する。
　四つのエスニック・コミュニティ（クルド人、アラブ人、アルメニア人、アラム人）は、ジジーレ州の一〇一議席の立法集会に代表を持つ。現在の州の委員長はクルド人のエクラム・ヘッソ、副委員長はフセイン・タザ・アル・アザム（アラブ人）とエリザベス・ガウリエ（アラム人）である。[*21]
ジジーレ州は、カーミシュロ、セレーカニイェ、ヘセケという地区に分かれている。

デリーカ・ヘムコ
デリーク（この名称はクルド語でもよく使われる）は、北東部のトルコとイラクとの国境に近い七万五〇〇〇人の都市である。二〇〇四年に一八万九六三四人が住んでいた。デリークの住民の多数はクルド人、続いてアラム人とアルメニア人、少数のアラブ人である。都市の北部にはクルド人が、南部はアラム人が住んでいる。アサド政権のもとでは、数多くのアラウィー派がこの地域に住み、政府の役人として働いていたが、それ以後多くはロジャヴァを去った。デリーク地区には他にギルケー・レジェ、チル・アクサ、ティル・コーチャーの都市がある。
　社会組織としての部族は、特にアラブ人のいくつかの集団では未だに重要である。この地域で取れる作物は、小麦、大麦、レンズ豆、綿花である。シリアの石油の大半はデリークで取れる。

カーミシュロ
カーミシュロ地区に含まれるのは、カーミシュロ市、ティル・ヘミース（アラビア語でトール・ヘミス）、アムーデ（アラビア語でアムダ）、ティルベスピーの町である。フランス軍が行政センター及び軍駐屯地にするために一九二六年にカーミシュロ市を作った。この都市はトルコからのキリスト教難民の収容にも提供され、いまだに今日もアラム人もたくさん暮らしている。街はシリア―トルコ国境で分断されていて、トルコ側の土地はニセビーンと呼ばれる。

二〇〇四年、カーミシュロ市には一八万四二三一人の人がいた。周辺の五五七村落を含むとカーミシュロ地区の住民は四二万三三六八人であった。[22] 難民が多くなり、現在この数はずっと増えた。二〇一三年四月には約八〇万人が市内と周辺に暮らしている。[23]

セレーカニイェ

セレーカニイェ（「起源で」を示すクルド語、アラビア語でラス・アル・アイン、アラム語でレス・アイナ）の街は、ミタンニ帝国のもとで紀元前二〇〇〇年に作られたと言われる。この都市も国境で分断されている。北部（現在はセイランピナール）はトルコが占領している。

セレーカニイェ地区は、クルド人、アラブ人、アラム人、チェチェン人が住んでいる。二〇一〇年、地区の人口は推定五万五〇〇〇人だったが、現在の人口はわからない。クルド人とアラブ人の人口数はほぼ同じである。地区にある二七九村落にはほとんどアラブ人が住み、少数の村落にクルド人が住む。アラム人やヤズディ教徒の村落もいくつかある。二〇一三年一月から七月まで、自由シリア軍の部隊だけでなくジャブハート・アル・ヌスラのイスラム原理主義者もセレーカニイェを占領した（8・4参照）。

ヘセケ

オスマン帝国から逃れたアラム人が定住したヘセケは、フランスの委任統治領として一九二〇年代〜三〇年代に作られた。二〇一一年の推定人口は一八万八〇〇〇人である。[*24] 北部ヘセケの主要な住民はクルド人で、アラム人はアラブ人に次ぐ第二の人口グループであり、アラブ人がそれに続く。地域の五九五村落は多くがアラム人の村落である。ヘセケ地区にはテミール、ホル、アル・シャッダディーという都市がある。

牧畜業と村落単位の農業が昔から行われているが、二〇世紀の中葉に近代的な機械によって可能になった大規模な農地耕作が始まった。セレーカニイェの近くにある非常に肥沃なカルスト地形にある泉からの水を源流とするハブール川（アラビア語でアル・カブール、アラム語でカブール）は重要な用水源である。[*25]

バース党政権は、一九六三年に権力を握ると、広大な農地を半遊牧の畜産農家に分配した。この畜産農家は穀物と綿花を栽培し始めた。ハブール計画によって、一万六〇〇〇平方キロメートルの農地に灌漑して将来のシリアの穀倉地帯にするためにダムや運河がいくつか建設された。人口が増え、ステップ地帯に農地が広がり続けているので、今日では水不足となっている（13・2参照）。

1・2　歴史的な概観

メソポタミアの長い歴史を一時間に圧縮すると、国民国家が存在してきたのはわずか一秒に過ぎない。本書が焦点を当てるこの地域の最近の歴史は、遠い過去の文脈においたときだけ理解できる。以下、簡単にこの歴史をスケッチしよう。

先史および古代史

メソポタミアは新石器革命がおこった地球上の三ヵ所のうちの一つである（他の二つは中国とアメリカ）。その理由はいまだ議論の決着がついていないが、紀元前一万五〇〇〇年以来、人類は次第に狩猟採集から農耕定住の生活様式に徐々に移行した。[*26]

新石器時代の最古の有名な建造物は、北部クルディスタンのハラウレシュク（ゲベクリ・テペ、英語で太鼓腹の丘 Potbelly hill）にある。紀元前一万五〇〇〇年、巨大な石柱を持つこの建造物は、集会が開かれる場所あるいは神殿の集まりがあったようだ。共同体には天体の動きを解釈し、播種や収穫の時期を決めることが必要だったために、儀式と宗教が職業となった。それがおそらく専門的な聖職者に変わっていったことで、共同体の中で階層化が初めて起こった。専門家としての聖職者は農民の剰余に依存して生活し、星の動きを解釈した。

都市型の社会は紀元前四千年紀に、テッル・ブラク（現在のジジーレ州にある）やウルク（現在の南イラク）のような最初の大都市として出現した。書記、灌漑、運搬のような技術改良があったのは、人が定住するこれらの場所と深いつながりを持っている。現在のロジャヴァにあるウルケッシュ（現在のアムーデ近隣のギレ・モザンにある）のような都市国家から、そして上メソポタミアの他の場所で、初期の国家ができあがった。

神話によると、紀元前五千年紀の初めに新石器時代に典型的にみられた強い女神（紀元前六〇〇〇年のテッル・ハラフに見られるような）が家父長制支配の神話に取って代わられた。神殿が経済の中心地になり、ここから収穫された穀物が分配された。[*27] 剰余生産物が生まれたので、ウルクでは長さ五マイル（八キロメートル）の市壁などの記念建造物が造られた。[*28]

家父長制的秩序がウルクからバビロンに広がった。シュメールやアッカドの時代には女性の書記や支配者がいたという証拠があるのだが、[29]特に紀元前二千年紀から千年紀にかけての中央集権的な国家体制の発展と女性の従属と搾取とは深く結びついているようだ。

このように今日のロジャヴァは、古代の歴史にあっては、非常にダイナミックな場所であった。アッシリア人そしてヒッタイト人がこの地域を併合したが、紀元前一一世紀に反抗的な農民と盗賊の群れが混じりあったような「海の民」が西からやってくると、ヒッタイト王国は混乱状態に陥った。[30]この結果、権力の真空状態になり、そこにアラム人がやってきて、小王国をいくつか建てた。これら小王国では楔形《くさびがた》文字が改良され、ギリシア語、ラテン語、ヘブライ語、アラビア語を書くためのアルファベットの元の文字が創られた。紀元前七世紀と八世紀にアッシリア人は、アラム人の王国を征服したが、アラム語は西メソポタミアの共通語になった。[31]続いてペルシアによる支配、マケドニアによる征服（アレクサンドロス大王の下で）、それからヘレニズム時代初期のディアドコイ国家間の戦争が続いた。紀元前六二年に現在のシリア地域は、ローマ帝国の一部になった。キリスト教の勃興後、東ローマ帝国の時代に現在も残る多様な宗派が生まれた。グノーシス派の神秘主義に関する論争は他の何よりもシリアでのアラウィー派の形成に影響を与えた。

イスラムの拡大の初期、イスラム・アラブ人の部隊は、紀元六三六年のヤルムーク川の戦いで東ローマ帝国支配下のシリアを征服し、ウマイヤ朝のカリフはダマスカスからの一帯を支配した。七五〇年にアッバース朝はウマイヤ朝を打倒し、カリフの所在地をバグダッドに移した。その後、小国の分裂状態や十字軍との衝突やエジプトによる支配が続いた。結局一五一六年にオスマン帝国がシリアを侵略した。オスマン帝国による支配は、様々な反乱によって中断されながらも一九一八年まで続いた。ドイツとの密接な同盟国だったオスマン帝国は第一次世界大戦の終了とともに滅亡した。オスマン帝国が残した物に利害を追い求めた主な国は、ドイツ、ロシア、イギリス、フランスであった。

植民地主義、パン・アラブ主義、バース党

一九一六年五月一六日、イギリスとフランスはサイクス・ピコ協定を秘密裏に締結した。この協定は植民地的利害からそれぞれの支配地を定め、二一世紀の中東の政治的分断を決定づけた。シリアはフランスのものになった。一九二〇年のサン・レモ会議によって、植民地を支配する列強のイギリスとフランスにとって都合の良いように中東地域は分割され、国境線を引き直してシリアとイラクの委任統治領に組み込んだ。

不安定な新国家のシリアとイラクは、「様々なエスニシティ、宗派、宗教分派の集団からなる取り繕って作られた国家であった」と、トルコの政治学者ハルク・ガーガーは述べる。「クルディスタンは分割され、クルド人は地位を剝奪された。石油が豊富なクルディスタン地域は、フランスとイギリスの植民地支配下のシリアとイラクに割り当てられ、トルコはクルディスタンの北部を受け取った[*32]」。

委任統治下のシリアでのフランスの政策は、買弁階級を育成しようとする古典的な植民地統治であった。すなわち大土地所有者および上層階級と手を握ろうとした。フランスはアラウィー派、キリスト教徒、ドゥルーズ派に特権を与え、軍事・行政上の地位に据えた[*33]。フランスの銀行と企業は資源を略奪する特権を得た。イギリスに圧迫されたフランスはダマスカス周辺とアレッポ地域にシリア国家を建て、一九三七年に他の地域をそれに付け加えた。一九三〇年代にシリア・クルド人はアラブの支配に対してダマスカスから反乱を起こし、ジジーレでの自治を要求して運動した。これに対して、一九三八年にフランス政府はジジーレを直接支配下に置いた[*34]。

第二次世界大戦中、連合国は繰り返しシリアの独立を約束したが、それは暴動や反乱に圧迫されてのことであり、イギリスの干渉によって最後のフランス部隊がこの地域を離れたのは結局一九四六年四月一五日であった。[*35] 二日後シリア共和国が独立を宣言した。旧エリート達が権力の座に残ったが、軍事上の経歴や教育を通じてより多くのシリア人が中産階級に上昇した。マイノリティのキリスト教徒たちは、外国や宣教師から支持されて便益を受けたが、スンニ派の人々は社会的に不利な立場に置かれた。[*36] 地方では、保守的な土地所有者への抗議が高まり、社会主義的・共産主義的な運動が盛んになっていったが、民族主義的・宗教的運動も高まった。[*37]

これに反対するものとして、植民地支配政策によって、ヨーロッパのナショナリズム、特にドイツ・ロマン主義の影響を受けてパン・アラブ主義の言説が発生した。[*38] 一九二八年にエジプトで創設されたムスリム同胞団は、一九四五〜四六年までにシリアで活動するようになり、イスラム法と社会的プログラムを結びつけた。しかし、パン・アラブ主義のアイデンティティは、宗教ではなくナショナリズムに基づくものだった。[*39] シリアのバース党（「再覚醒」）は一九四〇年に創設され、パン・アラブ主義意識を鼓舞するよう努めた。党は世俗的かつ反帝国主義的であり、アラブ・ナショナリズムの支持者に活躍する機会を提供した。[*40] バース党はより過激な社会主義運動への道を開き、それゆえにその運動を抑制するために限定的な社会主義的プログラムを提起した。バース党を支持したのは、シリア・スンニ派以上にドゥルーズ派、アラウィー派、キリスト教徒であった。[*41] さらに、パン・アラブ主義はその定義によって「非アラブ」の人間集団、特に北部のクルド人を排除した。このように排除されたクルド人の多くはシリア共産党[*42]に加入するか、一部は一九五七年にクルド民族主義のエル・パルティーを創設した。エル・パルティーから後のクルド地域政党が生まれることになった。

一九四八年、シリアはパレスチナ戦争（イスラエル独立戦争）に参戦した。戦争はイスラエルがアラブの国々を完膚《かんぷ》なきまでに破り、七五万人のパレスチナ人を追放し、イスラエル国家を建国した（アラビア語でアル・ナクバ「破局」と呼ばれる）。シリア内部ではこの敗北により動揺と混乱が生じた。軍部が権力を拡大しようと機会を伺った。軍事クーデターと反クーデターが相次いだ。一九四九年から一九五六年の間にシリアには、二〇の政府と四つの異なる憲法ができた。[*43]その多くはソビエト連邦と関係を深めようとし、反帝国主義、パン・アラブ主義のモデルを実現するための援助を求めた。

一九五八年二月一日、エジプトとシリアは「アラブ連合共和国（UAR）」という連合を宣言した。[*44]これは全アラブ諸国が地方エリートとの関係を断ち、共に一つのパン・アラブ主義の国民になることを意図していた。その「アラブ社会主義」パラダイムは、社会の全部門を強力な中央政府が統制すると唱えた。国家は全階級の利益のために行動し、資本主義的、社会主義的な考え方をナショナリズムの旗のもとに統合するといわれた。[*45]土地改革及び労働組合の禁止を提起し、共産主義者の反対を抑えながら、クルド人の反対者を根絶した。[*46]バース党を含む全政党は解党された。

アラブ連合共和国のエジプト中心の統治はシリアのエリートには受け入れ難く、一方その国家統制プログラムは、さらにいっそうの不満をよんだ。一九六一年九月二八日、上層階級が支持したシリア軍部がシリア・アラブ共和国の樹立宣言をし、アラブ連合共和国を廃止した。[*47]旧エリートの統治が再開されたが、バース党の影響はごくわずかしかなかった。

ついで一九六三年三月八日、バース党将校が旧エリートに対してクーデターを遂行した。[*48]中産階級出の軍人立身出世主義者たちは権利を主張し、権力を持つ地位が配分されたが、それは自分たちの間やアラウィー派、ドゥルーズ派、キリスト教徒、マイノリティのイスマーイール派の間であり、場合によってはスンニ派にさえもその地位を分け与えた。[*49] バース党は野蛮な武力を用いて共産党とムスリム同胞団に権力を振るった。[*50]

一九六六年二月二三日、シリア空軍の将軍ハーフィズ・アル・アサドが支援するクーデターがそれまでのバース党指導部を打倒し、アサドは国防大臣になった。一九七〇年一一月一六日にアサドは権力を掌握し、旧政治指導部の全員を刑務所に入れ、大統領独裁制という言い方がもっともふさわしい体制を創った。

アサド王朝

ハーフィズ・アル・アサドの支配は、抑圧と限定的な国家社会主義を結合したものだった。アサドは労働組合と反対派を押さえつけたが、土地改革を実行し、公共部門を社会主義化し、中間階級と労働者階級の人間を公務員として雇ったために民衆の支持を得た。アサドはある種の「上からの革命」によって情勢を落ち着かせた。アラウィー派の一団にとどまらず、スンニ派も統合し、スンニ派のエリートと提携した。

アサドは、ずっと続いていたイスラエルとの睨《にら》み合いを利用し、諜報機関と軍のシリアでの活動範囲を広げた。一九七五年レバノンが内戦へ突入した。左翼のパレスチナ解放機構（PLO）は、パレスチナ解放の踏み台としてレバノンを利用しようとした。[*51] 一九七六年にアサドは、レバノンに侵略したが、それはパレスチナ解放機構の影響を食い止め、左翼思想がシリアに広がるのを阻止しようとしたからだ。アサドが介入したために、シリアで大衆的な抗議が起こった。それを暴力的に弾圧し、高揚した運動を壊滅させたのがアサドの答えだった。[*52] シリアは二〇〇五年までレバノンを占領した。

一九八〇年以来シリアではムスリム同胞団のメンバーになると死刑によって罰せられた。一九八二年二月ムスリム同胞団がアサドの支配に抵抗して蜂起した。その扇動者の一人、アブ・ムス・アブアス・スリは、ムスリム同胞団が蜂起のさい何千丁もの銃と重火器を用いたと述べた。ジハーディストたちはバース党党員を殺し始め、[53] 政権側はそれに対してハマで大規模な虐殺を行い、死者は二万人に上った。ハマの虐殺は社会的なトラウマになったが、政権側は左翼であろうが、ムスリム同胞団であろうが、その後のすべての反乱の企てや反対派を鎮圧した。政権側は、行動の責任が広い範囲で問われない軍部隊による治安機構を拡張した。

反対派を鎮圧してアサドは政権を安定させた。まさにそうであったから、二〇〇〇年六月一〇日にアサドが死ぬや否や権力は途切れなく息子に移った。バシャール・アサド政権による政治的自由の拡大への希望とともに、「ダマスカスの春」が訪れると期待されたが、その望みは失望に変わった。実際には権威主義体制がその社会主義的側面を脱ぎ捨て、新自由主義に移行した。今や国家は経済的自由化を進めようとした。[54] 国有地は民営化され、公共の資源は縁故主義に基づいて再配分された。商業的農業により地下水は枯渇し、殺虫剤と動物用飼料の価格統制が取り去られた。[55] 労働組合は脅されて国家に忠実であったが、アサドはそれを敵対視した。労働組合を経済的自由化の障害とみなし、組合の財政を遮断した。経済的自由化の結果、特にクウェート、カタール、アラブ首長国連邦からの外国資本が流入したが、自由化は農村民衆を貧困状態に陥れた。ロジャヴァはその影響をもっとも受けた地域の一つであり、クルド人は都市への移住を余儀なくされた。社会主義国家の最後の遺物が剝ぎ取られ、公共部門が荒廃し、資本が少数の手に蓄積されたため、民衆の受難が激化した。

二〇一〇年にバシャール・アサドはバース党の組織構造を合理化したため、軋轢を起こすことなく決定を履行できた。主に腐敗した治安組織が官僚主義の象徴的実例となった。国家と民衆の間の距離が広がり、古くからの権威の源が強化された。新自由貿易地帯の登場で、地方市場に安価な商品が溢れ、中東経済の屋台骨である小商店や小規模手工業が壊滅的打撃を受けた。賃金が急落したため、二〇一〇年に労働者の六一パーセントの稼ぎは月額一九〇ドル以下であった。[56] サービス部門と旅行業とホテル業に投資が向けられ、生産に回ったのはわずか一三パーセントに過ぎなかった。[*57] 社会問題の解決がますます急を要するようになったが、抑圧と腐敗が深刻化し、二〇一一年ついに反乱へと高まった。シリアの多数の人々はアラブの春を歓迎した。

第2章
ロジャヴァの多様な文化

自由への希求かつ多くの信条の尊重に則り、我々クルド人、アラブ人、シリア人（アッシリア人、カルデア人、アラム人）、トルクメン人、チェチェン人は、この憲章を宣言し制定する。……民主主義的自治によって治められるこの地域は開放されており、あらゆるエスニック集団、社会集団、文化集団、民族集団が、それらの連合を通じて、そして建設的な理解、民主主義、多元主義において参加できる。

「ロジャヴァの社会的契約」より

すでに述べたように三州の中で多様なエスニシティにもっとも富んでいるのが、ジジーレ州である。「クルド人、アラム人、アラブ人が皆ここで共に生きています。私たちの社会は非常に多様です」。これは、私たちが二〇一四年五月にデリークにある民主主義的社会運動（6・2参照）事務局を訪ねた時に聞いた言葉である。「求めるのは敵愾心ではなく友好関係です。共に新たな社会を建てているのです。誰もが自分らの宗教上の祝祭を祝うことができます。何の制限もありません」。

「異なったグループの間の関係はとても良好です」と民主主義的社会運動の代表者は続けた。「民主主義的社会運動自体にアラブ人、アルメニア人、アラム人のメンバーがいます。互いに良好な関係にありますが、互いに結婚するまでには至りません。それには宗教的な障壁が高すぎるのです。伝統的にクルド人とキリスト教徒は非常に良い関係でしたが、両者の分断が国家によって作られました。学校では、授業はまだアラビア語ですが、クルド語や他の言語も補助的に使われています。デリークの住民のおよそ七〇パーセントが評議会制度に組織されています。もちろん私たちは全員に対して奉仕しています」。

事務局は私たちの求めに応じて、様々なグループの代表機関を訪問する機会を与えてくれた。

2・1 クルド人

クルド人にはシリアでの長い歴史がある。オスマン帝国時代に半遊牧・遊牧クルド人部族（asîret:tribes）がシリアに定住した。アラブ人部族と連合を作るクルド人もいた。「イスラム以前の時代にあっても、クルド人部族は、モスル、マルディン、ジジーレ近辺の山岳地帯から山を下り、現在のシリア・ジジーレのステップ地帯の温和な気候の中で冬越した……今日でも同じ部族が今もジジーレの同じ場所で生活している。ただ、それ以降クルド人は定住農民あるいは都市住民になったが、（アラブ人部族の）タイ族は遊牧民のままだという違いはある」[*1]とイスメット・シェリフ・ヴァンリィは書いている。

今日ではシリア・クルド人の大半は同化され、自らの言語や伝統を忘れている。[*2]現在クルド人としてのアイデンティティを持つ者の多くは、主にロジャヴァの三つの自治州に住んでいる。シリア内戦の勃発以前はおよそ六〇万人のクルド人がダマスカスに、五〇万人がアレッポ、特にシェクス・マクスードの近辺に暮らしていたが、現在のその数は約六万人に減ったと、女性運動の活動家ロジンが二〇一四年一一月に私たちに語った[*3]（6・4参照）。結局、今はおよそ三〇〇万人のクルド人がロジャヴァに住んでいる。

第一次世界大戦後、シリアとトルコの国境が設定されるとクルド人遊牧民の多くは、突然どちらか一方の側に入ることになり、そこに定住するように強いられた。一九二〇年代にトルコ軍部がフランス委任統治領内でポグロム（虐殺）を実行すると、その結果クルド部族のいくつかは逃れさった。フランスはクルド人に北部シリアで農業に携わるように勧めた。

シリア・アラブ共和国は建国以来変わることなく、均質なエスニックのアラブ国民国家を自認してきた。[*4]それゆえにアサド政権はクルド人に同化を強制し、国内の最大のエスニック・マイノリティなので、アラム人やアルメニア人よりもクルド人を脅威とみなした。

シリアに住むクルド人にはトルコから避難した者もいる。抑圧から逃れようとしたのだ。しかし一九六二年に政権側はヘセケの住民の人口調査を実施した。それは一九四五年以前からこの地に住んでいたことの証明をクルド人に求めるものであった。そのような書類を用意できなかった者はアジャニブ（アラビア語で「外国人」）と宣告された。一九二〇年代や一九三〇年代にシリアに移住した人でさえも、その時からはアジャニブと呼ばれた。シリアの市民権を奪われたこの人々は、無国籍とされ、それゆえに財産を所有できず、貧困に陥る羽目になった。

ヘセケの他のクルド人は、例えば人口調査期間に留守にしていたがために、人口調査からまったく省かれてしまった。そしてマクトウミーン（アラビア語で「隠れた者」）と分類された。[*5]正式な登録を許されず、また身分証明書もないので、この人々は、アジャニブよりも差別された。パスポートの申請ができず、公共部門で働けず、社会保障も受けられず、国外旅行もできず、ホテルに宿泊さえできなかった。高等教育を受ける機会が制限される場合もあった。

全部で一二万人から一五万人のクルド人が市民権を奪われ、まったく非合法な立場に置かれた。この状態は子や孫にも受け継がれた。[*6] 二〇〇四年までにロジャヴァにはおよそ二〇万人のアジャニブと八万人から一〇万人のマクトウミーンが存在した。[*7]

バース党が権力を掌握した一九六三年のクーデター以後は、シリアのクルド人は近年のトルコからの移民だとするのが公式イデオロギーになった。ヘセケ州の治安機関トップのムハンマド・タラブ・ヒラルは、北部シリアのアラブ化のための一二項目の計画を詳しく述べ、以下のように説明した。「ジャジラ（Jazira）の鐘は警報を鳴らした。この地域を守り、すべてのこうしたクズや歴史のカスを取り除いて純化するようにアラブ人の意識に呼びかける。アラブ人領土の他州と歩調を合わせて、州の収入や富を、地理上の状態にふさわしく捧げることができるまで。……クルド人問題は、クルド人が自らの組織を作っている以上、アラブ民族の肉体の内部に成長し、育った一つの悪性腫瘍である。そのために我々が適切に施せる唯一の治療は除去である」。[*8]

この一節は、シリア政府が次の数十年にわたってクルド人を処遇してきたやり方を示している。ヒラルの計画は以下のようであった。クルド人の自分たちの土地からの立ち退き、クルド人のための教育の否定、「指名手配」のクルド人のトルコへの送還、クルド人の就労機会の拒否、クルド人の間の分割統治政策、クルド人聖職者のアラブ人への置き換え、クルド人に反対するプロパダンダ運動、トルコ国境沿いのアラブ人への防疫線の設置、アラブ人移住者と一緒の共同農場の創設、非アラブ人の投票権と公職就任権の否定、そして非アラブ人移民へのシリア市民権付与の否定、以上である。[*9]

この項目のうちの幾つかは、一九六二年の市民権の剥奪とともにすでに実行された。残りの項目も一九六六年以降に実行された。体制に批判的なクルド人地主の土地は収奪された。アラブ人がその地域に移住させられた。政権は「アラブ地帯」政策（2・2参照）によってこの地域を「アラブ化」した。クルド人の所有する土地を収奪して、「社会主義化」した地域に数万人のアラブ人移住者を配置したのである。ヒラルの計画が一九六八年に公に知られると、バース党政府は、それがクルド人に対する公式政策を示すものではないと否定したが、さまざまな処置が実行されると政府が否定したことが偽りだと分かった。

一九九〇年代を通じてシリアでの平均寿命が伸び続けたし、例えば電気が来ている世帯数もわずか三パーセント（一九六三年）から九二・一一パーセント（二〇一一年）に跳ね上がった。[*10] しかしクルド人の地域はこの変化を体験していない。クルド人は地域から排除され、否定され、迫害され、クルド人地域は国内経済の搾取のための国内植民地に変えられた。

ヤズディ教徒

ヤズディ教徒は、クルマンジ語を話す八〇万人から一〇〇万人のコミュニティを作っている。住んでいる地域は、南部クルディスタン（バシュル）、北部クルディスタン（バクール）、ロジャヴァである。何世紀にもわたって宗教上の迫害を受けて来た。「オスマン帝国の下で少なくとも七二件のポグロムがあったと考えられる」と、ヤズディ教徒協会連盟の公文書にある。二〇世紀には中東のほとんどすべてのイスラム国家が、クルド人のアイデンティティを持つヤズディ教徒を政治的・倫理的に迫害してきた。狂信的なムスリムは、シャリーアの基準からするとヤズディ教徒は、「アブラハムの宗教」〔ユダヤ人の始祖アブラハムが信仰していたとされる一神教。ユダヤ教、キリスト教、イスラムはその系列の宗教とされる〕に所属しておらず、それゆえに強制的に改宗させるか殺さなければならないと主張した。

クルド人のコミュニティは、ヤズディ教徒を古代クルドの文化と言語を保持していると次第に考えるようになっている。ヤズディ教徒協会連盟によれば、「ヤズディ教は一神教であり、特にクルディスタンに起源がある。すべてのヤズディ教徒はクルド人である。……（この宗教の）最高の天使は孔雀天使であり、神の代理者である。女性はヤズディ教徒の社会では特別に重要な役割を果たす。女性は神と同様に、生命を授け、それゆえに聖なる存在であるからだ。ヤズディ教徒は輪廻《りんね》を信じている。ヤズディ教は聖書を信じる現在の宗教よりも遥かに古い宗教である。それは平和な宗教であり、人に改宗を求めない」。

ヤズディ教の中心地はシェンガル（シンジャールとも呼ばれる）であり、北部イラクにあり、ロジャヴァとの境に近い。アムーデにあるマラ・エジーディヤン（ヤズディ教徒の家の意）で、議長のシェクス・セイド・ジンドは、現在ロジャヴァに暮らすヤズディ教徒は一万人から一万五〇〇〇人にすぎないと言った。アフリン州に集中しており、約二五村落あり、ティルベスピー近隣にも二、三の村落がある。アサド政権の下でアフリンとアザズのヤズディ教徒は、順調に統合され、経済状態も悪くないが、ジジーレ州では外国人と見做されている。ジンド氏は次のように語った。「私たちはバース党政権下で非常に抑圧されていました。婚礼はイスラム化され、子どもたちはイスラムへの入信を強制され、ヤズディ教の宗教儀式を祝うことができなかった。政権はヤズディ教徒を決して公務員に採用しなかったし、役人や警察は何度も私たちから金品をだまし取った」。

しかし、革命以後事態は変化した。ジンド氏は続けた。「今私たちは自由だ。もう抑圧されてはいない。四月半ばにはバース党政権下で禁じられてきた祭典を祝った。民主主義的社会運動は祝典をやるように私たちに促してくれさえした」。氏は、ヤズディ教徒が評議会体制の中で自らの組織を作ったと強調した。人民防衛隊・女性防衛隊だけがヤズディ教徒を守るだろうと氏は述べる。セレーカニイェでは、ジハーディストが三つのヤズディ教徒の村を攻撃し、住民を虐殺し、さらにアフリンのヤズディ教徒にも脅しをかけた。

ヤズディ教徒はヨーロッパ人が、援助によって故郷で安全に暮らせるようにするよりも、移住するように自分たちに促すことにたびたび不満を漏らす。北部クルディスタンからのおよそ一〇万人のヤズディ教徒が現在ドイツに暮らしているが[*11]、一九九〇年代にトルコがヤズディ教徒の村を壊滅させたとき、ドイツ連邦共和国は見て見ぬ振りをした。二〇一四年夏、シェンガルのヤズディ教徒はイスラム国に攻撃された（8・9参照）。現在のイスラム国の皆殺し政策を考えると、国際的支援が緊急に必要である。

2・2 アラブ人

フランスの委任統治が始まった一九二一〜二二年頃、シリア・アラブ人は遊牧民であった。ジジーレでの最初のアラブ人村落はやっと一九三三年に作られた。一九二〇年代を通じて、クルド人とアラブ人シャンマール部族は何度も衝突し、官憲はクルド人をトルコからの最近の移民だと言っていた。一九四五年にクルド人とアラブ人部族の戦争が勃発し、一五〇のクルド人村落が荒らされた。

一九六五年、バース党はトルコ国境に沿って長さ二〇〇マイル（三二二キロメートル）、幅六〜一〇マイル（九・七〜一六キロメートル）のアラブ人ベルトを作ることを決めた。その目的は、この地域の人口構成をクルド人からアラブ人へ移すためであった。アラブ人ベルトは、セレーカニイェから東はイラク国境に伸びていた。一九七三年にハーフィズ・アル・アサドが国家の指導者になると、シリアは「ジャジラ地域国家模範農場建設計画」[*12]という名称でアラブ化政策の実行に取り掛かった。トルコ国境沿いに四一のアラブ人村落が作られ、地域のクルド風の地名はすべてアラブ風に変えられた。アラブ人村落が一つひとつクルド人村落と隣り合わせに置かれた。新たに作られた村落の住民に加えて、約四〇〇〇人のアラブ人家族がラッカとアレッポ県から移住した。これらの家族は、ラッカ近辺のユーフラテス川のタブカダムの建設とそれに付属する貯水池の建設のためにそれまでに家を失っており、それゆえ、マチムリン(「洪水の犠牲者」)と言われていた。

アラブ化計画によると、クルド人の土地のおよそ二〇〇万ヘクタールが強制収用され、定住したアラブ人に引き渡された。もともとの計画では、一四万人のクルド人が三三二の村落からアル・ラードの南部砂漠地帯に追放されることになっていた。しかし、クルド人農民は自分の家を捨てることを拒否した。外国人(アジャニブ)と宣告された者は、自分の財産を持つことも新しい家を建てることも古い家を修理することも認められなかった。[*13] クルド人が最低の水準に置かれる特権と不利益のシステムが段階的に実行されたのが、これであった。

「以前はクルド人の多くは、身分証明書を持っていませんでした」。長い間運動に携わっている活動家のヘヴァル・アメールは私たちに語った。市民権を奪われた人々は「子どもの出生や結婚の登録ができず、学校に行けるのは一二学年まででした。……私の父は二〇〇ドゥナムの土地を持っていました。[*14] 私たちの村のカニヤ・ネヴィーには五〇世帯ありましたが、土地はすべて奪われ、残されたクルド人の家は二軒だけでした。その時から父は、単純労働者として職探しをしなければならなくなりました。兄弟姉妹は七人いて、五人は女の子です。皆とても貧しい」。

この地域の唯一の生計手段になりうるのは農業だったので、土地を収奪されたらどこかに去らねばならなかった。「皆ダマスカスに行った」と民主主義的社会運動の代表者は説明してくれた。「子どもたちは学校をやめ、シリアの都市で低賃金の労働者になりました」。ヘヴァル・アメールは、教師や事務員のような「公務員として就職するには、クルド人はまず自分がクルド人であることを否定しなければならなかった。半数の人は国家の職員になった。なぜなら、働きたければそれしかなかった」と語った。

経済的要因でアラブ人とクルド人が疎遠になったとすれば、クルド・アラブ関係のどん底は、二〇〇四年のカーミシュロでのセアヒルダン（蜂起の意）であった（4・1参照）。その時アラブ人の数部族がバース党と提携してクルド人を攻撃し、クルド人は反撃した。

二〇一二年の革命が起こっても、「アラブ人指導者の何人かは、クルド人を権利を持つべきではない外国人とみなした。シリアをアラブ人・イスラムの国家だと考えている」とヘヴァル・アメールは説明した。アラブ人指導者たちはクルド人がかつての土地と村落の返還を要求するのを恐れている。アメールは続けた。「もし今アラブ人が土地を売りたければ、クルド人の運動側は『本当は私たちのものである土地を、なぜ買わなければならないのか。将来、国家がアラブ人に補償して、土地はもともとの所有者に返還すべきだ』と言うでしょう」。ジジーレでの土地問題は微妙な問題であり、解決が待たれる。

アラブ人とクルド人の部族のいくつかは互いの不信感が強いので、この緊張を和らげるには民主主義的社会運動がかなり外交的に努力する必要があろう。時に衝突はアラブ人部族の間でも勃発する。なぜならアラブ人部族でもジハーディスト側に立つ部族もいれば、クルド人側に立つ部族もいるからだ。シャラビアとツベイドは二大アラブ人部族だが、人民防衛隊に多くのメンバーがおり、もっとも重要な部族の一つのシャマールはクルド人を支援している。[*15]

しかし、最大の部族の一つで、一九七〇年以来ティル・ヘミースに定住しているシャラビアはずっとシャマールとぶつかってきた。この二つの部族は、二〇〇四年のクルド人への攻撃に参加した。[*16] この戦争が始まった頃にジハーディストが侵略してきた。人民防衛隊は、ここを解放しようとしていたが、ジハーディストを支援する部族もいくつかあった。このため二〇一四年一月人民防衛隊は最大の軍事的敗北を喫し、数十

写真２・１　ティル・コーチャーのアラブ人部隊員

人の戦闘員が命を落とした。[*17] 二〇一五年の二月になってようやく、人民防衛隊・女性防衛隊はティル・ヘミースを解放し、近隣のティル・バラクをクルド人とアラブ人の共同作戦によって一ヵ月後に解放した。[*18]

アラブ人部族の多くはどちらかの味方につくことを好まない。紛争から距離を置きたがる。だがそれは容易ではない。「この地域のアラブ人部族は、その時に一番強い軍隊を支持するのが普通です。それはイスラム国だったり、シリア国家だったり、人民防衛隊だったりします」とヘヴァル・アメールはいう。クルド人の格言が言うように、「風が吹くどんな方向でも」である。イスラム国の残酷さが恐ろしいので、アラブ人はジハーディストが戻ってくるのをいつも恐れているに違いない。しかし、ロジャヴァに住むアラブ人の多くは、二〇一三年に攻撃をして来たイスラム主義者に共感していなかった。

二〇一三年三月、ジハーディストがティル・コーチャー地域に侵略した時（8・5参照）、アラブ人はほとんど、近くのクルド人の村に逃げた。村は親切に受け入れた。およそ九〇人の部族代表が人民防衛隊に支援を求めた。翌年一〇月に人民防衛隊はティル・コーチャーを解放したが、それがアラブ人やキリスト教徒の心を摑み、アラブ人、キリスト教徒はこぞって人民防衛隊に、そして女性防衛隊にさえ加わった。

コバニ（二〇一五年一月）、ティル・ヘミース（二〇一五年二月）、ギレ・スピー（二〇一五年六月）、シェンガルとホル（二〇一五年一一月）で、人民防衛隊・女性防衛隊とその同盟者が勝つたびに、人民防衛隊へのアラブ人の支持は拡大した。クルド人に対抗する敵意は消えていっている。アラブ人が多数派のジジーレ州で、人民防衛隊・女性防衛隊はアラブ人を守り、水や電気などを供給するつもりだと多くのアラブ人に確信させてきた。エスニシティが混在している都市で自治体が差別なく実行していることは、このようなやり方の結果である。

ティル・ヘミースとティル・バラクを解放してから、民主主義的社会運動はここで、民主主義的自治によるコミューン体制を樹立し始めた。民主主義的社会運動はアラブ人を引き込むために非常に努力し、大変うまくいった時もあった。指導部が地域の人口構成に従ってアラブ人、アラム人、アルメニア人、チェルケス人の間に割り当てられた。例えばジャジーラ州執行委員会の議長は、シャマール部族のシェキ・ハメディ・ダハムと、以前人民防衛隊の指導部にいたクルド人女性のヘディヤ・ユシーブである。[*19]

今日アラブ人女性は、女性組織のイェキティヤ・スターが提供する施設に援助を求めている（5・3参照）。多くの女性は女性防衛隊とアサイシュに参加している。

ロジャヴァと特にジジーレ州は、複数のエスニシティと複数の宗教の地域にあって、それぞれが公平に共存できている素晴らしい実例だ。ここでは文化的多様性が、日常生活と民主主義の不可欠の部分であると改めて考えられてきた。過渡期の行政が樹立されてから、共同議長のエクラム・ヘッソは、「ジジーレ州（ゴザルト）の自治行政からの経験をもって、将来のシリアのモデルを提供したいと思うのです」と述べた。

2・3 アルメニア人とアラム人

一九一五年、イスラム化を強制するために、オスマン帝国は領域内の非イスラムの人々に対するジハードの指令を出した。トルコ人でなければ全員殺される運命になった。これに続いた国外追放と虐殺によって一五〇万人のアルメニア人、七五万人のアラム人、五〇万人のポントス地方のギリシア人、他にもキリスト教徒やヤズディ教徒の集団の命が犠牲になった。アラム人は自らの歴史の中のこの暗い一章をセイフォ（アラム語で「剣」の意）と呼んでいる。アルメニア人はそれをアグヘット、つまり「大惨事」という。数多くの歴史研究は一八九六年から一九一四〜一八年に起こった出来事を大量殺戮《ジェノサイド》と位置づけてきた。

クルド人部族も、オスマン帝国軍に協力してこの大量殺戮にいくぶんか手を貸した。二〇一三年北部クルディスタンのクルド人部族は歴史的責任を受け入れ、クルド人のハミディイェ私兵が大量殺戮に協力したことを謝罪した。謝罪したのはトルコ内の勢力では唯一である。トルコ国家は未だこの罪を否定し、大量殺戮とは認めていない。大量殺戮を認めさせようという努力は聞き捨てにされた。

関係者の内の生存者や子孫は、それ以来虚言とともに生きなければならなかった。現在は少数のこのエスニック・マイノリティにとって大量殺戮の事実が認められることは、この人々の集団記憶のためにこの上なく重要なことである。認めるのがトルコでなく、少なくとも他の国家であっても。[*20] 二〇一四年一〇月のフランクフルト書籍市《ブック・フェア》で、クルド人弁護士のマフムット・シャカルはトルコでのアルメニア人とアラム人の大量殺戮は現在も続いていると主張した。二〇一五年一一月、アラム人議長のユーハンナ・アクタシュによるトルコ占領地域のクルディスタンにあるニセビーンからの報告によって、アラム人を追放するためにアラム人の教会や他の重要な場所への攻撃が続いていることが確認された。[*21] 今日に至るまでトルコ政府は、キリスト教徒を追放する政策に固執している。

アルメニア人

我々は裸足でここに着いた。そして裸足で去るであろう。[*22]

アルメニア人はシリアに二〇〇〇年間暮らしてきた。アレッポのアルメニア人コミュニティは非常に古い。しかし現在ロジャヴァに住むアルメニア人の大半は、オスマン帝国による大量殺戮から逃れた難民としてやってきた。シリア砂漠に強制収容所が作られ、一九一五年にディル・エズ・ゾルの収容所が、死の行進の最終目的地となった。現地のシリア・アラブ人は、迫害されたアルメニア人に住まいと衣食を与えるのに躊躇しなかった。

一九八九年から一九九〇年に、アルメニア使徒教会は、この悲劇を記憶するためディル・エズ・ゾルに総合センターを開設した。毎年四月二四日のアルメニア人大量虐殺の追憶の日には、世界中から数万人のアルメニア人がこの記念館を訪れていた。しかし二〇一四年九月二一日イスラム国はこの教会を破壊した。[*23]

シリア・アルメニア人の人口は今日一〇万人と推定される。かなりの割合がロジャヴァに住み、カーミシュロにおよそ一万二〇〇〇人、デリークにはおよそ八〇世帯、ヘセケに八〇世帯、セレーカニイェに約三〇世帯である。大多数は、西部アルメニア人と同じくシリア・アラビア語を話す。もっとも広範囲に信じられている宗教は、アルメニア使徒教会、アルメニア・カソリック、アルメニア福音教会である。

デリークのコミュニティは一九一五年の大量虐殺の後に創られた。アルメニア語がここでは今もって話されており、学校で六年間教えられている。アルメニア人のダジャド・アコビアン牧師が私たちに語ったことによれば、この街にはアルメニア人八〇家族、およそ四四〇人が暮らしており、どこかに去ったのは二〜三人だという。デリークのアルメニア人は農民や手工業者や事務員だと牧師は続けた。「私たちは民主主義的社会運動と協働しています。アルメニア人はアサイシュと人民防衛隊に参加し、人民防衛隊の戦闘員にはアルメニア人もいます」と牧師は説明した。マイノリティであるアルメニア人は権力者を受け入れるのを繰り返し余儀なくされてきたが、イスラム主義者から地域を守ってくれたと人民防衛隊に感謝しているとも指摘した。

二〇一一年にシリアでの戦争が始まる前に、シリアのアルメニア人の人口はすでに二〇年間のアラビア化政策によって減少していた。シリア国民評議会によれば、戦争が始まるとすぐアルメニア人の多くはヘセケ州、さらにアルメニアに避難した。[*24] コミュニティの縮小はアコビアン牧師の心を痛めたことだろう。

アラム人（Syriac, Suryoye）

> 私たちはアラム人だ。私たちの夢をあえて奪うようなことはしないでほしい。私たちは炎であり、同時に光でもある。私たちはあなたたちとともに行く手を照らすことができる。しかしあなたの指を火傷させるかもしれない![*25]

アラム人はアラム語話者のキリスト教徒であり、東部及び西部のアラム人の伝統であるいくつかの異なる信仰に帰依する。[*26] この人々は自らメソポタミアの先住民であり、紀元前二〇〇〇年ごろの考古学的記録に現れるアッシリア人の子孫だと主張する。本来の言語は、イエスの言語でもあるアラム語である。[*27] 中東のイスラム化以来、アラム人は迫害されてきており、現在ではこの言葉を喋るのはわずか二〇～三〇万人に過ぎない。この人々は故郷を「ベスナリン」、ティグリス川とユーフラテス川の間の土地と呼ぶ。

シリアではアラム人は全人口の一〇～一二パーセントを占める。あるいは九〇万人から二六〇万人という情報源もある。[*28] およそ一〇〇万人が国外、主にヨーロッパ、オーストラリア、アメリカ合衆国、南アメリカに住んでいる。[*29] 約四〇万人が最近二年間で国外に逃れたと言われる。[*30] シリアに住み続ける人の多くは、アラブ人に同化され、第一言語であるアラム語よりもアラビア語を話す。

アラム人はジジーレを自らの歴史的な定住地の一つと考えており、ジジーレをアラム語の別の呼び名であるゴザルトと言っている。ジジーレには、アラム人の全人口の一〇パーセント、すなわち二〇万人がいるとアラム人自身は数えている。内戦以前はおよそ三〇万人が暮らしていた。[*31] 二〇一三年七月にシリアのアル・ヌスラ戦線とアル・カイダがロジャヴァを攻撃したとき、アラム人はヘセケ州の南部とセレーカニイェに住んでいた。実業家や修道女や主教や有名人は誘拐され虐殺され、それによって多くの人々がトルコとヨーロッパに脱出した。残ったアラム人は大半が民主主義的社会運動に参加した。アラム人民族評議会は、脱出した人の多くは情勢が好転すれば戻ってくるだろうと強調する。[*32]

アラム人連合党党首のイシャン・ガウリエによれば、アラム人は自らを宗教的コミュニティではなく、民族と考えており、クルド人と同様に多くの抑圧を受けてきた。ガウリエ自身も投獄されていたし、前任の党首は獄中で時の政権によって虐殺された。ガウリエははっきりとクルド人の運動に謝意を表した。「私たちはチェチェン人、クルド人、アラブ人と共に生きることができます。二〇〇〇年間一緒に生きてきたのです。バース党政権やそれ以前の政府は私たちを抑えつけました。私たちは誠心誠意民主統一党の友人たちのプロジェクトに参加したいし、ショーヴィニズム思想を最終的に終わりにしたいのです。私たちは人民防衛隊や他の組織すべてに参加したい。小さなコミュニティで多くの貢献はできないでしょうが」。

ガウリエは、イラクではアラム人へのジェノサイドが進行中だと言った。「イラクでは、二〇〇三年のイラク戦争以前はかつて一四五〇万人のキリスト教徒がいました。今はわずか四〇万人で、バグダッドにはもう誰もいません」[*33]。

デリーク市に隣接する北部地域にはムスリムのクルド人が多く居住し、南部地域はおよそ五〇〇世帯のアラム人キリスト教徒が居住している。アラム語が話され、学校でも教えられている。アラム正教会の聖職者のムラード・ムラードは、私たちに「デリーク」の名はもともと修道院を指していると言った。「私たちは皆共にここにいて、同じ立場です」とムラードは私たちが教会で座っているときに説明した。「私たちは皆ここで一つです。この繋がりがもっと強くなってほしいのです。愛と情熱があれば、私たちは皆ともにあるし、兄弟のようです。デリークのこの場所を守るつもりです」。

私たちが話をしたアルメニア人の言葉と共鳴するかのように、ムラードは、イスラム主義テロリストの攻撃によってアラム人の暮らしは難しくなっていると語った。キリスト教徒の避難民がシリアの他の場所からデリークにやってきて、今は家を借りている。しかし、他のキリスト教徒たち、ムラードの見積りだと七〇〇世帯が去ってしまった。家族の多くは経済的な理由、さらにテロリズムを恐れて、スウェーデンやドイツに行ってしまったとムラードは言った。

ムラードは、コミュニティは民主主義的社会運動と一体であり、ともに地域を守り、市内の一部はストロ(Sutoro、アラム防衛軍)に守られていると強調した。ブリュッセルに拠点があるヨーロッパ・アラム連合のメンバーのデヴィッド・ヴェリジリは、二〇一四年一月に次のように述べている。「ロジャヴァでの民主主義的自治は、この地域の人々の共通の特徴と平等な地位を認識しているし、この人々を民主主義的かつ公正に代表している。アラム人たちは、再建されたシリアと再組織された中東において自らの権利と地位の保障を確実なものとするために闘っている。これこそロジャヴァがアラム人の利害に一致したプロジェクトである理由である」[*34]と。

カルディア人

カルディア・カトリック教会(シリア・アラム人)は、東シリアの典礼を行う、ローマ・カトリック教会と提携した東方教会である。この教会のメンバーもアラム人と呼ばれる。カトリックの宣教師は、一七世紀から東アラム・キリスト教徒の間で活動した。この宣教師たちの影響で多くの教会は分裂した。

私たちがデリークのカルディア人コミュニティを訪問したとき、広報担当者は、およそ二四〇家族、約一二〇〇人のカルディア人が住んでいて、一五～二〇家族は立ち去ったと語った。アラム正教徒とは対照的に、カルディア人は民主主義的社会運動の組織化に直接参加し、デリーク地区評議会にカイザー・モジャーという代表者を送っている。モジャーは、都市は非常に安全で、カルディア人コミュニティが民主主義的社会運動から多様な援助を受けていると賞賛している。「早朝の四時でも女の子が道を安全に歩けます。経済状態は改善されました。新政府の選出を支持します。私たちの多くの者がアサイシュと人民防衛隊に参加しています。アラム人が自らの治安部隊を持つのは反対です。アラム人がクルド人のようにアサイシュの一部隊であることを望みます」とモジャーは語った。他のアラム語と少々異なる自らの言語のカルディア語を話すのは、カルディア人のたった六〇パーセントとも言った。コミュニティの主な生計手段は農業であり、農産物価格が上がってきているので現在の経済状態は良い。

カルディア人は、デリークの民主主義的自治システムを支持しているとモジャーは語る。一五日ごとに開かれる集会で合同作業を評価し、次の二週間の課題を決める。カルディア人は保健委員会と言語委員会を立ち上げた。カルディア人の母親の幾人かは、「平和の母親」に参加している。芸術・文化委員会や民俗グループも立ち上がっている。

＊　＊　＊

アラム人はストロ（アラム語で「防衛」という意味）という自前の治安部隊を持っている。[*35] 二〇一三年一月八日にアラム軍事協議会（ＭＦＳ）が創設された。これは主にアラム人が住んでいる地域、特にヘセケ州で活動する。結成された日にアラム軍事協議会はイスラム国と戦うために、人民防衛隊と部隊を合同させた。二〇一四年一〇月にアラム人の全政党がジジーレに集まり、密接に協力することに合意した。全参加者がストロとアラム軍事協議会を支持することを望んだ。独立した治安部隊を認めなかったカルディア人もそうであった。

二〇一五年一二月、ベスナーリン女性防衛部隊が結成された。広報担当者は、「アラム軍事協議会とストロの他に、女性の力が必要です。目的は、アラム人の価値を高め、女性の権利のために戦い、他の民族の女性と連帯して行動し、反動の力に対抗して闘争することです」と述べた。戦闘地域では女性防衛隊が模範になるとも語った。[*36]

デリークでのストロの治安部隊長メルケ・ラボは、ストロとアサイシュの関係は非常に良好で、市内外での治安維持の仕事を協力していると私たちに確言した。「私たちは必要な情勢ならば、いつでもアサイシュ

写真２・２　アラム軍事評議会の戦闘員を祝福するアラム人聖職者、デリークでの 2014 年のクリスマス（出典：Mark Mulhouse）

の将軍とともに活動します。アラムの人々の治安には責任があるから」と述べた。アサイシュの先例にならって、ストロも女性を訓練しているともいう。「アラム人コミュニティは、統一的な立場ではありません。ある者は組織のために、ある者はクルド人のために働く」と語った。カーミシュロではアサド政権を支持するコミュニティもある。ここはソートロという自前の治安部隊を持っている。

メルケの口調は悔しさを帯びてきた。「この地域に住む人々は歴史と伝統を長い間共有してきました。何年もここで平和に暮らしてきた。しかし、今はこの地域に住むアラム人がごく僅かなことに心を痛めています。戦争で多くの人が去りました」と私たちに語った。メルケは、ヨーロッパの難民政策がアラム人をお金で誘い出すので、アラム人は故郷を守るのではなくヨーロッパをめざして故郷を捨てていると批判した。この結果、ヨーロッパはゴザルト（ジジーレ）からアラム人を追放したい連中を助けているという。「人々はここに帰ってくるべきです。自分の故郷をそんなに簡単に捨ててはいけない。ここは経済的にうまく行っている。アラム人の歴史の中で、今ほど私たちが多くの権利を持っている時はなかったのです」。

メルケは続けた。「アラム人とアルメニア人は、人民防衛隊・女性防衛隊がなければ故郷が失われてしまうこと、そして民主主義的自治システムによって公正な立場が容認されていることをよく分かっている。最近の歴史で初めて私たちの言葉は公に認められたのです」と。

2・4　マイノリティの集団

以上の人々に加えて、トルクメン人、チェチェン人、チェルケス人、ナワール人の少数の人々がロジャヴァに暮らしている。

一〇万人から二〇万人のトルクメン人がシリアに暮らし、主にアレッポ、ダマスカス、ホムス、ハマ、ラタキャに住んでいる。この人たちは、オスマン・トルコ時代から残っている人たちであり、オスマン帝国の崩壊後もシリアにとどまった。トルクメンという名称にもかかわらず、トルクメニスタンとは直接の関わりはない。ロジャヴァでのこの人々の人口は正確には不明だが、僅かである。シリアのトルクメン人は大半が著しくアラブ化されており、トルコ語も南アゼルヴァイジャン語も話せない。

シリア戦争では、トルクメン人は「シリア・トルクメン軍」のような自前の戦闘部隊を結成し、トルコから資金援助を受けている。二〇一五年一一月二四日にトルコ軍はロシアのスホーイ24戦闘機を撃墜した。パイロットの一人のオレグ・ペシュコウがパラシュートで脱出したが、空中で射殺された。殺したのはファシスト団体のグレイ・ウルブズの中で育ったエラズー県出身のアルパルスラン・チェリクというトルコ人であった。この人物は、トルコ政府に支援されたシリア・トルクメン部隊の一員だった。[*37]

人民防衛隊・女性防衛隊が二〇一五年六月にギレ・スピーを解放した（8・9を参照）後で、アムネティ・インターナショナルは、人民防衛隊がこの地域のトルクメン人と現地アラブ人を追放したと報告した。シリア・クルド人人権協会はこの非難に対して反論した。[*38]ギレ・スピーには五つのトルクメン人の村があった。シリア民主軍が二〇一五年一〇月に創設された時（8・10参照）、トルクメン人のリワ・アル・セルチュキが参加した。[*39]シリア民主軍の公式広報担当者のトルクメン人のタラル・アリ・シロは、トルクメン人は何世紀間もクルド人とアラブ人とともに友好的に暮らしてきたし、皆ともにシリアを解放するだろうと断言した。[*40]

チェチェン人が北シリアにきたのは、ロシアによるコーカサスの植民地化を逃れてであり、それに対して他の人々はオスマン帝国時代に移民として来た。

チェルケス人は一八七八年以来今の地域に暮らしている。バルカン半島から定住した者もいるが、コーカサスからトルコの港湾都市のサムスンへ、そこからカイセリに移動し、最後にシリア領内に移った。一九二〇年にシリアがフランス委任統治領の一部になると、シリア・チェルケス人は何度も反乱に立ったアラブ人に抵抗し、これにより双方の関係は深刻に傷ついた。クルド人と同様、チェルケス人はアラブ化政策の標的にされた。ジジーレに住むチェルケス人は僅かであり、スンニ派ムスリムである。

ナワール人は、インド・アーリア語であるロマーニ語の中東方言のドマーリ語を話す巡歴するドムの人々である。ロジャヴァではこの人々はクェレジー（ジプシー）とよばれる。

シリア全域で約三万七〇〇〇人のドム人がいる。戦争前にはアレッポに大きなコミュニティがあった。[*41]

ナワール人のおよそ一〇〇家族がカーミシュロ市の近辺の不安定な環境のなかで暮らしている。「私たちは家をこの人たちに提供している」と長年のクルド人活動家のヘヴァル・アマー[*42]は私たちに「しかし自分たちのテントや小屋で暮らす方が良いようです」と説明した。ナワールは音楽家として有名であるが、社会的地位はとても低く、偏見にさらされているという。

第3章
民主主義的連合主義

3・1　クルディスタン労働者党とそのパラダイム変換

一九七八年にアブドュラ・オジャランとサキネ・ジャンシズを含むクルド人とトルコ人の革命家が、マルクス・レーニン主義による解放運動としてクルディスタン労働者党（ＰＫＫ）を北部クルディスタンに創設した。[*1] この頃は、トルコの革命的左翼が比較的強力であり、社会主義革命ができそうに思えた。しかし、大半のトルコ人左翼は、新植民地主義的ショーヴィニズムとトルコの国家イデオロギーであるケマル主義が広めた反クルド・人種差別にどっぷりと浸っており、その結果革命的左翼のクルド人の多くは、クルディスタン労働者党のような運動が必要だと決心した。

一九八〇年一一月一二日にトルコでは三度目だが、軍部が権力を掌握した。アメリカ合衆国との協議の上で実行されたトルコ史上もっとも野蛮なこのクーデターは、その後何年にも渡ってトルコ社会を傷つけた。約六五万人がすぐに逮捕された一方で、何千人もの人が牢獄へと消えた。

バース党政権は、長い間シリアの敵であるトルコに対するテコとして利用できると考えて、クルディスタン労働者党がシリアに新たに定着することを許した。冷戦時代の政治下でトルコは北大西洋条約機構（ＮＡ

TO）の一員であり、シリアはソ連の支援を受けていた。クルディスタン労働者党はダマスカスとシリア占領下のレバノンでキャンプを設営し、そこで約四〇〇人の戦闘員グループの訓練を始めた。クルディスタン労働者党のイデオロギー・政治本部はダマスカスに設立された。バース党政権は国内でクルド人の運動を弾圧し、多くの活動家を政治囚として拘束した。しかし、クルド人の自由運動の主な目標は、北部クルディスタンを解放することであり、そのすぐ後で革命家の組織化がシリアで、そしてイランでも始まった。その時までクルディスタン労働者党は、安全な避難所を危険にさらすことのないように注意を払わねばならなかった。それは生き残るためには決定的なことだった。

一九八四年八月一五日、クルディスタン労働者党はトルコ占領下の北部クルディスタンでトルコ政府に対するゲリラ闘争を開始した。何千人もの若いクルド人男女が、シリアを去ってクルディスタン労働者党のゲリラ軍に加入した。女性はこの最初の武装行動にも参加した。[*2] 冷戦時代には、クルディスタン労働者党はマルクス・レーニン主義を志向する解放運動を戦い、社会主義的で民主集中制によるクルディスタンを創るという目的を持っていた。ただ現実の社会主義（ソビエト・ブロック）には批判的で距離をとっていた。クルド問題は単に民族問題やエスニック問題だけではなく、社会、ジェンダーそしてすべての人民の解放という問題でもあると捉えていた。

一九九〇～九一年にソ連は崩壊し、現実の社会主義は終焉した。世界中の解放運動は分解した。現実の社会主義の終焉によって国家主義への批判が模索されるようになり、一九九〇年代の初めにクルディスタン労働者党は違うモデルを真剣に考え始めた。[*3]

クルディスタン労働者党はダマスカスで党アカデミーを運営し、ここで結局一万人以上の幹部と支援者が教育を受けた（幹部というのは軍人として運動に忠実な人々である。解放闘争のために生き、私生活を断念することを要する。この人々は家も財産も持たない。家族やロマンティックな異性関係も断念する。軍においても他の社会的な場面でも、求められればどんな所でも戦う準備ができている)。クルディスタン労働者党は政治や社会の変遷を分析し、解放された社会に向けてのプログラムを詳細に展開した。そしてできるところではどこででも、アブドゥラ・オジャラン自身や他の人物とも議論した。この年月の間に、クルディスタン労働者党はシリアのクルド人市民と密接に連絡を拡大した。

一九九三年にクルディスタン労働者党は、クルディスタン自由女性連合(YAJK)として知られる独自の司令部を持つ、女性部隊を創設した。ゲリラになった女性たちは多くの勝利を手にし、ほとんど敗北しなかったので、家父長制下の女性の伝統的な役割を拒否し、自由の闘士としての新しい役割をいつの間にか果たすようになった。クルディスタン自由女性連合の目的の一つは、ゲリラ部隊の中でも再生産される封建社会的な伝統的社会化を克服することであった。山中でクルディスタン自由女性連合は、自律的な女性の組織化の原則、二重の指導体制、すべての分野での最低四〇パーセントの女性の参加という、現在クルディスタンの四つのすべての地域で適用されている原則を作り出してきた。一九九〇年代半ばに、この本の著者の一人がシリアのクルド人地域で数ヵ月を過ごした。[*4]

一九九〇年代半ばまでにクルディスタン労働者党とトルコ軍との軍事衝突は八方ふさがりのようになった。クルディスタン労働者党は、トルコ国内での非軍事的な解決を達成するために、一方的な停戦を何回も宣言した。しかしトルコ政府も「国家内国家(the Deep State)」の部隊もクルディスタン労働者党の努力を妨害した。[*5]

一九九〇年代終わりにシリアへの水の供給を掌握しているトルコは、クルディスタン労働者党を追放しなければシリア内で戦争を始めると脅しをかけた。一九九八年一〇月二〇日にトルコとシリアの政府高官がトルコのジェイハン市で秘密裡に会った。シリアはクルディスタン労働者党のキャンプを解体し追放すると約束した。それによりアサドはクルディスタン労働者党の全キャンプを閉鎖し、オジャランをシリアから退去させた。

これに対しては、クルディスタン労働者党は、ゲリラ闘争を強化してトルコの都市でも戦って反撃することもできたかもしれないが、オジャランなどの指導部はそれよりも非暴力での解決法を模索した。一九九九年二月一五日にオジャランは逮捕され拉致された。CIAが、おそらくモサドも間接的に関与して、オジャランをケニアのナイロビのギリシア領事館から拉致しトルコに連行した。[*6] 北シリアでは「皆が嘆きました」とヘヴァル・アメールは私たちに語った。「デリークでは交替でハンガーストライキをやった。ベイラムという友人は抗議のために火の中に身を投げた。クルディスタン労働者党が蜂起し、内戦を始める瀬戸際となった」。

イスタンブールでオジャランは裁判にかけられて有罪を宣告され、最初は死刑判決だった。オジャランは合法的な方法で和平提案を提示し、交渉を要求した。信用しても良いという証しに、オジャランはクルディスタン労働者党に北部クルディスタンから南部クルディスタンへ撤退するように求めた。トルコはこの撤退で軍事的に優位に立ち、五〇〇人以上のゲリラ戦士を虐殺した。

オジャランは再判決の結果、独房監禁となりマルマラ海のイムラル島に唯一の収容者として投獄された。この間にオジャランはマルクス主義的な理論と実践の問題に批判的に取り組み、リバタリアンの理論家マレイ・ブクチンと歴史家イマニュエル・ウォーラシュタインとミシェル・フーコーの著作を集中的に研究した。また中東の歴史に集中し、新石器時代の社会、古代シュメール、古代アテネの民主主義と同時代の部族組織を研究した。シュメールの神話学、宗教、哲学、考古学、物理学そしてそれ以外の著作も研究した。これらすべてを基礎にしてオジャランは、民主主義的連合主義と民主主義的自治のモデルを展開し、そのモデルはクルディスタン労働者党によってパラダイム転換として採用され、ロジャヴァでの革命の土台となるのであった。

3・2　民主主義的連合主義

国民国家と民主主義的連合主義の平和共存は、国家が自己統治組織の中心的な問題に干渉しない限り、可能である。そのような干渉があれば、市民社会は自らを防衛する必要を感じるであろう。[*7]

原始社会の共同体生活の伝統を参考にして、オジャランは約一万年前に存在したとする「自然社会」(natural society)を志向した。この社会には共有の平等な社会組織が存在した。母親中心の母権制であり、ジェンダーの平等という特徴を持っていた。「新石器時代には完全な共有制の社会組織、いわゆる『原始社会主義』が女性を中心にして創られ、それは『国家命令の強制執行などない』社会秩序だった」。[*8]「自然社会」というこの理念は、ルイス・ヘンリー・モーガン、フリードリヒ・エンゲルス、V・ゴードン・チャイルドらによって展開された「原始共産制」の概念と明らかに類似している。[*9]

史的唯物論の観点からすれば、原始共産制は経済的発展の諸段階の行程において必然的に、国家のある社会によって排除されねばならなかった。この行程は、原始共産制から始まり、奴隷制社会、封建制、資本主義、社会主義、そして最後に共産制となる。諸段階の継起は目的論的かつ決定論的である。社会の前進は不可避である。

しかしオジャランの見解によれば、ヒエラルキーや階級支配や国家主義の出現は不可避ではなく、強いられたものである。「ヒエラルキーとそれに続く国家の登場は暴力と詐欺が広範に用いられたことにより強要された。一方自然社会の本質的な力は不断に抵抗し、止むことなく押し戻されねばならなかった」[*10]。発展の諸段階を必然的に移行するというマルクス主義的な原理に対して、オジャランは、今この場で徹底的な民主主義を構築するという発想を提起した。

母親中心の共同的社会は、国家のある家父長的な社会に結局は取って代わられた。オジャランによれば、家父長制はヒエラルキー（ギリシアでは「神聖な支配」すなわち神の力によって正当化された権力）と国家による抑圧の土台である。国家中心主義も資本主義もナショナリズムもすべて家父長制の結果だとオジャランはいう[*11]。

この推移を研究するために、オジャランは社会学的方法だけでなく神話を考察する言説分析を行った。シュメール神話からオジャランは、いかにしてヒエラルキーや家父長制や男女の奴隷状態が生じたのかという資料を収集した。神話が語るのは、女性への抑圧、女性の威信の低下、生活と社会での女性的要素の破壊である。さらに、神話は、ヘゲモニーを持つ男性と「その妻」という形態での女性と男性のアイデンティティを社会の秩序とすることも語っている。

この分析によると、社会の衰退は女性の地位低下とともに始まったという。ギルガメッシュ叙事詩は、ヘゲモニーの用具としての男性というアイデンティティを提示する。男らしさはイデオロギーとなり、しかもギルガメッシュが女性を人間としてではなく男性が享楽のために使う物体として考えるような、よく見られるイデオロギーになった。同時にこの叙事詩は自然に根づいた部族社会から個人を引き離した。家父長制的な都市国家の文化と自然との違いを際立たせている。自然人エンキドゥは、女性の性的能力と売春を利用して「都市化」され、個人を従属的にし、その存在を破壊し、それにより自由を奪う。このようにギルガメッシュ叙事詩は、村落からの追放と村落の強制的な放棄の物語なのである。バビロニアのエヌマ・エルシュ（創造神話）のような他の神話は、家父長制が自ら権力を持っていく暴力的な過程として社会状態が出現したことを明示している。ギルガメッシュ叙事詩もエヌマ・エルシュもともに、考古学的に確証される古代経済に照応している。この古代経済は、大量生産を伴う国家神殿および統治を行うシュメール人の国家統制モデルにより支配されていた。

今日の資本主義的近代の国家主義的社会にあっては、商品化と同化が人々に破壊をもたらし、互いに孤立させ、国民国家のエリートの監視下に支配される無定形の大衆として人々が限定されているとオジャランは示している。しかし、人々を評議会（council）の中で連携させ、活動的で実力を行使する市民を創造することは、国民国家や資本主義的近代のオルタナティブを作り出せる——作り出すべき——土台である。[*12]

オジャランにとって「民主主義文明」の概念は、国家主義文明への抵抗が副次的に生んだ永続的な伝統である。この概念は、古典的な史的唯物論を超える新しい可能性を開く。実際にこの概念は史的唯物論を、産業プロレタリアートを成長させるために植民地化された社会を求めるヨーロッパ中心的・男性中心的なものだとして批判する。さらに、資本主義的な工業化はこの惑星やその住人にとっては持続可能でないゆえに、史的唯物論はエコロジーからの批判にさらされる。[*13]それに比べてみると、クルドの自由を求める運動の取り組みは、民主主義文明を強化し、民主主義的近代を発展させることを提起している。

ケマル主義という近代的イデオロギーも、中東を後進地域とみなす点で古典的マルクス主義と符合し、クルド地域を「発展がより遅れている」と軽蔑する。しかし、もし資本主義が中東の社会組織をまだ完全に吸収していないのであれば、それが有利なのである。特にクルド地域は、社会主義や共産主義に到達するためには資本主義によって克服されねばならない封建社会ではない。それとは反対に、クルド人の民主主義への取組は、資本主義的近代の疎外や孤立化がまだ完全に中東には浸透していないことを肯定的に捉えている。なぜなら、このことが意味するのは近代主義的な路線を超えた発展、すなわち伝統と社会に対する違う形での取り組みの機会が残っていることである。したがって、現在クルド人が住んでいる地域は、非近代主義的路線に沿う発展にとって比較的豊かな土壌である。

以上のように私たちには伝統が二つある。つまり民主主義文明と国家主義文明の伝統である。それぞれを政治的・社会的用語で言えば、「民主主義的近代」と「資本主義的近代」と表現できる。二つの伝統はそれが内包する解放の内実に従って分類できる。国家主義と家父長制によって自己形成した人は、批判されるべきであり、一方、女性の社会的役割を進んで受け入れ、歩み寄りによって社会的な対立を解決し、さらに多様な社会的独自性の共存を進める集団性（collectivity）の伝統が、強化されるべきである。権力というものは克服され得ないだろう。むしろそれに替わるものがこの歴史的時点で構築されるべきである[*14]。人々を評議会（council）の中で互いに結びつけ、自己統治によって人々の力を高めることによって、クルド人の取り組みは資本主義的近代と国民国家に抵抗し、実践的にオルタナティブを構築する。

3・3　評議会民主主義

あらゆる種類の社会的・政治的集団、宗教的コミュニティまたは知識人の分派が、現地の意志決定過程のすべてにおいて直接に自己表現できる段階を運用できるように創ることは、参加する民主主義と呼ぶこともできる[*15]。

一八七一年のパリ・コミューン以来ずっと、評議会（council）を組織することは、ヨーロッパとロシアの社会主義運動の不可欠の部分であり続けた。パリ・コミューン、一九一七年のロシア革命、一九一八年のドイツの十一月革命にあって、評議会は中心的な組織であった。その時、労働者と兵士の評議会が設立された。しかしどの場合でも評議会運動は中立化された。革命が膠着化した（ソ連の場合）ためか、反革命を破った（パリ・コミューンとドイツの評議会運動において）ためである。

ハンナ・アーレントは評議会運動を「民主主義の失われた宝」[*16]と呼んだ。評議会は民衆の政治参加を可能にするが、それに対し代議制度は構造的に権力から人々を排除するとアーレントは論じる。評議会運動は、あらゆる革命の自発的な要素であり、代議制のオルタナティブであった。[*17]自発的に評議会が形成される革命の過程は、社会の多種異質性（heterogeneity）から生ずるとアーレントはいう。アメリカ革命後にトマス・ジェファーソンが合衆国憲法制定過程を批判して、革命は民衆に自由をもたらしたが、それを行使する場所を民衆に与えなかったと述べたことを、アーレントは私たちに想起させている。[*18]

しかし、アーレントは自己統治の中に社会問題を含めることを非難する。この点をユルゲン・ハーバーマスは、アーレントが抑圧された社会階級の解放として革命を理解することに失敗していると責めた。[*19]これに対してローザ・ルクセンブルクは、革命的評議会を生産階級に立法権力を授ける試みと考えた。評議会は、「全体性（すなわち社会全体）」を代表すべきでもある労働者階級の組織であった。ルクセンブルク的な思想は、社会主義運動における権威主義の傾向に拮抗する力として考えられうる。[*20]

ルクセンブルクの考えでは、社会主義革命は政治的活動家による権力の奪取によってではなく、大衆が本質的に民主主義的な自己統治を組織することによって遂行されるべきだという。[*21] ルクセンブルクの教えでは、民主主義的連合主義は民主主義の概念を経済のあり方にも拡張する。すなわち社会の一部分として経済も民主主義化されるべきなのである。経済の民主主義化あるいは社会化は国有化とは区別されねばならない。社会化とは、自由な経済資源を評議会とコミュニティで管理し、それらと提携する協同組合（cooperative）を設立することを意味する。すなわち、それは国家的あるいは私的であるというより、むしろコミューナル（communal）なのである。

しかし、ルクセンブルクの理解には女性、家族あるいは失業者が含まれていなかった。[*22] 一九七〇年代に、政府や政治組織や政党を超える政治、そして階級を超える政治的主体性を発展させることを目的とした議論が始まった。[*23] 西洋では自由民主主義に対するオルタナティブが進化し、それは国際的な解放運動と反グローバリゼーション運動を活性化した。マイケル・ハートとアントニオ・ネグリは、代議制を直接的参加によって乗り越えることを提起した。この直接的参加において、「マルティチュード」の中のそれぞれの「単一性・特異性」は本質的な民主化の過程をつうじて代表されるだろうという。[*24] 民主主義的連合主義は、社会の根源的民主主義化のための概念である。オジャランは次のように述べる。

……中央集権的統治や権力の官僚制的行使とは対照的に……連合主義は政治的自己統治の企てである。そこにあっては社会のあらゆる集団とあらゆる文化的アイデンティティが、地域の集まりや総会や評議会で自らを表現する。このような民主主義は全社会階層のために政治的空間を開き、多様な政治的集団の自己表現を認める。このようなやり方で民主主義は全体としての社会の統合を進める。政治は毎日の生活の一部になる、[*25] と。

根源的民主主義を達成するためには、女性の役割はもっとも重要であるとオジャランは書いている。「女性の置かれている現実は、相当な程度でその社会の現実を決定する。……それゆえにいかなる運動も、女性の解放がその実践の本質的な部分になっていなければ、現実的で永続的な自由な社会を創造する機会を持たない」[*26]。したがってジェンダーの平等は民主主義的連合主義の中心的な支柱である。クルド自由運動にとって主要な社会矛盾は、ジェンダー関係のうちにある。この思想は現在クルド自由運動のうちに深く根づいている。オジャランは、もし私たちが国家なき社会を建設しようとするならば、私たちは家父長制を克服しなければならないと論じる。この思想は、自治的な女性組織とジェンダー混在の組織を通じて、地域政府のすべてのレベルにおける民主主義的自治のうちで実行されている（第5章参照）。

3・4　民主主義の概念

自己決定に基づく進歩的システムはどのようにデザインされ、実行されうるのだろうか。オジャランの民主主義思想はいくつかの形態からなる。

民主主義的自治

民主主義的自治は、反中央集権的で、ボトムアップ手法でのコミューン、コミュニティの自治を意味する。コミューンは自己統治の政治的中心であり、地区（neighborhood）を統合する単位である。「民主主義的な国民は精神であるのに対して、民主主義的自治は身体を意味する」。

民主主義的連合主義

民主主義的連合主義は、社会が自治を達成すること、すなわち自己統治的で非中央集権的な小さい単位によって統治される社会をめざす。これは、社会構造の全局面に反映される永続的な社会革命を含意する。すべての制度は自己組織化されており、自己統治する。

国家も領土の境も民主主義的連合主義においては何の役割も果たさない。というのは社会の自己管理によって、国家も国民国家も余計なものになるからだ。

国民国家は世界史を通じて血の跡を残してきた。とりわけシリアのアラビア化とトルコのトルコ化においてである。国民国家は、アイデンティティ形成と不可避的に暴力的な強制とを通じた社会の均質化に依存している。それに対して民主主義的連合主義は多様性に基礎づけられる。

民主主義的連合主義は、連邦主義とも異なる。連邦主義は擬似国家主義を前提にしているからである。

民主主義的共和制

民主主義的共和制は、民主主義的自治と民主主義的連合主義を可能にする諸権利を保障する役割を果たす国民国家の残存物である[*27]。それは、トルコやシリアなどの現存する国家の根本的な民主主義化を前提としている。

民主主義的近代性

民主主義的近代性は、資本主義的近代性のオルタナティブであり、消費社会を無力化し、均質化する。この行き詰ったモデルに対して、オジャランは草の根民主主義によって自己統治する「道徳的・政治的社会」

を提起する。

民主主義的ネーション

ネーションの概念は国民国家とは異なる。ネーションは、民主主義的自治という共通道徳を持ち民主主義的で解放をめざす仕組みによって形を変えられるだろう。

第４章
解放

4・1　組織化の開始

アブドゥラ・オジャランがシリアを追放された後、アサド政権はクルディスタン労働者党の運動に対する弾圧を強化し、まったく運動が機能しないほどになった。「セロク〔クルド語でリーダーの意〕がロジャヴァを去ると、状況は非常に厳しくなった」と、デリークのイェキティヤ・スターの代表者であるシルヴァン・アフリンは語った。「弾圧は強烈だった。アサド政権はロジャヴァの多くの人を逮捕した。私たちは運動を続けたが、地下に潜った……。抗議はわずかしかできず、組織化は密かになされねばならなかった。私たちは殉教者のための行動や国際女性デーのデモンストレーションを行なったが、来たのは女性五〇〇人と一〇〇〇人の兵士だった」。

「一方、二〇〇五年にレバノン人政治家のラフィク・アル・ハリリが虐殺され、シリア人高官がその責を負わせられたのです」と民主主義的社会運動指導部の一人のハニフェ・ヒセンは述べた。[*1]「シリアは国際的に孤立しており、レバノンやイラクなどの敵に囲まれていました。この地域で友好的になったのはトルコだけでした。トルコとシリアはアダーナで会談を持ち、クルド人を孤立させるという目的に合意した。実際に両国はクルド人を絶滅させる計画を秘密裡に決めたのです。だから私たちにとって二〇〇四年から二〇一一年までは衰退と裏切りの時代でした」。

二〇〇四年三月一二日カーミシュロで、カーミシュロのアル・ジハドというクルド人チームとディル・エズ・ゾルのアル・ファトワチームとのサーカー試合が開かれるはずだった。プロ・アジールによると、武装したアラブ人バース党員が、県知事とシリア情報機関と地方評議会の承認のもとにバスで乗り込んで来た。スタジアムで試合が始まる前に、武装したアラブ人が親サダム、反クルド・スローガンを歌って、クルド人を挑発した。これに対し、クルド人は反サダム、親クルドを叫んで反応した。すると、組織された暴徒の中でアラブ人が鉄のチェーンや武器でクルド人に襲い掛かった。

スタジアムの治安部隊は群衆を落ち着かせ冷静にさせるのではなく、武装したバース党員を支援し、クルド人サッカー・ファンに発砲した。ファンはパニックに陥り、クルド人八人とアラブ人四人が死んだ。その後の数日間、他の都市でも自発的に立ち上がった抗議が広がり、これをシリア国家は圧倒的な暴力で鎮圧した。ある推計によると、七〇人が殺害され三〇〇人が傷ついた。[*2] その後、「アサド政権はこのサッカー試合を何百人ものクルド人を逮捕し、政党を禁止するチャンスとして利用した」とヒセンは説明した。

左翼の民主統一党（PYD）はその時すでに結成されていた。しかし、南部クルドのクルディスタン民主党（KDP）は、全力で民主統一党を抑圧しようとし、シリア国家もトルコ国家も同様で、ニザメティン・タシュやオスマン・オジャランなどのクルディスタン労働者党自身の下士官の日和見主義者もまた同様であった。[*3]「トルコ国家、シリア国家そして裏切者オスマン・オジャランは、皆、民主統一党を破壊したかった」とヒセンは言う。例えば、二〇〇四年一一月二九日に民主統一党の指導部のシラン・コバニと他の三人がモスルの近くで殺害された。「シラン・コバニ（メイサ・バキ）は党の指導部で、クルド人民会議（コングラゲル Kongra Gel）の指導部でもあった。シランは、裏切り者たちをそのままにしておかず、計画を続行すると固く決心していた。しかし……シランは殺害された。民主統一党評議員のザカリア・アブラハム（ザカリア・トロス）も、ヒメット・トクマク（フアト）も、民主統一党のメンバーのハジ・ジュマリ（ジバン・コバニ）も、ネブー・アリー（ジェミル・コバニ）も殺された」とヒセンは語った。

ヒセンは、恐怖と抑制の雰囲気が広がり、「この段階で国家権力は私の友人たちを拷問にかけて殺しました。人々は皆自分の生活に引きこもりました。二月の一週間でアレッポでは一〇〇人が逮捕されたのです」と言った。民主主義的社会運動の代表が私たちに語ったことによると、人々は恐れ、クルド人運動への支持をあえて公言することはなかった。

しかし、組織化は地下で秘密裡に二〇〇四年から二〇一一年にかけて続いた。共鳴する者が財政を支えた。イェキティヤ・スターの活動家のシルヴァン・アフリンは、「地区にいたメンバーは、一時は約一五人でした。私たちは実際の対立関係を構築することに努め、人々はクルド人運動の理想に大きく歩調を合わせました」と言った。

アラブ人女性のアイサ・アフェンディは思い出して語った。「二〇〇八年に、私は政治活動を理由に逮捕され、アレッポに連行された。一年間投獄され何回も拷問された」と。しかし、アイサは活動を続けた。「女性はアラブ文化の中では、ほとんど奴隷です。だからこの革命から最大のものを得たのは私たちです。しかし最大のものを失ったのでもありますが。それに、氏族の社会構造や様々な民族的な（ethnic）垣根を倒すのは、時間がかかります」[*4]とアイサは語った。

厳しい弾圧にも関わらず、組織は続いただけでなく勢いづいた。「二〇〇五年に女性たちはイェキティヤ・スターを創りました。女性たちは教育の集まりを指導し、会議を開き、草の根活動をしました。しかしこうしたことはみな危険でした。逮捕された男性は、無慈悲な刑罰を受けました。だからこそ女性が組織化のすべてをしたのです。動き回ることができたのは女性だけでした」とヒセンは言った。

4・2 シリアでのアラブの春

二〇一〇年後半と二〇一一年前半にチュニジアとエジプトで民衆が蜂起して独裁政権に異議を申し立てたのは、反対勢力が民主主義への転換を求め運動を起こしたからであった。この活動は近隣諸国の反対派集団を刺激し、「アラブの春」として知られるようになったこの出来事の中で、地域全体の変化を求める扉が開かれた。*5

シリアでの最初の抗議は、二〇一一年二月いくつかの都市でおこなわれたが、規模は小さく影響も限定的だった。その後三月半ばに南部のダラアで二人の若者が壁にスローガンをスプレーで書きつけたという。*6 シリア警察は二人を逮捕し、ある情報源によると拘留中に一人がひどく拷問されたという。激しい抗議とデモが起こり、若者たちの解放だけでなく、政治改革と政治腐敗の廃止を求めた。警察はデモ参加者に襲いかかり、発砲し死者が数人になった。翌日の葬儀のときには、デモ参加者がもっと増えてその後抗議活動はシリアの他の地域にも広がった。

政府はこの状況を鎮めようとしたが、抗議の波は阻止できなかった。シリア社会のあらゆる階層からバース党内部からさえも、ダラアで起こったことへの怒りを表明する人々が通りを進んだ。治安部隊による発砲によって、ほとんどのシリアの街で人々はついに武装反乱に走った。

二〇一一年春、抗議参加者はいくつかの譲歩を勝ち取った。六月には一九六三年以来発動されていた非常事態が終わった。四月に、シリアの大臣の声明によって市民権のなかったクルド人もようやく市民権を得られると言われ、翌月には働く権利があると言われた。しかしこの政策が適用されたのは、「外国人（ajanib）」として登録している人についてだけであった。「隠れた」、未登録のマクトウミーン（maktoumeen）は適用外とされた。クルド人活動家の多くは、この突然の譲歩をクルド人が政権を支持するように仕向けようとしたのだと解釈した。

しかし、情報機関と治安部隊による抑圧は続いた。新憲法が起草され、そこからは「社会主義」や「パン・アラブ主義」という言葉は消去された。[*7] 二〇一一年の春から夏にかけて、ムスリム同胞団がしだいに人々の動員センターになった。ハマでの虐殺事件にもかかわらず、ムスリム同胞団はまだ地下組織が機能し、湾岸諸国やトルコと固い結びつきがあった。[*8]

七月にリヤード・アスアド元大佐を含むかつての兵士たちが、シリア反対派の武装部門として自由シリア軍（FSA）を創設した。自由シリア軍はシリアでの多数派のスンニー派が主体だった。湾岸諸国は財政面で自由シリア軍を支援した。[*9] 自由シリア軍はトルコの支援も受けていた（14・2参照）。それは、クルド人運動にとっては同盟できないことを意味した。

クルド自由運動は、特に青年組織と民主統一党は、民主主義的な変革の問題としてアサド政権への抵抗を支援した。しかし、抗争が軍事化するのは望まなかった。ところが、政治抗争はしだいに内戦へと変わり、アサド政権反対派は著しくイスラム化され、民主主義的な特徴は置き去りにされた。さらに、外国の地域的勢力や国際的勢力が、このイスラム化された集団やバース党政権を支配し始めた。アサド政権も反対派も、認知を求めるクルド人の要求には応えなかった。したがってロジャヴァのクルド人は第三の道を選択し、政権側にも反対派側にも立たなかった。クルド人は自衛するのか？　しかり。クルド人は内戦に参加するのか？　否。

ヒセンは次のように語った。「私たちは、政権と反対派の間の、第三の勢力として自分たちを位置づけています。シリアの反乱において私たちが宣言した目標は、①外部からのシリアへの攻撃は許容しない、②武装闘争を避ける、③対話と他の反対勢力との同盟によって解決を見いだす、でした。しかし、私たちがいったん自分たちの組織を立ち上げると、人々は私たちを攻撃し始めました。私は政権と協働していると非難されました。それはまちがっており、政権はいつもクルド人を抑圧してきたのです。今日私とあなたが話しているこの時でさえ、以前から投獄されている人が未だにそのままです。私たちは政権とは協働していません……。そして大半のシリアの反対派はイスラム主義者で、私たちはこの人たちとは同盟できません。革命がモスクからやってくることはあり得ないのです」。

ヒセンは思い出して言う。「アブドュラ・オジャランがロジャヴァについて述べたのはほんの数行だけですが、それは私たちのプログラムになりました。オジャランは『私はロジャヴァの人々を知っている。この人々は自らを組織し、政党を結成し、自衛勢力を創るべきだ。政治的にはこの人々は、政権からも反対派からも独立した組織を自らつくるべきである』と言ったのです。私たちはこの言葉を私たちの活動の基礎にしました」。

4・3　非合法な評議会

シルヴァン・アフリンは私たちに語った。「二〇一一年春は、抗議運動が拡大すると期待していた。私たちは、その準備をどうしたらよいか、何をすべきかと話し合っていた。私たちは成り行きを用心してみていた。その春に私たちは民衆の組織を作り始めた。どのようにして私たちは自分たちを守ったらよいかという疑問が生じ、それで、七月か八月にYXG（人民防衛隊の前身組織、自衛部隊の意）を創設した。多くの民衆は国家の脅しにまだひどく怯えていたので、メンバーはごく僅かだった。創立大会にマイノリティの人々を全員誘ったが、戦争が続いていたので姿を見せる勇気を持てたのはごく一握りだけだった。

私たちを支援した政党は民主統一党だけだった。私たちはそのことでいつも批判されるが、民主統一党は草の根で毎日活動し、私たちのメンバーはしだいに増えていった。禁を犯して武装部隊を作った。クルディスタンの多くの人は隠れて武器を保持していた。散弾銃や拳銃やカラシニコフ銃など。六〜七ヵ月のうちにYXGの自衛委員会を内密に組織した」。

ヘヴァル・アマーは、私たちに次のように言った。「最初に参加したのは、強い（政治的）意見を持たない町中の若者でした。最初の殉教者が戦死するとすぐに、ずっと多くの人が加わりました。もうほとんどの家族には殉教者がいたのです」。クルディスタン労働者党のゲリラのことである。「初めのうちの私たちの活動は非常に危険でした。政権の回し者が私たちを取り巻いてそこら中にいた。デリーク全体で友人は一人しかいませんでした。しかし私たちは徐々に殉教者や囚人の家族をすべて訪問しました。皆何かをするつもりだった。シリア国家は私たちの邪魔をせず、そこで強力な拠点をいくつか作りました」。

クルディスタン労働者党がシリアに二〇年間存在したので、多くのクルド人はアブドゥラ・オジャランと親しくなっていた。クルド人女性を解放するために二〇年以上活動してきた女性たちが二〇一四年五月に私たちに強調したように、オジャランとの交流やシリアでのクルド自由運動の存在によって、封建的に支配されていたロジャヴァの社会が変化した。一九九〇年代を通じて多くのシリア・クルド人が家を去ってクルディスタン労働者党に加わり、北部クルディスタンでゲリラ軍として戦った。数万人のロジャヴァの活動家があらゆる規模での闘争に参加し、多くの者が命を捧げた。こうした経験があったからこそ、二〇一一年の蜂起によって目覚めた民衆の組織は強力だった。

シリアでの抗議が二〇一一年三月一五日にいったん始まると、多様なアイデンティティの人々が、国民国家なしに共に社会を創造する方法として、ロジャヴァで民主主義的自治を進めた。民主主義的連合主義と民主主義的自治というオジャランのモデルは広く知られ、根源的な民主主義の組織化へと進んだ。多元的なエスニックからなる評議会、法廷、治安部隊、軍の部隊、女性組織、経済的協同組合の建設が何ヵ月も続いてロジャヴァ全体に広がった。[*10]

現在の民主統一党共同議長のアーシャ・アブドュラは、思い出しながら次のように語った。「革命の前は、政党としても運動としても私たちは民衆の集まりに出席せず、その代わりに私たちの間の理念の違いを会議で延々と議論していた。しかし、その後民衆の集まりに出て、民衆の意見を聞いた。いくつかの計画が提案され、決定もされ、指針が創られた。その次に、民主主義的自治の計画を発表した。この計画は、西部クルディスタンにとっても、全シリアにとっても最善の解決策だと思っている」[*11]。

「私たちは毎週金曜日に定期的に反政権デモをすると、決定しました。しかし、民衆を通りに送り出せば、私たちが皆を守らねばなりません。さもないと、攻撃されるだけです。そうなるともう二度と外に出られないでしょう」とハニフェ・ヒセンは述べた。評議会はすでに非合法に創設されていたが、二〇一一年八月には民主統一党は評議会を継続し、発展させるために西部クルディスタン人民評議会（ＭＧＲＫ）を作った（6・2参照）。「ロジャヴァ全体で選挙が実施され、人民評議会には三〇〇人が選出され、ロジャヴァの政策案を具体化することになりました」。

第三の道の一部として、西部クルディスタン人民評議会は、シリアの政治問題の平和的民主的な解決を提案し、二〇一一年ダマスカスで、民主的変革のための全国調整委員会（NCC）の結成を指導した。民主的変革のための全国調整委員会は、非暴力抵抗を主張し、外国からの干渉に反対した。さらにシリアの新しい政治システムは、宗教もエスニック（ethnic）も志向しないと唱えた。民主的変革のための全国調整委員会は反アサドの抵抗が武装勢力になるとすれば、その結果は終わりのない内戦になるだろうし、政治グループは西側、中国、ロシア、イランのブロックの間の紛争に巻きこまれるだろうと指摘した。

民主的変革のための全国調整委員会に対抗するのはシリア国民評議会（SNC）で、イスタンブールで二〇一一年八月にアサド政権に反対するために創られた。トルコと湾岸諸国が援助し、ムスリム同胞団が支配している。シリア国民評議会は、非中央集権的で多様なエスニックからなるシリアの形成を優先して求めなかった（シリア国民評議会は様々な文化集団を受け入れているが、アラブ的要素が優れたものだと考えられた。将来のシリアに関する議論は、バース党政権がなくなるまで延期すべきだといわれた）。シリア国民評議会は、アサド政権の民主的な移行ではなく即時の打倒を狙い、さらにシリアを外部勢力の影響下においた。クルド人やアラム人の政党がシリア国民評議会に参加したが、性格は変わらなかった。西部クルディスタン人民評議会は何回もシリア国民評議会と会見したが、シリア国民評議会がトルコと密接なつながりをもっているので協働する基盤が見つからなかった。

4・4　ヒューラー協定

西部クルディスタン人民評議会が強くなっていくとき、他のクルド人党派はそれを見ていたが、二〇一一年一〇月に約一六の小さなグループがシリア・クルド民族評議会（ENKS）という連合体を作った。[*12]

二〇一二年の夏には、西部クルディスタン人民評議会とシリア・クルド民族評議会は、シリアのクルド人地域において影響力のある二つの政治集団であった。

七月にこれらの政治集団は、クルド地域政府（ＫＲＧ）首班のマッソード・バルザーニ（クルディスタン民主党党首でもある）の後援の下で、協定を取りまとめるためにヒューラー（アラビア語でエルビル）に陣取った。民主主義的社会運動評議員のイルハム・アーメドは私たちに言った。「クルド人はイデオロギーでは決して一つにはならないことを、私たちは知っています。しかし状況次第で政治的に統合することが必要だと私たちは考えました」。内戦が激しくなり、ロジャヴァの近くで戦闘があった。民主統一党もシリア・クルド民族評議会も共通の「民族的（national）」利害をいくつか共有していたが、双方とも協定を模索する固有の理由があった。民主統一党／西部クルディスタン人民評議会は、クルド人が分裂し、互いに食い物にするのをやめさせたかった。シリア・クルド民族評議会は二〇一一年以来の政治的発展によってロジャヴァでの自らの勢力が弱くなっているのを見ていたので、それが進むのを止め、失った影響力を取り戻したかった。「だから私たちは共に活動しようと決めた」とイルハム・アーメドは言った。

七月一一日、司会役のバルザーニの仲介で双方の集団は協定を結んだ。このヒューラー協定は、二つの団体が〔権力の〕移行の局面では権力を分かち持ち、この目的のためにクルド最高評議会（ＳＫＣ）が設立された。クルド最高評議会は一〇人のメンバーからなり、西部クルディスタン人民評議会／民主統一党から五人、シリア・クルド民族評議会から五人を選出し、この時からロジャヴァでの最高権威となった。

イルハム・アーメドは次のように述べた。この協定によって「クルド人はとても幸せになった。……世界は、何がシリアのクルド人のためになるのかを理解すべきだ。私たちは権力を握って、トルコ人やアラブ人やイラン人を支配しようとはしない。私たちは、自らの生存を守り、自ら統治し、私たちの文化を自由に楽しみたいだけだ」[*13]。ハニフェ・ヒセンは頷いた。「クルド最高評議会の創設は、双方が協力し、すべてのクルド人の声を包み込んでいくという試みだった。クルド人にとってはとても素晴らしい一歩だった」と。

同時にヒューラー協定に関しては、バルザーニの現実主義が重要であった。バルザーニは、シリア・クルド民族評議会に比べると民主統一党が指導する西部クルディスタン人民評議会が相対的に強力であり、西部クルディスタン人民評議会との武力衝突があれば敗北する危険性があると認識していることが明らかだった。そのためバルザーニは、自分の軍事的な立場も強める手段を講じ、クルド地域政府がロジャヴァで自らの軍隊を作っていると公表し、シリア軍からのクルド人逃亡者を訓練するキャンプを立ち上げた。それはすなわち、「クルディスタンにはシリアからの難民が一万人から一万五〇〇〇人いる。多くは若者だ。その数人は、攻撃ではなく防衛のために訓練を受け、ここが混乱しないように備えなければならなかったのだ」ということだった。

4・5　革命はコバニで始まる

二〇一二年七月一八日から一九日にかけての深夜一時に、人民防衛隊はコバニ市への出入りの道路を掌握した。市内では西部クルディスタン人民評議会を支持する多数派の民衆が、国家の施設を占拠した。「私たちは、民衆の役に立ちそうな占拠する建物に、パン屋であってもマークをつけた」[*14]と、その夜参加したペルダ・コバニは思い出して語った。続いて民衆はコバニでの政権軍の拠点に集まり、民衆の使者が政権軍兵士に「武器を捨てれば君たちの安全は保障する」と言った。兵士たちは周りに見えるのはたくさんの民衆だけで、他に選択肢はないと悟り承諾した。アラブ人の街にいる自分の家族のもとに帰った兵士もいたし、四〇年間住み続けたのでコバニに留まるのを選んだ兵士もいた。[*15]

ハニフェ・ヒセンは、次のように言った。「シリア国家は実質的な軍隊を持っていなかった。私たちが、兵士を包囲し……降伏させた。政権は増援部隊をまったく送らなかった。私たちは一人の兵士さえ政権に引き渡さなかった。ただ兵士たちに語りかけ、家族に兵士を迎えにいくように指示しただけ。自由シリア軍に参加したいという兵士たちはトルコに行かせた」。ヘヴェル・アマーは、政権の部隊が去るとき「武器は持って行かせなかった。そのためたくさんの武器を、重火器さえ置いていった」と語った。ヒセンは無血の解放だったから、「政権は私たちに武器を引き渡したのだと、民衆は言った。しかし、それは違う」と思い起こしながら言った。ペルダ・コバニは、「翌朝民衆が起きると、屋根の上に翻っているのが、政権の旗ではなく私たちの旗なのを見て、驚きました。そのあと何ヵ月も、政権軍が戻ってくるのではと心配する者も多かった」と述べた。民衆は政権への恐怖心をあまりにも心の内に持っていたので、七月一九日の行動を初めは理解できなかった、とペルダは思い起こした。

アブドュラ・オジャランが一九九九年に拉致されたあと、クルディスタン労働者党のシリアでの組織は崩壊したが、現在はロジャヴァ出身の多くの戦闘員が戻ってきて、人民防衛隊（自衛部隊が改名した）に加わった。続く何日間も革命がコバニから他の都市や西部クルディスタンの村に広がったとき、戦闘員は喜んで歓迎され、民衆はお米を投げた。

コバニの解放から一週間後に『ヴァイス・ニュース』のアメリカ人ジャーナリストのチームがコバニに入ろうとして、検問所で人民防衛隊と遭遇した。このチームの一人は次のように語った。「コバニはクルド人の検問所に囲まれていた。重武装した兵士がコバニに入ろうとする車を一台ずつ詳しく調べていた。覆面をした男が、『我々は自由シリア軍の部隊と国家の破壊工作者が入るのを阻止しようとしているのだ』と告げた。この男は警察署で見つけたポンプ連射式散弾銃を自慢げに見せびらかした。『俺たちは、俺たちの都市をホムスやイドリブのように大殺戮の街にしたくない[*16]』。

4・6 デリークとアフリンの解放

他の都市や街も次々に解放されていった。ヘヴァル・アマーは私たちに「活動が広がると、民衆はもう恐れなかった。皆が加わってきた。多くの人は手に木の棍棒を持っているだけだった」と言った。ハニフェ・ヒセンによると、「民衆は私たちを押しのけて前に出た。私たちは指揮する場所を作った。人々が武器をくれというので渡した」。

ヒセンは続けて語った。「デリークにはたくさん前哨基地がある。とくにクルド人の住む近くに。私たちは国家治安部隊のところにいき、取り囲み、撤退するように言った。部隊は身の回りのものを持って去った」。『ヴァイス・ニュース』の報告によると、「自治体の裁判所にいた数人のアラブ人守備隊は拘束され、武装解除された。アサド大統領のポスターは壁から剝がされた。軍事ニュース機関の建物はすぐに占領された。……何百人もの住民が、派手な装飾が施された部屋に踏み込み、喜びの涙を流しながら驚いた様子で立っていた[*17]」。

戦闘がおこったのはデリークだけで、数人の死者が出て終わった。アマーは言う、「ギルジロの町で私たちは多数の軍部隊を一二日間包囲した。兵士一人とアラウィー派の司令官一人が死んだが、残った者は投降した。軍用ヘリコプターが飛んできて、二〇〇四年の時のように爆撃があった」。ヒセンは「高位の司令官が狙撃兵のライフルで殺害された。投降を拒んだからだ。するとこの司令官の部隊は投降した。味方

(hevals) がこの部隊を取り囲んだ。私たちはもう戦いたくなかったが、部隊にもし投降しなければ殺すと言った」と語った。

ロジャヴァの反対側にある遠いアフリン州も解放された。『フランクフルト評論』によると、「日曜日に武装したクルド人が、アフリンにまだあった全政府機関を包囲した。職員に投降を求めた。抵抗したのはわずかな軍事諜報員だけだった。諜報員は二時間戦ったが、結局降伏した。『こうして我々はアフリンを解放した』とガレブ・ヘソはわずかに微笑んで言った。諜報員は監獄に入れられたが、そこにいたのは負傷者三人だけだった。お返しに爆撃機が……アフリンの人気のあるレストランを破壊した。二人が命を落とした。『悲劇だったが、私たちは釣り合いを取った』とクルド人の指導者は言った[*18]」。

街から街へとこのような形は繰り返された。民衆が軍事基地を囲み、人員の減った政府の部隊に撤退のチャンスを与えた。民衆の自己組織は、誰であっても報復としての破壊活動に従事するのを阻止した。イルハム・アーメドは次のように言う。「我々は武器を奪い取って、政府に向けようとはしない。望むのは平和的手段で民主主義的シリアを実現することだ。このやり方を選んだので、批判を受けた。『なぜ戦わないのか、抵抗していない』と。我々のやり方のほうが良いと説明しようとした。中東は流血の地として知られる。我々はそうではないと知らせたい。民衆が平和的手段で権利のために立ち上がれるということを」。

最後にヘヴァル・アマーが思い出して言った。「カーミシュロだけが政府の掌握下にありました。状況は危機的でした。そこに多くの部族がいて、連合体を作っています。我々が解放したのは主にクルド人の住む隣接地域で、カーミシュロ中心部も空港につながる道路も政府の統制下にあるままでした。我々はシリア国家と戦争する考えはなかったのです。自衛部隊だからです。もし戦争を始めていれば、政府は我々の都市を爆撃したでしょう。対話によって事を解決したかったのです」と。

4・7　解放の後で

解放された後、民衆の立ち入りが許可されない通りにあった政府所有の建物は、民衆の家や文化施設、教育施設に姿を変えた。コバニでは「警察の建物からは旧政府の紋章が外され、重要な記録資料が没収された。初めて民間人が地下にある拷問部屋に入った。壁にはまだ血の跡があった。政府への反対者が何人ここで殺されたかを知るものはいない」[*19]。デリークの地区管理長官の事務所は、いま女性解放運動の本部である。

コバニは「普通の生活に戻ったようだ。人々は買い物をし、学生は急いで次の授業に行き、女性は夜にいつもの断食が終わるのでパンを買う。私（『ヴァイス』の記者）はカフェでマリアムという高齢のキリスト教徒のアラブ人女性と話をした。『アサド政権が倒れても、新しい政府が私たちに宗教の自由を認めなければ、この土地も戦争になると思います』と語るこの女性は、アサド政権よりも今の方が安全だと感じている。『ここコバニでは、一九九〇年からアサドと戦い続けてきました。もちろん隣人のクルド人を支えました。今あきらめるわけにはいかないでしょう』」と『ヴァイス』の取材チームは報告している。

そして「コバニだけで殉教者はおよそ二五〇人になる。ほとんどは右翼クルド人と戦うためにクルディスタン労働者党に加入した。他の者は政治活動を理由にシリアの監獄に入れられた。あらゆる宗教とエスニックのグループを代表するこれらの殉教者たちは、クルド人、アラブ人、キリスト教徒、アルメニア人、トルクメン人たちが今共に勝ち取った自由を作り上げようとしているこの時、コミュニティを統合している」[*20]と記者は述べた。

カーミシュロでは市の人口の約二〇パーセントいる政権支持者が、まだ市の一角に住み、空港は政権の手にあるが、これは大目に見られている。ヘセケとカーミシュロでは何ヵ月、何年間も続けて政権は解放された地域を何回も攻撃したが、人民防衛隊（ＹＰＧ）・女性防衛隊（ＹＰＪ）はそれに見合うだけの反撃をした。二〇一四年五月に私たちがカーミシュロを訪問したほんの二〜三日前に、シリア兵が都市の戦略的な要所を占拠しようとして攻撃した。ヘセケに滞在中にもさらに攻撃があった。[*21] 二〇一六年四月半ば、バース党政権は大きな攻撃を始め、数十人のシリア人兵士と人民防衛隊・女性防衛隊・アサイシュのメンバーが死んでしまった。政権軍は敗北した。[*22]

ヘヴァル・アマーは、シリアの他の地域（ダマスカス、ラッカ、ハマ）に仕事を求めて出稼ぎに行っていたクルド人の多くは解放後、ロジャヴァに戻ったという。「誰でも、スパイとして働いていた者さえも私たちの運動は受け入れました」とアマーは私たちに語った。「事は注意深く進めねばなりませんでした。……政権部隊がまだカーミシュロやヘセケにいたし、ここ（デリークとリメラン）にも多少います。……でもその子どもたちにはアサイシュに参加した者もいます。解放したどの場所でも祝賀会をしました。あまりにも長く抑圧が続いたので、祝賀会はつまらぬことではありません。祝賀会が一〇〇年以内に見られるとは思っていませんでした。私の友人は『祝賀会をするんだ』と言いましたが、どうしても信じられなかったのです」。

アマーは続けて語る。「デリークの人の四〇パーセントぐらいが私たちを支持しています。あまりにも長く多くの人は窮乏の中で生きてきました。私たちが独立したとはまだ信じられないようです。……政権は人々をはげしく怯えさせてきた。政権軍が戻ってくるのを恐れています。……私たちは人々に自ら評議会や若者や芸術や文化のための組織を建てたことを納得させようとしています。でもまだ信じてくれません」。「解放したどの場所でも防御をしていますし、何も破壊しないと保証しました。……人々は祝賀会をしました。アラブ人がシリアの別の場所から、ここは戦争がないからと移ってきました。……ロジャヴァ革命は新生児のようで、これからどう育つのか分かりません」と述べた。

カーミシュロ人民評議会の共同指導者のレムジィエ・ムハンマドは、民衆がついに自らの将来を決める権利を手にしたその瞬間を思い出す。「カーミシュロ人民評議会の議長に私がクルド人女性として選ばれたのは、とても名誉なことです。カーミシュロの人々がとうとう自らの代表を選ぶことができるのは驚くべきことです。私たちはクルド人として私たちの権利を徐々に要求していくし、そうすればもっと熱意が深まるでしょう。この革命的な局面で近隣のすべての地区に評議会を作りました。今や民衆は、自らの必要と希望を考える機会をもち、自分自身の計画を始めています。もちろん、多くの困難があり、特に水と電気です。これらすべてをなんとかうまくいかせようとしているところです。でも、もし国家がなければうまくいかないとか、都市に必要な水と電気を民衆には手に入れられないとか言われるとしたら、それは違います。確かに戦争で経済問題が発生しましたが、問題点は一つ一つ解決できるでしょうから、私は楽観的です。私たちは革命の真っ只中にいて、民衆の求めるものを考えて昼夜働いています。人々がとても連帯して助け合いながら行動していることで非常に助かっています。新しい制度に不安を感じる者もいるのは確かです。とりわけ女性の委員会や評議会に男性がやりにくさを感じています。しかし、私たちは社会の解放が進むのは、女性の解放が伴う時だけだと男性を説得するつもりです」と語った。

第5章
女性の革命

「女性が革命を組織する積極的な役割を演じたのは、史上初めてだろう。女性たちは前線で戦い、指揮者となり、生産活動に参加する。ロジャヴァには女性がいないところはない。女性はどこにでもいてすべてに参加している[*1]」

二〇一四年後半のシェンガル（8・9参照）とコバニ（14・2参照）での戦闘でスポットライトが当たったのは、欧米ではあり得ないことだった。それは女性が中心にいる中東社会である。そういうことがなければ、この地域は一般に家父長制的で進歩に逆行する地域だと見做されている。しかし、とりわけコバニでの抵抗はクルド人女性のイメージを根本的に変えた。

コバニの前線司令官メイサ・アブドや、民主統一党の共同議長アーシャ・アブドュラのようなクルド人女性は、現在その決定力と自信にあふれた行動が賞賛されている。『ヴェルト』（ドイツの日刊新聞）のようなブルジョア新聞でさえ、「クルド人は男性も女性も平等であり、中東ではもっとも熱心に非宗教的に振る舞い、その結果として市民社会に大きな進歩を可能にしてきた」と述べる。[*2]『エル』（フランスを中心とする女性ファッション誌）や『マリ・クレール』（フランスの女性誌）のような女性雑誌も、女性防衛隊について多くのページを割いたレポートをしているし、[*3] オーストラリアのテレビ局は「女性の国」というドキュメンタリーを放送している。[*4] チェーンストアのH＆Mとファッション雑誌の『マダム』は、クルディスタン労働者党と女性防衛隊の武装戦闘員の制服を取り入れた服を着たモデルを展示し、紙面に掲載している。四〇年におよぶ紛争が世界の舞台で突然異彩を放つことになり、粋だとも思われている。しかしこうしたイメージの背後には何があるのだろうか。

女性たちは近年の「アラブの春」の社会的決起に参加したが、統治組織や政府の変更を成し遂げた国の大半で、女性は新しい社会組織への参加を続けられなかった。現実は、イスラム主義者の組織が部分的にあるいは完全に政治権力を獲得したので、以前にも増していっそう希望のない状態に押し込められた。エジプト、モロッコ、イエメン、パレスチナでの「アラブの春」での女性の役割に関する二〇一三年の研究によると、決起のあとに権力を掌握した政治組織は、保守主義と家父長制主義という点で以前の統治組織以上のものがあった。[*5] この類型と異なる発展をしたのはチュニジアだけである。

5・1　ロジャヴァの女性

ロジャヴァのクルド人女性は多方面にわたって抑圧されてきたし、今もまだそうである。女性はクルド人として基本的な権利を、多くの場合市民権すら拒絶された。女性としては家父長的な支配の虜にされた。伝統的社会では、家族に関わる男性の「名誉」は妻の「貞節さ」に示された。中東でよく見られるようにクルド人女性や少女は普通、商売を学んで経済的に自立することが認められなかった。シリア北部のクルドには仕事がほとんどないので、男性はアラブ人の都市に働きに行くものであったが、女性については問題外であった。結婚だけが女性に開かれた人生であり、若くして結婚し、ずっと年上の男性の第二夫人や第三夫人にさえなった。大学に通った少女でさえ、大人になって夫や父親に経済的に依存した。数少ない女性だけに保健関係や教育関係で仕事があった。家庭内暴力は流布していたし今でもそうである。女性は公的な生活から排除された。

四九歳の民主主義的社会運動の代表者は、クルディスタン労働者党のゲリラ部隊に入るのを親が恐れて結婚を強制されたと話した。二〇〇七年にこの女性は、シリア人占領下のクルディスタンで離婚を勝ち取った最初の女性の一人となった。「もちろん家父長制はここでも一般的でした。ジェンダーの平等などは、小声でさえも話せないことでした」とクルド人女性戦闘員のエヴィンはインタビューに答えた。

中東ではレイプされた女性は家族から見捨てられるのが通例であり、時には「名誉」殺人のもとで虐殺される。経済的・政治的・性的に抑圧されてきた男性は、その心理的代償として家族の誰かに暴力を振るうことをすぐに学習する。憤懣を家族に八つ当たりするのは抑圧に立ち向かうより危険が少ない。さらに男性の「名誉」は、女性や子どもを好きなようにできる力にあるという男性の思い込みが社会によって増幅されている。こうした現象が広範囲にあるのはイスラム世界だけではない。[*6]

シリアのクルド人女性が男性との関係において社会的に不利な立場にあったにせよ、数千人の女性たちが一九八〇年代と一九九〇年代に草の根の組織に参加した。クルディスタン労働者党は、社会の解放は女性の解放なくして不可能であるというイデオロギーを持っていたから、この運動によって女性に価値ある場所と教育が提供された。「クルディスタン労働者党の指導者がここに二〇年間暮らしていたことを忘れるわけにはいきません」と、二〇一四年に私たちが訪れた時によく聞かされた。「その働きが私たちの考え方を作った」。顧みれば、アブドュラ・オジャランがここを出て行ってから一五年後に、オジャランの哲学や方法、そしてとりわけ女性の地位向上のための努力が新しい社会の基礎となり革命の原動力になったようである。エヴィンは、オジャランの影響は「実に大きいのです。その当時のロジャヴァで運動を支えていたのは、主に女性でした」と語った[*7]。

クルド人女性運動は、植民者による女性自身の文化への軽蔑を意味するクルド人女性の疎外を克服しようとしている。それは確実に自らの人生に責任をもち、自ら決定できるように努力する運動である。家父長制的支配システムが女性を互いに分断し、孤立させることで権力を維持しているやり方について女性たちは議論する。この女性たちは、自らの解放とすべての女性の解放のための闘いを実践しようと決意している。さらに、新しい美学を創造し、家父長制の物質主義的な文化とは対照的な理想的な価値を明確にし、女性自身の表現形式を見いだし、女性の視点から芸術と文化を再構成するという一歩先の原則をもつ[*8]。

一九九〇年代にクルディスタン労働者党は、このやり方で数千人の女性を勇気づけ、教育し、女性が参加できる居場所を創った。女性たちは一軒ずつ訪問してドアをノックし、家にいる女性に運動に加わるように説得した。そして正規の教育をおこなって女性集会を主催した。エヴィンのようなロジャヴァ出身の多くの女性は、北部クルディスタンに行き、クルディスタン労働者党の女性部隊のクルド自由女性連合（YAJK）に加わった（3・1参照）。

5・2　革命のなかの女性

ロジャヴァでは、女性は革命の最前線であるという考えが受け入れられた。女性は初期の組織化において重要な役割をはたした。ハニフェ・ヒセンの説明によると、二〇〇四年から二〇一二年にわたって「政治的役割を果たせたのは女性だけでした。女性が草の根で組織化を行い、教育の仕事をして会議を主催したのです。組織を作ろうとする男性は逮捕されたので、組織づくりは女性の肩にかかりました」。

「三〇年間自由のための闘争で活動してきた六〇歳の女性たちがいました。この人たちはたとえ読み書きができなくとも、運動の哲学を知っており、自分の知識だけでなくこの哲学を分かち持っていました」とイルハム・アーメドは語った。しかし、ほとんどの人は読み書きができる力があった。二〇一一年現在でシリアでは、子どもの九〇パーセント以上が小学校に通い、三分の二以上が続けて次の教育を受ける。

そして、女性による組織化が効果的と思われていることも、決定的である。クルディスタン労働者党のイデオロギーによると、自然と社会の搾取を正当化する制度である家父長制が打倒されるのは、共同性や環境に配慮した経済や草の根民主主義が非家父長制の原則に基づく新しい社会を創造することだけによってである。

革命がひとたび始まると、それを支援する女性たちがクルディスタンの他の地域からやってきた。その中には自由女性のイシュタール同盟（ＹＪＡスター）と共に数十年戦った多くの人がいた。この女性たちは、民主主義的自治の理論的・実践的経験だけでなく、戦闘と組織化のスキルを伝えてくれた。デリークの女性運動活動家のアマラは、オジャランは「組織化のモデルを詳細に述べ、私たちはその本をよく読んでいました。今こそ私たちがそれを実行するのです」と述べた。

5・3　コングレヤ・スター

イェキティヤ・スター（スター同盟 Union）はロジャヴァの雨傘女性運動であり、二〇〇五年に創設された。「スター」というのは、古代メソポタミアの女神イシュタールのことであり、今日では天上の星々のことでもある。二〇一六年六月の第六回集会で、イェキティヤ・スターはコングレヤ（Congress 協議会）・スターと改名した。二〇一五年二月にコングレヤ・ジネン・アザード（自由女性協議会）と改名していたクルド人全女性運動に従ったのである。

バース党政権下で、イェキティヤ・スターの活動家は、逮捕され拷問された。今日民主主義的社会運動の社会的・政治的・軍事的活動に参加している西部クルディスタンの全女性は、同時にコングレヤ・スターのメンバーである。それは、あらゆる地域に女性団体を立ち上げ、それによって家父長制的支配の権威と暴力から知的・感情的・精神的に解放されようとするクルド人女性運動にとって不可欠のものである。

コミューンの中のコングレヤ・スター

ヒレリはカーミシュロの近くの比較的貧しい町であるが、評議会システムへの支持は非常に強い。ヒレリに住む四五歳の女性のシリン・イブラヒム・オメルは、女性の活動のことを次のように語った。「コミューンには六〇人の女性活動家がいます。週に一度教育活動を行い、共に本を読み、それについて討論をします」。

イェキティヤ・スターを作った主な目的は、地域社会全体を政治的に教育することだったとシリンは説明した。政治教育はいまも女性たちの仕事の中核である。「一ヵ月に一度、私たちは地区の女性を訪問し、革命の課題を説明します」。クルド人の運動に参加しているいないにかかわらず、家にいる女性の一人一人を訪問することが目的である。「私たちは、クルディスタン民主党（の女性）のところにさえ行きます。多くの女性はいまだ国家にしたがう物の見方をします。自分を政治的に活動できる人間だと考えていません。子

写真5・1　デリークでのコングレヤ・スターの集会

どもがたくさんいて、家庭内での揉め事がありました」。「革命前は多くの女性は少女期の若い時に結婚しました。今女性たちは教育によってより良い生活ができるとわかっています。以前は、ここでアラビア語でのトルコのテレビ番組を一日二四時間見ることが普通にできました。しかし電気が途絶されると、人々は何か別のことを自由に考えることができるようになりました」。シリンは草の根活動の結果、「地区の女性と皆知り合いになった」と述べた。

活動家女性は、地区の女性を対象に、コミューンと評議会をテーマとする一〇日間の教育を行う。女性たちはいったんつながりを持つと毎週二時間の教育集会に参加する。イエキティヤ・スター委員のゼラル・ゼガーがデリークの女性評議会の代表者に話をして、本書の著者の一人が教育活動に参加する機会を得た。ゼガーは、現状の包括的な評価を行い、すでに民主主義的社会運動が加入させた家族だけでなく、コミューンの全家族を訪問する必要性を強調した。これがおそらく、コミューン組織に家族が参加するやり方であろう。ゼラル・ゼガーは、

「よく知っていなければ、活動はできません。参加するためには女性は自らを教育しなければならないのです」と語った。

デリーク女性センターのアディレは次のように述べる。「私たちは女性が自立的になってほしい。私たちは村にも行き、そこの女性と話をします。多くの人は私たちと話そうとしませんが、後になってこっそりと私たちのところに来ます。お金を少額もらいますが、象徴的な、印ばかりのものです。そしてアラビア語でもクルド語でも週一度発行される新聞「ロナヒー（「照明」）」を渡します。これは安いので、皆が一部手にします。また私たちと会った時には、以前にしていたようなゴシップ話や世間話はしません。その代わりに政治上の変化や女性の組織化について話します」。

女性運動は「デンゲ・ジャン（「生命の声」）」という新聞も発行している。これには女性の歴史に関する記事や、たとえば「民主主義的家族」の分析が掲載される。また、例えば評議会が最近採択した家族に関する法律についての記事も載る。この法律は最高憲法委員会に女性が提案した。採択された結果、ロジャヴァの全員に適用されることになった。これにより、ベルデル（berdel）や一夫多妻制と同様に、児童婚や強制婚は現在禁じられている。[*9]

女性運動の重要性は、民衆が自分自身で生きようとしているがゆえに、新しい社会に大きな影響を与えたことにあった。[*10] 立法と司法は移行局面を代表するにすぎず、目的は司法制度が不要になった倫理的社会である。

今のところは、平和委員会（9・2参照）が家族の問題を解決している。アディレは次のように語った。「男性が女性を殴ると、少なくとも一ヵ月牢屋に入ります。以前女性は無権利状態でした。今は女性の裁判官さえいます。「マラ・ジナン（女性の家）」とアサイシャ・ジン（9・4参照）と裁判所がお互いに支え合っています。男女間の問題があると、その問題の証拠書類を作り、男性と話し合います。大体は男性が女性と別れます。男性が扶養料や子どもの養育費を払わないなどで問題が解決できないと、裁判所に持ち込みます。私たちは若年婚についても調べています。トルコには現実に結婚市場があります。少女たちはインターネット上で売られています」。

カーミシュロのサラ女性センターは、家庭内暴力事件を調査し、証拠書類を作った[*11]。女性を支援するためにアサイシャ・ジンが呼ばれる場合もある。ヒレリでは現在、妻を殴る男性は誰でも社会的に追放されるので、妻への殴打はほとんどなくなったとシリンは述べた。

ロジャヴァのメディアはほとんど毎日、新しい女性コミューンの創設を報じる。それはクルド人地域だけでなく、アラブ人地域やアラブ人村落でのことでもある[*12]。このコミューンから女性評議会（メジュリース）の集会に代表者が送られる。カーミシュロ人民評議会の共同議長のレムジイェ・ムハンマドの説明によると、「女性の潜在能力を最大限に活用できない社会には、大きな弱点があります。この事実を人々に分かってもらおうと私たちは大変な努力をしています。善かれ悪しかれ、シリア政権とアラブ人の精神構造によって、何年にもわたって私たち男性の考え方が強固に形成されたからです。この精神構造をふるい落とすためにできることは、何でも今は利用すべきです。私たちは、カーミシュロで女性が指導的な役割を果たせると確信できるように努力しています。私たちの活動はもういくつかの都市で実を結んでいます。すでにたくさんの家庭で、娘が社会と関わるように勧めているのです[*13]」。

コミューンにとどまらず、ロジャヴァ革命は村や地域や地区での評議会組織を創り上げてきた（6・3参照）。男女混合の評議会と並んで、女性だけの評議会が最初はクルド人の都市で、続いてダマスカス、アレッポ、ラッカ、ヘセケ、そして他の都市や村でも立ち上げられた。「イェキティヤ・スター は、女性評議会を州のどの地域でも、クルド人が多いシリアの都市でも立ち上げました。それは、女性の関心を高め、民主主義的でエコロジーを尊重し、ジェンダー差別のない社会建設を進めるためです。これら評議会は、全女性のための相互に結びついた意志決定組織です」[*14]。カーミシュロの三五歳の活動家のヌーア・マフムードはこう語り、性暴力のおびただしい被害者が女性評議会に接触してきていると説明した。

5・4 三州での女性

トルコによるロジャヴァに対する禁輸措置(12・3参照)のために、私たちはアフリンやコバニには行けなかった。しかし私たちが聞かされたのは、女性の組織化は三つの州で異なっているということだった。

イルハム・アーメドの話によると、もっとも西の州のアフリンでは、女性たちは非常に自覚が高く、「社会への男性の影響力はとても弱いのです。家庭でも社会でも女性は男性と共存するような組織をつくりました。子どもたちは女性のところに集まります。女性は家にいて家族の世話をするべきだという考えは、アフリンではごく稀にしか聞かれません」。アフリンの女性は男性と一緒に厳しい農作業をやり、色々な組織に男性と対等に代表となる。この女性たちは自らの教育と組織化のための優れた土台を築いた。多くの女性は民主主義的自治組織や女性評議会に参加している。アフリンでジェンダーが平等である理由の一つとして、戦闘員のエヴィンは、アフリンでは「氏族の仕組みに特別な役割がない」という事実があり、「そして社会の特徴が他よりもプチブル的であるから」と語った。

アーメドは、シリア戦争のために「人々は戦闘状態になった地域から逃げ、アフリンに殺到した」と私たちに語った。こうした人々の中にアフリンには知り合いのいない組織的な犯罪者集団がいて、女性を襲った。

しようとした」。

アーメドは、女性への暴力と売春が「深刻な問題になりました。アフリンの民主主義的な自己統治組織の指導部は、こうした問題について教育、セミナー、プロジェクト、ワークショップなどで自覚を高め、何とかしようとした」。

コバニ州では封建的な氏族組織があり、部族の影響力はずっと根を張っている。その結果、革命以前のコバニでの運動は弱かったと、イルハム・アーメドが私たちに述べた。「部族は政党よりも重要です。それらは社会をともに支えていますが、政党とは違って部族は革命に反対ではありません」とイルハムは言う。革命の間にコバニの部族はずっと開放的になった。大半の人が解放に共感した。ここでは民主統一党は人気がある。他の政党もあるが、ほとんど影響力はないし大きな支持を受けてもいない。コバニでは「革命こそ最大の影響力があります」と、アーメドは二〇一四年五月に私たちに語った。

アーメドはさらに次のように言った。革命前には「女性や少女が一人で街の中を歩くことはできませんでした。国家が雇った教師や役人が少女たちを性的な暴行を加え、政権はこうした暴力を大目に見たので、女性も少女も自由に歩き、グループを作り、働きに行くことなどができませんでした。しかし、革命によって性的な暴行はなくなり、その責任者は罰せられ、それにより社会の雰囲気が活発になりました。その時からコバニの女性は、革命活動にずっと自由に参加できました。女性たちはかつて激しく抑圧されていたので、革命への潜在力は非常に大きいのです」。

コバニ州では「コミューンの価値が、資本主義社会でのように無効になっていない」と戦闘員のエヴィンは指摘した。コバニでの革命前の運動が弱かったのは、民主主義的自治を建設する際に多くの問題に直面したからだ。しかし女性たちは、持っているエネルギーのすべてをその問題の解決に費やした。最初女性たちが活動したのは、コバニ地区の男女混合の九つの評議会だけであった。それから、コバニの女性の家（マラ・ジナン）が女性評議会を創設したので、女性は自律的な決定ができるようになった。二〇一三年の春、一三五人の女性が現地の女性問題に取り組むためにコバニ女性評議会に参加した。現在全評議会が四〇パーセントのジェンダー割り当てと二重指導原則を守っている[*15]（5・5参照）。

二〇一四年から二〇一五年のイスラム国の攻撃によって、コバニの建物の多くが破壊された。しかし、二〇一五年一〇月二七日コバニで州内の全員を結びつけ、とりわけ児童婚を禁じる一連の女性関係法が採択された[*16]。

5・5　二重指導体制と四〇パーセントの割当制

二重指導原則（hevserok）は、ロジャヴァの全域で適用されている。コミューン内でも、法廷でも、指導的地位はどこでも二人の人に授けられる。そのうち一人は女性でなければならない。民主統一党の二人の共同議長の一人であるアーシャ・アブドュラは次のように述べる。「シリアでの自称反対派を見てください。その中には一人の女性もいません。社会の一部が代表されていないどのような革命を、この人々は望んでいるのかと自問してください。男女の平等を依然として見過ごしている自由と民主主義をどのように語るというのでしょうか。女性が自由ではない社会はどのようにしたら自由になるのでしょうか？」[*17]。

男女混合の組織にはすべて、ジェンダー割り当てが適用されている。具体的には、全評議会、全委員会、指導的地位の全部、全法廷で女性が最低四〇パーセント占めなければならない。女性は大きな割合でロジャヴァの革命活動に参加している。アフリンでは、市民組織や政治組織や軍事組織の六五パーセントが現在自律的に組織された女性で構成されている。これには、コミューン管理、評議会、委員会が含まれる。四四の

写真５・２　二重指導体制、セレーカニイェの共同市長

地方組織では労働者の五五パーセントが女性である。農業部門では五六パーセントが、クルド語教育施設と教員組合では女性の割合が七〇パーセントである。[*18] 教育部門では教師の中の女性の割合はもっと大きい。コバニでは八〇パーセントで、ティルベスピーでは九〇パーセントである。[*19] 女性は女性問題を発信する自らのラジオ局を創っている。コバニでは十人の若い女性がそうしたラジオ局を運営している。[*20]

民主統一党の共同議長アーシャ・アブドュラは次のように語る。「私たちの目的に達するにはまだ遠い道のりです。でも、私たちは過去の失敗した革命から学びました。その常套句は『革命を成功させよう。それから女性に権利を与える』でした。しかし、当然ながら革命後にそうはならなかったのです。私たちの革命ではこの古い物語を繰り返しません[*21]」。

5・6　女性組織

女性教育研究センター

ロジャヴァではクルド人の都市や村落だけでなく、クルド人の多いアラブ人都市にも女性教育研究センターが設立された。二〇一一年以来、女性のアカデミーが二校、さらに二六の教育センターも開校した。[*22] 女性はこのセンターに家庭や社会で板挟みになっている問題を持ち込み、他の女性と話し合って解決策を見つける。センターには、コンピューターの使い方、言葉、裁縫、応急処置、子どもの健康、文化、芸術のコースも用意されている。女性は自分に必要なものを自分で決める。イルハム・アーメドは、「私たちは、将来女性が自分の課題を決められるようになるための土台を準備しています。新しい意識と自覚が現れています」。

女性教育研究センターは他の女性組織のための会合場所でもあり、二つの役割を果たしている。セレーカニィェのセンターの代表は、「コミューンの仕組みを通じて私たちは全部の家族と知りあいになりました。経済状態も妻と子を殴るのは誰かも知っています」と述べた。私たちがセレーカニィェの女性センターを訪問している最中に、そういう調査を目撃した。二人の年配のアラブ人女性がやってきて、助けを求めた。夫婦は別居し、女性たちは慰謝料を要求していた。

女性センターの主要な仕事は、女性を政治的に教育し、女性に「現実を調べ、それから新しい知識と学習によって現実を変革し、より美しい生活と自由な社会を達成するために現実を変えるように促すこと」と、ジェニー（CENÎ：平和のためのクルド女性事務局）は述べている。[*23]

二〇一一年から、イェキティヤ・スターは女性をイデオロギー的に強化するためのアカデミーを建設してきた。クルディスタン労働者党のゲリラ部隊の女性は、ジネオロジー、つまり「女性学」を開発してきた（クルド語のジン *jin* は「女性」、オロジー *ologi* は「知識」を意味するギリシア語からきている。*jin* はまた、「人生・生命」を意味するクルド語のジヤン *jiyan* という概念と関連がある）。ジネオロジーによれば、知識と科学は社会から分離されてきた。それらは支配者集団によって統制された独占物であり、その権力の土台として利用された。ジネオロジーの目標は、女性と社会が科学と知識を利用する権利を与え、科学と知識が社会とつながることを強化することである。さらにジネオロジーは、良い生活の見通しを広げようとし、評議会組織はそれを実践に移す。理論と実践は常につながりあっている。

リメランの女性アカデミー長ドルシン・アキーフは、クルド人女性はジネオロジーをゲリラ部隊での戦闘の「数十年に及ぶ経験の総決算」と考えていると報告している。ジネオロジーは、「女性から奪われた知識」と取り戻すことのできる知識を代表している。アキーフは、リメランの女性アカデミーでのジネオロジーの学生は「歴史における女性の非存在を克服しようとしています。私たちは、現存の社会的諸関係の中で概念がどのように生産され、再生産されるかを理解しようとしています。続いて私たち自身の理解を発見します。私たちは、歴史における女性の役割を考察し、女性を可視化することで、真実の歴史解釈を打ち立てたいのです」と述べる。[*24]

女性問題はもはや法的・政治的問題に限定されていない。女性問題は、あらゆる社会問題が自らの問題であり、女性の闘争の一部であると考える能力を女性に与えることである。例えばクルド人の運動のなかにいる女性には、新しい美学を見出し、女性自身の経験の形式を用いて女性の観点から芸術と文化を作り直すことを望む者もいる。

写真５・３　青年革命女性会議、2014 年５月、リメランにて。

若い女性の運動

青年連合のドズ・コバニは、「私たちの仕事でもっとも重要なのは、女性の仕事です。私たちのチーフ（アブドュラ・オジャラン）が、女性の自由がなければ社会は自由たり得ないと正しく述べています。したがって私たちは若い女性に呼びかけ、教育の仕事をします。最初に私たちは文明の歴史と、五千年に及ぶ家父長制の歴史を調べます。家父長制以前の社会における女性の地位とその後の年月に男性が女性にどういうことをしたかを説明します。こうした討論は私たちには非常に重要なのです」と言った。

二〇一四年五月一六日、リメランで開かれたジジーレ青年革命女性の第三回会議にこの本の著者の一人が参加した。州の各地からおよそ二三〇人の若い女性が、前年の仕事の評価と翌年の新しい目標の設定のためにここに集結した。参加者は中東での女性の役割を一般的に分析し、伝統的な役割モデルを拒絶した。現代資本主義について討論し、それによる女性の身体の商品化を拒絶した。開会のスピーチでハニフェ・ヒセンは次のように宣言した。「中東のクルド人女性として私たちは、このようなイメージに反対する。もし、私たちが民主主義的で平等な社会の建設を欲するならば、最初に女性問題を解決しなければならない。あらゆる抑圧の土台には女性の従属がある。それは一つのシステムとして現代資本主義と結びついている」。

会議の主要テーマの一つは青年についてであった。「私たちは（革命を）若者とともに始め、若者とともに私たちは成功するであろう」。女性たちは皆大きな決意と冷静さをもって語った。若い女性が政治に関わるのを邪魔しようとするよくある家族の存在のような、女性の組織化の障害について評価を下した。参加者たちは家族の中でもっと活動していこうと決心した。参加者が高く評価したのは教育の活動であった。多くの少女がまだ強制されている若年婚のことを指摘した参加者もいる。活発で生き生きとした議論が戦わされた。若い女性が一五人委員会を選出し、女性の解放のためのイデオロギーと政治の闘争を強化すると決意した。

シリア女性協会

イェキティヤ・スターによって、様々なエスニック集団からなる女性の協働体制の土台がロジャヴァで築かれた。二〇一三年三月にクルド人、アラブ人、ヤズディ教徒、アラム人の女性によってシリア女性協会が創設された。この協会は評議会体制の一部でないが、クルド人、アラブ人、アラム人の女性たちがシリアの新しい民主主義的憲法を起草するためにともに働いている。この憲法は全女性と全民衆の権利を保障しようとしている。[*25] 協会は法律を念入りに作り、女性解放というテーマでの討論会を数多く手がけてきた。

デリーク女性センターでは、シリア女性協会の幹部ジィアン・ダヴュトが次のように説明した。「革命が始まった時、『アラブの春』でのひどい経験を繰り返したくないと望みました。女性の権利を合法的に確立させたかったのです。この点に関しては、ここの女性は個人としてまったく権利がなかったのです。この状況をロジャヴァだけでなく、シリア全体で変えたかったのです。ここでは活動し、組織するのは主に女性たちでした。……ロジャヴァではアラブ人女性と接触するのは難しいのです。なぜなら、アラブ人女性たちは自分の権利のことを知らないからです。集まりに行くだけでも、夫に許可を取らなければなりません。それでも私たちは少しずつ連絡を取っています。その一方私たちの組織には、すでにたくさんのアラブ人女性がいます」。

アラム女性協会

その後、ジィアン・ダヴゥトは私たちをアラム女性協会に連れて行ってくれた。ここの若い女性が私たちに「私たちは組織化を始めており、私たちの社会的立場はもう改善されています。イェキティャ・スターに励まされて、協会を組織しようと決心した者もいます。その時から特にカーミシュロでは参加してくる女性が増えました」と語った。

家庭内暴力は大きなタブーだったが、クルド人家庭でもアラム人家庭でもずっと続いてきた。ジィアン・ダヴゥトは、アラム人社会では医師や弁護士として働き、経済的に自立した生活を送る女性が多少はいたと述べた。さらに別の女性が、かつてアラム人女性は自分たちのことをクルド人女性よりも進歩的だと思っていたと説明してくれた。現在は、組織化と討論を通じてクルド人女性のほうがもっと自由になったと、アラム人女性は気づいている。そして、アサイシャ・ジンに参加するという、まったく新しい役割を実行したクルド人女性に刺激を受けている。

あるアラム人女性は、革命によって考え方が変化し、お互いの理解を深めるように女性を導いてきたと説明した。多くのアラム人がヘセケに住んでおり、二〇一三年一〇月一三日には初めてのアラム人女性センターが開設された。それでも「私たちの社会は残念なことに非常に分断されており、互いに競い合う多くの党派や組織があるのです」とある女性は嘆いた。

クルド女性報道協会（RAJIN）

「家父長制の覇権を克服するために」

「女性は見える存在になり、自らの歴史を書くべきだ」。この原則をロジャヴァの女性運動は非常に真剣に受け止めている。それぞれの州で女性は、ラジオ、テレビから通信社までのすべてのメディアに平均以上に登場している。しかし、女性たちはジャーナリスト組合に組織されることも重要と考えている。

クルド女性報道協会は、二〇一三年にクァンディィル山脈の中で創設された。二〇一四年五月、ロジャヴァのクルド人女性ジャーナリストは、カーミシュロで最初の会議を開き、ロジャヴァ・クルド女性報道協会が創設された。この会議は、「民主主義的民族のための自由な女性」という自由女性連合（ＹＪＡ）のキャンペーンの一環として組織され、そして「グルベテリ・エルソーズを讃える自由な女性報道機関と自由な社会」というスローガンの下で組織された。

（エルソーズは、一九九〇年代初めのトルコでのクルド人新聞「オズギュール・ギュンデム（自由論題）」の主任編集者だった。エルソーズは一九九三年一二月一〇日に逮捕され新聞は発禁とされた。六ヵ月後に釈放されたが、訴訟が進行していたので、ジャーナリストとしての仕事ができなくなった。一九九五年、クルディスタン労働者党のゲリラ部隊に加わった。一九九七年一〇月七日クルディスタン民主党の待ち伏せ攻撃で命を失った。[*26]）

カーミシュロでのロジャヴァ・クルド女性報道協会の創立会議には七〇人の代議員が参加し、その中にはイェキティヤ・スターの委員のイルハム・アーメド、ゼラル・ジェガー、メディヤ・ミヘメドもおり、女性防衛隊報道事務局もいたのは言うまでもない。会議では一〇月七日がクルディスタンの女性ジャーナリストを記念する日であると承認された。

メディヤ・ミヘメドは開会演説で、「私たちは、歴史的に自由であったにもかかわらず奪われてしまったアイデンティティを回復するために闘っています。クルディスタン労働者党のクルド人女性は、自由のため、自由な生き方のための闘争を選択しました。今や自由な社会の創造へと向かう決定的な歩みを進めています。今日では、報道は家父長制的な心理構造と結合しています。なぜなら、男性の覇権がすべてのメディアを支配しているからです。しかし私たちの闘いはそれを徐々に壊しています。……報道機関の女性による闘争は自由な報道のための土台となるでしょう」と述べた。

この会議での決定によると、クルド女性報道協会員は、ジェンダー意識と日常の言葉遣いに関して報道労働組合の男性組合員を啓蒙するために、政治的で組織的な教育をする活動に参加し、さらに女性がメディアの技術面と職業面で差別されるべきでないこと、ロジャヴァで女性ラジオ局が放送を始めること、女性メディア・アカデミーを開設すべきことを決定した。

ロジャヴァ自由女性財団

二〇一四年カーミシュロでロジャヴァ自由女性財団が、女性の生活を改善し女性の組織化を支援するという目的で創設された。第一歩はカーミシュロの女性にアンケートを取ることだった。アンケートの結果は次のようだった。回答のあった七三パーセントは小家族で暮らしていた。経済状態を改善するには教育が必要だというのが九二パーセントで、保育所が必要というのが六〇パーセントであった。この結果で明らかになったことは、戦争と禁輸措置以前でも女性への制度的な暴力がカーミシュロに広く存在したことである。

財団は、女性健康センターと幼稚園の建設などの計画を進めており、女性協同組合（12・5参照）と女性用公園を創る計画を支援している。女性の村の計画さえ存在する。財団によると、「以前からある暴力、そして戦争が進む中での暴力の増加のため、シリアの女性と子どもは、毎日精神的な傷を負う出来事を経験している。そのような根深い社会問題の解決には長期にわたる広範囲な方策が必要である。私たちの重要な計画すべてについて緊急に資金が必要である[*27]」という。

5・7 ジェンダーの平等は男性の問題でもある

自らを解放しようとする女性たちは、著しい困難に直面する。イルハム・アーメドは、述べている。「革命で役割を果たしたいという女性は、障害物を克服しなければならなかった。揉め事は家族、特に男性からきました。男性は仕事から家に帰ると、万事自分のために支度ができていると期待します。妻は男性の所有物であり、男性のために家に存在し、男性の快適さに気を配らねばなりません。妻が家を離れるなど考えられないのです。社会のすべての規則や慣習は、男性のこうした特権的な立場を支えています。それにより男性は妻を搾取するのです。それに多くの男性は妻に暴力をふるいます。女性が政治に積極的になろうとすると、多くの場合夫は政治活動か俺かと選択を迫ります。

この選択を迫られると、妻の多くは夫への抵抗を決心します。政治的な活動をしようと家を去るのです。

一旦自由を知るようになると、決してそれを手放しません。ここまで行った女性の多くは夫との関係性を再考するでしょう。なぜなら妻たちには新しく手に入れた経済的独立があるからです」。二〇一五年一二月、ハンブルクからの女性派遣団は、デリークのアサイシャ・ジンにいる五八人の女性のうち三〇人がこの一年で離婚したと聞かされた。「こうして男性は現実を受け入れ、事実に向かい、自己変革を強いられます。女性が社会で仕事することが認められているのだと男性は理解し、女性を従属させるのではなく支援すべきだと認識します」。

コバニ人民法廷の一員のオスマン・コバニは、新しい法制度が持つ意義を強調した。「複数の妻を持つ男性もいます。往々にしてこうした男性は、女の子を生んだ妻よりも男の子を産んだ妻を重んじ、女の子を生んだ妻を二級の人間として扱います。しかし、人民法廷はこの考え方をやめさせます。女性が関わる訴訟の大半は離婚訴訟です」[28]。

クルド人女性には長い間の闘争によって自覚が生まれた。女性たちは伝統的な家父長制の中での役割を拒否し、自由の闘士という新しい役割に順応した。なぜなら得るものは多大で、失うものはわずかだったからである。何千人もの女性が都市評議会でも村落評議会でも活動的になっている。

女性の役割が急激に変わり、多くの男性にはそれがほとんど衝撃であった。よく聞いたのは「ここは女に全部乗っ取られた！」という言葉だ。しかし、男女混合の組織では多くの教育的事業も行われ、男性がジェンダー役割を変えることに真剣に取り組むのを支援している。若い男性も新しい役割を経験している。例えば軍事的組織で女性とおなじ作業をする。料理を習い、パンを焼き、洗濯しなければならない。性差別主義と闘い、ジェンダーの平等を創り上げるのは長く続く歩みである。

5・8　過激派イスラム対女性解放

「このような女性たちは、自分たちだけでなくシリアの全女性を守っている」

アーシャ・アブドュラ

過激派イスラムの軍隊がロジャヴァと南部クルディスタンを攻撃した時、女性もまた攻撃された。女性虐殺である。都市を占領したジハーディストはそのことをモスクから拡声器で知らせた、と人権活動家アキシン・アメードが報告している。[*29] イスラム国が誘拐した女性はイスラム国メンバーに「与えられる」か、あるいは商品のように市場で「売られた」。屈服を拒否し、乳房を切られ、手足を切断された女性もいると目撃者は報告した。[*30]

イスラム国は、自分たちのイデオロギーを受け入れない女性を、たとえ少女でもレイプすることをハラール（許可された）とみなした。二〇一四年六月一八日、モスルでイラクとシリアのイスラム国（ＩＳＩＳ）のマフティ（イスラム教法典教職者）は以下のように布告した。「マリーク（イスラム・スンナ派の学派）のために働く兵士と政治家の妻と娘は、メンバーのためのハラールである」。[*31] レイプと性暴力は、女性への絶対的な軽蔑と女性の身体的・人格的な高潔さへの蔑視を表現する、意図的かつ永続的な戦争状態下の道具である。レイプは、その女性の男性の家族成員が女性を守るという家父長的な義務を果たせなかったということを証明することになるようだ。なぜなら、ほとんどの中東の社会ではレイプは家族の「名誉」（ナムス）を破壊し、レイプされた女性は恥ずべきものと見做される。レイプの脅威は、復讐を挑発し、移住を強制するという目的を持つ戦争の意図的な道具である。

アーシャ・アブドュラによると、二〇一三年夏にヘセケ地方でイスラム国は、「多数のアルメニア人女性を誘拐し、レイプし、虐殺した。この地域では、クルド人、アラブ人、キリスト教徒、ドゥルーズ教徒、スンニ派、アラウィー派が互いに皆和やかに暮らしていた。平和に共存していることそれ自体が、過激派イスラム集団の攻撃目的だった。この集団は今日、クルド人を攻撃しているが、目的は人々の共存を撲滅することだ。とりわけクルド人女性が目をつけられている。なぜなら、自分たちだけでなく、すべてのシリア人女性を守ろうと、戦闘において積極的に一翼を担っているからだ[*32]」。

二〇一四年八月、イスラム国はヤズディ教徒とキリスト教徒の村落と都市を襲い、七〇〇〇人以上の女性を捕らえた。女性たちは繰り返しレイプされ、財産として奴隷市場で売られた。戦利品としてジハーディストに与えられたり結婚を強制されたりした。子どもたちも性奴隷として売られた。奴隷とされた女性は携帯電話を持つよう強要され、女性たちは自分の家族に電話し、残虐行為のことを話した。自分たちが囚われているところに爆弾を落とすように軍隊に話してほしいと家族に懇願する者もいた。何度もレイプされるよりも死ぬことを望んだからだった。「私は今日三〇回レイプされた。昼食の時でさえも。トイレにも行けない。爆弾を落としてください。私はなんとしても自殺するつもりだ[*33]」とある若い女性は言った。

クルド人女性運動は資本主義的家父長制を「レイプ文化」と特徴づけた[*34]。イスラム国はこの究極の搾取文化のもっとも極端な形の一つである。著作家のディラー・ディリクは、次のように書いている。「イスラム国の多くの方法と機構は、二〇一四年の世界の各地を統治する支配的な国民国家を志向する、資本主義的・家父長制的な世界秩序の模倣である。多くの点でイスラム国は進歩的といわれる世界の至るところでの女性に対する暴力の非常に極端な型である[*35]」。

以下は、トルクメン人の村落で、二〇一四年六月二六日にイラクとシリアのイスラム国が布告したいくつかの法である。

・女性は顔を完全にヴェールで覆わなければならない。
・女性は男性の付き添いがなければ家を離れてはならない。
・女性は男性の付き添いがあっても市場に行ってはならない。
・家族に二人の娘がいれば一人はイスラム国に引き渡さなければならない。「夫」が戦線で死んだ女性はイスラム国戦闘員に「与えられる」。
・夫のいない家で女性が三ヵ月以上暮らしていれば、イスラム国戦闘員が選んだ男と結婚しなければならない。

ロジャヴァの女性中心社会は、したがってイスラム国へのアンチテーゼである。ロジャヴァで政治的に活動している女性たちは私たちに、女性がどこでも組織を作り、イスラム主義者による恐怖から自らを守り、女性の新しい役割のために戦うことを望んでいると語った。[*36]

5・9 展望

ロジャヴァの全女性が女性組織に参加しているわけではない。多くの地域では女性は夫や家族に経済的に依存したままである。多くの女性は、自らの運命を決める能力や心構えを未だ持つに至っていない。女子学生は、初めは熱心に関わろうとするが、個人としての夢を叶えるのができずに失望して諦める。戦争状態の

写真5・4　カーミシュロでの女性のデモ

ために、多くの願望は断念されねばならなかった。かつての政権のもとで特権を持っていた男女は、革命前の時代に戻りたいと切望している。自己統治のシステムには非常に多くの仕事が求められ、しかも無給である。独裁とバース党主義の六〇年間のあとで、多くの人々は新しい国家がやっと再び現れ、私生活に引きこもれると期待している。しかし民主主義的自治には多くのやるべきことが要請される。

依然として女性たちは、女性解放への歩みを進めている。もっとも重要なことは組織を作ることである。女性が組織を作れば、もう一つの生活をどうイメージしたらよいかが自分にもお互いにも明確となる。そして女性たちがこのイメージを実践するために組織の力を用いれば、将来の構造的な抑圧に反対できるテコを持つことになる。さらにイルハム・アーメドが指摘するように、少なからぬ犠牲者を出しているからには、女性たちは後退することはないであろう。

ロジャヴァでの革命は、国家・権力・暴力を超えた女性解放の社会というアブドュラ・オジャランのパラダイムを、クルド人コミュニティが実感できるものとした。ケルンで開かれた女性評議会で、ある活動家は次のように言っている。「三〇年間私はクルディスタン労働者党の運動の中にいて、オジャランの本はすべて読みました。しかし、心の深いところでは私はいつも『私たちはクルド人国家を目指して闘うべきだ』と考えていました。ロジャヴァ革命とアラブ人やアラム人との女性コミューンを知って初めて、国家なき女性中心社会を想像することの意義を本当に理解しました」。

女性活動家の指導によるロジャヴァ革命は、全中東での新しい女性のイメージに変化を引き起こしている。シェンガルのヤズディ教徒とアラブ人女性はすでにこのモデルにしたがって組織化を始めている。ヨーロッパでもこの展開状況は大きな感激を引き起こした。ロジャヴァのアカデミーのシステムを見習って、ドイツのフェミニストはこの教育活動を知ろうとし始めている。[*37]

ロジャヴァのクルド人女性運動は、組織的にはクルディスタン女性評議会（ＫＪＫ）のシステムの一部ではないが、イデオロギー的には関係していて、その目的を共有している。[*38] この目的には以下のものがある。「クルディスタンで始まった女性革命を成就し、この革命を中東全体に拡大し、世界的規模での女性革命に尽力すること」。これは決して小さな革命ではない。さかのぼると一九九三年に、クルド人女性たちが女性の軍隊の創設を決めた時、こうしたことができると信じたのは実際ほんの数人だった。今日、女性軍は正規軍としてイスラム国との戦いを成功裡に進めている。

第6章
ロジャヴァでの民主主義的自治

6・1　民主統一党

民主統一党（ＰＹＤ）が二〇〇三年に結成される以前、すでにロジャヴァのクルド人運動の活動家はいろいろな委員会と活動グループを密かに創っていた。活動家たちはクルディスタン労働者党の指導下に、政治的に成長するための組織づくりと討論のための委員会、小さなグループにクルド語を教える委員会、地域での審判を司る委員会、女性問題を発信する委員会を創設した。二〇〇三年以後、民主統一党はできるだけたくさんの人を政党に、あるいは政党ではなくとも参加させるように模索した。

二〇一一年春にシリア人の蜂起が始まるや、民主統一党は長く暴力的な争いが広がるだろうという見通しをもった。そのため、民主統一党はロジャヴァに、そしてクルド人の強い支持がある他のシリア地域に一群の人民評議会を創設する決定を意識的に下した。自己統治の制度としての評議会は、政党組織からは独立すべきとされた。このような評議会民主主義を組織することによって、運動は民主主義的自治を実行し始めた。

民主統一党は、北部クルディスタンでのクルド人自由運動の成果を実践的なモデルとし、地方の境界を越えて注目した。二〇〇七年以来、民主社会協議会（ＤＴＫ）が主にクルド人地域に人民評議会を設立してきた。民主社会協議会の組織化はトルコ共和国の弾圧で妨害されたが、シリアの民主統一党には民主社会協議会の経験を観察できる利点があった。

ひとたびその組織化が始まるや、民主統一党は予想よりも早く人民評議会を創ることができた。およそ数ヵ月で評議会システムが、大小のロジャヴァの都市とアレッポにできて機能し始めた。すべての都市の地区に評議会があったとは限らなかった。とりわけ、アラブ人とアラム人が多数でそれ以外はクルド人ではないところ、およびシリア・クルド民族評議会を支持するクルド人のところがそうであった。多くの農村地域にも評議会はなかった。村落レベルでいくつかの自発的組織があったが、その組織は弱体であった。

にもかかわらず、二〇一一年において評議会システムは、シリア国家と直接の衝突を起こさずに、国家と並ぶ活動的な組織を構成するには不足はなかった。大半のクルド人は、武装して国家と対決する気はなく、すでに述べたように、クルド人たちはシリア国家にも民族主義的イスラム主義者反対派にも肩入れせず、「第三の道」（4・2参照）を切り開く道を選んでいた。アサド政権は評議会運動への攻撃を選択せず、非クルド人地域での蜂起を鎮圧することに集中した。

6・2　西部クルディスタン人民評議会

二〇一一年八月までには、おそらくロジャヴァのクルド人のほぼ半数が評議会に組織されていた。この月、ロジャヴァ、そしてシリアの組織化された地域からおよそ三〇〇人の代議員が、人民評議会、諸委員会、調整組織をさらに発展させる目的で、西部クルディスタン人民評議会（MGRK）を設立するための会合をもった。ここで民主主義的社会運動（TEV-DEM）とよばれる調整組織の三三人を選んだ。こうしたシステムは、すべての人々、すべての民主主義的政党に開かれるもので、単一政党や厳格なイデオロギーによって支配されていない。西部クルディスタン人民評議会は、さまざまな政党、グループ、個人の参加を求めて招待した。二〇一三年末までに西部クルディスタン人民評議会に参加した政党は、次のようであった。

・民主統一党、この政党は組織を牽引する力があったが、特別な地位はなかった。
・クルド左翼党
・自由統一党
・シリア・クルド人の民族共同党
・シリア・クルド統一党
・シリア・クルド人の平和と民主主義党

二〇一一年の夏と秋にはシリア国家は貧弱ではあるものの、まだ経済と公共サービスを管理していた。しかし戦争によって問題が山積になったため、すべてが処理されていたわけではなかった。そのため、西部クルディスタン人民評議会は次第に手付かずの部分を埋め、地区評議会はより多くの仕事を引き受けた。地区評議会は、地区の社会生活や経済生活のすべてを組織するような立場にはなかったし、北部クルディスタンにおいてさえ、ある時点以後は国家と評議会のどちらを頼りにしてよいかという経験はなかった。しかし、人々は問題解決のために評議会にますます関心を向けた。評議会がとりわけ裁判やインフラストラクチャーや治安に関して、現実的に国家に代わるものに次第になったからである。

二〇一二年春までには数十万人が、地区の集まりに何としても参加しようと群れをなしてやってきた。その人数は現地で場所が用意できるよりもずっと多かった。革命は、数十年間抑圧されてきた莫大な社会的エネルギーを解き放った。地区の単位が大きすぎるのは今や明らかだった。それゆえに全住民が自らを代表し、組織できるように、西部クルディスタン人民評議会は都市の評議会の仕組みに新しい段階を創った。それが住宅街でのコミューンであり、ヘセケの民主主義的社会運動のマモステ・アブドゥルセラムは、「評議会と民衆の間には隔たりがあった。だから私たちは、コミューンのシステムを開発したのです」と私たちに語った。

これによって、ずっと多くの民衆が積極的に活動できる扉が開かれた。二〇一三年にコミューンが否定し難いほど発展したことが証明されてから、西部クルディスタン人民評議会はコミューンを農村地域にも広げるキャンペーンに取り掛かることになった。

しかし二〇一二年春、シリア国家の権力掌握が保たれているのは、わずかに都市中心部、公共建築物、政治的な支持（とくにアラブ人とアラム人の）を受けている地区だけであった。ゴミ処理のような基本的サービスを多少提供していたが、それも不十分であった。カーミシュロのヒレリのようなクルド人が大半のいくつかの地区は、公共サービスから完全に排除された。

二〇一二年七月一八日、武装したシリア人反対勢力は、ダマスカスとアレッポに攻撃を始めた。西部クルディスタン人民評議会と人民防衛隊は、自由シリア軍などがシリア国家を攻撃するためにまもなくロジャヴァに入るだろうと予測した。翌日、革命がコバニで始まった。二〇一一年三月から二〇一二年七月一九日までの一年以上にわたり、ロジャヴァには直接民主主義的な社会制度が創設されていた。準備から完成までの期間は非常に短かったが、七月一九日は準備が終わっていた。革命が成功したのは、都市でも農村でも人々は前もって自らを組織化していたからである。

七月一九日の革命後、西部クルディスタン人民評議会は解放地域における政治的に責任のある団体となった。人民評議会やコミューンが、シリア・クルド民族評議会が主張したような単なる緊急時の管理機関ではないと証明された。むしろそれは、意識的な継続的なプロジェクトであった。したがって、特にジジーレでの、重要な地区の住民が関わりのないままでいる場合でさえ、すべての社会問題の解決策を提起せざるを得なかった。

6・3　西部クルディスタン人民評議会のシステム

二〇一四年五月と二〇一五年一〇月の私たちの訪問とそれに続く活動家への継続的なインタヴューを踏まえて、西部クルディスタン人民評議会のシステムを以下に詳しく説明した。読者に気づいてほしいことは、このシステムが時の経過とともに進歩してきたし、これからもそうであり続けるであろうということである。

四段階での評議会

西部クルディスタン人民評議会の評議会は、四段階あり、ピラミッドの階段を登るように下から上へと組織されている。

1　コミューン

基礎段階はコミューンである。都市ではコミューンは通常住宅街の三〇〜二〇〇世帯からなり、農村地域では全村落からなる。大都市のヘセケやカーミシュロでは、コミューンは上限五〇〇世帯でもよい。コミューンの規模を決めるのは、個人ではなく世帯であることに注意してほしい。

マモステ・アブドュルセラムの話によると、ヘセケでは「およそ五〇軒が一つのコミューンを作ります。コミューンはたくさんあります。それぞれの地区には一五人から三〇人で構成される一〇から三〇のコミューンがあり、ミフテ地区には二九のコミューン、向こうにある隣の地区には一一です。それぞれの地区には、一〇〇〇人につき約二〇のコミューンがあります」という。民主主義的社会運動のチナール・サリの説明では、「コミューンは民主主義的自治システムの最小単位であり、土台です。人々の必要を満たすことに関わっています。街で何か必要なものがあるとしましょう。以前のシステムでは、請願書類を送らねばなりませんでした。書類はダマスカスに転送されたでしょう。誰かが書類に気づき、処理するまで数年かかりました。私たちのシステムははるかにずっと効率的です」という。

二〇一五年末には、ジジーレ州のコミューンの数は一六〇〇を超えた。いまだ多くの村落や住宅街にはコミューンはなかったので、創設する努力が続けられた。コミューンの数は、ロジャヴァでの解放地域のそれぞれで増えていった。アフリンでは、すべての住宅街や村落が現在はコミューンに組織され、全部で五〇〇に近づいている。コバニ州では、イスラム国による占領と包囲のため自己組織化の段階を決定するのは困難である。しかし、毎週コバニで新しいコミューンが（再）設立されている。

ロジャヴァでは、地区と村落ごとに「民衆の家（マラ・ゲル）」があり、委員会と調整組織が政治行動を討論するためにここに集まっている。ここはまた、あらゆる政治的・社会的問題について民衆が接触する場所でもある。「民衆の家」は二四時間開放されている。コミューンに固有の場所がなくとも、この「民衆の家」を利用できる。

第二段階の女性評議会のほとんどは「女性の家（マラ・ジナン）」を運営している。これは女性の自己統治の中心であり、どんな問題でも支援できる。「民衆の家」は、政権が放棄したあとで公共化された建物である。時には建物が貸し出されることもある。活動家たちがまったく新しい建物を建てる場合もある。人民評議会は、家屋がエネルギーの観点から理に適うかどうかに注意を払っている。推奨されるのは泥の家である。「もし、街で女性特有の問題、家庭内争議があれば、コミューンはそれを解決しようとします。もしコミューンの能力を超える問題ならば、地区評議会などのような次の段階に上げられます」とチナール・サリは付け加えた。

一〜二ヵ月ごとに、住宅街に住んでいる民衆は会議のための集まりに参加できる。デリークのイェキティヤ・スターからきた女性経済学者シルヴァン・アフリンの説明は次のようであった。「最初コミューンが創設されたのはクルド人地区だけでしたが、現在はアラブ人地区にも創られています。コミューンの集会には誰でも行ける。民主主義的社会運動や民主統一党のメンバーである必要はありません。開放的な集まりであり、地区の民衆が自分たちの問題を話します。そして誰でも来ます。アラブ人、クルド人、シリア人、誰でもです」。

コミューンの調整委員会は、基礎段階の各々の委員会から選ばれた二人の共同議長（女性一人、男性一人）と一人の代表（女性一人、男性一人の二人の場合もある）から構成される。二人の共同議長と委員会代表は通例二年ごとに選ばれるが、一年ごとの場合もある。調整委員会に選出された者は義務的委任のもとにある。すなわち、多数の民衆の望みに応えられなければ、リコールに従うことになる。どのくらいの人数がリコールされたのかと尋ねたら、ジャジーラで数件あるが多くはないという答えであった。調整委員会は毎週定期的に会合を持つ。住民は誰でも、この会合に参加でき、傍聴するか、批判をするか、助言するかのいずれでもできる。活動家は、特に取り組むべき緊急の問題があるときには、市民参加は非常に歓迎されていると語った。

写真６・１　デリークでの地区人民評議会の会議

２　地区（Neighborhood）

次の上の段階は地区であり、通例七〜三〇のコミューンからなる。農村地域ではこの第二段階は、村落コミュニティであり、通例七〜一〇の村落からなる。このレベルでは、コミューンは調整委員会を通じて代表され、委員会は地区評議会の総会を補佐する。「ヘセケには現在一六の地区評議会がある。それぞれの評議会は一五人から三〇人の構成です」と、民主主義的社会運動のマモステ・アブドュルセラムは私たちに語った。

コミューンから評議会への代議員は命令的委任のもとにある。地区評議会会議では、調整委員会委員と男性共同議長が選ばれる。地区・村落コミュニティの段階の女性評議会からは女性共同議長が選ばれる。コミューン段階でのように、調整委員会はしばしば、通例は毎週会議をする。

また、この会議によって、別々に会議を行う八つの分野での委員会が作られる（後述）。人民評議会のメンバーでない活動家もこの段階の委員会には参加できる。政党、ＮＧＯ、社会運動団体は、通常低い段階には関

写真6・2　カーミシュロ地区の人民評議会の会議

わらない。なぜなら、その段階では政治党派と関わりなく民衆が広く参加しているからである。

3　地域（District）

第三段階は地域であり、一つの都市とその周辺の通例七〜二〇の村落からなる。[*1] 地区と村落コミュニティの人民評議会の委員会は、地域段階の評議会を代表する。通例は一〇〇〜二〇〇人の活動家が地域人民評議会に参集する。この評議会では再び分野別委員会が形成され、共同議長が選出される。

多くのコミューンと地区を代表する地域委員会の調整組織は、民主主義的社会運動という名前で知られている。メンバーは二〇〜三〇人である。

政党、NGO、社会運動団体は、通常は地域段階の評議会組織に参加する。というのは、この組織が代表する範囲が地区よりもずっと広いからである。西部クルディスタン人民評議会に積極的に関わっている政党は、それぞれ五人を民主主義的社会運動に代表を送る。民主統一党と他の政党との違いはまったくない。アブドュルセラ

<table>
<tr><th colspan="4">ロジャヴァにおける民主主義的連合主義と民主主義的自治</th></tr>
<tr><th colspan="3">基本的・直接民主主義の構造
（西部クルディスタン人民評議会：MGRK）</th><th>民主主義的自治統治機構（民主主義的自治行政組織：DAA）</th></tr>
<tr><td>第四段階</td><td>西クルディスタン人民評議会
ロジャヴァとアレッポ。地域段階からの全調整組織（民主主義的社会運動（TEV-DEM））から構成される。</td><td rowspan="7">四段階のそれぞれに八分野で委員会が存在する。

・女性
・防衛
・経済
・政治
・市民社会
・自由社会
・司法
・イデオロギー
・保健（西部クルディスタン人民評議会の直属ではない）

女性評議会が並行して強度の自律的組織として構成される。
各委員会は二人の共同広報委員をもつ。一人は女性、一人は男性。</td><td rowspan="7">2014 年 1 月にジジーレ州、コバニ州、アフリン州での民主主義的自治宣言によって創設された。主な組織は以下の通り。

立法評議会（議会ともいう）
執行評議会（政府ともいう）

各省は民主主義的社会運動などが参加して広範囲の会議を行う。

地方自治体（最初の選挙はジジーレ州とアフリン州で行われた）

シリア民主主義協議会の一部（2015 年 12 月設立）

ロジャヴァ・北部シリアの連邦制（FRNS）の一部（2016 年 3 月に宣言）</td></tr>
<tr><td colspan="2">⇧</td></tr>
<tr><td>第三段階</td><td>地域人民評議会
地域＝周辺部のある都市。調整委員会は民主主義的社会運動。これには全政党、社会運動体、その他市民組織が含まれる。</td></tr>
<tr><td colspan="2">⇧</td></tr>
<tr><td>第二段階</td><td>地区 / 村落コミュニティ人民評議会
7 ～ 30 のコミューンの調整委員会から成る。</td></tr>
<tr><td colspan="2">⇧</td></tr>
<tr><td>基礎段階</td><td>コミューン
30 ～ 400 超の世帯からなる会議。調整委員会は男女の調整委員と各分野委員会の広報委員から成る。</td></tr>
</table>

図6・3　西部クルディスタン人民評議会（MGRK）組織
（エルジャン・アイボーアによる）

ムが私たちに語ったことによると、「ヘセケ地域評議会には一〇一議席があります。民主統一党からは五人の代表がいて、他の政党も同じく五人です。殉教者家族も、イェキティヤ・スターも、革命的青年も、リベラルも五人です」。

4　西部クルディスタン人民評議会

もっとも上の段階は、西部クルディスタン人民評議会（MGRK）であり、全地域評議会から構成される。西部クルディスタン人民評議会が二〇一一年八月に初めて会議を持った時に、全ロジャヴァ（アレッポは除く）から三三人の民主主義的社会運動のメンバーを選んだ。この三三人と若干名の活動家が全ロジャヴァでの八つの委員会の委員となった。委員会の委員数は、下の段階よりもこの段階の方が少なかった。西部クルディスタン人民評議会の次の会議で、共同議長としてアブドュルセラム・アーメドとネム・ムハンマドが選ばれた。

二〇一三年夏、イスラム国、ヌスラ戦線などのイスラム主義組織の攻撃によって、西部クルディスタン人民評議会の活動家たちによる三つの州を結ぶ運動が難しくなった。八月、ジジーレとコバニの間の運動は切断されたが、コバニとアフリンの間は二〇一四年六月まで維持されていた。その後、三つの州とアレッポはそのまま切り離されたままだった。それ以降、西部クルディスタン人民評議会と民主主義的社会運動と各州八委員会は、分離して存在してきた。

各州の民主主義的社会運動は、当初一一人から構成された。二〇一五年六月人民防衛隊・女性防衛隊の部隊が、コバニ州とジジーレ州を地理的につなぐギレ・スピー（ティル・アブヤド）とその周辺地域を解放した。ギレ・スピーは文化的にアラブ人とクルド人とアラム人が混じり合った都市であるが、周辺地域、特に東と南にかけては人口のほとんどはアラブ人で、マイノリティとしてはクルド人が優勢である。数ヵ月の議論の結果、ギレ・スピーの評議会が、社会の全構成員の参加によって創設された。評議会は、独自の州を作ることを議論したが、二〇一五年の終わりにコバニ州の一部になることを選択した。コバニとジジーレがつながり、ロジャヴァ諸州との調整が強化された。

八つの分野

これまで述べた四つの段階のそれぞれには、八つの分野（クルド語でクァーダまたはサハ）で委員会（コミッション、またはコミティー）が活動している。自己統治のための活動はこれらの委員会において行われる。八分野のいくつかは、特に低い段階では、評議会の仕組みのなかにその分野の委員会がない場合もある。委員会の委員数は通例制限がない。コミューン段階では、委員は五〜一〇人いるが、重要性が増せば二〇人に増える。保健医療の組織が西部クルディスタン人民評議会組織とは独立していることに注目したい（第11

章参照)。

以下に西部クルディスタン人民評議会組織の八分野を列挙する。

女性

女性委員会は各種委員会のなかで特別な地位を持つ。それが評議会として組織されているからである。イェキティヤ・スター(5・3参照)によって作られた女性評議会は、西部クルディスタン人民評議会組織の四段階のすべて、下(コミューン)から頂点(州/ロジャヴァの段階)までにある。女性評議会(コミューン段階では女性コミューンという)だけが女性の共同議長を選出する。男性は決定に関与してはいけない。女性コミューンのメンバーは、地元の女性たちが社会的・政治的な活動に関わってほしいという希望を持って、家庭を訪問する(5・2参照)。女性評議会はまた、女性協同組合を創るために活動している。他の七分野では、女性代表のジェンダー割り当ては四〇パーセントである。

防衛

防衛委員会は、治安維持のために四段階全部で活動している。チナール・サリの説明によると、防衛委員会は治安システムの最小単位である。それぞれのコミューンから三名が防衛委員に選ばれる。「この委員は若者に呼びかけて準備をさせます。そして地域の防衛のための組織を作ります。人民防衛隊・女性防衛隊だけでなく全住民が戦わなければならない情勢がたくさんあるのです」とシルヴァン・アフリンは言った。

二〇一四年九月のイスラム国によるコバニ攻撃の後、現地の人々は組織的に社会防衛部隊(HPC)という名の防衛委員会を作った。ある地区が攻撃されたら、現地の社会防衛部隊が人民防衛隊・女性防衛隊やアサイシュからは独立して最初の防衛線を作り上げる。社会防衛部隊は、不安定な戦時から利益を得るドラッグ売人や犯罪者の追跡もする。人民防衛隊・女性防衛隊が社会防衛部隊を頼りにするのは例外的な状況においてだけであるが、アサイシュは社会防衛部隊と密接でより定期的なつながりがある（9・4参照）。

経済

評議会システムは経済委員会を通じて、全成人が革命に貢献するだけでなく、暮らしを営み、自分と扶養家族を養えるように保証する。経済委員会が責任を持つのは、建設や農業などの生産活動、商店、石油やガスや食料品の供給、公共企業の管理である。最初の二年間（二〇一一〜一三年）の間、経済委員会は主に食糧供給に専念していた。委員会は、別の新たなコミューン経済を発展させる一助として協同組合も創った。低収入の人や女性やその他の恵まれない人たちは協同組合で働く傾向がある。四段階のそれぞれで、委員会は寄付を集め、西部クルディスタン人民評議会の組織の維持と発展のために長期間続く収入源を創っている。

政治

政治委員会は全段階にあるが、地域段階と州段階においてもっとも重要である。委員会には西部クルディスタン人民評議会組織を支援する全政党が含まれている。委員会は外交を取り仕切り、政党や市民組織や西部クルディスタン人民評議会以外の政治集団との連絡に当たっている。また、地方自治の運営の仕事にも責任を持つ。

市民社会
市民社会委員会は、職業集団、小企業、協同組合、作業場を組織し、西部クルディスタン人民評議会組織のなかでこれらのグループを代表している。雇用者と賃金労働者は委員会で協働している（7・1参照）。

自由社会
自由社会委員会は、殉教者の家族、若者などの求めに応じた取り組みをする。この委員会は、世界の諸国家によくあるNGOに相当する。

司法
司法委員会は、新しい司法組織（第9章参照）の基礎になっているいくつかの平和小委員会から構成される。各平和小委員会の委員はジェンダーが同数の約一〇名である。小委員会はそれぞれの分野での司法を管理運営し、同意によって紛争を解決するように努力する。女性平和小委員会は別組織であり、家庭内暴力などの女性への暴力があった場合に紛争解決戦略を適用する。ロジャヴァでは、家父長制に由来する暴力による争いは男性によって審判されてはならないのである。

イデオロギー
イデオロギー委員会はあらゆる教育活動に責任を持つ。中東一般でと同様、ロジャヴァでは「イデオロギー」という語には西側の国でのような否定的な含意はほとんどない。革命は、バース党政権の教育システムを引き継ぎ、そしてそれを変更した。イデオロギー委員会は、また、西部クルディスタン人民評議会組織の八分野全部にアカデミーを開き、維持し、革新的な教育方法を用いている（10・4参照）。イデオロギー委員会の下部委員会は、出版、文化・芸術（7・2参照）および言語に関わっている。アカデミーによって、教育を求めるあらゆる領域からの広い社会的な要求が満たされている。アカデミーは、人民評議会やコミューンのためのゼミナールや集会を計画し、アカデミーのメンバーは求めに応じて地区でのゼミナールと討論を運営する。

＊　＊　＊

以上の委員会は西部クルディスタン人民評議会の四段階のすべてに存在し、お互いに関わり合っている。例えば、コミューンや地区に近接する委員会は、とくに経済分野で頻繁に協働している。全経済委員会は、民主主義的社会運動による経済運動をともに行い、それにより委員会固有の政治運動を形作っている。下部委員会のいくつかは、文化・芸術下部委員会のように西部クルディスタン人民評議会組織とは別に組織され、それはイデオロギー委員会の一部となっている。

女性コミューンと地区・村落コミュニティ段階の評議会のそれぞれには、一般の平和小委員会と並行して、すべての構成員が女性からなる女性平和小委員会と司法局がある。これらの組織には、案件が著しく女性に影響を与えるかどうか、その案件を取り上げるかどうかを決定する権限がある。女性評議会の諸委員会は、一般の委員会と協働する、例えば、経済面では女性協同組合を創る、女性評議会が必要と考えればそれぞれの分野や小分野に委員会を設立できるなどである。

評議会システムの遠い起源は、伝統的社会での長老の評議会であり、これは一九六〇年代と一九七〇年代まであちこちに見られた。西部クルディスタン人民評議会の組織はこの伝統的制度に評議会民主主義、ジェンダー解放、文化的多様性、人権という価値を吹きこんだのである。それが継続されることで、伝統と革命の間に相互理解の架け橋ができている。

二〇一四年までに西部クルディスタン人民評議会組織は、ロジャヴァの住民の七〇パーセント以上の支持を得ている。さらに、クルド人政党の七つからも支持を得た。初めは評議会のほとんどすべての参加者はクルド人だった。敵意という歴史的な伝統のためである。しかし二〇一二年革命とともに、エスニシティと文化の多様性を取り入れることが西部クルディスタン人民評議会の義務の一つになった。積極的な政策が実施され、その結果相当数のアラブ人とカルディア人が西部クルディスタン人民評議会の体制に参加した。現在起こっていることは、クルド人と非クルド人との間に信頼が築かれる長い過程の一齣である。

6・4 アレッポのコミューン

内戦前のアレッポは、二〇〇万人以上の住民を有するシリア第二の都市であった。シリア経済の中心でもあり、あらゆる文化をもつさまざまな社会階層の人々の故郷であった。アレッポの北部地区には多くのクルド人がおり、二〇一一年からアレッポのクルド人たちは、独特な民主主義的人民評議会や集会を設立した。これらはラジカルな評議会民主主義の表明であり、まもなく洗練された段階に達し、ロジャヴァやシリアの他の地域の模範であった。しかし二〇一三年に始まったシリア国家、自由シリア軍、他の軍事グループによる強力な爆撃のためほとんど活動停止に追い込まれた。

二〇一一年のシリア蜂起のとき、アレッポには五〇万人以上のクルド人が暮らしていた。これに先立つ数十年間に、この人々は主に経済的理由でロジャヴァ、特にアフリン州から移住してきた。反クルド人差別のために、人々はアシュラフィエやシクシュ・マクスドなどの北部地区にまとまっていた。

左翼クルド自由運動は、一九七九年にクルディスタン労働者党がシリアとシリア占領下のレバノンに到着して、西部諸州にとりわけ確固とした足場を築いた。クルディスタン労働者党は、コバニ、アフリン、アレッポで人々を説得して引き入れようとし、アレッポでは早くから支持を得た。クルディスタン労働者党はアレッポでは力があったので、二〇〇三年に民主統一党が結成された。二〇一一年三月民主統一党の多くの活動家がこの都市にいたので、クルド人運動は多くのことを成し遂げた。

アルメニア人ジャーナリストのユワン・スヴェイダ・マフムッドは、二〇一一年夏からアレッポで二年間生活し、ここで起こったことの重要な目撃者である。私たちはユワンのそばに座り、質問攻めにした。以下はその返答である。

アレッポの評議会

アレッポの西部クルディスタン人民評議会組織は、四地区に存在する。かなり大きなアシュラフィエとシクシュ・マクスド、およびハイデリエとミダンの二地区を含む一つの区域にもある。アシュラフィエ、セクシュ・マクスドは労働者階級が暮らし、クルド人も多くのアラブ人もプチ・ブルジョアはハイデリエに、やはり暮らし向きのいいクルド人はアルメニア人とともにミダンに住む。西部クルディスタン人民評議会の組織では、アレッポからの代議員数はコバニとアフリンと同数である。

これら四地区のそれぞれは、およそ三〇の住宅街からなり、それぞれ一〇〇～五〇〇世帯から構成されている。より大きなロジャヴァのコミューンと規模は一致するが、ここでは住宅街の単位が評議会といわれる。日々、数百人の人々が住宅街の全部を新しい評議会組織に統合しようと働いている。活動家たちは、説得して引き入れようとして家にいる各家族を深夜に至るまで訪問し、週に五日働いている。一家族も落としてはいけない。二〇一二年初め、評議会は正常で安定して機能するようになり、この時点で青年委員会が全四地区で開始された。若者たちは、小グループが作られるほどの人数があつまり、委員会に参加した。

その少し後、女性委員会が形成されてさらに活発になった。数千人の女性が女性評議会の会議に規則的に参加し、男女混合評議会や組織全般でジェンダーの問題を提起した。女性評議会も青年評議会も委員会として評議会組織に参加した。

より高い段階の評議会が地区や州の段階で、そして住宅街の段階でも多少は創設された。必要に応じて多くの委員会が作られた。

各地区の委員会と評議会は「民衆の家」で会議を持った。この家は二四時間開放され（そして守られ）、住民は誰でもやってきて、評議会に問題を提起できた。二〇一二年、女性評議会と青年評議会はアレッポ全域のためのセンターを建てた。クルド語教育の家が建てられ、これはシリア国家が駆逐されてから、学校での言語教育の調整連絡をした。非クルド人の少数だが重要なメンバーが、アシュラフィエとシクシュ・マクスドの評議会に特に二〇一二年夏に参加した。マフムッドは「評議会がうまく働き始め、生活もよくなってきました。もし二〇一三年の攻撃がなければ、もっと多くのことが成し遂げられたでしょう。人々は評議会に自分たちの代表がいると感じたからです」と私たちに語った。

マフムッドは、アレッポの評議会システムが効果的に運営されていたのは、活動領域がうまく限定されていたからだと私たちに言った。「現在のジジーレでの評議会システムに比べると、アレッポのやり方は、非常にうまく構築され、訓練されています」とも述べた。その理由の一つは、疑いなく熱心な組織づくりであったが、もう一つはおそらくアレッポの複雑な政治情勢であった。西部クルディスタン人民評議会の組織では、通例各段階の評議会に男性と女性の二人の指導者がいて、評議会は現存の委員会の代表者とともに、調整局を構成した。同様に調整局はより高い段階での評議会を代表する。

月ごとの正規の日程表が徐々にできあがった。毎月二〇日にもっとも低い段階の委員会（女性評議会と青年評議会も）が集まる。毎月二一日（または必要と要望に応じて二ヵ月ごと）に住宅街の全住民が来るコミューンの総会が開かれる。同じ日にコミューンの調整局も（毎月）開催される。続いて二二日に地区段階委員会（女性評議会と青年評議会も含んで）が開かれ、二三日に地区評議会の調整局が開催される。二四日と二五日にコミューンの調整局からなる地区の人民評議会が開催される。二六日と二七日にアレッポ地方の人民評議会が集まる。

確かにこのような複雑に絡み合った評議会システムを動かすにはたくさんの話し合いが必要であったが、マフムッドはそれが「評議会が効果的に発展する唯一の方法でした。多すぎるほどの評議会や委員会があるように思えるでしょうが、集会による民主主義にあっては、決定をし、全住民を参加させるには必要なことです。何千人もの人々が政治に関わりを持てば、社会生活と政治生活にとって信じられないほど意義があるでしょう」と語った。

アレッポの内外で真剣な政治的な話し合いがあったのは、それに先立つ政治的組織化とクルド人、非クルド人、非ムスリム、そして多様な政治グループの間での互いの繋がりのおかげであった。住宅街や地区では週ごとにセミナーや講義が行われた。ほとんどは実践的なことの指導だったが、ときには高度に理論的なものもあった。アレッポに大学があれば、多くの学生が参加しただろう。二〇一一年から二〇一三年までのこのシステムのダイナミックな動きは今もまだ感じられる。アレッポの西部クルディスタン人民評議会組織は、ロジャヴァの仕組みのモデルだからである。また、アフリン州の評議会の主要な活動家はアレッポから来ているので、アフリンのシステムも非常に順調に動いている。

アレッポのコミューンの防衛

二〇一二年の春以前には、評議会は強力な防衛システムを組織していなかった。なぜなら、アシュラフィエとシクシェ・マクスドは攻撃されていなかったからだ。マフムッドは私たちに次のように語った。「アレッポでは戦争はほとんど感じられず、シリア政権側がいつものように存在していました。評議会組織は防衛部隊をいくつか作り始めましたが、それは秘密でした。部隊のメンバーはごく少数で、軍服や武器を持って公衆の面前に姿を見せることは決してありませんでした。例えば、民主主義を支持する定期的な金曜日のデモのとき、部隊は後ろに退き、あるかもしれない攻撃からデモ参加者を守る準備をしていました」。

しかし二〇一二年の春、バース党あるいは自由シリア軍の戦闘員が、クルド人地区へ警告なく手当たり次第に発砲を始め、負傷者と死者が出た。住民は評議会を通じて何人かの青年に武器を持たせ、人民防衛隊の部隊を創ったが、青年たちは組織的にも専門的にも訓練されておらず、攻撃にうまく対応できなかった。その後突然戦争が拡大し、防衛が他のどの問題よりも優先事項になった。評議会はロジャヴァで人民防衛隊の指揮官と協定を結んだ。それ以来、アレッポの人民防衛隊で任務につく人は、ロジャヴァで基本的な軍事訓練を受けなければならなくなった。二〜三週間のうちに、三つの州から経験ある人民防衛隊の戦闘員がアレッポの二つの主要な地区に強力な部隊を作るのを援助した。マームドによると、「防衛の目的は、外部からの攻撃に対してクルド人地区を守ることでした」。

マフムッドの説明は次のように続いた。アシュラフィエとシクシェ・マクスド地区は「高台に位置しているので、軍事戦略からみて重要です。……それがクルド人の安全保障に付け加わったことで、破壊や追放からクルド人を守り、軍事的にずっと優勢な政権側と自由シリア軍との間で弱体化しないようにするには有用だったのです」。

しかし、二〇一二年七月に自由シリア軍と武装反対派勢力が、ダマスカスとアレッポを同時に襲った時、状況はほとんど一夜で変わった。近くの農村地帯から反乱軍がいくつかの地区、おもにスンニ派アラブ人地区に侵略し、支配した。翌日から数週間、武装した人民防衛隊がアシュラフィエ、シクシェ・マクスド、ミダン、ハイデリアへのすべての入り口にバリケードを築き、見張りを配置した。それにより自由シリア軍の進行が止まった。

二~三週間で、人民防衛隊の部隊の人数は四桁に増えた。武器は闇市場やロジャヴァから手に入れた。その後二〇一二年秋に、アサイシュ（9・5参照）が結成され、犯罪、女性への暴力、重症のアルコール中毒などの内部の治安に関わることに取り組んだ。アサイシュのメンバーは比較的少なく、評議会から選ばれ、アレッポの人民評議会に責任を負っていた。人民防衛隊とアサイシュははっきりと分かれていた。人民防衛隊は必要でなければ、公然と動き回ってはならなかった。

アレッポでの戦闘の残忍さと破壊が激化した。むしろ、自発的な軍事組織があるアシュラフィエとシクシェ・マクスドの外部で事態はそのようであった。二〇一二年夏から二〇一三年春にクルド人たちは、安全を求めてこの二つの近隣地区に避難した。マフムッドは、「アレッポ市のエリートさえ、家族をクルド人地区に移しました。そこが一番安全だったからです。主に女性と子どもがやってきました。新しく来た人は武器を持たず危険はなかったので、評議会組織はその状態が変わらない限りこの人々を受け入れました」。

しかし戦争のためこの二地区の平和は続かなかった。アレッポの中心部にあったのではないが、その戦略的地形的な位置のためこの二地区が軍事上決定的になった。一つは政権軍、もう一つは自由シリア軍と武装反対派集団という二つの交戦相手は、それぞれ人民防衛隊を味方つけようと圧力をかけた。

アラブ・スンニ派の湾岸諸国からの資金が潤沢な自由シリア軍は、クルド人地区で組織的に資産を買い上げ始めた。自由シリア軍のメンバーは、クルド人家族から家の宿泊設備を購入した。そういう家族は特に中道右派のシリアのクルディスタン民主党とアジャディ（自由）党を支持する家族や、政治的でない家族や、評議会組織と特に結びつきのない家族からであった。自由シリア軍メンバーは自分の武器を野外に持ち出し始めた。しかしそれに気づいた評議会はやめるように要求した。

評議会は、自由シリア軍がシクシェ・マクスドからアシュラフィエの方へ退却するようにも要求した。この要求を支持して、四月一九日のラマダン中に三〇〇〇人以上の民衆がデモをした。ところが、自由シリア軍は退却せず、その代わりに建物から住民を銃撃した。人民防衛隊は反撃し、長時間の戦闘の中で市民一三人と数人の自由シリア軍戦闘員が殺害された。この白昼の戦闘によって、民衆は政治的にも軍事的にももっと自分たちを組織化せねばならないと気づいた。

北部アレッポの病院は閉鎖され、医者の大半が避難していたので青年たちが負傷者の手当てをした。この青年たちは二〜三ヵ月間簡単な負傷の手当ての仕方を教えられていた。この戦闘などによって自由シリア軍はシクシェ・マクスドとアシュラフィエから撤退した。この二つの地区に入るための統制が整備されたので、誰も入り込めなくなった。続く数ヵ月間、自由シリア軍は二地区を銃撃したが、それは遠くからであった。

クルド人がシリア政権側を支持しなかったので、政権軍はますます暴力的になった。陸上で軍事的に干渉し、続いてヘリコプターと飛行機で目標を攻撃し始め、その度に数人の生命が奪われた。人民防衛隊の防衛行動によって攻撃側に多くの死傷者が出た。

マフムドは思い出して次のように言った。急に苦境が高まり、「シリア政権は電気を止め、食料確保とその供給はいっそう厳しくなりました。食料の事実上の輸入禁止措置でした。ここを去ることも戻ってくることもいっそう危険になりました。砂糖は以前の五倍の値段に上がりました。時には軽油不足でパンが焼けませんでした。五日間もパンがないこともありました。二〇一二～一三年の冬は特に厳しかったのです。暖房のためにプラスチックでも木でもなんでも燃やした。でも民衆はアレッポに留まったのです。多くの人にとって結局ここは六〇年間住んでいるところだったのです」。

クルド人はバース党政権と協働しているとよく非難されるのだが、アレッポでの政権側の行動はこうした非難が誤っていることを証明した。二〇一二年三月、評議会は、イランの古い新年と春の祭りで通例三月二〇日から二一日にお祝いをするニューロズ（Newroz）を祝わないと決めた。それは政権がすべての集会に爆撃を加えたからだった。しかし、二〇一三年のニューロズのとき状況は非常に過酷になった。クルド人によってこの二つの戦略的高台の地区は統制されていたが、評議会はいずれかの側によってここが利用されるのに抵抗した。クルド人の中立的態度によってシリア政権側と自由シリア軍の双方は怒り、双方からの攻撃が激しくなった。マームドは私たちに「シリア政権側も自由シリア軍もクルド人への圧力を強めた。禁輸措置が厳しくされました。食料を配ると何回も約束したのですが、まったく来ないこともあった。一度は一〇日過ぎてもパンがありませんでした。ミルクの代わりに子どもに食べさせることができるように、米を長時間調理した」と語った。

シリア政権はまだアシュラフィエにいる自由シリア軍を標的にし、この地区から去るように要求した。まもなくこの二地区の周辺に自由シリア軍は二～三の集団しかいなくなった。自由シリア軍は、政権軍がクルド人の統制している地区に入るのを許され、繰り返し家に放火していると主張した。二〇一三年に人民防衛隊は二〇一二年の時よりもずっと強い軍となったが、主な武器はカラシニコフ銃であり、武器の面で国家の軍や自由シリア軍と同等になる望みはほとんどなかった。

禁輸措置のため、クルド人がより良い武器を手に入れる見込みはほとんどなかった。アフリンからはほとんど何も来なかった。アシュラフィエとシクシェ・マクスドを防衛するのは、両地区とも人口の密度が高いので、それだけさらに難しくなった。攻撃を受けやすいので人民防衛隊は軍事行動の一つ一つを注意深く考えざるを得なかった。

二〇一三年四月、アレッポ人民評議会は、ほとんどの住民を安全のためにアフリンとロジャヴァの他の地域に避難させると決定し、同時に北部アレッポを確保しようとし続けた。この避難計画は不十分で、人々は道路に殺到した。それでも住民の七五～八〇パーセントに当たるおよそ四〇万人が無事に避難した。残ったものの大半は青年だった。

二〇一三年の夏と秋に人民防衛隊はアレッポをよく守り、イスラム主義者や他の武装反対派、自由シリア軍の一部からの攻撃を押し返した。しかし、二〇一三年末イスラム国がアレッポ市に侵入し始めた。二〇一四年一月、武装反対派のいくつかのグループがイスラム国に向かって進撃し、アレッポとアザズから追い出した。二〇一四年春、人民防衛隊は、自由シリア軍と他の武装反対派グループとの停戦を決めた。この地域にまだいたアル・ヌスラも停戦に追随した。この新しい状況下で、シリア政権の統制下になかった地域（アレッポ、アザズ、イドリブ）に、アザズにある国境を越えて食料や他の必需品が供給された。

停戦後、人々はアレッポとアフリンとの間を行き来し、何百人の、もしかすると数千人のクルド人難民がアレッポに戻った。しかしほとんどの人はアフリンに残った。なぜならアレッポの街はいまや煙の中の廃墟だったからだ。難民たちは自分たちの新しい場所に居を定め、政治的にも社会的にも評議会体制に統合された。二〇一五年初めから、アレッポの自己統治がされている箇所は繰り返しジハーディストの攻撃に曝《さら》された。新しい連合体のジャイシュ・アル・ファタ（反体制派組織の連合体）は、アル・ヌスラ（アル・クァイダ）に指導され、トルコの強い支援を受けてアレッポの解放地域をしきりに占領しようとしているが、シクシェ・マクスドの民衆は、自衛し続けている。

ユワン・スヴェイダ・マフムッドが私たちに話したことを要約すれば、アレッポでは「システムは完全に機能していた。民主主義的自治は素早く実行され、民衆は社会的にも政治的にも活動的になった。エスニック的にも宗教的にも多様なだけでなく、政治的・社会的に多様な都市の中で、評議会組織は特別に行動的だった。ロジャヴァの三州よりもここの評議会組織は最初ずっと強かった。アフリン、コバニ、ジジーレの活動家たちはここのシステムを研究し、そこから学んだ」。

「不幸にもアレッポは北部シリアの小さな島のようで、その防衛が弱点だった。シリア政権も自由シリア軍も残忍で凶悪な戦争をし、クルド人を一掃しようとしたが、民衆はたとえ四〇万人が避難することになっても、どちらかの側の操り人形にはならないというプライドを持っていた。北部アレッポの民衆は中立であり、殺しもしないし殺されもしないことを望んでいた」。

「民衆は戦争から距離を取り、破壊を耐え忍ぶため非常に努力した。……二〇一三年一月にサキネ・ジャンシズ、フィダン・ドーアン、レイラ・シャレメズがパリで虐殺された時、数万人の民衆がシリア政権による爆撃を恐れながらデモをした。民衆は自分たちが築き上げたところにいる。アシュラフィエ、シクシェ・マクスド、ミダン、ヘイデリアから来た民衆が会えばどこでも、皆自分が来た場所にプライドを持って言う。それは、アレッポのコミューンから来た、ということなのだ！」。

6・5　クルド最高評議会

解放が始まる少し前の二〇一二年七月一一日、西部クルディスタン人民評議会とシリア・クルド民族評議会は、ヒューラー協定（4・4参照）を結び、クルド人同士の団結を確実にするために、クルド最高評議会（SKC）を創設した。八日後、西部クルディスタン人民評議会と人民防衛隊は七月一九日革命を実行した。それにはシリア・クルド民族評議会は何も役割を果たさなかった。二、三日後にロジャヴァの都市は解放され、西部クルディスタン人民評議会はこの地域の最高政治権力はクルド最高評議会だと主張した。続く数週間、西部クルディスタン人民評議会やその活動家たちが解放地域の大半で実際に権力を行使していたにもかかわらず、解放地域の新たな統治について議論するためにクルド最高評議会が何回も召集された。

二〇一二年一一月、政党間で合同クルド軍事指導部をヒューラー協定に追加すると合意された。シリア・クルド民族評議会は、人民防衛隊に加えて、シリア・クルド民族評議会が結成した第二の軍事力を自治政府が持つことを主張した。西部クルディスタン人民評議会と人民防衛隊は、第二の軍事力は南部クルディスタンのようなクルド人間の衝突を招くだろうと反対した。そこではクルディスタン民主党とクルディスタン愛国者連合という二つの政党が私兵を持ち、一九九四年から一九九八年まで激しく戦闘していた。第二の軍事力を作る代わりに、人民防衛隊は南部クルディスタンで訓練されたシリア・クルド民族評議会の戦闘員が人民防衛隊と一緒になることを提案した。

しかしシリア・クルド民族評議会はこれを拒否し、さらにシリア・クルド民族評議会系の政党が解放地域に重要な組織や草の根活動家をもっていないのに、この地域でもっと直接的な意志決定上の権威を持つことを要求した。事実上、シリア・クルド民族評議会は評議会システムを覆し、トップダウンの支配をするために必要な自らの権力を要求したのである。シリア・クルド民族評議会はこの要求を正当化するためにヒューラー協定を引き合いに出した。

西部クルディスタン人民評議会はシリア・クルド民族評議会の要求はヒューラー協定を越えていると応じた。クルド最高評議会の全グループは地域評議会と自由に協働できるが、西部クルディスタン人民評議会の評議会システムに触れてはならなかった。西部クルディスタン人民評議会は、ヒューラー協定が見越している合同統治が立ち上がるまで、移行期間を設けるべきだと提案した。

関係が悪化したのは二〇一三年夏以降であり、それは主にイスラム国やアル・ヌスラや自由シリア軍の一部がロジャヴァの三州[*2]に攻撃を仕掛けている時、シリア・クルド民族評議会もイラクのクルディスタン民主党も不気味に沈黙したままで、ロジャヴァに入って援護するのを認めなかったからである。シリア・クルド民族評議会とクルディスタン民主党は、西部クルディスタン人民評議会が絶望的になって両者の支援を求めるようになり、自分たちの要求を受け入れるだろうと期待したようだ。

シリア・クルド民族評議会やその権力政治下に組織された政党を見ると、マレイ・ブクチンの以下の文章を心の中に置いておくのが適切のようだ。「民衆の組織というこれらの草の根の形態と密接に関わっていない政党は、言葉の古典的な意味で政治的ではない。実際このような政党は官僚主義的で、参加型政治や参加する市民の発展に対抗的である。要するに政治的生活の正当な単位は地域の自治であり、その単位が、人間的な規模であれば地域の全体としてであろうが、特に近隣地区のような様々な小部分としてであろうがそうである」[*3]。

6・6　地方行政

二〇一二年の革命の直後、ロジャヴァは公共サービスを維持し、改善するという課題に迫られていた。解放以前、地方行政（地方政府）は相対的に弱く、以前のようにダマスカスの政府によって役人が任命され、統制していた。この政府がロジャヴァから立ち去ったとき、評議会組織は既存の地方統治を解体したり、職員を辞めさせたりはしなかった。そのかわりに、地方公務員を雇い続け、そのため公共サービスは中断することなく続いた。ゴミ処理、飲料水供給、下水処理、交通整理は、再検討されて改善されるまでは正常に機能せねばならなかったのである。

カーミシュロ市庁舎への攻撃

カーミシュロ市庁舎は、一部はシリア政権によって、一部は評議会によって管理されていた通りに囲まれていた。私たちが五月一〇日に到着した時には、戦車を防ぐバリケードと監視が外に見えた。二ヵ月前のイスラム国の自爆攻撃のため、守りは強化されていた。玄関には、この攻撃によって虐殺された市職員と来訪者の一〇人の写真があった。建物は大きく損害を受け、崩壊している部分もあった。自爆攻撃をした二人は、監視を玄関で射殺して建物に押し入り、どの部屋にも手榴弾を投げ込んだ。共同議長のミーズ・エビュドュルケリムは負傷し、私たちが会った時、松葉杖で歩いていた。

もう一人の共同議長のルーケンは攻撃されている間、他の九人の女性とトイレに隠れていた。テロリストの一人が手榴弾をもってトイレのドアに近づき、今にも中に投げ入れるところだった。地方政府の食料配給の仕事をしていた一人の青年が偶然建物の中にいて、攻撃しようとしていた男を見つけて男を自分の下敷きにし、すでに点火されていた手榴弾が爆発するまで男を釘付けにした。ルーケンは、「青年は、バルコニーからジャンプすれば助かったのですが、トイレにいるのが私たち女性だと分かり、私たちの命を救い自分を犠牲にしたのです」と語った。

この日八人の市職員に加えて二人の市民が虐殺された。その一人はアワーズといい、結婚の登録のためにきていた若者であった。カーミシュロの重要な女性活動家の一人へレプチェ・ゼリルも虐殺された。妊娠六ヵ月であった。

二、三日前私たちは、コルニスの地区市庁舎ホールにいた。地方政府の女性メンバーの一人で衛生、水の供給、パンと電気の責任者のへムリン・ハリルは、そこで働いていたヘレプチェが「子どもたちが遊べる場所を持てるように地区に緑を増やしたかったのです。この近くに公園を作ったことを覚えています」と言った。ヘムリンは虐殺されたこの友人の事務室を私たちに見せてくれた。ヘムリンは「私がここにきた時のままです」と語った。「ヘレプチェは、北部クルディスタンのアメッド（ディヤルバキール）で教育を受けました。ここの誰よりもよく仕事のやり方を知っていました。たくさんのことを私たちは学んでいました」と言った。

ルーケンは、攻撃の記憶を私たちに話し、思い出して言った。「血があちこちにありました。身体の一部や薬莢も。どの部屋にも手榴弾が投げ込まれたのです。友人一〇人がなくなりました。トイレにいた者だけが生き残ったのです。攻撃が続いたのは一三分だったのですが、一〇年間のように感じました」。「三日後に市庁舎に戻り、すっかり綺麗にしました。はじめはボールペンが落ちる音を耳にした時でさえ、心臓がほとんど飛び出るほど驚きました。電球が一度破裂した時などは正気を失うところでした」。

殉教者たち。
ヘレプチェ：カーミシュロの共同市長（ルーケンがその仕事を受け継いだ）
ルーシェン：環境、庭園、公園の担当。緑のカーミシュロを目的にしていた。市庁舎の女性たちがその仕事を受け継いだ。
エミーネ：経済と財政担当。
フェヘードとアリ：食料監視と配給担当。
ムーサ：市庁舎の治安担当。
イブラヒム：食料価格の調整担当。
アワーズとシィワン：市民。アワーズは結婚の登録のために市庁舎にいた。
イスラム国や他の組織によるテロがあったが、市職員たちは怖じ気づくことなく、生存者は民衆を助けるためにできるだけ早く部署に戻った。

直ちに、評議会は地方行政を地域評議会の政治委員会の直接の統制下においた。その時から、全地方行政は地域評議会の責任下に移った。初めの数ヵ月で以前の職員が異動させられた。シリア政権に非常に近い者や、抑圧的あるいは民族主義的な者は、多くの市長と同様に追放された。二重指導体制が地方政府にも導入され、全員出席の地区評議会か市評議会によって選ばれた。地方政府職員は全員が定期的に集まって課題を話し合い、人民評議会からの提案を聞いた。こうして地方行政は比較的順調に民主化された。
都市では評議会組織が地方政府の既存の建物を接収した。シリア国家が七つから一〇に及ぶ村落を管理し

写真6・4　カーミシュロ市庁舎の殉教者たち

ていた田園地域では、そこでの基幹施設が評議会組織の一部になった。しかし、カーミシュロとヘセケではシリア政権が諸々の設備だけでなく市庁舎も管理統制していた。そのためこの二つの都市では、評議会は新しい地方行政のための新しい建物を建てねばならなかった。

二〇一二年の秋、カーミシュロとヘセケで、ゴミ処理の問題が持ち上がった。国家が管理する地方政府のゴミ収集車が、解放地域のゴミを収集しなくなったので、二～三週間するとゴミの山が道路に積み上がった。状態は日を追うごとに悪くなったので、「革命的青年」が急遽集まり、キャンペーンを張った。すると多くの民衆も支援して、数日のうちに道路からゴミがなくなった。幸いなことにゴミ捨て場は解放地域にあったが、経験ある職員やトラックやゴミの処理能力が不足していた。これは重要なことであった。というのは、評議会はこの問題にどう取り組んだらよいか慎重に考えねばならなかったからである。しかし評議会はこの難問に立ち向かい、まもなく職員もトラックも安定した体制で組織された。

ゴミ問題が解決されるやいなや二〇一二～一三年の厳しい冬の訪れがあり、暖房の問題が差し迫った。ロジャヴァでの暖房システムはジジーレの豊富な石油に頼っていたが、石油精製所がなかった。何十年間もジジーレの石油は西部シリアの都市のホムスに精製のために送られていた。新政府にはディーゼル油も暖房用油もほとんど備蓄がなく、残りの分もすぐに消費した。南部クルディスタンから密輸入したほんの少しのディーゼル油が、ジジーレに入った。シリア内ではディーゼル油はほとんど密輸されていた。しかし需要は供給よりもずっと多く、値段が上がった。金持ちだけが暖房用のディーゼル油を買えた。

他の人たちは別の入手方法を見つけねばならなかった。初めは残念ながら木を燃やした。市の公園や村にある木をたくさん切った。ジジーレやコバニには秩序立って伐採された一画があった。アフリンでは、木の伐採はあまり目立たなかった。というのは、この地域はまだ森林があり、オリーヴ果樹園がたくさんあったからだ。

二〇一三年夏までに評議会はやっと石油をディーゼル油に大量精製することに成功し、翌年の冬は木を伐採しつくすのを避けることができた。二〇一四年には新しい市の公園が実際に計画され、木が植えられた。私たちはカーミシュロ近隣のコルニシュの小さな公園を訪れた。ここは、二〇一四年四月のカーミシュロ市庁舎への爆弾攻撃で虐殺されたヘレプチェ・ゼリルの追悼として作られていた。

民衆の自治体

地方行政は現在「民衆の自治体」として知られており、ゴミ処理、飲料水供給、下水処理、建物建築の監督と管理、都市計画、道路計画、交通量などの基礎サービスを引き継いでいる。民衆の自治体は、今や民主主義的に運営され、すべての主要な決定を承認する地域と地区と村落のコミュニティにある人民評議会に直接責任を負っている。それはいろいろな問題を議論し、解決策を明らかにするが、自らは政治的な代表を持たない。また、全般的な政治的な議論では大きな役割を持たないが、厳格に決められた範囲での課題を遂行する。

カーミシュロはその自治体の特別な再建にとりかかった。全地区に関わる首都自治体を設立することに加えて、ヨーロッパの大都市にみられるような、六つの大きな地区自治体を設立した。首都自治体職員は、以前の地方行政から引き継がれたが、地区自治体職員は新たに編成され、建物も新しく建てられた。

財政不足のため職員数は限られ、購入された設備もほんの少しだけである。禁輸措置のためいろいろなことが出来ない。職員の報酬はシリアの状況では平均的であり、自治体の財源は主に西部クルディスタン人民評議会である。かつては主な収入源だった税の徴収はもうない。革命の移行期が終わった後は、建築の認可に手数料が課せられていた。現在のもっとも重要な財源は、水やゴミ処理などの自治体サービスに課せられる手数料である。家屋に課せられる額は、一ヵ月に一〜二ドルである。自治体の決定によりもっとも貧しい家族はそれを免除される。

状況を考えると民衆の自治体はとてもよく管理運営を行っている。革命前とまったく同じように、飲料水と下水用の壊れた配管を大きな遅れなく修理できている。市中心部のデリークとセレーカニイェでは、通りのほとんどはとても綺麗で、時々小さなゴミが散らかっているだけである。郊外には時にたくさんのゴミが積み上げられているが、それは多くの中東の都市と同じである。ゴミ処理はまだゆっくりだが改善されている。二〇一四年には市内の道路や主要道路に非常に多くの穴があり、アスファルトで埋められていた。二〇一五年になると、ジジーレ市中や周辺の道路の多くがアスファルト舗装された。

しかし、基幹設備にもっと投資するための財政面や技術面での手段が、地方政府にはない。もし、現在の政治情勢や禁輸措置がさらに数年続けば、状況は危機的になるだろう。長距離の長く伸びた水道管は取り替えねばならないし、飲料水供給設備は刷新されねばならないし、高価な技術装置と機械はより良いものに代えねばならない。

しかし、ロジャヴァの民衆の自治体は、多くの民衆の積極的な支持を得ているという点で、他の国の自治体とは異なっており、それが多くの困難を乗りこえる助けになりうる。二〇一五年三月一三日に、ジジーレ州の一二の地区で選挙が実施された（ティル・テミルではイスラム国のせいで不可能だったが）。これは、「地域の地方議会」のために行われた選挙だった。二〇一五年一〇月一一日には、アフリン州でもっと下のレベル（地域レベルではない）の選挙が行われた。独立選挙管理委員会が作られた。選挙人名簿を作るのは難問であった。コミューンと地区評議会は全住宅を訪ねて、投票用の選挙カードを配った。投票率は一〇〇パーセントではなかったが、すべてが新しく作り直されたことを考えれば、成功した選挙だった。本当に自由な選挙がロジャヴァやシリアで行われたことは、これまで決してなかった。

この選挙では、立候補者は政党員ではなく個人として立候補した。ジジーレ州での各地域議会は一五～三一人から成っている。アフリンでは全部で四〇〇人が選ばれた。共同市長の直接選挙はなかったが、地区議会かコミューン議会によって選ばれた（その例外は二地区に分けられているカーミシュロである。西部カーミシュロと東部カーミシュロの地域議会は共同市長を選ぶために集まった）。次の選挙予定は二年後の二〇一七年である。

選出された自治体は、他の国の自治体のような構造に変わっていくには長い時間がかかるだろう。自治体はまだ人民評議会に対して非公式な責任を持っている。しかし、両者は密接に仕事をしている。それは選挙後の一年間ほどでわかった。自治体と人民評議会の活動家はほとんど重なっているし、あるいはこの二つの組織は、自分たちが共通の広範囲の政治運動の一部だと理解しているので、一緒に働くことを望んでいる。

こうした相互関係があるので、共同市長が市政について一方的な決定を下すことができなくなっている。民衆が西部クルディスタン人民評議会の組織に参加する限り、民衆は社会における支配者であり続ける。自治体は、民衆の間の議論次第で、いっそうの変化を受け入れる。

6・7 社会的契約

二〇一三年、西部クルディスタン人民評議会の評議会システムは、前年よりもずっと強固な土台に立っていた。民主主義的自治が具体的な形をとってきて、様々な種類の試練に直面していた。評議会を受け入れる民衆の数は増えてきていた。評議会の会議に実際には参加しない民衆の間でもそうであった。三つの州に住む評議会の基礎原理を受け入れた住人は誰でも自由に、評議会システムの討論に参加した。

西部クルディスタン人民評議会の評議会システムから距離を取る党派もあった。弱小な左翼反対派の一部だけが（主に民主的変革のための全国調整委員会（NCC）だが）評議会システムを受け入れた（6・2参照）。ロジャヴァの住民のなかの重要なマイノリティはまだバース党政権を肯定的に見て、西部クルディスタン人民評議会への参加を国家への敵対行為と考えていた。西部クルディスタン人民評議会に入っていないクルド人政党は、評議会システムに加わるのを拒否した。おそらくそうすると自分の存在が消えてしまうのを恐れたためであろう。

もっと苦しかったことは、非クルド人のほとんどが西部クルディスタン人民評議会から遠ざかっていたことである。確かに、デリークのカルディア人コミュニティは、民主主義的社会運動の一部として地域評議会に参加することを決定していた。アラム人については、シリアの五政党のなかで今のところは最大の「アラム統一党」が評議会システムに加わり積極的に参加しているので、クルド人に対して前より肯定的な態度をとり始めた者もいる。第一次世界大戦の時、少なくないクルド人がトルコでのアルメニア人とアラム人の虐殺に加わったことがあったが（2・3参照）、クルド人の自由運動は多くのアラム人の信頼を取り戻し、アラム人が西部クルディスタン人民評議会に参加したことによって、その信頼はさらに深まった。それでも多くのアラム人は離れたままであるが。

アラブ人もかなりの人数が参加しているが、全体的には以上のこれらのグループは非クルド人のわずか二〇パーセントを代表するにすぎない。民主主義的社会運動は非クルド人が参加してくるのが緩慢すぎると感じている。そろそろ西部クルディスタン人民評議会が、アフリンやコバニのように、ジジーレの民衆の圧倒的な多数派となっていてしかるべきだと民主主義的社会運動は考えていた。

非クルド人グループが評議会システムに参加するのを渋っている理由の一つは、この人々は直接民主主義の制度にほとんど価値をおかず、政党という視点から政治を考えていたからである（ロジャヴァのクルド人の大半が二〇一一年までそう考えていた）。さらに、シリアの政党や政治組織はほとんど例外なく、民族的、宗教的なアイデンティティにしたがって組織されている。ロジャヴァの人はほとんどがクルド人なので、非クルド人グループは評議会システムに参加することは自分のアイデンティティを失うことになると危惧していた。

同時に、民主主義的社会運動は、シリアや中東や世界でロジャヴァがもっと認知されることを望んでいた。しかし、北部と東部のクルディスタンと南部クルディスタンの一部のクルド人だけが連帯を表明しただけで、あとは他国の二、三の左翼運動だけであった。それ以外には、ロジャヴァへの地域での支援はなかったし、国際的な支援はほとんど受けていなかった。それどころか、トルコと南部クルディスタン政府そしてシリアの主戦派政党はロジャヴァを経済的禁輸措置下においた。

西部クルディスタン人民評議会は、草の根民主主義の要素をもつロジャヴァのような直接民主主義が国際的にまず歓迎されないことを認識した。それは望まれもせず、理解もされず、このような実験が信頼されることもないであろう。残念ながら、伝統的な議会を持ち従来の政党からなる政府のほうが、ずっと実効性があると国際的に受け止められがちであろう。評議会システムを受け入れる用意がないシリアの人々は、選ばれた代表と従来の政党からなる議会を受け入れやすかった。国際的に見ても、直接民主主義組織を受け入れなかった人々は、より伝統的な組織ならば受け入れやすかったのである。

西部クルディスタン人民評議会は、「通常の／代表制議会」をもつ「移行政府」を提案した。ロジャヴァの全員は例外なく、民族や宗教に関係なく居場所があり、そこには可能な限りたくさんのグループと人々が含まれていた。西部クルディスタン人民評議会は、シリア・クルド民族評議会も含むすべての党派（宗教原理主義派やファシストではない限りで）や他の組織やグループにも参加するように訴えていた。

一回目の討論では、新しい共同統合政府のための原則が発表された。社会的契約の概略が述べられ、それについて二〇一三年一〇月に公の意見が募集された。この地域では今まで見られなかったような大きな動きが解き放たれた。討論は三ヵ月続き、多くの提案が集められた。民主主義的社会運動は西部クルディスタン人民評議会外のグループと何十回もの対話を行い、結局クルド人、アラブ人、アラム人などの五〇以上の組織が集まった。

しかしシリア・クルド民族評議会は参加を拒否し、西部クルディスタン人民評議会が住民のごく一部しか代表していない、法律を作る権限を持たない、クルド最高評議会を通じてしか活動できないという見解を頑固に持ち続けた（とはいえ強いクルド最高評議会さえ、その庇護の下での非クルド人の代表を持たないから、正当性がなかったであろうが)。シリア・クルド民族評議会が参加を拒否するのは、少なくとも一部の理由は、クルディスタン民主党政府の圧力があったためであった。[*4]

シリア・クルド民族評議会連合内の三政党は、このような反対は行き過ぎだと考えていた。この三政党の結論は、新しい移行政府がロジャヴァのすべての民衆に利益を提供する最善の選択だということだった。二〇一三年後半と二〇一四年前半に三つの左翼政党——シリア・クルド民主左翼党、クルド左翼党、シリア民主クルド党——が、シリア・クルド民族評議会を去り移行政府に加わると表明した。しかしこの三政党は離脱する前にシリア・クルド民族評議会から排除された。その後、もっと小さなクルド人政党が移行政府に参加した。西部クルディスタン人民評議会にもシリア・クルド民族評議会にも所属していなかったクルディスタン共産党とクルディスタン緑の党などの政党も参加した。

人権を保障する

二〇一四年一月、委員会は、社会的契約に関するそれまでの提案をすべて考慮して、一つの草案を作った。その最初の文章はこの制度の特徴が解放をめざし、ジェンダーの平等であると確言する。「我々、アフリン、ジジーレ、コバニの民主主義的自治地域の民衆、およびクルド人、アラブ人、アッシリア人、カルディア人、アラム人、トルクメン人、アルメニア人、チェチェン人の連合は、自由かつ厳粛に、民主主義的自治の諸原則にしたがって起草されたこの憲章を宣言し、制定する[*5]」。

指摘しなければならないのは、「社会的契約」は二〇一一年以来地歩を保ってきた西部クルディスタン人民評議会の評議会民主主義を反映していないということである。それは西部クルディスタン人民評議会の名に言及していない。それほど革命的でも、リバータリアン的でもない。しかしこの憲章は、独裁から抜け出したばかりの国家から集まった五〇の政党と組織による所産である。憲章は、すべての参加者が合意できるようなやり方で考案された。妥協の表現ではあるが、比較的積極的な妥協である。例えば、五〇のグループはすべて、国民国家と中央集権体制を拒否し、ジェンダーの平等、民主主義、環境権、若者の権利、社会権について合意した。おそらく少々のポイントの見落としがあり、若干の事柄が多少曖昧になっているであろうが、ヨーロッパの諸憲法と比べると「社会的契約」は進歩的であるだけでなく、世界でもっとも進んだ憲法の一つである。

「社会的契約」は、クルド人に特別な指導権をまったく割り当てていないが、その代わりに社会の多文化性（エスニック的にも宗教的にも）を強調している。クルド語、アラビア語、アラム語をジジーレでの三つの公用語としている。コバニとアフリンでは、公用語はアラビア語とクルド語である。必要であれば他の言語も地域でも州全体でも採用できる。「社会的契約」ははっきりと少数のエスニック・宗教的グループの権利を擁護する。ヤズディ教も対等な宗教として認め、アラム人や若者の代表にも最低限の割り当てをしている。

興味深いのは、「社会的契約」が自己統治地域のことを公式には「ロジャヴァ」と言っていないことである。むしろ、三州あるいは自治地域という語を用いている。第一条は次のように述べている。「アフリン、ジジーレ、コバネの自治地域の憲章は、この地域の民衆の間で更新された社会的契約である。……自治地域は、アフリン、ジジーレ、コバニの三州から構成され、シリア領に統合された一部を作っている。ジジーレ州は、エスニック的、宗教的に多様であり、クルド人、アラブ人、アラム人、アルメニア人、ムスリム、キリスト教徒、ヤズディ教徒のコミュニティが平和的に兄弟愛をもって共存している」[*6]。

「社会的契約」は、三州が民主主義的自治を基礎にして統治され、民主主義的シリアの一部になるべきだと述べる。全シリアのモデルという役目をするはずである。「社会的契約」は、シリアのその他の部分にも参加を促す。「この憲章に同意するシリアのすべての都市、町、村落は、自治地域となる州を形成できる」（第七条）。隣接の都市や地区も既存の三州に加わるか、自らの自治的統治を設立してもよい。

人権に関しては「社会的契約」は類似の文書よりもずっと進んでおり、「国際的人権諸条約、諸協定、諸宣言において規定された基本的権利と自由を、不可侵のものとして」いる（第二〇条）。すべての国際的人権諸条約を憲法において包括的に承認しているどの国家や地域も、我々は聞いたことがない。「社会的契約」は「自由かつ義務的な初等・中等教育」の権利（第三〇条）を保障し、「労働、社会的安全、健康、適切な住居」の権利（第三〇条）も、そしてストライキの権利（第三四条）も保障している。

第三七条は世界でも類を見ない。「何人も政治的亡命を求める権利を持つ。何人も、適格かつ公正かつ適切に構成された法的組織の決定によってのみ国外追放され、その場合、適切な法手続きの権利がすべて与えられる」。経済に関しては、経済活動によって「全般的な福祉が提供され、民衆の日常の必要が保障されるようにし、尊厳のある生活が確保されるべきである。独占は法律によって禁止される。労働の権利と持続可能な発展が保障される」（第四二条）。

6・8 民主主義的自治行政組織

二〇一四年初め、国連、アメリカ合衆国、ロシアは、「ジュネーヴⅡ」として知られる国際会議を一月末に開催するように準備していた。数ヵ月間西部クルディスタン人民評議会はクルド人の参加の可能性を確実にするように模索していたが、大国はどこも関心を持たなかった。外交的な努力を何ヵ月かしたあとでも扉は閉じたままであった。

ジュネーヴⅡの会議が始まる数日前に、会議の出席者へのきっかけとなるように民主主義的自治を三州は宣言した。三州は「社会的契約」を受け入れた。三日間に分けて、各州はそれぞれの民主主義的自治の宣言を発表した。ジジーレは一月二一日に、コバニは二七日に、アフリンは二九日にであった。数十万人の民衆がロジャヴァの都市の通りでお祝いをした。

民主主義的自治の宣言と同時に各州は、民主主義的自治行政組織(DAA)としても知られる移行行政組織を作った。各州の民主主義的自治行政組織には四年任期で選出される立法評議会(地方・地域議会)がある。立法評議会は二人の共同議長をもつ執行評議会(地域政府)を選出する。これらの機関は、最高憲法裁判所とともに州の統治組織を構成する。

民主主義的自治行政組織では、執行評議会が「省」(クルド語ではヴェザレット)を政治的に各政党に割り当て、それによりほとんどの政党が少なくとも一つの省を担当し、全員の積極的な参加を確保することになった。交渉の結果、政党の参加を拡大するために多くの新しい省が作られた。例えば、ジジーレ州の民主主義的自治行政組織には二二の省があるが、これはコバニとアフリンを合わせたのと同じである。西部クルディスタン人民評議会の政党は、各州でこれまでもっとも決定力のある存在であったが、ジジーレの省では半分以下の省しか担当してない。そして民主統一党は三州の省ではマイノリティである。

当初、二重指導制の原則は各省に関しては適用されなかった。なぜなら、西部クルディスタン人民評議会に属していない政党と組織は女性の活動的なメンバーがほとんどおらず、また権力の「分割」に反対したからである。その結果、ほとんどの省は二人の代理をもち、少なくともそのうち一人は女性でなければならない。それは長官が男性ならば必須のことであった、残念ながら大半が男性だったのだが。

私たちが二〇一四年五月に訪問したのは、民主主義的自治の宣言の五ヵ月後のことだった。アムーデで私たちはジジーレの共同代表エクラム・ヘッソと数人の長官（minister）と会った。この面会は非公式なものであり、アラム人とアラビア人の副長官にさえも難しい質問をすることができた。長官たちに聞いたのは、それぞれが持つスタッフの人数であり、一〇人以下という返事を得た。

これまでに達成したことは何かという質問もした。西部クルディスタン人民評議会に属さない政党出身で、環境・観光担当、社会問題担当、自治行政組織担当の数人の長官は、禁輸措置と戦争という厳しい条件のもとでは取れる手段とできることは限られていると強調し、強力な西部クルディスタン人民評議会の組織に頼り、実際西部クルディスタン人民評議会との合同プロジェクトを進めるのを望んでいた。結局移行政府の設立以前に西部クルディスタン人民評議会は、地域の様々な問題のほとんどに取り組んでいたのである。

遺憾ながら、シリア・クルド民族評議会はロジャヴァの自治統治制度に政治的に反対する動きを続けていて、ロジャヴァや民主統一党に反対するようにロビー活動をし、シリア政府との繋がりを主張した。[*7] ウィキリークスが発表した書類によると、シリア・クルド民族評議会の指導者アブドュルハキム・バシャールは少なくとも二〇〇九年にＣＩＡとシリア諜報機関に情報を渡していた。[*8] さらに挙げ句の果て、シリア・クルド民族評議会の政党はロジャヴァに対する禁輸措置を公然と支持している。エル・パルティの指導者のモハメド・イスマエルが私たちに語ったように、「我々はロジャヴァに入るどのような支援も許せない。なぜなら、民主統一党が管理してあらゆる商品を持ち込み、それを配給して民衆からの賛同を買収しようとするからだ」と。シリア・クルド民族評議会の論理は単純で、「評議会組織に参加する者はだれでも民主統一党に所属している」[*9] ということである。この論理に従えば、援助物資を調整し、もっとも必要な人にそれを配給する評議会の努力は、実際には民主統一党が自らの政治的利益のために援助物資を没収しているということになる。[*10] これは意図的な歪曲である。

私たちが訪問している間に、シリアの別の場所から来た難民のための最初のキャンプが、ジジーレのデリークの近くに作られた。キャンプの生活条件は厳しかった。（クルディスタン共産党の）ディジワール・エーメド・アクサがクルドのメディアの至る所に登場している間、難民キャンプに関わる仕事のほとんどを行っていたのは、西部クルディスタン人民評議会の評議会組織のいくつかの委員会であった。双方とも協働するのを良いことだと考えていた。

二〇一五年夏に、この時点から先は、ジジーレとアフリンでの州政府は女性と男性の共同指導者を置かねばならないと決められた。ジジーレではアラビア人男性のシェイク・ハメディ・ダハムとクルド人女性ヘディエ・ユシフが指導者となった。アフリンではオスマン・シェイクがヘヴィ・ムスタファとともに行政評議会の共同議長に就いた。コバニでは、いまだ戦争に極端に影響されていたのでこうした変化はまだ起こらず、エンヴァー・ムスリームが行政評議会の唯一の議長である。

本書の執筆時点で、民主主義的自治行政組織の設立以来約二年半が過ぎた。戦争のため、民主主義的自治行政組織ではいまだに選挙が行われていない。しかし、二〇一五年にジジーレとアフリンで行われた選挙（6・5参照）は、今後の民主主義的自治行政組織の選挙への道を開いた重要な経験であった。

ところで、シリアの他の多くの地域が地獄のような状態に陥っているとき、三州は概ね確かに発展していた。民衆は自ら主体的に共同の政府を設立し、エスニック的・宗教的偏見を克服する重要な歩みを重ねていた。クルド人、キリスト教徒、スンニ派アラビア人の間に少なからぬ信頼が生まれていた。これは非常に重要なポイントである。というのは中東やその周辺地域では、統治権力が通例紛争を煽動するために宗教やエスニシティを道具として利用するからである。多様な集団が自発的に集結し、民主主義的自己統治のために協力し合うという事実は、この地域では例外的なことである。

三州は現在州外のグループとの関係を形成しようとしている最中である。二〇一五年一〇月、ジジーレ州とコバニ州での軍事的な成功によって、シリア民主軍（ＳＤＦ）が創設されることになった。二〇一五年一二月にはそれに関わる次の歩みとして、政治的部門のシリア民主主義協議会（ＭＤＳ）がデリーク市に創設され、解放地域での民主主義的自治と連邦制の実施のために働こうとしている。[*11]これは、三州の民主主義的自治行政組織とシリアの左翼民主主義勢力に、新しい力強い発言力を与える歩みであった。二〇一六年半ばの時点で、ほとんどの国際的・地域的な反動的な権力は、イスラム主義的・民族主義的反対派とショーヴィニスト・独裁的バース党政権とは異なる、第三の力の存在の名に少なくとも言及した。中でももっとも重要なことは、たとえまだ多数が支持していなくとも、シリア民主主義協議会に注目しているシリア住民が多くなっているということである。

6・9　ロジャヴァ・北部シリアの連邦制

二〇一六年初めのシリア民主軍の軍事的な成功によって、三州の外部に解放地域がたちまち拡大し組織の調整が必要になった。三州でも、全シリア・地域的・国際的レベルでのさらに強力な共通の連合が必要とされた。したがって各州の民主主義的自治行政組織とシリア民主主義協議会、そして解放されたばかりのコミュニティは、拡大した領域に住む人々がより密接な関係になるシステムをさらに発展させる方法を議論した。

その結果、二〇一六年三月一七日に、三一の政党と二〇〇人の代議員がリメランで二日間集まった。この集まりは民主主義的自治行政組織、州外の最近解放された地域、シリア民主主義協議会が支援している未解放地域（コバニとアフリンの間のシェバ地域のような）を代表していた。会議で、アラビア語で書かれた「ロジャヴァ・北部シリアの連邦制（FRNS）」が宣言された[*12]。

この宣言は、新しい連邦制を作るものだが、連邦がシリアの一部とみなされること、そして連邦の形成が分離への最初の歩みではないことを強調している。三州は連邦の一部であり続けるだろうが、最近の解放地域にあるコミュニティについては、参加するという選択か、あるいは連邦には参加せずに成長している民主主義的シリアの一部になる選択もありうる。三州が連邦の他の部分との調整にあたるだろうが、連邦は公的な組織となるであろう。新しい「社会的契約」が準備されている。そこでは、女性の自由が新しいシステムの本質的なことである。エスニック的・宗教的多様性も例によって決定的である。社会の諸階級、ありていには労働者階級が重要だと言及されている。創立集会において、三一人と二人の共同議長からなる調整組織が選出された。

アサド政府もシリア国民連合もトルコも、すぐさまこの宣言を非難した。あまり声高ではなかったがアメリカも同様で、シリア全体の承認が必要だと述べた。バース党政権との近さを考えると興味深いのだが、ロシアはこの宣言を歓迎した。このように対応が様々なのは、同盟している諸国の間でもロジャヴァへの関りあい方に亀裂が生じていることが示されているのかもしれない。二〇一六年三月以降、いくつかの問題に関するロシアとアサド政権との間にある相違に注目した報道がある。

この宣言が発表されて、ロジャヴァ革命がこれからどのような方向に進んでいくかが新たに表現された。宣言はシリア戦争の解決のための政治的な解決策を提起し、さらに宣言そのものの存在によって、他の勢力に自らの考え方を明らかにするよう余儀なくさせた。広く規定すれば、連邦は非中央集権化と民主主義化への提起としての意義を持っている。またそれは、ロジャヴァ周辺、シリアの他の地域、イラク、北部クルディスタンでの政治的・軍事的な争いを結果的に減らすことになるだろう。

6・10 西部クルディスタン人民評議会と民主主義的自治行政組織

三州が存在するのは西部クルディスタン人民評議会のおかげであるし、三州の民主主義的自治行政組織もそうである。今日では、ジジーレの民衆のおよそ三分の二とアフリンの民衆の九〇パーセント以上が、二〇一一年以来西部クルディスタン人民評議会が創設した組織に参加し、定期的に会議を持ち、自分たちの生活に影響を与えることを決定している。ロジャヴァでは、たとえ直接参加することを選択しなくても、誰もがこのシステムから恩恵を受けている。参加を歓迎している、西部クルディスタン人民評議会に属さない多様な社会部門も、この評議会が果たしている重要な役割を認識している。その政治的イデオロギーを中心に数千人の民衆を動員し、民衆がともに働けば偏見が克服されることを示すことによって、西部クルディスタン人民評議会は非常に大きな信望を得た。

二〇一四年一月に「社会的契約」が承認されてから、西部クルディスタン人民評議会と新しい民主主義的自治行政組織との関係性について、多くの議論がなされた。例えば以下のようである。どのようにしてこの二つを結びつけたらよいか？　民主主義的自治行政組織の立法評議会と執行評議会と各省との関係で、西部クルディスタン人民評議会の評議会システムとその委員会はどのような役割を果たすのか？　二〇一三年に民主主義的自治行政組織を創設せずに西部クルディスタン人民評議会システムだけでよいと主張し、その社会的基礎を時間をかけて広げることができなかったのか？　評議会システムは短期での政治的成果を得るために後回しにされたのか？　評議会システムは単に移行システムなのか？　ロジャヴァ・北部シリアの連邦制でのそのシステムの役割は何であるのか？　西部クルディスタン人民評議会の評議会システムを強化するために何をしたらいいのか？

これらの疑問は、直接的・草の根的・徹底的な民主主義の支持者にとってはとりわけ重要である。実際は西部クルディスタン人民評議会と民主主義的自治行政組織との関係は良好であったが、評議会システムの長期的な役割に関する疑問への解答には現在満足いくものがない。

最初に注意すべきは、西部クルディスタン人民評議会が二〇一三年九月に全ロジャヴァに共通の自治的統治を要求した時、それ自身の問題点と矛盾について議論をし尽くしていなかったことである。それにも関わらず上級の政府組織が形成されたという事実はこれらの問題点や矛盾を新たな水準へともたらし、それは時の経過とともにだんだんと明らかになった。

思い出してほしいのは、西部クルディスタン人民評議会が民主主義的自治行政組織を形成する歩みを進め始めたのが、正当性の問題のためだったことである。それは、できるだけ最大の範囲の民衆に政治構造に入ってもらう必要性ということである。民衆のかなりの割合（ジジーレ州では四五パーセントにまで）が評議会システムへの参加を控えたのは、偏見のため、そしてその歩みを理解しなかったからであった。

しかし現在、民衆は民主主義的自治行政組織、西部クルディスタン人民評議会の評議会とコミューンのことだけでなく、クルド人自由運動自体をその活動的な実践や主張している理念において知るようになっている。インタヴューをして得た私たちの印象は、評議会やコミューンに積極的に関わってきた人は皆、参加することを通じて活発になったということである。民主主義的自治行政組織が二〇一四年一月に創立されてから、西部クルディスタン人民評議会は、各省の存在や働きに関係なく働き続けた。移行政府の一部として活動し、可能な方法はすべて用いて移行政府を支持した。しかし、各省がプロジェクトを進める場合、それを

写真６・５　民主主義的社会運動の会議。
2015 年コバネにて

行うのは主に西部クルディスタン人民評議会の活動家であった。他に方法がなかったのは、その時までは評議会システムが州レベルで管理されていたからであった。民主主義的自治行政組織が立法評議会とともに創立されてからは、西部クルディスタン人民評議会システムは、二重の意志決定機構を避けるために活動を控えるようになった。現在は民主主義的自治行政組織が州レベルの意志決定を行なっている。そこでは西部クルディスタン人民評議会の評議会は、委員会と民主主義的社会運動をつうじて民主主義的自治行政組織との調整をしている。この評議会の主な議題は、西部クルディスタン人民評議会の評議会がいまだ関わりを持っているより低いレベルの委員会の活動に焦点を当てている。

民主主義的自治行政組織が設立される前は、評議会システムに付属した委員会はみな、大規模な公共企業を含む八つの分野において組織を発展させていた。委員会は民主主義的自治行政組織とともに八分野で働き続けている。しかし、時が経つうちに公共企業は、民主主義的自治行政組織の各省に公式に手渡された。アサイシュ、女性防衛隊、人民防衛隊も以前は評議会システムの一部であったが、今は民主主義的自治行政組織の構成部分である。

しかし、評議会システムが民主主義的自治行政組織や新しいロジャヴァ・北部シリアの連邦制と分離されていると考えてはならない。各省と委員会はお互いに協力している。例えば、公共企業の活動はいまだ大なり小なり西部クルディスタン人民評議会の活動家によって実際は行われている。このような公共企業がどのくらい長期間にわたり運営されるのかが議論の的となっている。選択肢の一つは、公共企業に公式の役割を与えることであり、もう一つは公的に委任された協同組合に変えることである。

新しいコミューンを作ることが無視されてきたのではない。アフリン州でのコミューンの組織化は二〇一五年夏に完了したが、コバニではイスラム国を打ち負かした後で再び始まった。ジジーレ州でのコミューンの数は急速に増えているが、先はまだ長い。シリア民主主義軍が最近解放した非クルド人が多数派の地域では、民主主義的自治とコミューンを創設するという提案が民衆に一歩一歩持ち出されている。コミューンの創設を強く主張することは、徹底的な草の根民主主義を強く主張することである。二〇一五年にロジャヴァでコミューンが広まったことは、コミューン経済の発展と並んで資本主義的近代のオルタナティブの表明である。コミューンの成長は、西部クルディスタン人民評議会の評議会システムが衰えるという懸念を和らげる助けとなった。もう一つの実例として、民主主義的自治行政組織はコミューンと協同組合を支援する法律を公布した。

二〇一六年初めに私たちがロジャヴァを再訪したとき、西部クルディスタン人民評議会を中心に組織された民衆は、いまだ革命への情熱を保っていた。しかし私たちには、西部クルディスタン人民評議会と民主主義的自治行政組織（現在はロジャヴァ・北部シリアの連邦制）との関係性が正式なものとされ、その手順が細かく定められるべきだと思われる。現在システムは順調に運営されていると思えるが、民衆の支持を受けた正式で文書化された枠組みがあれば、争いや予期できない問題があった場合に有用であろう。

この点に関して二〇一五年夏に共通の解決策を求めて、手続きに関する論議がなされた。二〇一六年初めに討論された原則は、州レベルの代表の評議会（民主主義的社会運動のような）が、四〇パーセントの割合で立法評議会に参加すべきだということであった。この原則が可決されるかどうか、そしてどのように実行されるかはまだはっきりとは分からない。

第 7 章
市民社会連合

社会と国家を概念として区別するのは多くの人には難しい。かつてアントニオ・グラムシは、ブルジョア国家の土台、戦闘状態にある場として「市民社会」を定義した。[*1] グラムシは、市民社会はヘゲモニーとそれによって同意を創出するために利用される支配階級の道具であり、陣地戦によって革命勢力はそれを征服しなければならないと想定した。今日、労働組合や協同体が組織する市民社会は、限定的に資本主義的近代のヘゲモニーのための同意を作りだすと言えよう。すなわち資本主義的近代は、市民社会を政治参加の手段として中立化する。フランシス・フクヤマが「歴史の終わり」を予言して以来、新自由主義的資本主義は、自らに代わり得るものを排除することによってそのヘゲモニーを確実にしている。

今日の資本主義諸国では、市民社会は資本主義的近代が作り出した抵抗を制限する役割を果たしている。そのため、ヨーロッパの国家は難民への最大限の人道的な扱いを拒否し、その代わりにお金のかからない「市民社会」が関与することで良しとしている。議会制度のような代表制によって、民衆が政治に積極的に参加することが薄弱となっており、受動的に統治される大衆が生まれている。現在の代表制は特にヨーロッパとアメリカ合衆国において、市民社会の組織的な脱政治化（de-politicization）を招いている。すなわち、政治的な自己表現がほとんど四年毎の選挙へと変えられ、民衆を統治の客体という状態にしている。[*2] 脱政治化は、諦めと政治的無関心を人々に注入することで政治的ヘゲモニーを確実化し、それにより破壊的な政治的衝突を回避しようとする戦略の一部である。

それに対してクルド人自由運動は、国家を、ある社会集団・階級の利益のために利潤を引き出す手段として理解している。すなわち国家は民衆を孤立させ、権威への執着を植え付ける。[*3] この運動にとって、国家への抗議は潜在的に社会からやってくるが、数千年間国家が植民地化し、自らの利益のもとに従属させてきたのが社会である。[*4] それゆえにクルド人の反国家主義の運動は、グラムシの市民社会概念を引き取り、国家を打倒するために市民社会を強化することを提起する。国家権力の掌握というボルシェヴィキの戦略は無に帰したのに対して、オジャランはグラムシのように、市民社会にむけたイデオロギー的・政治的闘争、軍事的対決を超えた「陣地戦」を提起する。[*5] 市民社会は力をつけることによって、国家の権力とその宗教的・経済的・行政的な構造から自らを解放しようとし、それによって対抗ヘゲモニーを樹立し、評議会やコミューンという市民社会を代表する社会の個別的な部分を活性化させようとする。

数十年間、バース党独裁政治は市民社会を政治的に排除したが、今日、民主主義的自治によって政治化された市民社会が育てられ、まさに国家主義を最低限にまで、そしてまったく国家主義を無効にさえしている。[*6] このような過程はそれ自身だけで発展はしない。むしろ、市民社会連合の広範なネットワークが民主主義的自治のすべての領域にある社会問題を解決しようと働きかけている。市民社会連合は、活発に教育的作業を遂行するとともに、社会を組織化する。これらの連合のすべては自らの憲章をもち、人々の中に組織を作り、民主主義的社会運動の委員会に投票権を持つ代議員を送る権限を持っている。

市民社会連合のロジャヴァ組合のフェダカール・ヘセンは、民主主義的自治における市民社会の役割を次のように定義している。「ロジャヴァ、そしてとりわけジジーレには地上にも地下にも豊かな富があります。

国家組織のもとではこの富のすべては国家に属し、社会には何も属していなかったのです。国家は社会を必要としていませんでした。例えば石油の場合ですが、石油はここで掘られ汲み上げられましたが、別の場所に持って行って精製されました。民衆には利益がまったく無かった。石油は民衆の大地から汲み上げられて、民衆に高い値段で売り戻されたのです。

家を建てたいと思っても、誰もがバース党政権の認可を得なければならず、それはいつもすぐに得られるわけではありませんでした。国家の承認がなければ庭を整えることさえできなかったのです。木を植えることもできません。もちろん現在の私たちの自治的システムも一定の調整を求めますが、国家とは対照的に、ここには環境に配慮した社会を樹立するという目的があります。国家は社会に利益をもたらすことは何もしなかったが、自治システムはそれをします。

現在のロジャヴァでは、市民社会は以前の国家組織とははっきりと区別されています。市民社会は民衆の意志を前に、そして中心に置いていますが、そういうことを政権はしなかった。さらに市民社会の全組織で重要な地位にある人々は、命令的委任に従っています。バース党政権下で国家が望んだのはどんな決定でも上が行い、下がそれを実行することでした。下は家庭のレベルにおいてでさえ、でした。ある家庭にとって意味のない決定が下されても、実行されねばならなかった。国家が望んだのは、自分の文化を奪われた奴隷の社会でした。しかし、民主主義的自治は、社会の意見を尊重し、社会の自己統治を創造しようとしています。これは市民社会を組織化する目標でもあるのです」。

したがって、私たちがロジャヴァのことを語る場合、市民社会連合の古典的な概念を拡張する必要がある。私たちの代表が「市民社会連合組合」を訪れた時、この古典的な概念にどれほど囚われていたかに気づいた。私たちが予想していたのは、人権と人道的援助組織の連合であったが、その代わりに出会ったのは、主に職業団体がつくる組織であった。代表制とブルジョア議会制度においては、労働組合と他の連合は、権力の問題として労働条件を改善するために圧力をかけるが、民主主義的自治においては、このような組織は評議会の様々なレベルでの代表者を持っている。私たちが判断する限りでは、ロジャヴァで組織されている市民社会はもっと広く定義される。市民社会連合は、割り与えられた人数枠まで評議会に代表をもつ。

7・1　市民社会連合組合

市民社会連合は、あらゆる分野とくに経済分野で活動している。ある報告書によると、「ここの都市ではそれぞれの家族が作業場か小売店を経営しているか、何らかの仕方で商売に関わっている。市民社会連合は民衆の一体性を確保し、法律の無視や侵犯を防止している」。国家を批判し、コミューン経済を支持する民主主義的連合主義は、「市民社会連合組合（SCS）」の基軸原則の一つである。「国家システムは社会の労働力を搾取し、労働者の権利を踏みにじった。民主主義的自治の下では市民社会連合が、モラル政治と環境社会という原理に則って問題を解決する。社会の一体性はその基礎である。連合によって社会は一つに保てる。連合は毎日の社会的な必要を満たすために不可欠な一体性を確保する。もちろんのことだが、連合がこうするのは民主主義的かつコミューン的生活の一部としてである。連合は社会が自らを組織する方法である」[*7]。

経済的連合においては、小売店、会社、協同組合、作業場が合同して労働条件を交渉し、社会的責任を請け負う。社会的責任に含まれるものはとりわけ食料や燃料価格のコントロールであり、それによって難民も含めて誰もが、きちんと栄養を保てる。例えば、連合は暖房用の灯油価格をディルベシイェ（アラビア語でアル・ダルバシィヤ）とティルベスピーでの価格との違いを五リラに設定している。コミューン経済においては経済的自己組織が、資本主義経済の非常に破壊的な利潤極大化の追求の防止に役立っていて、労働者の権利を守っている。

ヘセケ地域評議会の共同議長でもあるヘセンは、次のように語った。「バース党政権下では、労働者の権利を要求するのは不可能だった。低賃金、権利の侵害のようなことについては何に対しても口を開けなかった。もしそうすれば起訴されました。自らの権利を要求する人は監獄に入れられ、『国家分断を謀った』という容疑を受けました。しかし民主主義的自治は、労働者の権利侵害を刑事上の犯罪とみなしています。ここでは誰もが、環境に配慮した民主主義的社会で生活する権利を持っている」。

市民社会連合組合が解決した社会問題の一つに、タクシー運転手とミニバス運転手との争いがある。ミニバスは通常都市郊外を走り、利用者を直接玄関先にまで乗せていくが、このためタクシーが収入の多くを失うことになっていた。それで市民社会連合組合はそれぞれの都市の中心に、ミニバスが簡単に行ける中央バスセンターを作ることを決めた。

民主主義的自治は、職業集団のすべてがこうした市民社会連合に参加し、この連合で共に問題を解決し、メンバーに責任を負うようにと提言している。カーミシュロ人民評議会のレムジエ・ミヘメドは私たちに次のように語った。メンバーの組合費は月一〇〇リラ（約四〇USセント）で、これは必需品に使われ、参加は任意である。例えば、教師の委員会は教師に加えられる暴力問題に取り組み、教師に対して責任をもっている。商人の委員会は商売を守り、基本的な食料の価格が高騰しないように保障する。評議会システムに付属する地域サービス委員会は、水と電気の供給に責任がある。様々な種類の委員会は評議会システムと密接につながっている。

こう見ると再び、完璧に市民的であることを望む社会において「市民社会連合」を定義することが難しいことが分かる。評議会と市民社会連合は戦争の変動に対処するだけでなく、経済と社会の新しい形態についての具体的な考え方を提供する（第12章参照）。二〇一四年五月に市民社会連合組合を訪問中、タクシー運転手と商人と労働者などのカーミシュロの約三二の市民社会連合がその頃に統合したことを知った。

7・2　文化と芸術

以上見てきたように、ロジャヴァの様々な文化を代表し、発展させている原理は、民主主義的連合主義である。[*8] 市民社会連合の一つである「文化と芸術」は、文化の発展に専念する。これは革命よりもずっと以前の一九八八年に創設され、初めは非合法組織であった。今日では、ロジャヴァの都市のすべてに文化アカデミーを作ることを目指し、多様なエスニック・グループと宗教グループの文化的組織を連合させたネットワークを作っている。

「文化と芸術」は伝統文化の保存と維持に熱心であるだけでなく、新しい政治・社会状況の上に新たな解放文化を創造しようと努めている。社会問題にも取り組み、それを演劇作品として表してもいる。例えば二〇一三年一〇月時点でアムーデの「文化芸術アカデミー」には、レッスンをし、ドラマ作品を作っている約一〇〇人の活動的なメンバーがいた。私たちはこのアカデミーの若者グループが演じる劇を見たが、その内容はロジャヴァから南部クルディスタンのキャンプやトルコやヨーロッパへの脱出の問題であった。この劇のメッセージはロジャヴァを離れるよりもむしろ留まるように民衆に促すことであった。「文化と芸術」が演じる劇の大半はオリジナルである。

セレーカニイェの「文化芸術アカデミー」は二〇一四年初めに創設され、五月時点で多くのアラブ人とチェチェン人も含む一七〇人のメンバーがいる。このアカデミーには、劇場、メディア、文学のための施設がある。子どものための部門もあるし、アレッポで倒れた殉教者の名にちなんだコマ・シェヒード・イェダルという音楽グループの本拠でもある。

「文化と芸術」は、学びあいと教えあいという原則によって組織されていて、学ぶ人はみな教師になるように促される。参加者はあらゆる年代に及ぶ。アカデミーと密接に協力する自らの図書館を運営している。アカデミーの建物は、かつての政権のビルを文化センターに転用したもので、おもな国家施設は現在文化と演劇上演のために民衆に開放されている。新しい映画コミューンを創設するのが今の仕事の一部である。

7・3 革命的青年運動

「革命的青年運動」は、バース党政権に抵抗した「シリア青年委員会」の直接の後継組織であり、そのメンバーは現在ロジャヴァの自己統治の発展に重要な貢献をしている。ハルン・ボザンによれば委員会のメンバーは革命の間、「私たちは……各地区、各村落、各都市でデモをし、蜂起で積極的な役割を演じました。しかし、コミューンと評議会を設立するのが非常に重要でした。私たちが新しい制度を建てた時、私たちの行動によって国家システムを弱体化したのです」。「革命的青年」は、「アサド政権に代るものを提示したという点において他の青年運動とは違っていました。他の運動はただ『アサドは退け!』というだけで退いた後に何が起こるか理解していませんでした。イデオロギー的に、この運動はオジャラン議長の哲学の周辺に集まったのです。私たちはオジャラン主義の青年としてエネルギーと行動と若い精神を、革命への奉仕に向けてどう使えばよいか、正確に知っていました」。

「革命的青年」は町や村に会議場を建て、「青年の都市」においてバース党政権の敷地を再利用し、それを社会的自己統治のために使った。青年演劇グループは、ほんの最近まで立入禁止の政権事務所だったその現場で上演している。[*9]

現在もまだ「革命的青年」は、抵抗を組織する。たとえばクルド地域政府の禁輸措置に対してである。また、少なくとも一つの新聞を各都市で発行し、コミューンでセミナーを開いている。しかしデリークの青年が私たちに次のように説明した。「私たちの活動は一般的なコミューンの活動とは違っています。コミューンは家族の問題だけでなく、水や電気の供給という問題も解決するためにそこにあります。しかし私たちは革命のために青年を組織化しています。多くの青年は革命とその目的に関する情報をほとんど持っていません」。

「革命的青年」は自分たちの主な課題を、自らの教育だけでなく、社会全体の教育、とくに政治教育や歴史や民主主義的価値や女性解放の教育を前進させることだと、私たちに語った。色々な背景を持つ一〇代の若者が集まり、お互いに学び合っている。教科目を自ら編成し、目的は学生を教師に変えることである。金曜日は政治教育に当てられ、他の曜日の夜は、映画、補習教育、スポーツ行事がある。

クルド語で「青年」という語は意味が広く、一二歳から二七歳まで含んでいるようである。一八歳以上だともう一つの重要な役割がある。自分たちのコミューンと地区を、イスラム国などのテロリスト集団の攻撃から守ることである。ハルン・ボザンは「私たちは防衛部隊を通りごとに組織しています。訓練を受けたこの部隊は見張りをし、防衛のための措置をとる。民衆が攻撃を受ければ、私たちはその安全を配慮します」と語った。

概して代表制のもとでは、青年というのは統治する必要があると考えられているが、民主主義的自治では青年は自己統治での中心的な役割を演じ、社会を転換させる重要な部分である。民主主義的自治のモデルに従えば、「革命的青年」は両性からなる組織（「シリア・クルド人学生」）と女性と少女の自治組織（「革命的女性」）から構成される。[*10] 青年は、社会革命に向かって、そして長老制という年配者による青年への抑圧に対して闘う。「長老制は年齢と経験を同一視し、年配者はより多くの経験をもつから、決定と決定作成過程への参加においてより多くの権利を持つべきだと結論づける。長老制は、社会が管理されるやり方と誰が管理するかという仕組みのうちに見られる。また、青年が社会の中でどう見られているかということにも反映される。青年である私たちはこのシステムに反対である。経験は年齢に伴うばかりではない。なぜなら、生活の仕方、イデオロギー、生活の中でのイデオロギーの実践も重要であるからだ。それは信念と意志に依存する。私たちは、私たちの独立した自治的な組織における長老制に反対の立場をとる。教育もまた、私たちを守り、青年の中に自覚を高めるという点でも非常に重要であり、それにより青年は自らのアイデンティティをもって青年組織を作ることに参加できる。私たちは、青年によって設立された自己教育のための私たち自身のアカデミーも持っている」[*11]。

この組織は評議会原理によって運営されており、あらゆるレベルでの評議会システムに統合された一部でもあり、審議と決定に参加する代議員を送り出している。結局これは地域を超えるレベルに及んでいる、並行した自治的なコミューン組織なのである。

写真7・1　殉教者追悼の日

7・4　殉教者家族連合

戦争状態にあるどの社会にも不可欠なのは、戦死者の家族の世話をする制度である。ロジャヴァでは、「殉教者家族連合」（SMS）によって、家族のために心理的な支援が提供され、家族の社会活動を続けさせ、家族の悲しみが共有されている。殉教者家族連合は葬儀や墓の手入れを行い、寡夫や寡婦、孤児に食事の提供までする。また、虐殺された市民の家族のための支援も組織している。

二〇一四年五月、殉教した人民防衛隊・女性防衛隊戦闘員の家族がカーミシュロだけで四〇〇世帯あった。さらに、北部クルディスタン山岳部でのクルド人ゲリラ部隊の民族防衛隊（HPG/ARGK）が行なった戦闘では二五〇〇人の殉教者がでたという。殉教者家族連合は戦死者が民衆防衛隊の所属か、人民防衛隊・女性防衛隊の所属かで区別しておらず、たとえどこで死んでいようとも、戦死者の家族の面倒を見ている。

殉教者家族連合の職員が戦死者の家族を訪問し、同情の気持ちを表すだけでなく、家族に必要なものを決め、家族を社会活動に関わらせようとしているのを私たちは見た。殉教者家族連合は政治にも積極的に関わり、禁輸措置への抗議にも参加する。

7・5 人権委員会

ロジャヴァの人権活動家は大きな困難に直面している。ロジャヴァと戦っているグループによる虐殺の証拠書類を作り、調査しなければならず、同じ調査にロジャヴァの治安部隊も従わせねばならない。アサイシュやストロなどのロジャヴァの治安部隊は志願者からなり、戦争のためにその多くは任務の進行中に訓練を受けている。しかしどの社会でも治安部隊を監視することは、人間の尊厳を守るための鍵である。

人権委員会（ＫＭＭ）はこの監視をするために創設された。委員会は人権への自覚を高める訓練を週ごとに行って、治安部隊を教育する。委員会の査察は広範囲にわたる。人権委員会のアキシン・アメッドは私たちにつぎのように説明した。「報告書を書く時、私たちはいつも予告なくアサイシュの刑務所を訪問します。これまで拷問の事例は見つけていません。カーミシュロのアサイシュの司令部を自発的に訪問しました。私たちは拷問があったという主張についてはすべて調べます」。拷問の主張は組織的に調べられ、虐待はどんなものでも隠蔽されずに罰せられるというのが私たちの見たことである。

留置と監禁については、治安部隊は驚くほど開放的であった。事前の許可がなくとも、要望すればアサイシュのあらゆる駐屯地や留置施設と監禁施設に入れた。「ヒューマン・ライツ・ウォッチ」もロジャヴァに関する報告書で、刑務所や施設に自由に入れると確言している。[*12] しかし、革命と戦争というロジャヴァ特有の状況のために、もう一つの問題が生じている。治安部隊は、ますます進んで査察を受け入れるつもりなのだが、現地の人権委員会には査察のための職員も支援も不足している。あまりに多くの資源が戦争に集中されざるを得ないのである。

7・6 市民社会の組織化

ロジャヴァは、国家のない社会の新たな形態を創造している。この章では、二〜三の市民社会連合を選んで素描しただけだが、もっとたくさん光を当てられたかもしれない。しかし一定の原則はすべて共通である。民衆はコミューンに組織され、委員会を形成し、健康管理についてはヘイヴァ・ソル、女性についてはコングレヤ・スター、そして他の多くの民主主義的に正当化された組織でともに活動している。これまで見てきたように、ロジャヴァは、国家に統制される社会（statist society）ではなく、市民（*civitas*）の、市民がデザインした社会である。

したがって、古典的な非政府組織（NGO）はロジャヴァには適用できない。なぜならばコミューンから市民社会連合にいたるまでまさにすべてが市民的であり、それらは評議会システムと互いに連動しているからである。連合は、得た知識を自己統治団体に提供し、誤りや欠陥に焦点を当てて、それによって社会の発展を促し、民主主義的自己統治を完成させていく。連合は評議会システムから独立しているが、連合から投票で選ばれた代表は、あらゆるレベルでの評議会に貢献する。

国家にも自己統治にも関係しないNGOもいくつか存在する。これらのNGOは自己統治に対して批判的である。おそらくその理由は、NGOが右翼のシリア・クルド民族評議会の政党ブロックと結びついているからであろう。したがって、その影響力はこれまで述べた連合に比べて、ずっと限られている。私たちはN

GOを訪問しなかったのでそれについては語れないが、市民社会連合組合のフェダカール・ヘセンは次のように語る。「私たちは民主主義的自治のシステムを最近やっと建設し始めたばかりです。市民社会連合の組織も存在します。民主主義的自治のシステムを作るときは、間違いも問題も起きるでしょう。……しかし、活動は満足がいくものです。それだから、このシステムが新しくとも、民衆はそのために自ら志願して喜んで活動しています」。

さらにヘセンは続ける。「バース党政権下では、誰も自分の権利について、声を上げることができなかった。しかし今は、労働者が問題を提起すると、そうする権利が守られていると気づく。すると労働者はいっそう張り切って参加し始める」。今日、市民社会を組織化するさいの困難は、シリア政権に保護された人々を、あらゆるレベルで社会的・政治的に関わり、参加する民衆へと転換させることの中にある。もう一つの難問は、都市計画やエネルギーの専門知識が欠けていることであり、それはとくに訓練を受けた職員が多くこの地域を去ったためである。しかしここに来た私たちは、批判と自己批判そして命令的委任の原則のもとで、この新しいシステムを創設しようという非常な熱心さ、あらゆる困難に立ち向かう意志を目撃している。

第 8 章

防衛―薔薇の理論

「イスラム国のテロリスト民兵は、その価値観の空虚さだけでなく、軍事的に優越している国家が無価値であることもさらけ出した。……というのは、その先例のない戦闘精神を持って、クルド人は全世界にそのモラルの優越性を示してきたし、国際社会の信頼度をテストしてきたからである。クルド人は都市を失うかもしれないが、国際社会はすでにその価値のすべてを失っている」[*1]。

ロジャヴァが徹底した民主主義をめざして奮闘し、利潤のための資本主義経済を拒否し、防衛部隊の女性構成員の多くが支配目的の家父長制的な主張をきっぱりと否定したからこそ、ロジャヴァは「イラクとシリアのイスラム国」とその同盟者から攻撃された。二〇一四年九月コバニの防衛が始まったとき、女性戦闘員は中東での女性の新しい役割を身をもって示し、「悪」[*2]に対する勝利を達成し、軍国主義と家父長制の暴力、およびNATO諸国とその仲間のイスラム主義者の嘘をさらけ出す象徴となった。人民防衛隊・女性防衛隊は、非常に大きな熱心さをもって国際的に支援されている。アメリカ人の人民防衛隊志願兵のジョーダン・マトソンは、自分のフェイスブックに、人民防衛隊に入るにはどうしたらよいかという世界中からの何千もの質問を受けたと投稿した。

しかし、二〇一四年九月までにすでに二年間も、人民防衛隊・女性防衛隊は、アル・ヌスラ戦線や「イラクとシリアのイスラム国」のようなイスラム過激派民兵に対する武装抵抗の戦闘をしてきた。およそ六〇〇人の戦闘員が殺されたが、世界の人々からは何も反応はなかった。

8・1 人民防衛隊

二〇〇四年にカーミシュロでの蜂起が残酷に鎮圧された後（4・1参照）、厳しい弾圧があり、それによってシリアのクルド人は、自衛部隊が必要だと確信した。その後、軍部隊を創設し始め、次にアサド政権の攻撃があったときは反撃を加える用意ができていた。自衛部隊（YXG）（3・3参照）の最初の部隊は、ジジーレ州の司令官のシーラン・カラチョックスが思い出すことによると「青年の小集団から構成された非公式な部隊」であった。「この部隊は、誰かが拘束された場合など、シリア政権がクルド人を攻撃したとき何回か行動を起こした」[*3]。

二〇一二年七月、もう一人の司令官のシパン・ヘモは、自衛部隊は「クルドの各州の解放で役割を果たした」という。自衛部隊はデリークで政権部隊と衝突したが、結局政権側が撤退し「七月一九日の革命が宣言された」と述べた[*4]。

トルコ国家もクルド地域政府大統領マスード・バルザーニも、クルディスタン労働者党活動家たちが自衛部隊に加わって、その立ち上げを支援するためにロジャヴァに行くのを阻止できなかった。活動家の一人で以前のクルディスタン労働者党司令官のゼバト・デリークは、数千人の戦闘員を擁するに至ったとき、新たな組織が必要なことを認識していた。二〇一二年夏に自衛部隊が人民防衛隊に再編成されたのは氏の主導下

写真8・1　人民防衛隊と女性防衛隊の招集された兵士

であった。二〇一三年の新年の人民防衛隊創立会議で、人民防衛隊はいかなる政党とも連携せず、クルド最高評議会の下にのみにあり、ロジャヴァの全民衆を代表すると宣言した。「私たちは政治勢力と軍事勢力をそれぞれに分離し始めた」とデリークは思い出して語った。[*5]

最初の幕営地と訓練アカデミーが作られた。まもなく人民防衛隊の兵士には、クルド人だけでなく、アラム人、アラブ人、トルクメン人、チェチェン人やその他の社会集団が加わった。さまざまな宗教信条と政治的傾向をもつ民衆も加わった。

防衛部隊を拡張するのが絶対に必要であることが明らかとなった。革命一周年記念の二〇一三年夏、戦闘が始まった。アル・ヌスラ戦線、イスラム国、自由シリア軍の一部がすべてセレーカニイェ（8・4参照）への攻撃に関わり、すぐにアフリン、コバニ、ヘセケの各所への攻撃が続いた。[*6]

8・2 女性防衛隊

「まるで刑務所から解放されたようだ」。

二〇一一年に自衛部隊が設立されたとき、総司令部の三人中二人が女性であり、男女混合の部隊であった。州の指揮者のシーラン・カラチョックスは、防衛部隊への女性の参加を社会が受け入れるには長い時間が必要だったと私たちに語った。

「二〇一一年までは、女性はわずか二〜三人だった。娘を参加させるには、家族からの厚い信頼が必要だった。ときには、娘は決まった女性の司令官と一緒にいるようにしてほしいという要請が家族からあった。とても長い時間をかけて話し合ったが、女性の解放があって初めて社会の解放が達成されるということがやっと理解された」。

クルディスタン労働者党内の女性軍のＹＪＡスターで戦っていた女性たちが戻り始めたロジャヴァでは、この女性たちの数十年の軍隊の経験が、最初は訓練のために必要とされていた。[*7] カラチョックスは思い出して次のように言った。「初めに私たち二〜三人が、一緒に一つの家に暮らした。私たちは青年たちに武器の使い方を教えねばならなかった。男性は武器をすぐに持つが、女性にとってそれは難しく馴染みのないことなので、特に強調した。それから防衛とは何か、どのようにして民衆は自分を守るのかということを理論的に話し合った。こうすることで家族の信頼を得て、さらに多くの女性が私たちのところに来た」。

二〇一二年七月の革命と、自衛部隊の人民防衛隊への転換とともに、数千人以上の女性がドッと入ってきた。女性戦闘員はロジャヴァの防衛にも女性解放にも欠くことのできないと考えられていたので、二〇一三年初めに自治的な女性部隊が創設された。人民防衛隊と並んで二〇一三年四月四日に女性防衛隊が設立された。それまで人民防衛隊の混合部隊にいた女性は皆、自動的にそのメンバーになった。シーラン・カラチョックスは私たちに、「初めは州に一つの大隊があっただけだが、その時から各地区に一大隊があるようになった」と述べた。まもなく、地域ごとに女性防衛隊センターができ、いくつかの女性防衛アカデミーが建てられた。[*8] ほとんど毎日女性部隊が新たに創設された。[*9]

女性防衛隊は人民防衛隊と同じレベルで戦っている。アフリン市で一九九一年に生まれたマリアム・ムハンマド（シェヒード・シーラン）という名の女性防衛隊戦闘員が、五月に市の防衛戦で女性防衛隊員として初めて戦死した。現在の状況で求められているのは、もし必要ならば武器を持って、ロジャヴァの全民衆が自らを守る準備をし、新しい社会の樹立を達成することである。ジャーナリストのベルフィン・ヘズィルは、二〇一四年一〇月のラジオでのインタヴューで、ロジャヴァの全年代の女性の約五〇パーセントが武器の訓練を受けていると報告した。[*10]

革命的な転換

戦闘員のミズジン・マフムードは、インタヴューに次のように答えた。「クルド人の若い女性として、私はクルドの革命の責任を引き受けるつもりです。だから私は、民衆のいっそうの安全を維持する手助けをするために女性防衛隊に登録するのに何も恐れることはありませんでした。私は司令部と、それから町のなかで仕事をしました。自分の子どもたちにそのことをいつか話すつもりです。私たちは子どもたちのためにこの国を作っていて、だから子どもたちは自分をコントロールし、自分を守り、自分たちの学校で自分の言葉で教育を受けることができるのです[*11]」。

写真８・２　セレーカニイェの人民防衛隊と女性防衛隊の戦闘員

写真８・３　セレーカニイェのアラム人女性防衛隊戦闘員

二〇一四年一〇月、コバニの女性防衛隊の戦闘員のデスタンは、ＡＮＦのジャーナリストのセダト・スールに次のように語った。「私は女性が男性と対等だとまったく考えたことがありませんでした。私の家族では、男性がつねに支配者であり、私はそれがまったく正常だと思い、正当なことだと受け止めていました。……女性防衛隊の中でだけ、私は男性支配が生活での正常なことではなく、それどころか自然の秩序に反していると理解するようになりました。これに気づいたことで、私の中に自由だという感覚が大きく目覚めました。私の考えでは、この戦いのなかでもっとも大きく役に立つことは、コバニでの封建的な価値観を壊すことです」。若い女性防衛隊の闘士のロナヒは、人々は武装した女性を通りで見ることにだんだん慣れてきて、女性へのイメージが非常に変わったと言い、「私にはこんなことが起こるなんてまったく信じられません。まるで刑務所から解放されたようです」と語った。

いくつかの地域では、女性の参加のことが議論の種になることすらない。シランは私たちに次のように話した。「私たちには私たち自身のシステムがあります。アフリン、ヘセケ、セレーカニイェで私たちは自らの独立した使命を実行しています。私たちのシステムは自立したものです[*12]」。

「戦時に私たちは人民防衛隊とともに働きます。何かを決める際には、少なくとも三〇～三五パーセントの女性が関わらなければならない。コバニでは女性戦闘員は男性とちょうど同数ですが、アフリンは女性が三五～四〇パーセントです。コバニはとても封建的なので初めは難しかったのですが、その後ダムが決壊するように、女性の入隊が爆発的に増えました。カーミシュロでも、全部で六つある地区すべてで少なくとも一つは女性部隊があり、ほとんどの地区に大隊があります」とシランは言う。

コバニでは「女性は前線で戦いました。女性は『イラクとシリアのイスラム国』のならず者に、最大の打撃を加えたといいます。英雄的な抵抗で多くの女性が亡くなりました」とデスタンは言う。例えば二〇一四年の一〇月初め、コバニの情勢が戦車に対抗できる武器がないために厳しくなっていたとき、女性防衛隊戦闘員のアリーン・ミルカンは、自分の身を空中に投げ出し、手榴弾で自爆して戦車を止めた。アリーン・ミルカンは抵抗の象徴となった。「戦闘を続け、戦闘中に殺された人、特に女性すべてが抵抗を続けることが、今は私たちの仕事なのです」とデスタンは語った。

コバニでの戦闘とともに、ロジャヴァの女性戦闘員は国際社会から驚きをもって注目を集めた。西洋のセンセーショナルなメディアはコバニでの共同司令官のメイサ・アブドという女性を報道した。その理由の一つは、武器は男性支配の象徴なので、武装した女性戦闘員が確かにタブーを破ったことであった。また、女性戦闘員は性差を超越していることを示し、その限りで男性への脅威と考えられ、男性の特権を危うくしているのである。

人民防衛隊の男性はそれにどう反応しているのだろうか。私たちはある女性戦闘員に尋ねた。その答えは、「男性はそれを受け入れねばなりません。それが私たちの運動の哲学なのです。男性は五〇〇〇年間にわたり物事を仕切ってきたのです」であった。

非クルド人女性も女性防衛隊に加わっていると、セレーカニイェの司令官ベンギン・メルサは語った。「州を守ろうとして多くの女性がやって来ました。いったん中に入るとまもなく、女性たちは戦闘員の目的を理解し、私たちのことをもっと知るようになり自覚が生まれます。私たちの階級にはアラブ人とアラム人はわずかしかいません。この人たちは言葉の問題が多くあり、クルド人女性に比べると多くの人はずっと引っ込み思案です。しかも女性たちは家父長制の影響をずっと強く受けています。この人たちが状況を切り開くのは長い時間がかかります」と述べた。

それにもかかわらず、結婚についての封建的な観念は、いまだ多くのクルド人家庭の考え方を支配している。運動に入るという娘の決断に家庭が賛成出来るのは、幹部が娘と恋愛関係になることがないと知っていて、信頼しているからである。クルド人の運動ではこの問題が数十年間広く議論されてきた。幹部が恋愛関係を禁止される理由の一つは、同志間で平等に接するためである。恋愛関係では自分のパートナーを不注意に優遇し、この観念に矛盾することになる。[*13] 二〇一四年にロジャヴァを訪れたロンドンのハリンゲイ連帯グループのザハー・バハーは、次のように書いている。「私たちが話しかけた男も女もそれ（愛、性、恋愛関係）は、革命に打ち込んで成功するためにすべてを革命に捧げなければならないこの段階では、不適切であると信じていた」[*14]。二〇一四年にオーストラリアの映画「女性の国家（*The Female State*）」で、クーディ・オッセは戦闘員が武器も死も戦争も嫌いで、愛することを好むが、今は自分の国の防衛に最大の優先順位を与えねばならないと述べている。この点で人民防衛隊・女性防衛隊の幹部と、時に結婚をし、家族のもとに帰ることもあるアサイシュとを区別する必要がある。

8・3 正当な自衛

人民防衛隊と女性防衛隊は正当な自衛という原則（北部クルディスタンの民衆防衛隊ゲリラ軍のように）を固守しており、その原則によれば軍事的な活動はみな、反応という特質をもっている。部隊が攻撃されると報復するが、政治的な取り決めをする可能性を塞ぐことはない。

民主主義的社会運動のチナール・サリは次のように語る。「私たちの理論は、自分を守る花である薔薇の理論です。生き物はすべて、それ固有の生き方や成長の仕方や他者との関わり方にしたがって、自己防衛の手段を作り上げねばなりません。その目的は、敵をやっつけることではなく、敵に攻撃の意図を諦めさせることです。ゲリラの戦闘員はこのことを軍事的意味での防衛戦略として話し合ってきたが、他の分野でも通用します。それは自分を統制する力をつける方法です。人民防衛隊と女性防衛隊は、防衛に大きな意味を持たせています。国民軍は国家に奉仕しますが、民衆を守ることなく放っておくものです」。

防衛の中心的な仕事は、民主主義的自治の成果を守ることだが、同時にイデオロギー的・政治的な責任もある。つまり、民主主義的自治の理念を民衆に教育し、この理念をさらに拡散していくことである。

通例、人民防衛隊・女性防衛隊は攻撃態勢をとらない。例えばカーミシュロでは飛行場はまだアサド政権が統制している。人民防衛隊・女性防衛隊の部隊ならば確実に追い出すことができるだろうが、そうすると紛争が拡大して、都市の爆撃という結果になるかもしれないという。一方で、政権軍がヘセケの人民防衛隊の検問所を攻撃したときは、それに反撃した。最近この考え方がより進歩した。もし、イスラム国やアル・ヌスラの統制下にある地域の人々（クルド人でもそうでなくとも）の大多数が解放を支持するならば、人民防衛隊・女性防衛隊が、またもっと最近だとティル・アビヤドとシャーダディで起こったようにシリア民主軍（8・10参照）が反撃するであろう。

ロジャヴァが数方向から重大な脅威にさらされた二〇一二年の解放後には自衛が批判的に見られるようになったと、人民防衛隊の広報担当のレデュール・ハリルが思い起こして語る。「アサド政権や他の武装グループが私たちを攻撃しない限り、私たちは誰も攻撃しませんでした。しかし、二〇一三年七月一六日以後、デリークからアフリンにかけてアル・ヌスラや「イラクとシリアのイスラム国」や他のイスラム主義グループから攻撃されています。さらにトルコ軍も攻撃してきました。トルコの狙撃兵は私の二人の友人を殺しました。トルコ軍は公然とイスラム主義者を支持し、直接私たちを襲います[*15]」。

二〇一四年七月七日、ジジーレ州で不吉な状況があったので、立法評議会は徴兵制を導入した。それによると、これからは一八歳から三〇歳までの男性（初めは）はみな、基本的な軍事奉仕を六ヵ月間行わなければならない。女性については、女性の招集はまだ社会的に受け入れられていないので、参加は任意である。この目的は、緊急時には誰もが村や地域を防衛する用意があるはずだということである。この決定が公表されると、数千人の青年が人民防衛隊・女性防衛隊に登録した。二〇一五年一一月までにジジーレ州でクルド人、アラブ人、アラム人の青年によって七つの地域が解放された。[*16]

アフリン州でも徴兵制が開始され、最初は一八歳以上の二〇〇人の青年が登録された。こうした「自衛部隊」は人民防衛隊・女性防衛隊の構成部隊ではないが、いつでもそれに加入できる。通例「自衛部隊」は、人民防衛隊・女性防衛隊の後から新しく解放された地域に入り、後方支援を担当する。防弾チョッキとヘルメットを身につけている唯一の部隊である。

二〇一五年初めにも防衛委員会（6・3参照）は、あらゆる年齢の市民からなる「自衛単位」を村や地区のコミューンに組織化した。例えばカーミシュロの防衛委員会は集まって、指導部を選び軍事訓練を組織した。「自衛単位」の仕事は道路と地区を監視し、アサイシュを助けることである。戦闘があると後衛の仕事を担当する。人民防衛隊・女性防衛隊、アサイシュ、「自衛部隊」、「自衛単位」は、緊密に結びついた防衛ネットワークを作っている。

8・4　セレーカニイェの解放

二〇一四年五月一一日から一三日に、私たちはセレーカニイェを訪ねた。ここはジジーレ州の西端にある主にクルド人の都市だが、クルド人、アラブ人、アラム人、アルメニア人、チェチェン人の故郷でもある。

この都市は、クルドの民衆の悲しみと迫害を独自に象徴している。というのはコバニに先立って、ここは「抵抗の砦」として名を知られていたからだ。

セレーカニイェは、植民地権力がシリア・トルコ国境をこの都市の中を通過して引いた一九二〇年代に二つに切断された（1・2参照）。シリアが占領した南部は、ラス・アル・アインという別の名前がつけられ、北部のトルコ部分は、セイランピナールと呼ばれた。ここを囲んでいる村落はアラブ人の村であり、一九六〇年代の「アラブ・ベルト」という再定住計画の期間中に建設された。

二〇一二年一一月、三〇〇〇人以上の重武装したアル・ヌスラとグーラバ・アル・シャームの部隊がトルコ国境を横切り、セレーカニイェに侵入した。[*17] 人民防衛隊部隊はこの都市にほとんどおらず、三九人の戦闘員だけがいて補給を絶たれた。アサド政権軍は部隊を撤退させていた。人民防衛隊は、自由シリア軍に反対して政権側で戦っているとみられるのを嫌い、自制することを決めた。戦闘の四日後、アル・ヌスラと自由シリア軍部隊がセレーカニイェを占領した。多くの人々が避難した。

しかし、その後イスラム主義者はアラム人とアルメニア人の家を破壊し、アラブ人さえ迫害し始めた。恐怖の支配を打ち立て、アサド政権の支持者と思われた者も実際の支持者も公開処刑し、住民をいじめて虐待した。抵抗を続けたのはセレーカニイェの東の一角のシナーだけだった。

侵略の二〜三日後の一一月一八日、アル・ヌスラが人民防衛隊が統制する場所を攻撃し、アル・ヌスラ支持者の何人かがクルド最高評議会の旗を焼いた。話し合いが行われるはずだったが、人民評議会の共同議長のアビド・ハリルが会場に現れると、ジハーディストたちに殺害された。

こうして、人民防衛隊の部隊はイスラム国とアル・ヌスラに宣戦したが、その時点では人民防衛隊が優勢だとは誰も思わなかった。一ヵ月以上激しい戦闘と停戦が交互に続いた。三五人の人民防衛隊の戦闘員が亡くなった。
セレーカニイェ郊外のおよそ五キロメートルのところに、大半はアラブ人が住むティル・ハレフ（アラビア語ではテル・ハラフ）という町がある。町のはずれは丘になっており、ここもティル・ハレフという。この丘は国際的に有名な考古学上の新石器時代末期の遺跡である。紀元前六〇〇〇年からの全時代をハラフ時代というが、ここで発見された土器にちなんで名づけられた。古代には、ティル・ハレフにアラム人のカパラ宮殿が建っていた。アル・ヌスラとイスラム国がこの丘を占領し、村を砲撃するための大砲の台座として丘を利用した。

一方、人民防衛隊とアル・ヌスラの間で陣地をめぐる戦闘が起こった。前線間の距離は五〇メートルしかない時もあった。重火器が使われた。民衆と人民防衛隊が守ったが、村は大きな損害を被った。ジハーディストたちは軍事的に圧倒できないと悟ると、テロ戦略に頼ったという。村やセレーカニイェの市庁の玄関で自殺攻撃を仕掛けた。一一人が亡くなり、うち六人は市民だった。自爆攻撃をした者はアルジェリア出身だった。

停戦と交戦をそれぞれ五回繰り返すうちに、人民防衛隊はようやく十分に強力になったので、二〇一三年六月に攻勢に出た。人民防衛隊の地方最高司令官シパン・ヘモは次のように語った。「セレーカニイェの防衛戦で我々は、民衆を守れるとロジャヴァに示すことができた。決定的だったのは、我々が全宗派の聖地を解放し、すべてのエスニシティと宗教に属する人々の安全を保障することが我々の仕事だと見せたことだ。それからアラム人は防衛部隊に参加し始めた。数千人が志願し、棒と石だけで武装した者もいた」[*18]。

人民防衛隊の攻勢により、アル・ヌスラと戦利品目当てでジハーディストに加わっていた暴利戦争商人も一緒に都市から追い出された。ジハーディストは、ティル・ハレフの多くの文化財を売り捌《さば》いたようだった。

アサイシュはトラック二台分の考古学上の発見品が持ち去られたと結論づけた。イスラム主義者の残虐行為を激しく被ったセレーカニイェの民衆は、人民防衛隊の勝利を熱狂的に歓迎した。

セレーカニイェでの女性防衛隊の日常生活

私たちが幸運だったのは、セレーカニイェの前線で女性機動部隊と二日間過ごせたことだった。監視に立ち、運動をし、共に食事をし、前線での部隊の交代勤務をし、民衆と交流するなどの毎日の生活を共有した。独立した人民防衛隊の部隊が活動を始めたのは、一五〜二〇人の幹部が混合部隊で戦闘してからだった。しかし、女性防衛隊が結成されると、女性部隊が独立して戦った。女性防衛隊の部隊は、ほぼ三〇人の女性から構成され、ジジーレの交戦地域に必要に応じて配置される。「女性のほとんどは、自分たちが戦闘員になる日など想像できませんでした」とディランは私たちに語った。一八歳のサキネ・ジャンシズは訓練の直後ティル・ヘミースで戦い、負傷した。私たちに脚の銃弾の傷を見せてくれた。訓練の後すぐに前線に行くのは普通のことかどうかと尋ねると、「私が望んだのです。それは前線にはほとんど人がおらず、私たち若者はたくさんいたからです」と答えた。

女性たちはよく訓練され、政治教育も受けている。訓練期間は六ヵ月である。二三歳のメルサは、大隊の女性はみな前線での指揮者にもなれると説明した。メルサは二度負傷している。指揮者は選出されるのではなく、指導部が決める。

ジハーディストは殺されると、直接天国に行けると信じている。ルーケン・ジリクは私たちに次のように言った。「ジハーディストはみな、首に天国への鍵を、ベルトにムハンマドと食事をするためのスプーンを身につけています。戦闘に行くときはアンフェタミン（覚醒剤）漬けになり、背後のまともでない人物に前進させられるのです。自殺を厭わず死への恐れを持っていませんん。天国に行けると思っているからです」。メルサは私たちに「しかしもし女性に殺されたら天国に行けないと思っています」と言った。別の戦闘員は、「私たちが戦うとき大声を出し、私たちの声を確実に聞かせるようにします」と言った。

メルサによると、ティル・ハレフ周辺にはイスラム主義者を支持するアラブ人がいる。「一週間前に二〇〇人の人民防衛隊・女性防衛隊の戦闘員とティル・ハレフ周辺の作戦を実行し、武器と隠れた戦闘員を探して一軒ずつ家に行きました。アラブ人にはイスラム国を支持している者もいます。問題はアラブ人が統一した、共通の意見を持っていないことです」。

大隊の指揮者のアヴェスタは、部隊がイスラム国のならず者と戦ったティル・ハレフの陣地を私たちに見せてくれた。「私たちは、ここに二四時間押し留められた。七月のとても暑い時で、運ばれた飲み水は料理に使えるほど暑かった。友人たちが車で夜に水、パン、食べ物を運んだ。その道すがら、多くの人が亡くなり、怪我をした」と語った。セイランピナールを横切る国境は、わずか一〇〇メートルしか離れていなかった。

チィチェクは、セレーカニイェをめぐる戦闘のことを次のように語った。「陣地をめぐる戦いでした。私たちと敵の間はせいぜい五〇メートルしかありませんでした。お互いに向かいあって立っていたようでした。ときには敵が攻撃し、ときには私たちが攻撃する……。みな仲間を守るために前線に行こうとしました。周辺の地域はとても平坦で、自分たちをどうやって守ったらよいか、わかりませんでした。戦闘が終わるまでに死傷者がたくさん出ました」。

「誰か死ぬたびに私たちはその武器を取りました。戦闘がないときは歌を歌った。小競り合いの間には訓練をし、本を読み、この戦争での女性の果たす役割について話し合いました。敵に私たちの決意を示すために

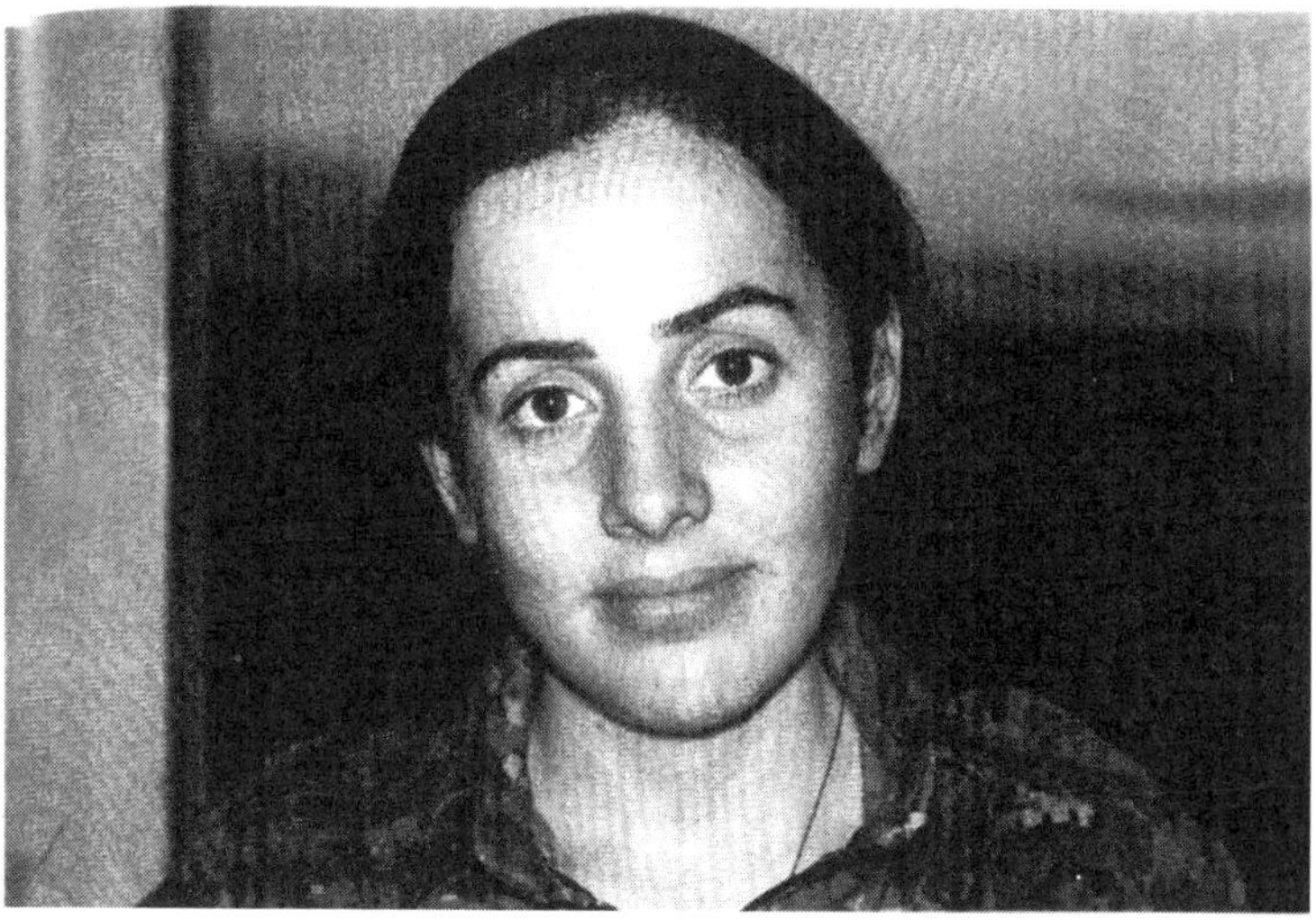

写真８・４　女性防衛隊のヘバラ・メルサ。セレーカニイェにて

写真８・５　ティル・ハレフ近郊の破壊されたケシュテ村、2014 年５月。人民防衛隊・女性防衛隊が村を解放した 20 日後に、やっと住民は帰還。

大声で叫ぶと、敵は恐れました。私たちの士気は非常に高かったのです。前線の部隊はたびたび交代したので、疲れはありませんでした。私たちはよく統制が取れていて、不要な死傷者を出さないようにしました。誰かが倒れると、そのことと戦う理由をすぐに話し合い、それで士気が動揺しなかったのでしょう。新人を支援しました」。

ティル・ハレフは二〇一三年一一月に解放された。「ならず者がここにいたときは、民衆が拷問され虐待されました。しかし人民防衛隊がここにいる今は、よく眠れると住民は言います」という話であった。

「オーファンは天国にいる」

セレーカニイェから西に、とうもろこし畑と村々と通る曲がりくねった道をいくと、ティル・ハンジル（タル・キンジル）という、一ヵ月前に人民防衛隊・女性防衛隊がジハーディストから取り戻した要塞のある丘に着く。ここが私たちの行ける一番西の場所だった。約六〇マイル（九六キロメートル）離れた、人口のまばらなアラブ人が定住する狭い場所の向こうに、コバニがある。丘に登り頂上からマブルカの小さな都市の郊外にジハーディストのいる場所を見つけ、迫撃砲の砲弾の音も聞けた。

石を投げれば十分届く北側に、トルコとの国境があった。ティル・ハンジルはもうジハーディストの支配下になかったので、戦車がトルコの国境に持ち出されていた。夜になると、トルコの投光照明機が丘を照らし、そこで活動する人民防衛隊をならず者たちに観察しやすくしていた。戦闘は散発的に発生した。

ティル・ハンジルの指揮者は、トルコ国境の越えたところの一つの村を指差した。そこではならず者たちの闇取引が行われていた。闇市場ではジハーディストがトルコの軍隊と国家の監視下で、蛇口から家の戸にいたる何でも、ロジャヴァの村々から略奪した戦利品を大っぴらに売っていた。ジハーディストが村を占領すると、電気ヒューズや壁から剝ぎ取ったケーブルでさえ、持てるものは何でもひったくり、残ったものは破壊した。
ジハーディストは必要を感じると、いつでも国境を越えてトルコに入った。人民防衛隊・女性防衛隊の何十人もが、それを目撃してきた。私たちがここに来る二～三日前は、二二台のトラックが国境を越えた。北部クルディスタンでの目撃によると、負傷したジハーディストがトルコの病院に入ったという報告がある。一方、トルコは、シリアに一〇〇〇台以上のトラックを送り込み、イスラム国とアル・ヌスラの手に直接武器を配った。[*19]
私たちは何度も、車に乗ったジハーディスト部隊がトルコ国境でお互いに落ち合い、物資を交換しているのを見た。一月二二日、アル・ヌスラの数台の車が国境を越えてロジャヴァに入り、二人の人民防衛隊の戦闘員を殺害した。ジハーディストが越えてやってきた国は、あるＮＡＴＯ加盟国で、約三〇マイル（四八キロメートル）遠方にはドイツ兵が駐留していることを指摘しなければならない。
地方の女性防衛隊の大隊の数名の戦闘員は、ジハーディストが残したナイフを私たちに見せてくれた。その指揮者のアヴェスタは私たちに次のように語った。「奴らはこのナイフを亡くなった人民防衛隊の戦闘員の喉を切るのに使う。死者の中にはトルコ人もいて、ある者は携帯電話を持っていた。私たちはそれを拾い、その家族に電話するとトルコ語の声で返事がありました。『もしもし、オーファンか』と。私たちは『オーファンは今天国にいる』と言いました」。

8・5 ティル・コーチャーの解放

二〇一三年三月、ジジーレ州のセレーカニイェの反対側で、イスラム主義者のジャブハット・アル・ヌスラが、ティル・コーチャー（アラビア語ではアル・ヤルビヤ）とその周辺の村を侵略した。アル・ヌスラは街を占拠し、境を越えて、主にアラブ人の現地住民を追い出した。アル・ヌスラは家を離れるのを拒む人を残酷に虐殺し、インターネット上に首を刎ねた胴体のビデオをアップロードした。逃げ出した人々は、デリークやカーミシュロやリメランに行き、そこの住民たちが学校、モスク、教会、「民衆の家」を避難場所として提供した。誰もが逃げ出した人々のために援助し、毛布や雑貨品やベビーフードや薬を集めた。その一方、イスラム主義者はティル・コーチャーとその周辺の村を軍の基地にした。

九〇の部族指導者の代表が人民防衛隊に占領者を押し出すように頼むと、聞き入れられた。現地住民は人民防衛隊の軍を近くまで案内した。イスラム主義者は都市の入り口に地雷を仕掛けたが、暗闇の中を進んで部隊は地雷を不発にした。一軒一軒と都市の中へと進み、中心部に入った。女性防衛隊の指揮者シルヴァン・アフリンは次のように説明した。「私たちは非常に気をつけて進みました。町の人口はほとんどアラブ人です。もし、子どもが私たちの何らかの行動の結果で死ねば、全部族が私たちに敵対したでしょう」。イスラム主義者にとうとう遭遇すると、戦闘が激しく三、四時間続いた。アラブ人たちは人民防衛隊・女性防衛隊とともにジハーディストと戦った。戦闘の中で、五、六人の人民防衛隊・女性防衛隊戦闘員が倒れた。それに対して倒れたイスラム主義者たちは数十人だった。

解放まで一〇日かかったが、二〇一三年一〇月にティル・コーチャーは人民防衛隊・女性防衛隊の統制下に入った。[*20] テロリストは逃亡し、戦車、車、重砲、その他の戦争の道具を置き去りにした。ティル・コー

写真８・６　ティル・コーチャーでの移動女性防衛隊

チャーを解放した人民防衛隊・女性防衛隊は住民の心を摑み、住民の多くがその後入隊した。

民衆はアル・ヌスラとイスラム国のならず者が真のイスラムの名前を冒瀆したと、何度も私たちに語った。両者はこの地域のための何の計画も持たず、ただ略奪し、虐殺するために来た。クルド人もアラブ人もアラム人もヤズディ教徒も故郷を守ろうとしていた。多くの場所で、市民は、若者も年配者もイスラム主義者のならず者を撃退する助けになろうと武器を取った。

二三歳のメルサは、セレーカニイェとティル・コーチャーの解放と他のいくつかの戦闘にも参加した。メルサの最近の怪我は（もう数回負傷しているのだが）、腰の左横を通過した弾丸での傷だった。それを私たちに見せて、メルサは次のように言った。「この傷は一ヵ月前にセレーカニイェでのことです。もう何でもありません。私たちはとてもよく怪我をします。それはまるで水中を走りぬけても濡れないようなものです。それ私たちは一つの地域を解放し、その後またどこか別のところに行きます」。

メルサは続けた。「ティル・コーチャーの解放後に、信じられないほど不潔な都市を見つけました。イスラム主義者はそこで何も作らず、ただ略奪し、盗み、破壊しただけでした。どこに行っても奴らのドラッグやゴミだらけでした。それで、現地の民衆は奴らのことを『ならず者』と呼ぶのです。その町の住民が戻ってくると、私たちを歓迎してくれ、私たちを抱擁しキスをしました。水差しに入ったヨーグルトや手製のチーズをくれる人もいました」。

解放後、アラブ人の女性が何人か戦いたいと言った。イェキティヤ・スター（5・3参照）のルーケン・アフリンの説明によると、「ここの女性たちは家に閉じ込められています。初めは接触するのがとても難しかったのです。しかし、ティル・コーチャーの解放後、壁が壊れて数人の女性が女性防衛隊に加わりました」。

アラブ人大隊からなる人民防衛隊と女性防衛隊のいくつかがティル・コーチャーで創設された。新しく戦闘員になった一人は、「私たちにとってすべてが一八〇度変わりました。アサド政権のときよりもずっとともです。それはここのアラブ人みんなが思っています」。女性防衛隊の指揮者のルーケン・ジリクは私たちに、自分はこの地域でアラブ人に仕えたアビド（アラビア語で「奴隷」）の子孫だと言った。奴隷制度はここでは完全に廃止されているとは限らないので、人民防衛隊・女性防衛隊による救出は二重の解放であった。ルーケンは、「今私たちは参加を望む者を全員受け入れられません。あまりにもたくさんの人がいるので、私たちは一歩一歩進めるしかありません」と述べた。

私たちは、アラブ人の新戦闘員の何人かと知り合う機会を得た。ちょうど基本的な政治・軍事訓練を終えたところで、まだ配置されていなかった。女性たちは軍の制服と頭にスカーフを身につけており、初めは少々奇妙に見えた。ベリーヴァン（クルド語の軍事上の仮名）は私たちに、ティル・コーチャー解放後に父親自身がベリーヴァンを女性防衛隊に連れてきたという。父親は、クルド人女性がそうしているようにベリーヴァンが社会での地位を強くしてほしかった。

このような女性たちには戦争への恐れはなかった。ベリーヴァンは私たちに次のように言った。「私たち女性は、普通二四時間家にいます。最初手に武器をとるのが怖かったのですが、私たちはお互いの友情や交流が好きです。民主主義的自治のプロジェクトがシリア中に実行されてほしいと望んでいます」。

8・6 訓練と入隊

シェヒード・シラン女性軍事アカデミー

三州それぞれに、二〇〇四年一一月二九日のモスルへの攻撃で殺された民主統一党の指導者シェヒード・シラン・コバニ（メイサ・バキという名でも知られる）に因んだ校名をもつ女性軍事アカデミーがある。この訓練生はみな幹部になる。訓練生は、歴史、政治、自然、社会、兵器学などの総合的な教育を受ける。

ある日の朝この本の著者の一人が、辺鄙《へんぴ》な田舎にあるジジーレのシェヒード・シランアカデミーを訪ねた。ここはロジャヴァで最初の女性軍事アカデミーで、女性防衛隊の会議の直後に創設された。訓練生は、女性が自分たちの軍隊を持ち、自分自身を守るのは非常に大切だと説明してくれた。

二〇歳のトルヒルダンは、戦える年齢以前であったが、二〇一一年に人民防衛隊に入隊した。トルヒルダンは六人の兄弟姉妹がいて、姉妹の一人は女性防衛隊に、兄弟の一人は人民防衛隊に入っている。父親は民主統一党のメンバーである。トルヒルダンはセレーカニイェとティル・コーチャーで戦った。兄弟姉妹が九人いる二〇歳のアララットも、二〇一一年に人民防衛隊に入った。アララットの目的は故郷と女性たちを

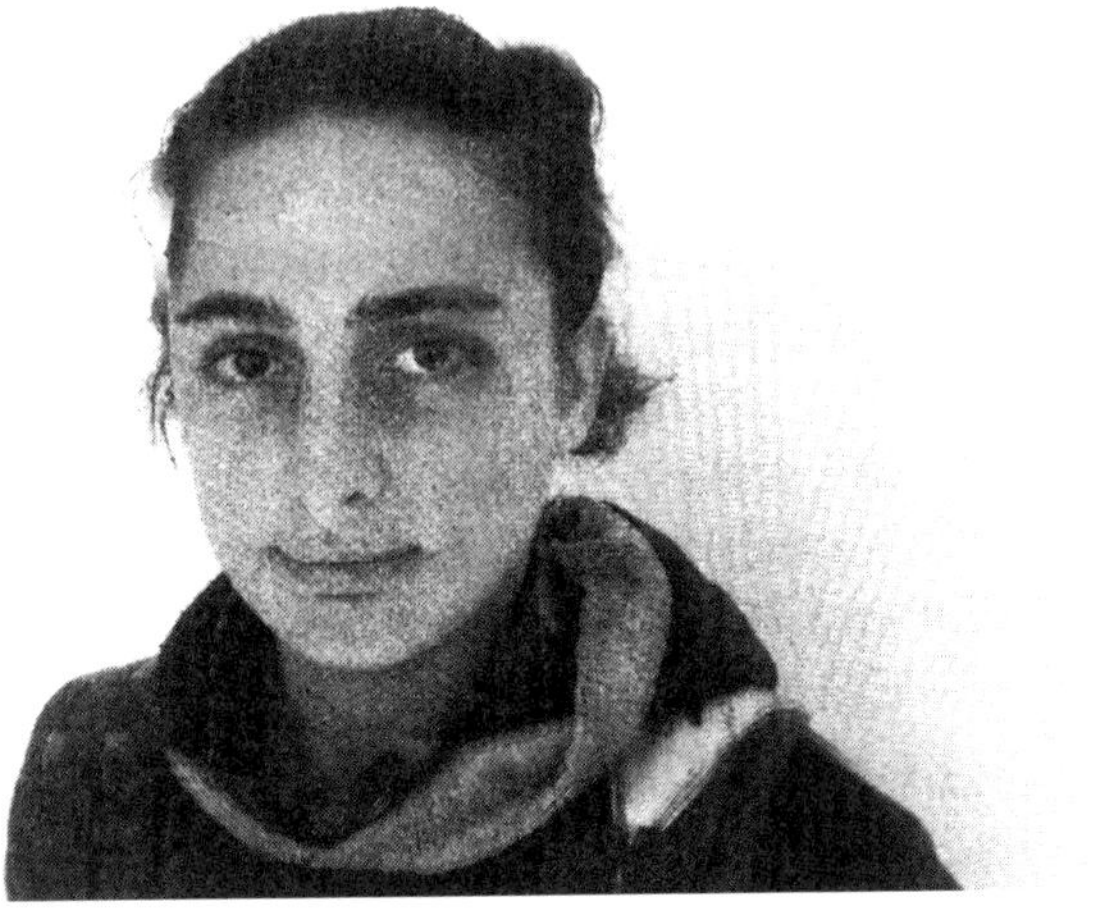

写真8・7　シェヒード・シラン女性軍事アカデミーの学生

守ることである。母はイェキティヤ・スターに入っており、人民防衛隊にいる男兄弟がいる。ティル・ヘミース、セレーカニイェそしてヘセケで戦った。軍隊での男女の違いにはまるで気づかなかった。今は女性防衛隊にいて、報道への広報担当を務めており、ビデオと写真の練習をしている。アララットはどんな知識も集団の共有となるべきで、戦闘員はお互いに教え合おうとすると強調する。

二〇一一年からのもう一人のメンバーは二一歳のシャーヒルダンで、兄弟姉妹は六人いる。父親がコミューンで働き、母と姉妹の一人はイェキティヤ・スターにいて、男兄弟の一人は人民防衛隊にいる。シャーヒルダンは、参加した時は未熟だったので政治教育が難しかったという。一二学年を終えたにも関わらず、あまり理解できなかった。教育と訓練が八ヵ月で終わってから、ヘセケとティル・ヘミースで戦闘を見た。イスラム国戦闘員のことはあまり考えていない。「イスラム国は戦うことができず、抵抗せず、逃亡する」と言った。

二一歳のジンもティル・テミールで二〇一一年に参加した。ジンは次のように話した。「二〇一一年一〇月にならず者たちが私たちの村を襲いました。私の親戚が一人殺されました。勉強したかったのですが、革命が始まると参加することを望みました。母は私のことを心配し、両親は『お前にそんなことはできない』と言いましたが、徹夜で話し合い、とにかく参加しました。身体的には何も問題がありません。村で前から重労働をしてきました。ティル・テミールを攻撃する者が車で来ました。私たちはわずかな人数だったが、反撃すると奴らは車を残して逃げ去りました。重火器を持っていたのに、うまく使えなかったのです。アラブ人の村は時々ならず者を助けています」。

「私は、チームの指揮者になり、今は小隊の指揮者。戦闘では指揮者は先頭に立ちます。先頭に行けば行くほど、それだけ厳しく戦わなければならない。男女の違いは、男性は即座に先頭に行くことです。しかし女性は戦術を注意深く考えるので、私たちは決して逃亡しません。同志愛の感情は戦闘では非常に高揚します。たくさんの助け合いや支え合いがあります。以前友人が私を救出するために、銃撃がくる方に自分の身を投げ出しました」。

シェヒード・ジンダ防衛アカデミー

「防衛こそもっとも重要である」。

私たちがシェヒード・ジンダ防衛アカデミーを訪問した時、クラスは授業中で二五人の学生中一二人が女性だった。教師は主に女性で、YJAスターとともに北部で戦った経験があった。その日の教育内容の大半は政治的なことだった。毎朝、学生は五時に起き運動をしてから授業が七時に始まった。

私たちがどんな話題を持ち出しても、ロジャヴァの防衛がもっとも重要だと誰もが言った。しかし地域が一旦解放されれば、いつも軍がいて守ることはできない。なぜなら部隊はどこからでも必要とされているからだ。イスラム国の攻撃があれば、誰でも武器を取らねばならない。人民防衛隊だけでなくアサイシュも市民でさえもだ、と経験ある戦闘員は私たちに言った。幹部がそこにいて指揮する限り、皆決然として参加するという。

台所に男性二人が料理と掃除をしていた。そのうちの一人は、「これは普通のこと。家でもやりますよ。結婚していて子どもが二人います」。ヘセケ出身の一九歳のジラはそれに同意して、初めは料理できない男性もいたが、お互いに教えあったと言う。男女の関係はほのぼのとして同志的である。戦闘員のほとんどすべてには、自由運動や人民防衛隊や女性防衛隊の中に数多くの兄弟姉妹や従兄弟たちがいる。多くの家族にはもう犠牲者もいる。アラブ人指揮者のシリンは、自分の従兄弟が殺された後、村の意見は人民防衛隊への支援に動いたと私たちに言った。

人民防衛隊・女性防衛隊センター

比較的大きな都市ならばどこでも、人民防衛隊と女性防衛隊は、そこで入隊ができるセンター（クルド語でナベンド）を持っている。センターは軍隊の対外的な代表でもあり、人民防衛隊・女性防衛隊にいる者の子どもとその家族を繋ぐ仲だちである。基本的な軍事的な教育が終わると、戦闘員は街に入る道路の治安業務に従事するように配置される。自爆攻撃をするイスラム主義者は、車に乗ってクルド地域に入ってくることと分かっていた。[*21]

セレーカニイェの女性防衛隊センターで、私たちは指揮者のベンギン・メルサに、どういう人が参加できるのかと聞いた。メルサは次のように言った。「若すぎたり、まだ子どもだったりすれば受け入れません。その家族のメンバーがたくさん犠牲となっていても、そうです。健康上の問題も断る理由の一つです。また、

写真８・８　シェヒード・ジンダアカデミーで将校の訓練を受けるアラブ人の女性防衛隊戦闘員

母親も一般的に受け入れません。夫や子どもと離れて私たちと戦っている女性はわずかです。大変稀で例外的な場合ですが、結婚を強制される恐れがあったり、家族の暴力を受けていたり、女性防衛隊のところに逃げてきた一四歳か一五歳の人は引き受けます。しかし若すぎる少女は一八歳になるまでは戦闘に配属されません」。一八歳未満の少女は女性防衛隊の日常の生活に参加し、運動や原理やイデオロギーを知るようになるが、軍事行動には参加しない。

二〇一四年六月、人民防衛隊と女性防衛隊は、一八歳未満の人を兵士に加えるのを禁ずる国際協定に署名した（対人地雷と性暴力を禁ずる他の協定にも署名した[*22]）。「ジュネーヴ・コール」〔対人地雷禁止を進めるNGO〕の派遣員がパスカル・ボンガードに率いられてロジャヴァを訪問し、個々の場合や一定の状況の下では人民防衛隊が認めているので、一八歳未満の者の参加に関わる法を施行するのは難しいことを認めた。

8・7　装備、部隊、戦術

故郷の都市を守るために人民防衛隊・女性防衛隊の市民軍に加入した者には、家族がいれば約一五〇ドルの月給が支給される。幹部や運動の活動家として加入した者は何も受け取らない。戦闘にはほとんど小型武器が使われる。カラシニコフ銃、対戦車手榴弾《しゅりゅうだん》発射装置付きの携帯型対戦車ロケット弾、BKS機関銃〔口径一二・五ミリの重機関銃?〕、ロシア製ドラグノーフ狙撃用ライフルなどである。台の上に置く重機関銃のダシュカスも使われている。さらにイスラム主義者のならず者から奪ったか、あるいはシリア軍が遺棄した戦車二〜三台も戦闘員のもとにある。

三州には防衛委員会議長がいる。部隊の組織の構造は、クルディスタン労働者党のゲリラ軍から借用している。八〜九人の小隊（*taxim*）、小隊が二つの中隊（*bölük*）、中隊が二つの大隊（*tabur*）である。

人民防衛隊と女性防衛隊は典型的なゲリラ軍であり、素早く攻撃し素早く撤退する。部隊を集中させ、その後分散して待ち伏せをする。しかしこの戦術がロジャヴァの平坦な地形ではいつも有効とは限らない。村や都市を守るために、ブルドーザーで掘割《ほりわり》を掘って迫撃砲攻撃や他の重火器から身を守ることが出来る。軍事設備として使うために建物や農業機械に装甲を施す。都市での軍事行動では建物を安全に通り抜けるために、内部の壁を突き抜ける。コバニでは、イスラム国のならず者のほうが装備が優れている有利さがあったが、防衛部隊には現地をよく知っているという有利さがあった。

しかし、人民防衛隊・女性防衛隊の決定的な有利さは、故郷と家族を守っていて同じ理想を共有していることである。敵側にも忠実な戦闘員がいたが、多くは雇われ兵であり地域や住民とほとんど繋がりがない。私たちがデリークで犠牲者の葬儀に出席した時、狙撃手の訓練を受けたドイツ出身の女性戦闘員に出会った。

この人は、イスラム国戦闘員は大した訓練を受けておらず、ほとんどスキルがないと言い、「イスラム国戦闘員は死ぬために来ます。覚醒剤を服用しています。ジェザーで、私たちは二〇〇人で六〇〇人のイスラム国と向き合いましたが、撃退しました」と語った。

8・8　今日のセレーカニイェ

二〇一四年五月に私たちがセレーカニイェを訪問した頃までには、この戦争で傷ついた都市は再建されていた。住民のおよそ八〇パーセントが戻ってきて、恐ろしいほど必需品が不足していたのに、新しい生活を作ろうとしていた。取引が未だに禁輸措置で遮断されていたから、財政事情は深刻だった。

私たちが着く二週間前、市庁舎が爆弾攻撃で損害を受けた。皆まだこの攻撃の怖さや損害を話題にしていた。職員が後から撮ったビデオを見せてくれ、破壊されたものの中に体の一部が散乱していた。

壁や窓が修理され、自治政府は臨時の一画に陣取っていた。その間、職員は人々の切迫している必要に応えようと奮闘していた。二〇歳くらいの財政部門の職員は私たちに次のように説明した。「私たちは給料無しで働いています。私たちの街が破壊されたので、支援したいのです。自治政府のために備品を寄付してくれた人もいるので、椅子、台、机があります。初めは何をするのか分からなかったのですが、学んでいるところです」。評議会システムが立ち上がり運営されており、全村落コミュニティに評議会があり地区評議会とつながっていた。クルド人とアラブ人は一歩一歩一緒に都市を再建していた。コミューンと二重指導体制のシステムが、他の場所のようにセレーカニイェにも導入され、都市には今クルド人の男性市長とアラブ人の女性市長がいた。

自治政府の一つの重要な課題は、かつてアサド政権が所有していた土地を配分することだった。評議会は、「アラブベルト政策」のために土地も財産も持っていないクルド人に最初に土地を配分した。殉難の戦闘員の家族には、たいてい家族の人数に応じてやはり土地が与えられた。セレーカニイェ地域では、農業協同組合を優先して、これまで約一万ドュナム（一ドュナムは一〇〇〇平方メートル）の土地が配分された。

小麦と綿花はセレーカニイェの主要作物である。灌漑用の水を地下二〇〇～五〇〇メートルから汲み上げる必要があり、ポンプは電動だが電気は遮断されている。現在はディーゼル発電機が使われ、ディーゼルは近くのリメランで採掘された石油から精製されている。より大きな発電機は騒音と環境への負荷を最小限に保つものであり、電力の継続的な供給を保証するが、その台数は十分でない。それでも畑は非常に生産性が高い。農地からの収入の三〇パーセントは評議会に行くが、七〇パーセントは農業労働者の手に留まる。

私たちが訪問していたころ、経済計画がほんの少しだけ実行されたが、そのなかには女性のパン屋があった。経済広報担当者シュレイマン・ポテは、地域経済のための計画を描いた。市場は協同組合向けに組織されていて物価は通常よりも一五パーセント低い。禁輸措置のために綿花を処理する機械が利用できないが、協同組合の織物工場が建設予定であり、そうすれば綿花が処理され現地で衣服が生産できる。

8・9　ギレ・スピーの解放

二〇一二年にイスラム国のジハーディストが、五〇〇の村落とスルクとアイン・イッサの町とに囲まれた一万五〇〇〇人の都市のギレ・スピー（ティル・アビヤード）を占領した。この都市は、コバニとジジーレの間の峡谷にあり、セレーカニイェの西一〇〇キロメートル、コバニの東六〇キロメートルの所である。トルコとシリアの国境がこの都市を分断しており、トルコが占領する北部は現在アクチャカレと呼ばれる。ギレ・スピーが戦略的に重要な場所にあるために、南部のシリア占領部分は、早くも一九六〇年代にアラブ化され、現地のクルド人住民のかなりの人数が追放された。[*23]

ギレ・スピーは、トルコからイスラム国のシリア内の首都ラッカへの直接的な補給路が市内を走っていたので、ジハーディストにとってはここを保持するのが決定的であった。二〇一五年六月一五日、人民防衛隊と女性防衛隊はブルカン・アル・フィラートと自由シリア軍の数分派との共同作戦を行い、この都市と周辺部を解放した。[*24] この勝利は重大な意味を持った。なぜなら、いまやコバニとジジーレが地理的につながり、ジジーレがコバニを援助できたからである。[*25] さらに、この勝利によってイスラム国とトルコとの直接的なつながりを遮断した。[*26]

二〇一五年一〇月、ギレ・スピーは民主主義的自治を宣言し、公式にコバニ州の民主主義的自治政府の一部になった。クルド人女性レイラ・ムスタファとアラブ人男性マンスル・サラムが執行評議会の共同議長に選出され、委員会の委員も選ばれた。これらの実働組織は、クルド人、アラブ人、トルクメン人、アルメニア人という、ギレ・スピーの全エスニシティを代表している。

シェンガルの解放

二〇一四年夏、イスラム国のテロリスト私兵が北部イラクのシェンガル市に、ここに住む三五万人のヤズディ教徒（2・1参照）を攻撃しようと間近に迫っていた。イラク・クルディスタンを支配するクルディスタン民主党の第一七部隊隊長のシェルベスト・バビリは「ペシュメルガは、シェンガル民衆を血の最後の一滴まで守るだろう」と宣言した。しかしペシュメルガは警告なく撤退した。およそ一万一〇〇〇人のペシュメルガと二〇〇人の指揮者は、ヤズディ教徒を守るには役立たないことを証明しただけではなく、さらにヤズディ教徒から武器を取り上げた。クルディスタン民主党はヤズディ教徒を避難させられず、イスラム国の手にその運命を委ねた。「歴史の中でいったい何度、ヤズディ教徒は売り飛ばされ、裏切られてきたことか」とヤズディ教徒の社会学者は私たちに語った。[*27]

二〇一四年八月三日にイスラム国はシェンガルを攻撃し占領した。イスラム国は数千人のヤズディ教徒を虐殺し、奴隷にし、女性と子どもを数千人捕虜にして、奴隷にした（シェンガルの解放後、おびただしい数の共同墓地が発見された）。[*28] 数万人のヤズディ教徒がシェンガル山の近くに逃亡した。[*29] しかし、食べ物も必需品もない状態に陥った。恐怖が高まる中、人民防衛隊・女性防衛隊、クルディスタン労働者党は窮状にあったヤズディ教徒を守る道を開き、二〇万人を救い出し、ジジーレに連れて行った。州にある車はぜんぶ、私物もそうでない車も避難民を安全な場所に運ぶために国境へと走った。多くのヤズディ教徒が避難したが、約六〇〇〇人がデリークのそばのニューロズ難民キャンプに残った。

二〇一五年一一月一二日午前、シェンガルを解放するための大規模な軍事作戦が始まった。参加者には、シェンガルの抵抗組織が含まれていた。たとえば、イェキネイエン・ベルクスウェダナ・シェンガレ（YBS）、イェキネイエン・ジネン・エジダン（YJE）、ヤズディ女性部隊、民衆防衛隊、YJAスター（クルディスタン労働者党部隊）、ロジャヴァからの人民防衛隊と女性防衛隊、ペシュメルガ部隊であった。七五〇〇人の戦闘員が解放に参加し、イスラム国を徹底的に撃退した。

全部で一七〇人のクルディスタン労働者党と人民防衛隊の戦闘員がシェンガル解放で戦死したが、解放後にペシュメルガは勝利は自分たちのもので、クルディスタン労働者党部隊が参加したことさえ否定した。[*30]

イスラム国にとって、ギレ・スピーを失ったのと同様シェンガルの喪失は戦略的な敗北であった。そのため、人民防衛隊・女性防衛隊が二〇一五年夏にヘセケからジハーディストを排除したとき、イスラム国はモスルとラッカとの間の連絡路を直接統制できなくなった。しかしいまだヤズディ教徒は危険なままである。二〇一五年一一月二五日、ジャブハット・アルヌスラと「穏健」と言われるアーラー・アル・シャームが、アフリン州バスファンのヤズディ教徒の村を重火器で襲った。[*31]

8・10 シリア民主軍

二〇一五年一〇月一〇日、シリア民主軍（SDF）の結成が宣言された。三〇部隊がこの軍事同盟の傘下に加わり、それには以下が含まれている。人民防衛隊・女性防衛隊、アル・サナディド部隊[*32]、アラム軍事評議会、ブルカン・アル・フィラート作戦局、スワール・アル・ラッカ、シャムス・アル・シャマル、リーワ・アル・シェルチュキ、アル・ジャズィラの旅団戦闘団、ジャブハット・アル・アクラード、ジャイシュ・アル・トゥワール[*33]、リワイ・アル・テーリール、リワイ99・ムシャトである。[*34] シリア民主軍の基盤はブルカン・アル・フィラートだった。シリア民主軍と相補的な政治同盟のシリア民主主義協議会が、二〇一五年一二月一〇日に設立された。

シリア民主軍は、クルド人、アラブ人、アラム人、その他のシリアの諸エスニシティからなる連合戦闘部隊である。その宣言によれば、イスラム国からのシリア解放と自治的民主主義シリアの設立を目的としている。シリア民主軍はジジーレ州の自衛部隊のすべて、そして「シリア・アラブ連合」の約五〇〇〇人のアラブ人戦闘員からなる。

一一月半ばのわずか数日で、この同盟はヘセケ南部の一三六二平方キロメートルの地域を解放した。この地域には、一九六の村落だけでなく、ハトゥニエ（アラビア語でアル・カトニア）とホル（アラビア語でアル・ハウル）の都市を解放することができた。[*35] アラブ人住民は歓声をあげて解放軍を歓迎した。[*36] 二〇一六年二月一九日、シリア民主軍はヘセケ州でイスラム国支配下にあった最後の大都市のアル・シャダディを解放した。

二〇一六年五月、シリア民主軍はラッカ解放作戦に取り掛かった。先導する指揮者のロイダ・フェラートは、この作戦の目的はラッカの北部地域の大半を解放し、イスラム国占領下の他の地域を繋いでいる道路を支配下に置くことだと説明した。大半がアラブ人からなる現地の民衆は、シリア民主軍に自分たちをイスラム国の軛《くびき》から解放してくれるように懇願した。この作戦を遂行することで、シリア民主軍は民衆のこうした要求に応えている。[*37]

「ロジャヴァ・北部シリア連邦制」（6・9参照）にとって今や優先することは、アフリンとコバニ、ジジーレ各州間にあるトルコとの国境線にそって伸びる九八キロメートルの広がりを持つ土地を解放することでなければならなかった。マンビジュともいわれるこの地域は二〇一四年一月以来イスラム国の手にあった。二〇一五年七月にトルコは、ユーフラテス川が人民防衛隊・女性防衛隊がそこを越えて進行できない「一線」だと取り決めた。もしシリアのクルド人が川を敢えて渡るならば、トルコ軍が攻撃するだろうという。したがって二〇一五年一〇月末に人民防衛隊戦闘員が船でユーフラテス川を渡る構えを見せたとき、トルコ軍は数回攻撃をした。

二〇一六年六月、シリア民主軍がマンビジュを広い範囲で解放する作戦を始めた。この作戦は、作戦の始めにイスラム国に殺害された慕われていた指揮者を偲《しの》んで「アビュ・レイラ」と名づけられた。アビュ・レイラはコバニの解放で重要な役割を果たしていた。この作戦によって一〇〇以上の村落だけでなく、ジャラブルスとラッカを繋ぐ連絡路が数日で統制下に置かれた。[*38] マンビジュは二〇一六年八月一二日に解放された。

シリア民主軍とアメリカ合衆国特別部隊

二〇一五年一〇月初め、アメリカはイスラム国とアサド政権と戦うために「穏健な反乱軍」を訓練する野望を公式に諦めた。[*39] 数日後、アメリカ軍はシリア民主軍に武器と弾薬を提供したようだった。[*40] アメリカ軍はロジャヴァに五〇の特別部隊を配置し続け、ラッカとマンビジュの解放のためにさらに二五〇余の部隊を追加した。しかし、二〇〇〜三〇〇の地上軍では戦闘ができない。戦闘の主力はシリア民主軍にある。

二〇一六年六月時点でトルコは、アメリカとシリア民主軍によるラッカ占領のための合同作戦の実行を阻止していた。トルコは自らこのような作戦に取りかかると提案していたが、行われていなかった。トルコの目的は、「テロリスト組織のリスト上にない軍組織はすべて『北部軍』の名の下で統一すべきである」という行動原理を掲げて、北部アレッポとマンビジュにシリア民主軍への対抗勢力を作ることであった。「この仕組みに加入しない」トルコから独立した団体に対して、トルコは「支援を引き上げ、テロリズムのリストに載せる」と脅しをかけた。[*41]

長い間トルコは、インジャリクの空軍基地をアメリカへの影響力行使のために利用してきた。基地利用を自らの条件でのみ認めてきたのである。しかし、アメリカはリメランに空軍基地を建設してこの圧力に左右されないようにした。アメリカが自らのプロパガンダの目的でのみシリア民主軍の作戦を支援しているのははっきりしている。なぜなら、アメリカはイスラム国に対してシリアで軍事的に勝利したいし、二〇一六年一一月には（大統領）選挙があるからだ。

アメリカ軍のスポークスマンによると、五月末のラッカには人民防衛隊と女性防衛隊の記章をつけたアメリカの戦闘員が見られた。それは正当なものでなく、すぐに取り外すように命令された。おそらく事情を知らない兵士の中には、アメリカ兵が「善」の側で戦っていると信じたかもしれないが、この場合はそうではない。アメリカはNATO同盟国のトルコの側に立ち続けている。トルコ軍が繰り返しロジャヴァを爆撃した時でさえ、アメリカがどれだけ北部クルディスタンでのトルコ政府の戦争犯罪から目を逸らしたかを見なければならない。アメリカがシリア民主軍とともに参加すると、イスラム国とアサド政権はシリア民主軍がアメリカ帝国主義の傀儡《かいらい》だと言うようになり、それは多分シリア民主軍には損失であろう。

アメリカはロジャヴァのプロジェクトを、アメリカ自身が連邦国家であるけれども政治的に支援していない。また、二〇一六年三月一七日の「ロジャヴァ・北部シリアの連邦制」の宣言をロシアは認めているのに、アメリカは認めていない。監視者の多くは、徹底した民主主義のプロジェクトを持つロジャヴァにアメリカが妥協を強制しないかと懸念している。二〇一六年六月時点ではロジャヴァは、たとえアメリカの意図がどうあれアメリカの空からの援助の恩恵を被っている。アメリカ軍の支援なしに、ロジャヴァ単独では全面的な孤立状態を耐え忍べないという懸念は、ロシアの援助提案があるとしても、もちろん大きい。[*42]

8・11　人民防衛隊と女性防衛隊の重要性

ロジャヴァが自衛部隊なしには存在できないことは明らかである。自衛部隊が作られていなかったならば、クルド人もその協力者もずっと以前に駆逐されていたであろう。イスラム国に脅されているグループはみなこの事実を知っている。だから、イスラム国の独裁権力に従いたくないアラブ人部族のほとんどすべては、ますます自衛部隊を支援するようになっている。

国際的なメディアは、通例人民防衛隊と女性防衛隊の成果と犠牲について控えめに報道している。クルド人戦闘員におしなべてペシュメルガというレッテルを貼りがちである。しかし人民防衛隊・女性防衛隊はその軍事的な成果、とりわけイスラム国に対するコバニの決死的な防衛によって、クルディスタン労働者党と同様に、中東での重要な勢力として国際的認知も獲得した。女性が武装して戦闘に参加したことは、戦略的に重要である（これはペシュメルガが女性を戦闘から排除しているのと対照的である）。[*43] それがなければ、ロジャヴァ社会の他の分野での男女平等は達成できないだろう。ジェンダー役割の徹底的な転換を求める女性の闘いが、革命的な中東の中心部分で起こっている。女性部隊の存在によって、世界の人々の目に民主主義的自治の進歩的な性格がはっきりと示され、ロジャヴァとの国際的な連帯が広がっている。

人民防衛隊と女性防衛隊は、ほとんどはドラッグ漬けにされた不本意な入隊者であるイスラム国とアル・ヌスラの報酬目当ての傭兵よりも、はるかに積極的に戦う。もし類似の自衛部隊がクルド人地域だけでなくシリア全土に創設されていたら、犠牲の多くは避けられたであろう。二〇一四年五月に私たちの派遣団に対してハニフェ・ヒセンは、クルディスタン労働者党の指導者のオジャランが「なぜクルド人地域だけを組織化したのか」と批判していたと説明した。この要求に対し現在はシリア民主軍とシリア民主主義協議会の創設があったと答えられる。

人民防衛隊・女性防衛隊は、解放した地域がいまだに試練の状況に置かれていることはよく分かっている。数千マイルの国境を守備せねばならず、禁輸措置によって民衆は移住を強いられている。さらにジハーディストは、大半はアメリカから供給された集団の武器を奪って近代的な軍需品や武器で戦っているのに、ロジャヴァ防衛部隊が使う武器は旧式である。戦闘員はヘルメットも防弾チョッキも持っていない。「何としても我々にもっと武器を下さい！」とホルで人民防衛隊の指揮者は強く望んだ。「我々は、重火器や戦車を持っているイスラム国に対してカラシニコフ銃と機関銃で戦っているのです」[*44]。

このような不均衡のために、ロジャヴァの死傷者は非常に多かった。二〇一六年夏現在でほぼ四〇〇〇人の戦闘員が殺された。もし欧米諸国家や湾岸君主制国家やトルコが、イスラム国として現在知られている集団を含むシリア反体制派の中でもっとも過激な部隊を最初から武装させなければ、これらの人々は死ぬことはなかったであろう。今日でさえ、パリやブリュッセルなどの襲撃を考えると、アフリン州を継続的に攻撃しているアーラー・アル・シャームや、イデオロギー的にも組織的にもイスラム国と区別し難いジャブハット・アル・ヌスラのようなイスラム主義集団を、アメリカとヨーロッパはＮＡＴＯ同盟国のトルコを通じて間接的に支援し続けているのである[*45]。

人民防衛隊と女性防衛隊は、旧式の武器ではあるがひるまずに戦い続けている。自分たちの家だけでなく、長く抱いてきた夢である民主主義的自治を守っているのである。ホルの指揮者が言ったように、「我々はすべての皆のために戦っている！[*46]」。欧米を含む全世界は、中東には民主主義的自治政府のオルタナティブはまったくあり得ないことを認識しなければならない。

第9章
新しい司法制度「合意が鍵である」

二〇一二年の革命によって、シリアの司法制度は時代遅れになった。民衆と民衆の背後にある政治運動は、バース党政権をその国家治安機構、官僚、諜報局とともにはっきりと拒否しただけでなく、見えにくいことだが、司法制度とその職員も拒否した。

旧制度を廃棄することと同じように重要だったのは、新制度がどのようなものであるかを決めることであった。支配から自由でなく、社会的にあるいはジェンダーに関していまだ十分に解放されていないどの社会でも、もっとも基本的なレベルで、とりわけ戦争の背後にある紛争、暴力、窃盗、強奪のようないわゆる「犯罪」に、社会は取り組むべきとされる。

ロジャヴァの体制で際立っている特徴は、平和小委員会の存在である。これは西部クルディスタン人民評議会の評議会システムの二つの基礎段階に置かれ、平和・合意委員会ともいわれる。この委員会は、住居街や地区での平和な付き合いを守り、犯罪行為や社会的な不正義を伴う事件を解決する。一九九〇年代にバース党政権の下で、大部分がクルド人からなるシリアの都市にいる活動家が、最初の平和委員会を作った。この委員会はシリア国家によって独占的な司法制度への脅威だとみなされたので、既存の制度と並行して密かに運営された。二〇〇〇年から、そして特に二〇〇四年からは弾圧が増大したが、委員会は小規模な人数と限定された地域ではあったが活動を継続させた。

平和委員会のこうした長い経験があったからこそ、シリアの蜂起が二〇一一年三月に始まってから、クルド人活動家は、地区や村落コミュニティ・レベルで非常に多くの平和委員会を創設できた。二〇一二年七月からは平和委員会は住宅街のレベルでも設置された。平和委員会の経験を有する都市や村落は、裁判時に無秩序や混乱に陥ることなく、民事事件や刑事事件を扱う頼りになる場所となった。平和委員会が前から作られていなかった地域では、すぐに設置されるのが通例だった。

9・1　構造

二〇一二年七月一九日に始まった解放の後、民主主義的社会運動の提案で司法委員会が各地域に創設された。最初の二～三週間で、司法委員会は解放された法廷や刑務所を運営している法律家やコミュニティのオピニオン・リーダーのグループによって構成された。その最初の行動は政治犯の釈放であった。次に、窃盗のような非政治的犯罪（殺人は除く）で有罪となっていた囚人の事件に取りかかった。司法委員会は政党間の合意を模索し、合意が取れれば囚人は解放された。刑務所はすぐに空になった。一方、司法委員会は、平和委員会のために尽くそうとアサド政権を離れた、判事、弁護士、検察官、法律専門家などを採用し、人民評議会はその他の者を選考し任命した。

司法委員会は新しいシステムを構築するために非常に重要であった。最大州ジジーレの司法委員会には委員が一一人いて、アフリン州とコバニ州ではそれぞれ七人である。委員会は新しい司法制度について人民評議会と広範囲の話し合いを進めた。西部クルディスタン人民評議会の評議会システムとの調整をし、評議会

写真9・1　デリークでの裁判所の護衛

への説明責任を負っている。

コミューンと地区・村落コミュニティ・レベルで創設された平和委員会が、新司法制度の土台を構成している。平和委員会の目的は、訴訟においてどちらか一方に有罪判決を下すことではなく、争っている一団の間で合意を得ることである。地区レベルでの大変稀なケースでのみ、長い話し合いのあと多数決で決められるが、これは例外的である。可能ならば告発された人は刑罰や投獄によって社会的に排斥されるのではなく、むしろ自分の行動が不公平や損害や傷害を招いたことを理解するようにさせられる。事件が関係者の間で徹底的に話し合われ、家庭訪問が行われ、目撃者の参加がある。これは、合意し和解すれば平和がずっと長く続けられるという信念によっている。

もしコミューン・レベルでの平和委員会で合意形成できなければ、その案件は地区レベルの平和委員会で取り上げられて、再び合意が模索される。平和委員会では殺人事件を扱わない。それはより上のレベルの組織に直接いく。

コミューンと地区のレベルでは、平和委員会は二重の構造をもっている。男女混合委員会は揉め事を解決し、犯罪を取り扱い、一方女性平和委員会は、強制婚、重婚などの家父長制的な暴力の案件を扱う。この案件は直接にコングレヤ・スター（5・3参照）と連携する。

その上の地域レベルには民衆法廷がある。これも司法委員会によって作られた。法廷に座る判事は、司法委員会か司法組織の誰かによって指名される。地区レベルの人民評議会が指名についてアドバイスする。それぞれの民衆法廷で七人が選ばれる。指名された者は法律関係の経歴は不要であり、選ばれた者の数名は経歴を通常持っていない。他の社会とは違い、ロジャヴァでは、判事は民衆の利害を代弁できる個人であることがずっと重要と考えられている。

ロジャヴァの司法制度の上級レベルは、他の国家と類似しているようだが、基礎部分ははるかに民主的である。民衆法廷での裁判が終わると、関係者の一方は控訴裁判所に訴訟を持ち込んでもよい。ロジャヴァには控訴裁判所は四つしかなく、ジジーレ州に二つ、コバニ州とアフリン州にそれぞれ一つである。控訴裁判所段階では判事は法律家でなければならず、州段階の民衆法廷によって選ばれる。三州全部を所轄する州裁判所は一つしかない。

最後に憲法裁判所があり、ここの七人の判事は、西部クルディスタン人民評議会の評議会システムと民衆法廷と民主主義的自治行政組織が「社会的契約」と法律とを遵守するように保証する。各州には、民衆法廷の検察官だけでなく弁護士も民衆の利益のために仕事をしている。

司法制度の頂点には司法議会もある。三州それぞれに一つあり、二三人によって構成される。二〇一四年一月に創設され、司法省からの代表が三人、司法委員会から一一人、憲法裁判所から七人、弁護士協会から二人で構成される。司法議会の議員の一人が公的に意見表明をする。移行政府の代表が三人しかおらず、それゆえほとんど法律面での影響力がないという事実は、伝統的な司法制度との重要な対照をなしている。

司法議会は、変化が速くて民主化が進む社会が求めるものに司法制度を確実に合わせる責任を持っている。最大の優先事項は、司法制度をもっと精密にすることである。制度の構造は骨組みだけに止まっており、多くの詳細や訴訟手続きがこれから決められねばならない。「社会的契約」の基礎上に、新しい法的建築物を制度化するという大きな困難に直面している。同時に、司法議会は既存のシリアの法律、規則、政策指針を詳しく調べている。もしシリアの法律が差別や排除のうえに作られているならば、あるいは「社会的契約」に矛盾するならば、そのような問題を糾し、法律を民主的にするために書き換えられねばならない。もしこのような改訂が不可能であるならば、その法律を削除し、新しい法律に場所を譲らねばならない。シリアの法律から始める理由は、三州が自らをシリアの一部と考えているためである。

司法議会はまた、係争中の専門的かつ行政的問題にアドバイスをする。法律家の懸念が話し合われ、解決案が引き出される。司法議会の手続きは話し合いによってのみ進み、時に論争がある場合でも、メンバーの完全な同意がないことはなかった。司法議会は機能する司法制度を建設するために、急いで活動しなければならなかった。必要な話し合いはこれからも続き、その時にはきっと平和な時代がやってきているだろう。

カーミシュロの法律アカデミーは、その話し合いを中立的な立場から追求する。二〇一三年に創設されたこのアカデミーの最初の目的は、司法制度に備えて民衆を教育することである。アカデミーも既存のシリアの法律、規則、政策指針を詳しく調べ、この分野での司法議会の活動を支援する。アカデミーは司法制度を批判的に分析し、改変を提起する。

9・2　平和委員会

住宅街レベルのコミューンが平和委員会のメンバーを選ぶ（6・3参照）。地区や村落コミュニティのレベルでは、人民評議会（コミューン代表から構成される）が平和委員会委員を選ぶ。評議会システムのより上級レベルには平和委員会は置かれていない。

一つの平和委員会には五〜九人の委員がいて、ジェンダー割当は四〇パーセントである。委員の大半は伝統的な行政官ではない。民主的に、そしてジェンダー平等の下で選ばれるからである。しかし委員は争いを調停した経験を通例持っている。ほとんどが四〇歳以上である。委員の進める手続きは詳細に説明されることがない。規則と原則は何年にもわたって実践的に発展してきたものであり、幾分かは口頭で伝えられてきている。

家父長制的な暴力事件の場合に、判定が家父長制の影響から離れて下されるのを保障するために、女性平和委員会が並行して存在する。この制度を作る原動力は女性であった。女性に対して家父長制的な暴力を加えた男性は、六ヵ月から三年の収監かコミュニティへの奉仕という判決が出される。たとえ女性が訴えを撤回しても、有罪になった者は少なくとも六ヵ月間刑務所で奉仕しなければならない。

有罪宣告された者への他の制裁には一定期間の教育も含まれており、それは有罪になった者が変わったと監督者が確信するまで続く。制裁は協同組合や公的奉仕での活動、コミューンからの排除、ある者にはもっとも厳しい社会的孤立、店を持つ有罪宣告者には不買措置、他の地区への一時的な移住、いくつかの公民権行使からの排除である。

9・3　法律的手続き

新司法制度では、逮捕された人間は有罪宣告される犯罪者としてではなく、社会復帰させられる者と見做されている。その目的は、犯罪を犯したかどうかを判定するだけでなく、その背後にある理由を理解することでもある。小さなエリート集団ではなく非常にたくさんの人が話し合いに関わっている。資本主義国の議会主義の制度や現実の社会主義国家とも違う方法による。メキシコ・チアパス州のサパティスタ民族解放軍のような小規模で徹底的に民主主義的な運動とコミュニティだけが、別のよく似た事例である。

この新司法制度では、法廷の配置に小さいが重要な変化がある。法廷内では全員が座る床面は同じ高さであり、弁護士や被告や傍聴者という分類上の区別はヒエラルキー的な考え方を反映しているとして拒否される。

判決に関しては、言うまでもないが死刑は廃止されている。終身刑（最長の刑期は一時的に二〇年とされている）は、殺人、拷問、テロ事件に対してだけ課されうる。二〇一四年五月時点で、終身刑がジジーレ州で二回だけ下された。一件は残忍なやり方での女性殺害の男性に対して、もう一件はアサイシュのメンバーを拷問し殺害した男性に対してである。

刑務所は教育施設として再開されてきており、条件が整えば社会復帰センターへ転用されることになっている。司法委員会は刑務所の環境にとりわけ関心を持っている。関係者の一人は私たちに次のように言った。「囚人は自由をすでに奪われています。負担が重い刑務所の環境でそれ以上囚人を罰しようとは思いません」。

平和委員会は社会にますます広く受け入れられてきている。というのは非クルド人民衆が争いの解決のために、平和委員会にますます頼るからだ。喧嘩や口論が減っていて、犯罪も特に窃盗がほとんどなくなっているので、平和委員会の影響ははっきりとしている。二〇一六年初めの時点で平和委員会と民衆法廷が扱う事件数が減ってきた。確かな数値を得るのは難しいが、ロジャヴァでインタヴューした人は誰もが犯罪の減少を強調した。今もある犯罪は、西部クルディスタン人民評議会システムの組織化の水準が比較的弱い都市周辺に集中している。女性運動の活動のお陰で「名誉」殺人は著しく減少した。

このような環境の中で社会的連帯と団結が成長しているが、それはロジャヴァ革命の数年間にわたる経験があったからだ。今日もし大多数の民衆が連帯して行動し、協同組合を創設し、共に決定を下しているとすれば、その理由の一部は平和委員会の活動がうまくいっているからである。

9・4　司法プラットフォーム

二〇一四年秋に始まった時、民衆法廷は激しい批判にさらされた。その批判は民衆法廷が既存のヒエラルキー的な司法制度での法廷に似始めているということだった。広範囲の人々が参加するのではなく、少数のグループがまるで特別な権力を持っているかのように審理中の人への決定を下していた。このやり方ではたとえ民衆法廷の判事が選ばれて、最良の意図を持って活動していても、一般の人々は民衆法廷から疎外されたと感じることになると指摘された。

志願者からつくられる平和委員会と比べると、平和委員会では問題がずっと満足がいくように解決され、長く続く成果が現れた。この理由は平和委員会が何回も、家でも、つまりいろいろな非公式の場所で、当事者や目撃者と会っているからであった。この手続きは、民衆法廷よりもずっと迅速だったし、今もそうである。

二〇一五年夏の長い話し合いの結果として出た結論は、コミュニティ・レベルでの争いを解決するにはもっと多くの人々の参加が必要だということだった。このために「司法プラットフォーム」という討論の場を設立すると決定された。現在、コミューンや地区レベルでの平和委員会が事件を解決できない場合、司法プラットフォームを招集するために司法委員会が利用できる。司法プラットフォームのために、関係するコミューン、評議会、市民社会組織、社会運動から三〇〇人までが集められ、事件の説明を聞き解決を話し合う。一晩で足りなければもう一度繰りかえしも厭わず集まる。コミュニティは広範囲にわたる「犯罪」の原因を話し合う。合意によって解決策を決定するが、もしそれができない場合は投票する。司法プラットフォームは参加者が多いために平和委員会よりもずっと多く投票に頼っている。これは理に適っている。なぜなら、参加者が多数の場合には合意に達するのははるかに難しいし、司法プラットフォームは個人や小グループの反対意見に対してずっと開放的だからである。

司法プラットフォームではある種のことが了解されている。あまりにも個人的なことは議論されない。事件はプロパガンダに使われてはならない。決定が出るまで誰も有罪とは見做されない。透明性が重要であり、感情を抑えるように努力する。

司法プラットフォームによって民衆法廷の必要性がまったく排除されるのではない。民衆法廷は廃止されないだろう。むしろ司法プラットフォームは司法制度の民主化の一種の実験である。二〇一六年後半に司法プラットフォームが評価される予定であり、民衆がそれを続けるかどうか、いかに続けるかを決めることができる。司法プラットフォームは疎外と官僚制の傾向を克服し、全世界で司法制度への参加を発展させるための困難だが興味深い道具であると私たちは考える。確かにこれには民衆の側での大きなエネルギーが求められる。しかし、司法プラットフォームは、リバタリアン、左翼、民主主義運動、世界の民衆が、自分の事と考えているロジャヴァ革命の多くの局面の一つになりうるであろう。

9・5　アサイシュ

ロジャヴァの革命が発展していった時、新しい評議会民主主義の課題の一つは、民衆の願望に合い、南部クルディスタンを苦しめている一種の政党の私兵にならない部隊を設立することであった。その結論がアサイシュであり、この名称の訳語は「治安部隊」である。治安部隊は社会を守り、その点で国家を守る警察とは区別される。リメランのアサイシュ・アカデミーの教師は「我々は、国家ではなく社会の防衛のための治安部隊だと自覚している」と強調した。アサイシュの役割は、多様性のある社会で誰もが自由で自己決定による活動ができるようにすることである。

身体の安全は自由で自己決定による生活にとって本質的である。したがってロジャヴァではイスラム国かアル・ヌスラによって都市が攻撃されると、アサイシュが人民防衛隊と女性防衛隊とともに防衛する。また、アサド政権やトルコやクルディスタン民主党のスパイに反撃する。民衆の多くは「アサイシュがなければ、誰もここに住めない」と私たちに語った。

二〇一四年五月にヘセケ地域に着くとすぐに、私たちはアサイシュが何なのかを理解した。アサド政権軍部隊が自治統治地帯に侵入しようとしていたが、アサイシュがそれに抵抗していた。アサイシュの中の二人が、ヘセケのクルド人地区を防衛している間に殺された。

若い仲間に付き添われて私たちが屋根に登ると、この五〇万人の大都市は素晴らしい見晴らしだった。その時点でヘセケの約三五パーセントが解放されていた（その後ヘセケのほとんどが完全に解放された）。私たちがいる所からほぼ二キロメートルに、ジハーディストのならず者が統制しているヘセケの一部があった。ヘセケの住民のほとんどはテロリストの支配から逃れていた。その中の一人のベルフィンは、分断された都市から来た若い女性である。ベルフィンは、ジハーディストが異常に厳格で恣意的なシャリーアの形式を、手足切断の場合もある暴力によって強制するので、あそこではTシャツで歩き回れないと私たちに話した。セレーカニイェと同じようにヘセケでも私たちは切断された指でタバコを吸っている人を何回も見た。アサイシュによって防衛された州の相対的な平和と社会的自由は格別の意味を持っている。と言うのは、戦争にも関わらずアサイシュのおかげでロジャヴァはシリアでもっとも安全な場所の一つであるからだ。

内部の治安

「内部の治安」に対処するために、アサイシュは平和委員会が解決できない争いに介入する。それにはしばしば、攻撃や暴力だけでなくドラッグ売買もある。人民評議会と繋がり、説明責任もあるので、アサイシュは裁判所の命令がなければ二四時間以上容疑者を拘留できない。ロジャヴァの司法制度は以上見てきたように、罰を与えることではなく再社会化と教育を指向している。アムーデで私たちはかつて投獄されていたことのあるアサイシュのメンバーと会った。獄中でこの人はアサイシュの原理にとても魅了されたので、この部隊に参加した。このような話は特別ではない。

逮捕それ自体で刑罰にはならないことを確実にするために、アサイシュは刑務所の環境を可能な限り最善にしておくことに努力を傾けている。このことを私たちは自分たちで、テロリストの容疑でティルベスピーの刑務所に収監されていたバシャール・アブデュルメシド・ムッサを訪ねて認識した。私たちはムッサに逮捕と拘留の環境について聞いた。その答えによるとアサイシュはとてもよく扱ってくれているという。承諾

写真９・２　女性治安部隊のアサイシュ・ジン。
ティルベスピーの検問所にて

の上で私たちがムッサの身体を調べると、身体には傷がないことがわかった。家族とも連絡を保っていた。ムッサの比較的寛いだ態度から、暴力や虐待の可能性はないように私たちには見えた。

　囚人の権利が尊重されていることを保障するために、アサイシュは人権関係組織が刑務所を無制限に調査することを認めている。それは二〇一四年三月の「ヒューマン・ライツ・ウォッチ」の報告書で立証されている。アサイシュのメンバーが規約を逸脱したり侵害したりすると、直ちに停職から、法的な処分、収監までの範囲の処置がとられる。

　ロジャヴァには政治犯がいる証拠はまったくなかった。アサイシュ、法廷、評議会と話をするたびに、政治犯の存在について質問し、ロジャヴァで出会った数十人の活動家たちにも尋ねた。というのは二〇一四年三月の「ヒューマン・ライツ・ウォッチ」の報告書に書かれている事実に多少触発されたからだ。報告書には、シリア・クルド民族評議会の反対派に所属する人々が犯罪を犯して逮捕されたとき、反対派はそれが政治的拘留だとたびたび主張していると書かれていた[*1]。しかし私たちの調査に基づくと、政治犯がいないこと、そしてアサイシュがこのような報告書の内容を打ち消すようなより多くの民衆の奉仕活動の恩恵を受けるだろうことが信じられるのである。

アサイシュにとって教育が最大の重要性を持っている。メンバーはアカデミーでの訓練を終了した後でも、人権教育を続けるために一五日間おきにアカデミーに戻る。人権委員会（7・5参照）はアサイシュを教育し監督する[*2]。

構造と組織

二〇一四年五月時点で、ロジャヴァにはアサイシュの拠点が一一〇、そして道路沿いの検査所がほぼ一〇〇（おそらく今日ではもっと多い）あり、ここで車輛が例えば爆発物や武器がないかを調べられていた。アサイシュのメンバーはだいたい働いている拠点に住んでいて、帰宅はごく稀である。階級の印はまったく身に付けておらず、対等な同僚関係が重要だと考えられている。仕事は無給に近く、衣服、食料、小額の支出のために月に約一二五ドルの手当てを受け取る。だいたいは別の仕事を頑張って続けている。民衆と民主主義的自治組織に尽くして集団的な生活を送っている。社会を守るという願望から参加している。

カーミシュロのアサイシュの隊長のヘヴァル・アハメドは、私たちに自分は共産主義者だと語ったが、部隊の指揮構造は民主主義的であり、その意味はどのレベルでも自分たちの指揮者を選べることだと説明した。一ヵ月に一度、新しい指揮者が指名され、選出される大きな会合がある。各部隊は三〇～四五人から構成され、さらに小さな単位にわかれ、その単位ごとでも指導者を選ぶ。

態度が攻撃的になるという問題に対処するために、アサイシュは組織的な批判と自己批判の仕組みをもっている。ヒエラルキーの出現を防ぐために、指揮者は定期的に部隊の前に立ち、自己批判をするだけでなく、メンバーからの批判を受ける。

アサイシュは男女混合の組織であり、二〇一四年五月時点で女性は部隊の約三〇パーセントを占めている。しかし、アサイシュ・ジンという別の女性部隊もあり、それは特に家父長制的暴力や家庭内虐待の事件に介入する。その原則は、女性は女性に対しては気楽に開放的に相談できるということである。例えば、レイプや家庭内暴力の話を、男女混合や男性だけのアサイシュのメンバーに報告することを非常にためらうと感じる女性もいるであろう。それを若い女性に話すならそのためらいはずっと少なくなる。アサイシュ・ジン部隊は女性評議会と密接に繋がりを持っている。

第 10 章
教育の民主化

革命直後からロジャヴァの教育システムはいっそう多様で開放的で民主的になり、そして学生と教師がいっそう参加しやすくなった。その最初の段階はコミュニティの一画で始まり、次にクルド語協会が組織した学校で行われたクルド語教育の成長であった。二〇一四年五月に、私たちはカーミシュロのクルド言語・歴史・文芸のためのジェラデト・ベディルキサン・アカデミー（AZDW）を訪問し、ここで昔からの活動家のベリヴァンとディルダールと突っ込んだ話をした。

このアカデミーは、カーミシュロ郊外の丘の上にあり、かつて農業経済協会が使っていた場所である。建物は非常に広い土地に囲まれ、職員や学生が農業をするのに十分利用できる。この場所は「都市から多少離れた環境にあり勉強に適している」とベリヴァンは説明した。アカデミーはジジーレ州の全教育制度を調整し、教材を提供し、教師を育成している。

10・1　革命前後

ロジャヴァのクルド人教育運動は、一九九三年に当時シリアに住んでいたアブドュラ・オジャランが、ク

写真10・1　セレーカニイェでのクルド語教育

ルド語を家庭で教えるべきだと提起したときに始まったとベリヴェンは説明した。この提起はロジャヴァの多くの場所で受けとめられた。シリア国家による一九九九年以後の弾圧の強化によってクルド語教育が中断させられたが、教育は内密に続けられた。発覚しないようにいつも違う家で一〇～一五人の教師と学生が顔を合わせた。

一方、一九九〇年代末に南部クルディスタンのマクスマール（マクムール）の難民キャンプに、クルディスタン民主党とクルディスタン愛国者連合の手の届かないところで特別な学校制度が設立された。およそ一万二〇〇〇人の北部クルディスタンの難民の故郷になったマクスマールは、ロジャヴァの方言のクルマンジが教えられる場所となった。ここでクルド自由運動は、解放された教育制度の設立への歩みを始める機会を得た。二〇一一年三月以後ロジャヴァではクルド語が公然と教えられるようになり、マクスマールキャンプから来た一一人の教師が一年間教えた。

西部クルディスタン人民評議会の創立（6・2参照）とともに、クルド語教育はさらに多くの場所に広がり、現在は教育政策によって整備されている。自発的な志願者が多くの村で教え、都会のアパートでは個人的に教えることが普通になった。教師は二〇一一年以前にクルド語を勉強したことがある、つまり危険を冒してクルド語の勉強ができ、その意志があった人たちであった。二〇一二年初めに西部クルディスタン人民評議会は、特別な建物を語学学校として指定した。「私たちは他に選択肢がないときは、馬小屋でさえ学校にした」[*1]。子どもや一〇代の青年だけでなく、すべての年齢の人々が授業に出席した。希望者が多すぎると年齢別にグループを分けた。

そのときの教師はできる限りたくさんの授業を教えたが、二〇一一年にクルド語をきちんと教えられる知識がある教師はわずか二〇〜三〇人だけだったと、ディルダールとベリヴァンは私たちに説明した。これでは三〇〇万人に対して不十分である。おそらく多くて二〇〇〇〜三〇〇〇人に達するべきだった。すぐに何かをせねばならなかった。したがって学生がクルド語の読み書きを学び、文法に詳しくなったらすぐにクルド語を自分から教え始めた。クルド語の授業はこうして広がっていった。

ベリヴァンの説明によると、二〇一二年七月の解放により、「以前には想像できなかった可能性のある新たな状況が到来した」。その夏、高まる教師の需要に応えるために「西部クルディスタン人民評議会の本部は、数百人にのぼる教師の養成をすると決定した」。二〇一二年九月クルド語教育がほとんどの学校で、特にアフリンとコバニ、そしてアレッポのクルド人地区で実際に始まった。これと比較してジジーレ州は西部クルディスタン人民評議会の組織が他の所よりあまり成長しておらず、クルド語教師がほとんどいなかったので取り組みは弱かった。さらにジジーレ州の多くの地域は二〇一二年秋まで解放されていなかった。しかし一年後にジジーレの状況は変化し、クルド人のいるほとんど全部の学校でクルド語教育が始められた。

二〇一二年と二〇一三年にクルド語教育が導入された時は、選択科目だった。クルド人学生が自発的に選択するのが重要だという教育運動団体の考え方からだったと、ディルダールとベリヴァンは私たちに語った。

しかし、現実は予測を凌いだ。ほとんどすべてのクルド人学生が登録したのだ。クルド語を学ぶというまさにそのことで学生たちはワクワクし、上達も順調であった。しかし登録しなかったクルド人学生が僅かだがいることに、ディルダールは気づいた。シリア・クルド民族評議会を支持する両親は、イデオロギー的理由で子どもがクルド語を学ぶのを禁じた。それにもかかわらず、これらの子どもの相当数が親を無視して、クルド語授業に登録した。

二〇一三年秋、組織的な教員養成と将来の新教育システムの発展のために、クルド言語・歴史・文芸アカデミーがカーミシュロに創設された。同じようなアカデミーは他の二州にも作られた。アフリン州のクルド言語・教育ヴィヤンアカデミーと、コバニ州のクルド言語・教育フェルザード・ケマンガーアカデミーである。二〇一四年には言語教育に多くの弱点があったが、私たちがクルド言語・歴史・文芸アカデミーを訪問した五月二六日のすぐ後に、教員養成の第二期が終了し、その後は何期も行われている。

二〇一四年五月現在ジジーレ州にはおよそ一三〇〇人のクルド人教師、アフリン州とコバニ州にはさらにそれぞれ九〇〇人いるので、全部で三一〇〇人のクルド人教師がいる。教師の八〇〜九〇パーセントが女性であり、ほとんどの人が教えた経験をそれまで持っていなかった。教えることが現在この人々の主な仕事なので、西部クルディスタン人民評議会から報酬をもらっている。およそ月に一〇〇ドルだが、ロジャヴァでは大きな額である。革命以前から雇われていたジジーレ州の教師はまだシリア国家から賃金を得ているが、コバニ州とアフリン州ではもう教師の誰も国家から支給されていない。

アカデミーも教育運動団体も概して、学校で教えられるのはクルド語の授業だけでよいと考えているのではない。あらゆる科目が良質のクルド語で教えられ、全学生が民主主義的で環境に配慮した両性平等の社会のために働く人生を送る準備をしてほしいと考えている。

10・2　復興と教育

解放後ロジャヴァの学校は、授業で使う共通の言語としてアラビア語を用い続けた。しかし、バース党のイデオロギーとシリアを統治する政治組織を教える授業を、カリキュラムから削った。以前に学生はアサドを支持する歌を皆で歌う「愛国」行進に参加しなければならなかったが、これもなくなった。「これは学生に有害であり、絶対に受け入れられなかった」とディルダールは言う。アサド父子の銅像やバース党の旗や象徴も取り去られた。学校行政官は反対したが、シリア国家はもう監督していなかったので行政官は助けを呼べなかった。歯ぎしりをしながらも変化に身を委ねたのである。ディルダールは「数名の行政官は闘いを諦めなかったので、西部クルディスタン人民評議会によって強制的に辞めさせられた」と語った。もし考えを変えれば職に戻れる。

二〇一四年の私たちの訪問の時点では、西部クルディスタン人民評議会と教育運動は、以前の学校行政官層を完全には入れ替えておらず組織が変わっていなかった。二〇一六年初めまでには変化がずっと先へ進んでいて、しっかりと根づき、長く続けるために、ロジャヴァでの広範囲の討論に基づいてゆっくりとだが確実に動いていた。おそらく混乱を来さずにすべてを変化させる力が、教育運動にはまだなかったのである。

クルド人学生がまったくあるいはほとんどいない学校は、要請がある場合を除いて、はじめはクルド語教育を行わなかった。しかし二〇一三～一四年の冬以降、ほとんどがアラブ人学生の学校の何校かがクルド語教育を求めた。二〇一四年九月新学期が始まると、これらの学校でクルド語教育がなされた。これは民主主義的自治がクルド人ではない人々の間で根を張っているということだと、ディルダールは満足げだった。ディルダールは正しかった。非クルド人コミュニティからのこうした要請はそのあとの二年間続いた。

いっそう重要な前進は、アラム人学生が多くいる学校でアラム語教育が始められたことである。これは二〇一三年九月にデリーク地区で始まった。この地区では現地のアラム人が言語・教育施設を設立し、母語で授業をする私立学校を建てた。バース党政権下でアラム人には私的な言語講座が許されていたので、クルド語の場合よりも実際にこれは難しくなかった。ディルダールとベリヴァンはアルメニア人、トルクメン人、チェチェン人などのロジャヴァの他の多くのエスニック集団もまもなく同じ道を進むという見通しを歓迎している。二〇一五年の学年度の間、ロジャヴァに住むアラム人の子どもの多数は母語で教育された。

教育運動団体は、クルド語教育が学位の条件を満たすことを公的に認定するように学校行政官への説得を懸命に働きかけた。最初学校行政官は妨害をした。シリア内務省が行政官に認定しないように警告する書簡を送っていたのである。ディルダールとベリヴァンはそのような書簡を見た。しかし二〇一三年夏についに解放地域でクルド語は学生の終了証明書に一科目として載せられた。これによりシリア国家にクルド語教育制度を受け入れさせたので、これは歴史的な瞬間であった。ディルダールはこの意味を過小評価すべきでないと言う。結局シリアの他の地方の教育部門もクルド語や他の言語の教育を公的に認めざるをえなくなるであろう。

10・3　クルド言語・歴史・文学アカデミー

クルド言語・歴史・文学アカデミーで、私たちは四〇人の若い教師が養成されているのを見学した。幸いにもこの人たちは熱心であった。というのはもし熱心でなかったならば、三ヵ月以上にわたり一日一一時間も学ぶことに耐えられなかったろうからだ。私たちが訪問してから七学期以上が終わっており、それによって多くの教育者の取組み方が改善されてきている。

学校では言語は通例週に四〜一〇時間、二段階で教えられる。最初学生は文法と綴りを学ぶ。次に言語の歴史を学ぶ。このやり方が学ぶにはよいと、ベリヴァンは語る。教師が足りなければ二クラスが一緒になる。

将来の教師は、クルドの歴史と文学、同化の歴史、教育学、民主主義的民族のイデオロギー、女性学も学ぶ。この教師たちは学習グループを創り、その中には学期が終わっても続いて、地域史や考古学に集中し考古学上の遺跡を訪れるようなグループもある。

私たちはディルダールとベリヴァンに、学生や一般の民衆も、クルド語教育で使われているラテン文字のアルファベットをどう受け止めているかと尋ねた。二人ともまったく問題はなく、異議が出されることもないと答えた。実際ラテン文字のアルファベットを早くから教えられる価値もあるので、多くの人は良いことと感じている。

教師のあるグループはクルド語辞書を作り始めていて、クルド語の単語を包括的に集めて編纂するという苦労の多い仕事に取り掛かっている。子どもの頃クルド語を学び、バース党政権の同化政策にも関わらずクルド語を忘れないでいた五〇歳から七〇歳の高齢者のグループだけでなく、普通の学生や家族も辞書編纂に関わってきている。高齢者グループは、クルディスタンの他の地域で使われている既存のクルド語辞書が不足している状況がここでは繰り返されることはないと心に決めている。いくつかの概念についてはクルド語の術語があるものの、あまり通用しておらず、その代わりに同じ意味のアラビア語が使われている。グループの目標は一般的に使われるクルド語の術語を復活させることである。教師や学生たちは、自らの自発性に基づいて長期間にわたり、簡単には達成されない目的実現のために別のテーマのグループも作っている。

クルド語の教育とは別に、クルド言語・歴史・文芸アカデミーはできるだけ早く全小学校で、近い将来に中等学校でもクルド語で教育をするという目標を持っている。二〇一三年秋にアフリン州のいくつかの学校が試験的なプロジェクトとして選ばれた。二年後にアフリン州のほとんどの小学校でほとんどの場合にクルド語で教えられると決められた（コバニ州では準備が始まっていたが、二〇一四年九月のイスラム国の攻撃によりこの計画はすべて放棄された）。アフリン州では、数学、スポーツ、手工芸、歴史と社会が、二年間以上クルド語で教えられてきた。この経験から二つの克服すべきことがはっきりした。一つは、これらの授業で使われているアラビア語の術語を適切にクルド語に翻訳するには、根気や粘り強さや時間が必要だということである。第二は、もっと難しいことだが、何十年も子どもたちに教えられてきたカリキュラムには、国家主義やヒエラルキーや家父長制の性差別主義や人種差別などの内容と考え方が隠されているということである。こうした内容の表現をなくすには、それに代わる言語でしか出来ない。ロジャヴァでは一歩一歩これを実行するために、二〇一五年秋の学期から始めている。

クルド言語・歴史・文芸アカデミーの三つ目の中心的な活動分野は、クルド語の中等教育と高等教育のレベルで決定的な授業教材を準備することである。それは子ども向けのロジャヴァ革命の要約である「民主主義的民族」、新しい言語表現を試みている「地理と歴史」、同様の「文化と倫理」である。カーミシュロのメソポタミア社会科学アカデミーの実践家も、この教材を準備する支援のための研究会に参加した。

クルド言語・歴史・文芸アカデミーでは、教師・学生関係は自由で型にはまったものではなく、分かち合いと集団行動が評価される。いわゆる「職員」は自分のことを教師とは考えない。その代わり自分たちは学生と対等だとみている。学期中に皆で一緒に生活し、料理をし、スポーツをし、掃除をする。これが数週間続く。アカデミーの建物を取り巻いている土地は、農業に使えるので、コミュニティが大地とのつながりを失うことはない。いくつかの畑（約五エーカー＝二万二三五平方メートル）では果樹と野菜が栽培され、巧みな灌漑施設が工夫されている。

ディルダールとベリヴァンが私たちにすかさず言ったように、課題や難問は残っている。学校には本もノートも他の教材もほとんどどこにもない。使えるわずかの本や学習教材が利用され、再利用される。トルコやクルド地域政府やイスラム主義者が課している禁輸措置によって、ほとんどの物がロジャヴァとの出入りを阻止されている。ロジャヴァで最初の本が出版されたのはようやく二〇一五年末であった。これは完全に独立した教育政策の前触れであった。

10・4 その他のアカデミー

バース党政権下の教育制度によって、今日の革命にとって障害となっている物の考え方が作られた。カリキュラムは中央政府によって指図されており、地方の自発性や自主運営の余地は認められなかった。国立学校の管理者や教師は権威への恐怖を学生に注ぎ込んだ。この考え方を壊し、新しいパラダイムに置き換えるのは長い時間がかかるだろう。

それに対し、アカデミーは新たな社会を作り上げる時に決定的な役割を演じる「民衆の教育」の中心である。アカデミーは活動家や社会運動団体が必要と感じた時はいつでも設立され、多くの民衆の基本的な必要に応えることを目指し、活動家そして関心を持つ誰にでも開かれている。アカデミーの活動の原則は、知識は人同士の結びつきと生産の過程から生じ、社会に還元すべきもので、アカデミーはその一つの道具ということである。それを行うには、分かち合いと友好にもとづいて、教育方法や建物と道具の利用法やアカデミーでの日常生活をも変えることが要求される。

ロジャヴァでは本書を執筆している時点で、アカデミーは次のテーマで創設されている。自己防衛、女性、青年、環境、アサイシュ（治安）、経済、自由な思想と思考、都市化、法と正義、社会学、歴史・言語・文学、政治、外交である。[*2] 西部クルディスタン人民評議会組織のイデオロギー委員会は、アカデミーと定期的に連絡を取っている。

ヌリー・デルシーミー・アカデミー

ロジャヴァの大きな都市のどこにでも、著名なクルドの知識人の名にちなんだヌリー・デルシーミー・アカデミーがある。ヌリー・デルシーミー（一八九三〜一九七三）はクルド民衆の文化と言語の権利のために闘い、バース党政権の迫害と弾圧に決して屈しなかった。リメランにあるヌリー・デルシーミー・アカデミーの若い教師のディルゲシュは、アカデミーでは自由と解放（liberatory）の価値を民衆に伝えようとしていると説明した。アカデミーでは、現地語から哲学、歴史、科学に至るすべてを教える。デカルト、プラトン、ニーチェ、マルクスのようなヨーロッパ哲学さえカリキュラムにある。

リメランのアカデミーは、以前は国営石油会社の重役の家だった瀟洒な建物に置かれている。かつての権力エリートのいた現場が文化センターや「民衆の家」や教育施設に転換されているのは革命のはっきりとした現れである。

ディルゲシュは、エコロジーと民主主義とジェンダー平等のパラダイムをもつオジャランの著作は、アカデミーのカリキュラムで中心的な位置を持っていると語った。授業ではロジャヴァの新しい社会・政治制度、民主主義的な倫理と評議会、女性の歴史について繰り返し言及される。

ディルゲシュは、革命によって新しい道徳と政治的な土台の上に社会が位置付けられるだろうと考えている。「私たちは今制限なく自由に考え、あらゆることに疑問を持ちたいと思っています。私たちの目的は、（これまで）限られていた学校での学習を広げて、民衆が自らを自覚的な主体であると気づけるようにすることです」と述べた。アカデミーは技術教育ではなく、むしろ自然科学が重要な役割を果たすある種の総合的な教育を行う。

クラスは一五〜二〇人の参加者からなり、社会のすべての層の出身であり、一〇〜二五日間のいくつかの学期からなる。アカデミーへの支払いは寄付に依っている。参加者は通例、並木のある庭に囲まれたアカデミー自体に間借りする。参加者たちの文化的な異質性、政治的な異質性さえも非常に重視される。というのはここでは基本的な価値観が互いに伝染するからだ。個人だけでなくコミュニティの全員も出席して、自分が学んだことを他者に伝える。

このアカデミーの指導者は六人いる。教師と同じで指導者の半数は女性である。対話が教育の中心であり、教師は自分を学生としても考えている。授業は平日ほぼ毎日ある。二日ごとに教師は仕事を評価し、学校や教師の問題に取り組み、批判と自己批判を比較検討する。この取り組みで教師たちは確実に成長していく。

ヌリー・デルシーミー・アカデミーは人民評議会と、したがって民主主義的社会運動と連携しているので、民主主義的自治システムと民主主義的自己統治制度の一部である。重要な問題点は、戦争のせいで民衆は生存のために戦うので、多くの民衆は教育に副次的な重要性しか認めていないことである。しかし教師たちは、自分たちが「どんなことがあっても民衆を組織化し政治化することに」携わっていると語る。

10・5 展望

私たちの最初の訪問の数ヵ月後にイスラム国がコバニ州を攻撃し、その結果コバニの全教育施設が破壊された。学校の建物は完全に破壊され、骨身を惜しまず作り上げた教育システムはめちゃくちゃになっている。占領されている間、コバニからの難民の多くは、北部クルディスタンのスルチ（別名ピールスス）のキャンプで授業を続けた。

しかし二〇一五年秋の時点ではほとんど全員の学生がコバニに戻り、再建が優先されて修復された校舎で教育を受けている。イスラム国による占領以前には九〇〇人いた教師のうち多数（七五〇人）が戻ってきた。占領前にあった三〇〇の学校のうち二五七校が再開された。[*3] コバニの自治政府は、教育の損失を一年間だけに留めるようにできることはすべて行った。

二〇一五年に再建されたアカデミーは、活動家の女性にとって重要な女性教育と科学アカデミーなどである。教育制度の再建へのこのような取り組みは、二〇一四年以前に発展し、イスラム国占領下でも継続していたコバニ州の政治構造の強さをよく示している。

アフリン州とジジーレ州では破壊されたのはもっと少なく、進歩の歩みを続けている。二〇一五年時点で、クルド人の子どもが相当な多数派であるところで、一年生から三年生までの全授業（アラビア語の授業は除く）をクルド語で教える三〇六校が整備された。八年生まで全授業をクルド語で教える学校をいくつか作るアフリン州の実験計画（上述した）も進行中である。

しかし、小学校の主要な言語としてクルド語を設置しているジジーレ州では難問が増えている。多くのアラブ人やアラム人や他の集団はこれを受け入れたが、シリア・クルド民族評議会の支持者が多いデリーク市では親が反対した。クルド語が教える言語の中心になると、自分の子どもたちが将来職に就くのが難しくなるだろうというのが親たちの意見だった。シリア・クルド民族評議会のメンバーは西部クルディスタン人民評議会と民主統一党に反対するスローガンを叫びながらデモ行進をした。[*4] 私たちの見方は、シリア・クルド民族評議会はジジーレ州の民主主義的自治による統治に抗議する理由がほしかったのだ。しかし数日後に事態は収まり、改革が予告どおりに実行された。

コバニ州では国境が閉鎖されて、なくてはならない建物や教材の輸入が妨げられているにも関わらず、民衆は学校を再建し続けている。二〇一六年二月一日、コミュニティは非常な熱意を持って、障害を持つ学生と特別なニーズのある学生向けの最初の学校を開校した。一五人の学生が入学し、学校は他の科目と並んでクルド語とコンピュータ技術を教える予定である。学校の指導者のスレイマン・マフムード自身が盲目で、目の見えない学生や他の障害を持つ学生を教える専門家である。この学校の開校は、コバニの民衆がコミュニティでもっとも弱い人々への支援を望んでいることを十分に証明している。多くの困難はあるものの、コバニ民衆のコミュニティはこうした障害を持ち恵まれない成員に機会を提供し、これらの人々もメンバーとして含まれることだけでなく、コミュニティに貢献する者として皆が見て、歓迎することを確実にしている。コバニ州では限られた資源を共同で再管理し、多くのニーズを持つこのような学校が建てられるようにしている。この学校の存在そのものが、世界に対する強い政治的・イデオロギー的な声明である。[*5]

以上の小さな一歩だけで、革命以後のロジャヴァの教育制度に広い範囲での転換が起こっていることが示されている。それは、教育を社会そのものに委譲するという長期の目標への一つの重要な貢献である。

第 11 章
保健医療

持続可能で無料の保健医療制度を発展させることは、民主主義的自治の一つの表現である。ロジャヴァの「社会的契約」は第三〇条ですべての人に保健医療の権利を確言している。しかしロジャヴァへの国際的な禁輸措置（12・3参照）は医療ケアに壊滅的な影響を及ぼし、他の部門よりもずっと大きな重荷になっている。革命以後のロジャヴァで保健関係政策の整備を支援してきたカーミシュロのアギリ医師が私たちに説明したように、数十万人の人が深刻な影響を受けている。アムーデのある医師は、「バルザーニがロジャヴァの自己統治に反対しているのは、母乳の出ない母親の赤ん坊にとって一体どんな助けになるというのでしょうか。私たちは子ども用の粉ミルクをまったく受け取っていません！」と問うた。

11・1　解放前後

解放前はシリアの保健医療体制は政府の統制下にあった。医療は無料だったが、農村地域では医療サービスが貧しい所もあった。[*1] 国立病院は一九九〇年代から質が悪くなり、保健部門での新自由主義的改革によって、富裕層は個人的に医者にかかり、私立病院で治療を受けることができた。

そこに二〇一一年の反乱があり、二〇一二年初めにロジャヴァでは地域レベルの新しい保健委員会が設立され、もし国家がともかく崩壊するならば、どのようにして保健医療を続け、社会的な土台の上に再建できるかという議論がなされた。この委員会は、互いにネットワークを作り実践的な案を提起した。解放が始まるや、これらの案には高い価値があることが証明され、案を作りあげることは賢明な戦略的な運動であった。

二〇一二年の革命でロジャヴァでは国家の権威が消え去ったが、病院や他の公共保健機関は開放され続け、医師も移住しなかった（次の二年間にわたっては多くが移住しようとしたが）。西部クルディスタン人民評議会システムが国立や公立の施設やサービスを管理すると想定されたが、保健医療機関を接収することはなかった。むしろ、健康委員会が西部クルディスタン人民評議会と民主主義的社会運動と相談しながら健康関係政策を整備した。

11・2 保健会議

健康委員会はどの地域でも保健会議を設立した。保健会議は三つの州のほとんどの地域で保健関係政策を調整する。最近解放された地域でも、保健会議を作る準備が現在進行中である。組織力の強さによって、ディルベシイェのように一つの地域に二つの保健会議があることもある。[*2] すべての会合は公開されていて、書面かビデオで記録される。全員が、四〇パーセントの男女別割り当てと共同議長制度にしたがって、保健会議の調整組織を選出する。

ロジャヴァの保健関係政策に関しては、保健会議がもっとも重要な組織である。それに関わる参加者は、医療部門とクルド赤新月社のような人道的援助組織だけでなく、医師（公立病院と私立診療所や開業医）、

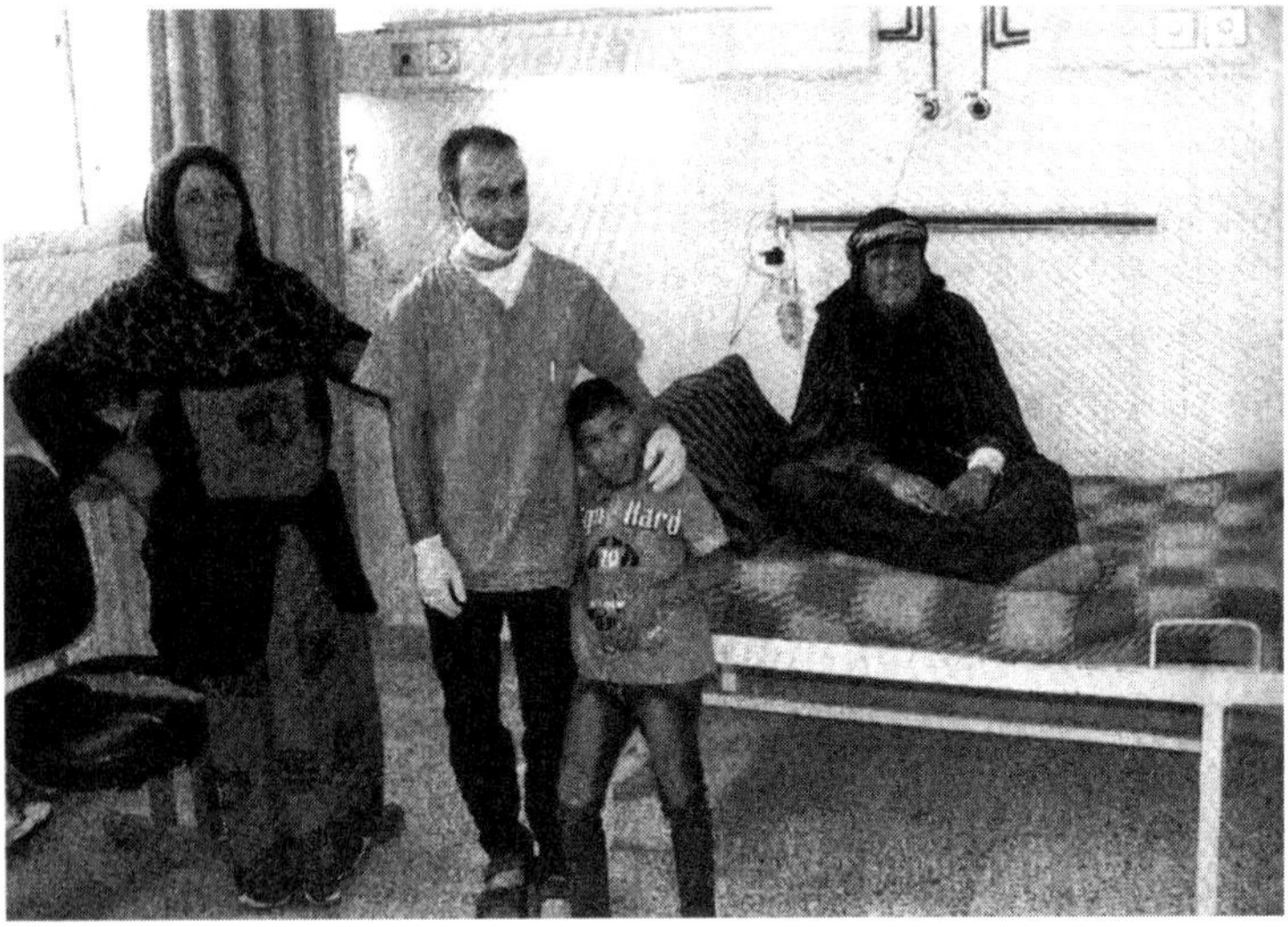

写真 11・1　デリークの病院にて

薬剤師、検査技師、病院職員がいる。重要なのは数多くのアラビア人とアラム人の医師が保健会議に参加していることである。女性評議会は女性が健康部門で男性と比べて不利にならず、同等の権利と労働条件と機会があるように保証する。

保健会議が目標としているのは、三州の大都市のそれぞれに十分な設備のある病院を設置することである。現在病院は、アフリン、デリーク、コバニ、カーミシュロ、ヘセケ、ギレ・スピー、セレーカニイェにある。六つの病院が保健会議の管轄下にあり、医師がますます不足しているが機能し続けている。

コバニでは二〇一四年のイスラム国の攻撃と占領で、施設が破壊された。現在、攻撃・占領はほとんど終わり新しい病院が建設中である。国際的な援助で血液銀行が設立された。デリークの病院は被害がなく使用されている。セレーカニイェの病院はアル・ヌスラがこの都市を占領したとき略奪を受けたが、再び設備が取り揃えられた。ヘセケの病院の医療事情は貧弱で、利用する人は乗り気でない。

二〇一三年、病院や診療所は戦争の負傷者全員に適切に医療を施すのが不可能だと判明したので、そのために小規模な病院が建てられた。二〇一四年に設立されたカーミシュロの軍事病院は二六人までの患者を治療する。二〇一四～一五年に同じような病院がアフリンとコバニに建設された。

小さな町では病院よりもむしろコミュニティ保健センターでの基本的な医療ケアが広く利用されている。保健会議は各地域に最低一つの保健センターを開くように強く望んでいる。西部クルディスタン人民評議会システムがこれを支援している。センターは大きな手術を除けばほとんどのことが出来る（アギリ医師によると、革命以前からある私立の診療所は質が良くなく、手術に専念している。そこが高額であることは言うまでもない）。医師は、他の仕事の後で、一日に二～四時間自ら進んで働いている。「お金が払える患者には、治療一回につき平均で二〇〇シリアポンド（一USドルを上回る程度）を請求します（お金が足りなくとも誰でも治療を拒否されない）。患者の半数は医者にかかり、後の半数は保健センターに行きます。私立病院の医師は、七〇〇シリアポンド（三・七ドル）を請求するので多くの人には出せません」という話だった。アムーデのコミュニティ保健センターでは、委員会の医師全員が一日無料で働く。

保健センターは、昔からの建物に設置されているのがほとんどで、冬は寒く、夏は比較的暑い。医療上の配慮も経済性も計画策定のときに何も考慮されていないとアギリ医師は強調した。

保健会議は、保健や医療問題に関する民衆の教育のための定期的なセミナーや研修会を開いている。これらは、「民衆の家」、「女性の家」、青年センターで行われている。数千人の若者が総合救急コースを終えているので、緊急の場合にやるべきことを知っているはずである。

二〇一四年以来、保健セミナーが学校にも導入されている。カーミシュロで女性向けセミナーがロジャヴァ自由女性財団（5・6参照）との協力で行われてきた。二〇一四年秋からは、国際ボランティアがロジャ

写真11・2　物資不足に対処するクルド赤新月社のチーム

ヴァでの定期的な教育セミナーを支援している。

ジジーレ州で一八〇人の働き手がいる（二〇一四年五月現在）クルド赤新月社は、保健会議が医療援助や他の人道的援助を組織するのを支援している。比較的大きな町で、クルド赤新月社は服や他の必需品の寄付を受け付け、保健会議の管理下でそれを配分している。

11・3　いくつかの難問

しかし赤新月社は、ロジャヴァ社会の必要を満たせる財政状態にはほど遠く、とくにシリアの他の場所からの難民に関してはそうである。医療備品は緊急に必要であるが、禁輸措置によってトルコ・シリア国境を越える輸送が妨げられているとアギリ医師は私たちに強調した。病院も保健センターも技術上の設備がまったく不足しているので手術室が利用出来ず、手術が出来ないことも起きる。

とくに糖尿病、高血圧、肝臓疾患の患者の薬剤が非常に不足している。相当数の外科手術は、麻酔がほとんどあるいはまったくない状態で行われている。卸売価格で処方箋の薬を売るカーミシュロの薬局は、おそらくシリア中でもっとも手ごろな値段であろうが、商品の多くは着くのが遅いか、まったく来ない。闇市場で売られる薬剤は途方もなく高額である。評議会が価格統制をしても、闇市場での薬剤価格には効果がない。

二〇一三年、北部クルディスタンのニセビーンとメルディンの民衆が街中に出て、国境を越えたロジャヴァへの薬剤と医療品の輸送をトルコ政府が認めるように要求した。この動きでついにトルコ政府は譲歩を余儀なくされたと、ニセビーンの前市長のアイシェ・ゴッカンが私たちに語った。その年の春から、医療品と薬剤が合法的に輸入された。トルコ赤新月社の手によって検問を通過し、そのあと北部クルディスタンの地方政府が国境を渡って輸送し、そこで保健会議の職員がそれを受け取る。それから支援品が全施設に平等に行き渡るようにして、病院、保健診療所、薬局に分配される。

三つ目の問題は医師不足だとアギリ医師は語った。ロジャヴァで開業している医師は概して良い医師だが、人数が十分ではない。厳しい戦時下の状態で医師の多くが去ったのは、別の国で容易に仕事が見つかることが分かっていたからだ。この地域で必要なのは、神経外科や血管外科だけでなく、乳癌の専門医である。

ロジャヴァのどこにでも戦争の影響が感じられるが、前線での負傷者には不十分な医療がもっとも痛手が大きい。負傷した人民防衛隊や女性防衛隊の戦闘員は時に、何の治療もされずに死ぬ。負傷すると戦闘員はただちに最寄りの診療所や病院に運ばれるが、治療する要員は過剰に働いており、設備も薬剤も足りない。世界中から経験のある医者がたくさん来ることがやはり非常に大きく役に立つであろう。

11・4　保健会議と民主主義的自治行政組織

各州で保健会議は、高いレベルの管理組織として保健評議会を設立した。これは、規模の大きい保健サービスや保健活動を調整する。保健評議会は西部クルディスタン人民評議会に従属しているのではないが、民主主義的社会運動、地区人民評議会、コミューンと密接に活動する。

二〇一四年に民主主義的自治行政組織が保健省を創設した。保健会議と保健評議会は省の一部となった。両者は自治的な組織と自己決定を持ち続けていて、それぞれの規則とプログラムは事業が成功する土台として、民主主義的で参加する過程を非常に重視している。しかし保健省との関わりは非常に議論が沸騰した問題である。保健会議は民主主義的社会運動、西部クルディスタン人民評議会システムと相談して決定を下す。保健会議は公式的には保健省の下部組織であるが、保健会議の保健医療の専門家が話し合い、決定し、行動する。保健省は、保健会議の決定に基づいて好都合な状況を整える。このような関係は、基礎からの徹底した民主主義という革命の原則どおりに定められている。

出席者の多い保健大会（health congress）が地域と州のレベルで開催されてきた。二〇一四年三月二日、カーミシュロでの医療大会では、薬草による治療方法についての議論があり、伝統的な薬剤の記憶と遺産が維持されねばならないと主張された。ボトムアップ型の組織化も強調された。

二〇一五年の九月中旬にディルベシイェで開催されたジジーレ保健大会で、保健教育の質を向上させるために保健アカデミーを開校し、それぞれの保健部門に教育委員会を設立することが決定された。二〇一六年初めにコバニで最初の保健アカデミーが開校された。

二〇一五年一二月二五日、第一回コバニ保健大会が、ロジャヴァの保健政策を要約した文書を発表した。

この文書が強調したのは以下のことである。保健医療が「環境保護の社会の……建設にとって」極めて重要であり、女性が「保健医療の前衛」であり、「自然を重視する保健医療という考えかた」が非常に重要であり、「資本主義的近代が商品化した」保健医療が、疑わしいサービスへの需要をでっち上げ、それに人々を頼らせていることである。文書は続けて次のように語る。「コミュニティでの保健と保健医療の社会化に基づく」民主主義的近代は自立的であるだけでなく、民主主義的自治を建設するためにも必要である。[*3]

保健大会が議論し、決定したことは以下のようである。保健会議での女性委員の活動を広げることによって、女性への保健ケアを強化すること、海外からの援助を増やすために外交委員を置くこと、学生が最近の情報をもっと簡単に得やすくして、国際的な進歩についていける機会を提供する学生保健委員を置くこと、小規模な居住地（地域よりも小さなレベル）でコミュニティの保健センターをもっと作ること、過去の経験と繋がる重要なオルタナティブな方法である薬草による療法と治療を発展させることである。[*4]

活動家たちとの対話の結果、ロジャヴァ革命が保健医療の分野でもともとの核心にある価値観に従っていると、私たちははっきり表明できる。戦争と禁輸措置にも関わらず、保健システムは参加型の取り組みのゆえに改善されてきている。社会を成功裏に防衛することと結びついている保健部門は、キューバでの保健医療のモデルと同等の重要性を持つモデルを創造することができるかもしれない。

第 12 章
社会的経済

12・1　バース党による植民地化のもとで

バース党政権下にあって、ロジャヴァはほとんど植民地として搾取されるシリアの最貧困地の一つであった。[*1] しかし、三つの州は天然資源、肥沃な大地、石油などの鉱産物のある豊かなところである。ここの農業生産高はシリアの経済力のおよそ三分の一をもたらしている。[*2] アフリンの民主主義的自治行政組織のアフマド・ユセフ博士によると、ロジャヴァは現在の人口の二倍から三倍までも養えるだろうが、いまだに貧困の閾値以下で生活しているシリア人の六〇パーセントはロジャヴァのクルド人だという。[*3]

バース党政権は、各州に土地ごとの主要な農産物商品を生産するように強制し、それ以外の農産物はほとんどなかった。それゆえにジジーレ州は小麦の単一栽培を強いられ（小規模だが綿花も）、それは全シリアの小麦の五〇パーセントまでも供給していて、国の穀倉地帯となった。しかしジジーレ州は野菜と果物の栽培が禁じられた。どんな木を植えるにも三つの省庁から許可されねばならず、それはまったく不可能だった（この政策は、アラブ・ベルト計画という脈絡での「治安上の理由」のために制定された）。一面の巨大な小麦畑のようなジジーレ州の風景の外貌はこの政策を反映している。

写真 12・1　ジジーレでの、石油、小麦、畜産

コバニとアフリンに関しては、そのほとんどが果物とオリーヴの生産に当てられたし、今もそうだ。アフリンはシリアのオリーヴの二五パーセントを供給している。[*4] 以前はコバニの耕作適地の約三分の一が小麦栽培に利用されていた。

ジジーレには石油という富もあり、シリアの石油生産の五〇～六〇パーセントを占めている。掘削が始まったのは一九六〇年代で重油質の石油が採取された。一九九五年にシリアの石油生産は最大になった。その後、埋蔵量は減少し、石油生産も徐々にしかし確実に減っていった。もし現在の戦争が起こらず国内需要が上昇し続けていたら、シリアは二〇二〇年までにもう石油を輸出できなくなっていただろう。ジジーレの油田にはかなりの量の天然ガスもある。

戦争前のシリアでは、ロジャヴァで生産された全商品が加工のために地域外に運び出されていた。ロジャヴァの石油と天然ガスは、ホムスにある大規模な国立精油施設にパイプラインで送られた。小麦を作っているのにロジャヴァには大きな小麦製粉所がなく、小麦はシリア内の他の地域に輸送された。ロジャヴァで摘み取られた綿花は、織物加工のために南部へ送られた。さらに、製粉された小麦、加工済みの果物と野菜、布地、精油済みの石油や他の商品は、ロジャヴァに戻されて消費された。

こうした取り決めには、シリア国家の植民地化的な特質が反映していた。ジジーレの経済発展顧問のドズダール・ヘモは、二〇一四年五月に私たちに、アサド政権はこの地域を組織的に軽視し、意図的に貧困なままにしていたと語った。国家だけでなく私企業部門も地域経済に投資した。「織物工場用に三台のミシンを組み立てることさえできませんでした。というのは、翌日か翌々日にはアサド政権職員が中で暴れまわり、工場を閉鎖したのです。そして民衆を政権にずっと依存させ続けるために、グループで働くことを日常的に邪魔しました」[*5]と、州の財政長官のレミジイェ・ミヘメドは説明してくれた。

アラム人とアルメニア人と一部のアラブ人は、比較的簡単に仕事を見つけられた。アラム人とアルメニア人はほとんどが手工業者か熟練労働者か商店主であり、アサド政権からの抑圧がやや弱かった。アラブ・ベルト計画の下でロジャヴァに移住してきたアラブ人には、政権は土地と仕事を与える際に優先的な扱いをした。政権が役人や治安部隊員に支払う給料は、ロジャヴァでの現金の流通の重要な部分となった。

しかし、クルド人はロジャヴァを去る以外の選択肢はまったくなかった。数十万人が生計費を稼ぐためにシリアの大都市に出稼ぎに行って、家に帰って家族を養うことができた。移住者の最大のコミュニティはアレッポに集中していて、全体で五〇万人以上になった。

12・2　解放の影響

二〇一二年七月の解放後の評議会の課題は経済を崩壊させず、基本的な食料供給が確実にできるようにすることだった。評議会が少なくとも一年間すでに機能していたことが大変好都合だった。さらに西部クルディスタン人民評議会の地域レベルの経済委員会も役に立つことがわかった。このシステムの革命後最初の課題は、地方政府を通じた基本的な食料供給を維持することだった。それは、評議会システムに既存の組織を少しずつ組み込んでいくことでうまくいった。

評議会は価格統制も課した。革命の二日目に経済委員会は、後日価格が上昇した時に儲けようとして投機家が食料や医薬品を買いだめするのを防ぐために、市場や企業に価格の上限を設定させた。価格統制によって誰もが食料やディーゼル油に同じ価格を支払えるようにした。アフリンでは、小麦粉の価格が一冬で一袋あたり三〇〇〇シリアポンドから六〇〇〇シリアポンドに上昇した。そのため州政府は最高価格を四一〇〇ポンドにした。これよりも幾分かでも高く売られた小麦粉は没収された。二〇一四年の小麦の収穫量は予想より多く、現地の資材を使った小麦粉製粉所が二ヵ所で建設されたので、小麦粉の価格は三五〇〇ポンドまで下がった。[*6]

ロジャヴァの人々は小麦だけでは生活できないので、州は、野菜、果物、穀物を他の地域から、とくにトルコのラタキアとダマスカスなどのシリアの都市から獲得しなければならなかった。しかし、二〇一二〜一三年の最初の厳しい冬の間、穀物は豊富だったが、小麦粉は製粉所がなかったために不足した。飢餓を回避するために二〇一三年に穀物製粉所がいくつか建てられた。その最初の冬からは三州すべてで、ほぼ十分に食料が供給された。すべてのレベルでの経済委員会は、確実に誰も飢えないようにし、多くの難民だけでなく経済的にもっとも弱い者にさえも食料が行き渡るように気をつけている。二〇一四年ジジーレはクルド地域政府への小麦粉の輸出さえできた。コバニの小麦生産高は増え、それにより二〇一三年の末までにパン類の供給は十分であった。アフリンは二〇一四年、部分的に小麦生産に転換した。二〇一四年初めに、自由シリア軍とジャブハット・アル・アクラードがアザズからイスラム国を追放したので、アフリンはさらに十分に自給できるようになった。

石油に関しては、原油のディーゼル油への精油が二〇一三年夏に始まり、ジジーレの経済的な安定に役立った。ディーゼルは自動車、家庭の発電機、暖房、小さな商売、農業生産に使われる。評議会は、生活の苦労を和らげるために十分な量の石油の精製を準備し、価格統制により手に入れられ易くした。今日ディーゼル油一リットルの価格は革命前の半額であり、民衆の生活にとって大きな安心となっている。しかし、現在の精製方法ではあまり質がよくないディーゼル油しか作れず、長く使うと発電機や車や機械を故障させるかもしれないので、評議会はもっと良い精製方法を研究中である。

二〇一三年と二〇一四年は三州で建築ブームが起こった。アサド政権はトルコとの国境の一五マイル（二五キロメートル）以内に二階建てを超える家屋の建築を禁止していた。しかし二〇一三年秋に二階建ての上限が解除され、四階までの建築が認められた。既存の一階建てや二階建てに新しい階を足すだけでなく、まもなく新築の建物が至る所で建てられた。どの都市にも数十箇所、数百ヵ所の建築現場があり、シリアの他の地方からロジャヴァに逃げてきて、生活の場所を求める人々がますます増えたので、家屋が必要なのである。

建築に使われるセメントは、ロジャヴァで作られたり、輸入されたりする。二〇一四年五月に私たちがジャジーラの市街地を歩いたとき、物がないのに非常に活発な経済活動が進行中であった。十分な商品が輸入できず、また販売に回せる商品がほとんどないので、二〜三の企業は閉鎖していた。しかし活気のある経済の中心的な原因は依然として農業であった。毎朝どの都市でも、収穫物を売り必需品を買うために農民が数百人やってきた。

12・3　禁輸措置

トルコ政府にとって、ロジャヴァの民主主義的自治はクルディスタン労働者党の指導者アブデュラ・オジャランの著作に触発され、国境のまさに向こう側に位置するがゆえに、我慢ならなかった。二〇一二年の解放後すぐに、トルコは通商のために通過する国境をすべて閉じた。一定の緊急物資はトルコ国境を越えてロジャヴァに密輸されたが、量はわずかで価格は非常に高いのが通例だった。密輸入は命がけの仕事だ。トルコ兵に撃たれた国境での貿易商人や難民の話が毎週伝わっている。

クルド地域政府はこれに倣った。南部クルディスタンは禁輸措置を支持し、それを維持するためにトルコと密接な動きをした。この事実は最初ショックだと感じるかもしれない。だが、バルザーニ大統領はクルド地域政府の独立性を自慢の種にするのはいつものことであるが、実際にはクルド地域政府は長い間アンカラの準植民地であった。クルド地域政府はオイルドラーから資金を得ており、その金を指導者の子分たちに配っている。石油を除けば、クルド地域政府は経済的に価値があるものをほとんど何も生み出さない。鶏肉さえもブラジルから輸入している。外国からくる輸入品と投資資金の大半はトルコからのものである。[*7] その結果、クルド地域政府はアンカラに政治的に大きく依存し、ロジャヴァへの統制をアンカラの思うがままにさせている。

ロジャヴァの北の国境がトルコに閉鎖され、東の国境がクルド地域政府に閉鎖されるならば、南と西の国境はイスラム国、アル・ヌスラや他の武装非国家集団のために通過できない。これらの勢力は、三州を取り囲んでロジャヴァの孤立を儲けのために利用する。これらの勢力は大きな賄賂が手に入るために、果物や野菜などの商品を上記の地域でトラック輸送するのを認めるであろうが、ロジャヴァに到着するまでに商品は非常に高額になり、ほとんどの人が買えない。ロジャヴァでの価格統制にも関わらず、品物が法外な価格で買われる非公認市場が存在する。

西側勢力も、資本主義的近代と西側の干渉主義の外側に何としても社会を作ろうというプロジェクトをもつロジャヴァを支援しない。もしロジャヴァが成功すれば、中東全体とそれを超えた政治的・社会的な重要性をもつであろう。NATO諸国の戦略はこの努力を挫折させようとするのだから、禁輸措置も支持している。

禁輸措置の三州への影響は甚大であった。もっとも劇的なのは、小麦と石油という富を持つロジャヴァがその生産物を外国に売れないことである。農民は小麦と綿花をそのままにしている。民主主義的自治行政組織は農民に賃金を支払うお金がなく、一般人や難民が必要としているものに応えるだけである。機械、医薬品、通常の医療品や医療設備全般が、緊急に必要である。

国際市場からロジャヴァを切り離した影響は、必ずしも完全に悲観的だったのではない。各州では自ら衣服と食料を生産し、協同組合を創設せざるを得なくなった。禁輸措置という圧力のもとで、ロジャヴァでは皆が日々の生活を作り出すために団結することが必要になり、西部クルディスタン人民評議会の評議会システムの形成に拍車がかけられた。したがって恩恵と災いの両方があった。しかし経済を機能させるために必要な機械やその他多くの物が不足していることを考えれば、どう考えても禁輸措置はできるだけ早く終わらせなければならない。

12・4　社会的経済

民主主義的連合主義は、コミューン主義的経済を創設することを目的としている。アブデュラ・オジャランが述べているように、「自治行政においては、オルタナティブな経済システムが必要であり、それは社会の諸資源を搾取するのではなく増大させ、それによって社会が必要とする多くを充足させる」[*8]。

シリア国家によるロジャヴァ処遇のせいで、近代資本主義経済のようなものはここでは何も発展しなかった。資本主義が民衆の考え方の中に確立されることは他のどこよりも少なかった。オジャランはクルディスタンの経済について次のように言及した。「西洋では経済がときに政治権力の保持者を決めるが、中東では政治権力が経済の決定要因である。経済生活に固有と思われる法律は、地方の文化では重きをなさない。一方には小さな世帯と家族経済があり、他方には国家管理による経済がある。その間に職人と商人がいる」[*9]。

ロジャヴァの発展途上の経済は、大きなハンディであると同時に一つの好機でもある。それによりクルド民衆の伝統的な社会的集団主義を、積極的にもう一つの新しい経済を建設するように向かわせる。実際、伝統的な組織を統合することは、伝統と解放を結びつけるクルド人の自由運動の典型的なやり方である。

その新しい経済は「社会的経済」と呼ばれ、資本主義的近代の新自由主義とも現存社会主義の国家資本主義とも異なる。ヨーセフ博士は次のように語る。「需要の人為的な創出、新市場の無謀な追求、ますます巨大な利潤への底知れぬ強欲によって、貧富差が拡大し、貧困レベルで生活し、飢えて死ぬ人々がたくさん増えている。人間性はもはやこのような経済政策に耐えられない。それ故に最大の課題はオルタナティブな経済の創出であり、利潤の飽くなき追求に基づくのではなく、富の正しい再分配を志向する経済である」[*10]。

アズィゼ・アスランはこれに同意して次のように述べる。「資本主義は交換価値、市場向け物品の生産を重視する。完全に利潤という目的に向けられている。社会のためではなく、市場のための生産である。しかし経済活動を決定できない社会は、無力にもその社会の労働力の状態を改善することすらできない。私たちは取るに足らない賃金、ごくわずかな報酬のために労働するように強いられているが、それでも私たちはそのように働く。雇用の保障がなく、労働組合のないインフォーマル部門で私たちは働いているが、そういうことを無視して働いている」[*11]。

アフリンの経済委員会委員のダラ・クルダクシ博士は、次のように語る。「歴史的に、経済は社会とは別個に発展した。その結果経済は、搾取的な国家と最終的に経済的自由主義を作り上げた。それに対して国家社会主義は、自らの経済的理念から逸れて経済を国家の一部とし、すべてを国家に譲り渡した。しかし、(国家資本主義は)多国籍企業やトラストや企業とそれほどの違いがないことは明白である。……私たちは資本主義システムをここでは持つべきではないであろう。資本主義システムは環境を尊重せず、階級矛盾を永続させ、結局資本だけに奉仕する。……私たちは、ロジャヴァで違うモデルを追求しなければならない」[*12]。

資本主義的な強制と封建的な強制の双方から社会意識を解放し、それにより社会革命を達成するような経済が必要であった。経済生活に民主主義を拡張するという思想は、民主主義的社会運動や民主主義的自治行政の他の部分での話し合いから起こった。それが社会的経済と呼ばれたのだろう。

クルダクシ博士によれば、社会的経済の目標は民主主義化された経済を獲得することであり、「経済発展は、明らかに社会を目的としなければならない。……私たちのシステムは参加のシステムであり、天然資源を維持し、強力な経済基盤を作り出すべきである」。社会的経済は社会の手に委ねられなければならず、住宅街や村々や地区や地域や州での経済活動を実行することである。

コミューン主義においては、工場も含む全資源がコミューンによって自治的に統治される。マレイ・ブクチンが述べるように、すべての経済的存在は「自由な制度的枠組みの物質的構成要素であり、市民として集合する市民組織が運営する、より大きな総体の部分である。ここにいうのは市民であり、『労働者』や『農民』や『専門家』や、あるいは職業面での特別な利害を志向するなんらかの他の集団でもない」[*13]。ジジーレの経済助言者のドズダール・ヘモは二〇一四年に私たちに次のように言った。「私たちはコミューン的な社会的経済を築いています。誰もが参加して、最低限の初めの一歩として生活を成り立たせる機会を持つべきです」と。[*14]

12・5　協同組合

いったん社会的経済の理念が決定されると、評議会システムはそれを進めるプロセスの原動力となった。ロジャヴァの土地の約八〇パーセントがシリア政権下で国有化されていた。革命後、かつて国家所有だった土地は社会化された。つまりコミューンへ移行された。ドズダール・ヘモはデリークで私たちに、「私たちは、実際は社会に所属する国家所有地を民衆の手に移しました」と語った。コミューンは同様に農業協同組合のために、特に「貧しい人々と殉教者の家族のために」土地を分配することによって社会的経済の創設に取り掛かったとヘモは述べた。[*15]

二〇一五年にセレーカニイェだけで以前の国家所有地の二五〇〇ヘクタール以上の土地が、評議会に再配分され、もっと多くの土地がそれに続くであろう。[*16] ヘモは続けて次のように述べた。「土地の大部分は協同組合に行くでしょう。例外となるのは個々の家族も持つことができる一から四ヘクタールの狭い土地です。新しく大土地所有が現れることはありません」。自治行政はバース党政権との意図的な違いとして、力の行使を拒否するので、大土地所有が取り上げられることはない。およそ二〇パーセントの土地が、まだ大土地所有者の手に残っている。

ヨーセフ博士は次のように語る。「私たちは協同組合とコミューンによって、裕福な人よりも普通の人の権利を守りたい。地に足のついた経済は、蓄積や剰余価値と剰余生産物という盗みを求めるのではなく、再分配と利用に基づくべきだ。地域経済の制度は社会も自然も傷つけてはいけない」。

最初の協同組合は二〇一三年に開かれた。ジジーレでは協同組合によって二〇一五年に五万本の果樹が植えられ、小麦の単一栽培を変えるためにエコロジー基準に従った農業の多様化が試みられている。セレーカニイェではこれまで二万五〇〇〇ドゥナムの土地が協同組合に分配された。地雷を取り去ればもっと多くの土地が利用できるであろう。

農業での自給体制は夏のロジャヴァで可能である。冬の農業に向けて温室協同組合が作られている。リメランの近辺では、協同組合による温室が現在冬季の農業に着手している。[*17]

協同組合は都市にも組織されている。それはパン焼き、布地生産、縫製や寸法直し、チーズ作りなどの日用品の生産、ピーナッツやレンズ豆栽培、洗剤販売などである。二〇一五年の終わりまでに、小規模な協同組合のネットワークがジジーレに点在していた。

民主主義的自治は反中央集権運動であるから、その経済も地方の非中央集権的な生産に基づいている。しかし、ロジャヴァにはいくつか大きな協同組合もあり、大きく成長した協同組合システムがどれだけ機能するかを示している。例えば、アムーデの近くの三つの村落による協同組合は、参加している二〇〇〇世帯以上にむけて食料雑貨類を生産し、余ったものを市場で売ることが出来ている。

年を追うごとに多様性が花開いており、これは、ロジャヴァができるだけ多くの経済部門に協同組合を拡大し、近い将来支配的な経済形態にするという目標を持っているがゆえに、重要なことである。

女性協同組合

二〇一二年六月一〇日、カーミシュロでイェキティヤ・スターの経済委員会が召集され、女性協同組合の創設を援助するためにどの都市でも女性経済委員会を立ち上げることを決定した。

女性がビジネスをするのはロジャヴァではまったく新しいことである。解放以前だったら考えられないことで、ごくわずかな人が教師や医者や弁護士を職業として働いているだけだった。大半は夫や家族にいまだ経済的に依存していた。デリークでのイェキティヤ・スターの経済担当代表のシルヴァン・アフリンは、私たちに次のように説明した。「女性は自分の土地を所有せず、お金を稼ぐ機会もまったくありません。これらの問題を私たちは女性協同組合によって解決しています。つまり一〇人の女性を連れてきて、できる仕事は何かと聞き、それを見つけます。この女性たちが自分たちの計画を実現し運営できるように支援します。私たちは土地のない女性に土地を与え、耕作を始めるのを援助するのです」。

二〇一四年五月に私たちが訪問している間、ある日シルヴァンとともにジジーレの協同組合を訪問した。以下はその概要である。

ワルシン、カーミシュロの縫製協同組合

イェキティヤ・スターの最大の計画の一つが、カーミシュロの縫製協同組合である。ほとんどがアレッポ

写真 12・2　レメランの縫製協同組合

やダマスカスやラッカやイドリブから来た難民の二三人のクルド人とアラブ人女性および二人の男性が、ワルシンというこの協同組合で生活の糧を稼いでいる。ワイドリブから来たアラブ人女性のファトマ・シハデは「カーミシュロに来たのは、住んでいた街に戦争があったから。私はアラブ人ですが差別なくここで仕事を見つけました。ここはアラブ人とクルド人が平等に共に暮らせるシリアを実現する第一歩です」と語った。ワルシンの広報担当のナイマ・ベクタシュの説明によると、協同組合は難民に生計手段を提供するために設立された。

工場は、二台のミシンと四人の労働者によって二〇一三年一〇月に始まった。今は四〇台のミシンと二五人の労働者がジジーレ州向けに衣服を作っている。一日に八時間働き、毎週約二〇〇〇着の衣類を生産する。ミシンの一台はアサイシュの制服用のバッジを縫うのに使われる。

ナイマ・ベクタシュは「私たちはカーミシュロ向けの衣服をすべて作れるはずです。しかし禁輸措置のために、十分な布地が手に入りません」と嘆いた。さらに続けて、次のように語った。「アレッポは織物貿易の中心でしたが、現在はイスラム国がその町を支配しています。私たちの高品質の原綿はアレッポに輸送されたものでした。ここには綿布を製造する機械がない。今ある布地はダマスカスから来たものです。禁輸措置のために綿花が売れないし、綿花を布にする機械もありません。そのため綿花栽培はいっそう少なくなっています。ロジャヴァでは原料だけを生産し、仕上げや加工産業はありません」。

「すぐにでも発電機が必要ですが、南部クルディスタンの国境で押収されています。もしもっと機械があれば、良質の衣服をもっと安価にロジャヴァの他の地域にも提供できるでしょう。戦争で暴利を得る多くの輩がいます。禁輸措置のため、価格はこの輩の気まぐれで決まります」。

デリークのチーズ協同組合

デリークの小規模な酪農協同組合では、五人の女性が市場で売るチーズとヨーグルトを作っている。協同組合で一緒に働いているバーマルは、「自分や自分の家族用に作れます。イェキティヤ・スターの経済委員会が牛乳を提供してくれます。私たちの稼ぎの一部を、その見返りに渡します。とても公平なやり方です」と語った。もう一人の働き手のグルバハールは、「私たちは伝統的なチーズの作り方を残し続けるつもりです。私たちが作るチーズの需要はとてもたくさんあります。もっと多く売れるでしょう」と付け加えた。

カーミシュロとティルベスピーの間にあるレンズ豆協同組合

革命後に社会化されたかつての国家所有地の四二平方マイル（一一〇平方キロメートル）の土地は、現在、全部で七五人の女性を雇用する五つの協同組合の所有地である。これらの協同組合はイェキティヤ・スターによって設立され、女性評議会と結びついている。私たちはレンズ豆を栽培する協同組合を訪問した。ここには五人の女性が雇われており、女性たちは小屋を買い、土地を耕し、今は自由に使える収入がある。

セレーカニイェの女性製パン所

戦争で荒廃した都市のセレーカニイェに女性の製パン所が開業し、六人の女性が一日に約六〇〇個のフラットパンを作っている。ある若い女性は次のように語った。「解放後に、私たちは『女性の家』の援助でこの計画を始めました。製パン所の以前の所有者はギャングの仲間で、トルコに逃げました。パンは朝七時から一〇時まで販売し、フラットパン一個につき一〇ポンド（約五セント）です」。このビジネスは女性たちが所有し、協同組合として設立された。「戦争中、たくさんのパンを焼き、前線で戦う友を支えました。今の状況は、女性の働く機会がまったく限られていた政権の時よりも、はるかに良いのです。まだいくつかの障害があり、ほとんどのアラブ人女性はその社会的な状況のために働きません。しかし私たちがここで働くことが、時が経てばアラブ人女性に影響するでしょう」とパン職人は自信を持って予言する。

デルナ村の製パン所

カーミシュロとティルベスピーの間に、デルナという小さな村があり、ここでイェキティヤ・スターがもう一つの製パン協同組合を始めた。ここから地域の六つの村にパンが供給されている。パン職人は朝から仕事を始め、午後に交替勤務がある。「全部手作りです。機械は何も使いません」と村の住民のグリンダは説明する。フラットパン一つが一五シリアポンド（約八セント）。「これはとても手頃な値段です」とスィルヴァンは語り、この製パン所は女性運動によって援助された人道プロジェクトだと指摘した。

デルナ村は二〇〇軒以上の家からなる。グリンダは次のように語った。「一九六三年にここの土地がすべて奪われました。私たちは何も持っていなかったのです。だからここには現在女性と子どもしか住んでいません。とても悲しいことですが、他の皆は去りました。ほとんどすべての土地は、新しいアラブ人の村を作るために再配分されました。私たちの村には今アラブ語の名前とクルド語の名前があります。アラブ人村落は開発されましたが、クルド人のためには何も残されませんでした」。ディーゼル燃料を使うオーブンのところに女性八人と男性四人が立って仕事をしていた。「ここには機械がないので、六つの村にしかパンを提供できません。機械があればもっとたくさん作れるのですが」とシルヴァンは言った。

アムーデ近郊の農業協同組合

私たちは、アムーデの郊外にある農業協同組合を訪問した。アムーデのイェキティヤ・スターのメドゥヤの説明は次のようだった。「ここには、牛、ピーナッツ、玉ねぎがあります。土地は私有地です。イェキティヤ・スターが種を運んでくれ、所有者が揚水ポンプ用のディーゼルを用意してくれ、私たちは労働を提供します。私たちはロジャヴァで育てる穀物を多彩にしようとしています。そうすればもっと自給体制ができるでしょう。今は農業技術者が数人いて、ここの土壌で何が育てられるか分析しています。初めてここで今ピーナッツを育てています。レンズ豆も同じです。禁輸措置のために、肥料や殺虫剤はとても高価ですが、幸運なことに昨年の冬はとても寒く、今年は殺虫剤が不要です。殺虫剤と肥料は以前よりも四倍も高いのです」。

シルヴァンは次のように語った。「ここでピーナッツ栽培しようというのはメディアのアイデアでした。ナッツだけでなく市場向けにカリフラワーのような野菜も作りたいと思っています。野菜は冬場に特によくできるでしょう。ティルベスピーには四八〇本の木を持つオリーヴ協同組合もあります。稼ぎの三〇パーセントはイェキティヤ・スター、七〇パーセントは協同組合のものになります」。

ティルベスピーのドラッグストア

ティルベスピーでは、現地の女性評議会が小さなドラッグストアを開いた。これは一五人の女性が始めた協同組合である。女性の皆は、一万五〇〇〇シリアポンド（約八〇ドル）を拠出した。いくつかの商品はカーミシュロの卸売で購入した。店の隣に女性たちは衣料品店を開き、その稼ぎを分け合う予定である。二ヵ月前、店が並んでいる前に爆弾攻撃があり、協同組合の女性一人が亡くなった。

アムーデの女性協同組合

女性運動のもっとも野心的なプロジェクトの一つが、アムーデで作られている。通り全体を店にすることだ。洋裁協同組合はすでにもうある。女性運動は二一人の女性に洋裁の仕立ての訓練をした。女性たちは家で働き、衣類は店の一つで販売される。バクラバ［ナッツ・蜂蜜などの入ったデザート用ケーキ］の店の開店も進んでいる。ネスミヤは「店はイェキティヤ・スターが支援しています。一週間以内に開店するつもり。オーブンがあるところではパンを焼けます。チーズ製造も計画中です。一年間建物を借りました」と話した。

数万人の女性の仕事が必要なので、このようなコミューンは大海の一滴のようなものであるが、前途有望な始まりである。コングレヤ・スターは生活をもっと協同的にするように呼びかけるだろうが、協同組合には財政が必要である。今ある協同組合はごくわずかの資金で運営している。機械や基本的設備はどこでも足りない。国際的な連帯による支援が求められているのは、まさにこの分野である。

12・6　生産の管理

生産された商品はどうなっているだろうか。ドズダール・ヘモによれば以下のようである。「土地の耕作からの売り上げのうち三〇パーセントは民主主義的自治行政が取り、協同組合は七〇パーセントを取ります。ギルケ・レジェでは、協同組合をつくる殉教者の五〇家族が自治行政との契約を結び、三〇パーセントが自治行政、七〇パーセントが協同組合にいきます」。

市場も国家経済もないならば、別の疑問が出てくる。生産はどのように管理されているのかということだ。結局、「協同組合を建設する場合、競争相手を排除し社会的平等を作り上げることも重要である」。コルホーズのような集団農場やモンドラゴン〔スペインのバスク地方にある労働者協同組合企業体〕などのモデルは、資本主義的あるいは国家主義的な生産計画経済のようなものであり、受け入れられない。このようなモデルはロジャヴァでは中央集権的として批判される。民主主義的自治においては、解答は経済をコミューン的に管理することである。すなわち西部クルディスタン人民評議会の評議会システムの基盤であるコミューンが管理することである。

協同組合は評議会システムと結びついていなければならず、民主主義的管理の外部で独立した企業になることは法によって禁じられている。ジジーレの経済担当機関のメンバーが二〇一五年一一月に私たちに次のように語った。「私たちの協同組合は一〇〇パーセント、社会の必要に向けられ、コミューンと直接結びついています。コミューンが協同組合の指導者を選びます。全レベルでの経済委員会が、教育計画によって協同組合とその仕事を援助します」。

ロジャヴァの社会的経済では、国家や資本ではなくコミューンが必要なものを決める。もちろん一つのコミューンだけで自分たちが必要なものを扱える状況ではないので、コミューンは経済委員会を通じて、住宅地、村落、地区、地域、州、連合という各レベルでネットワークを組織しなければならない（6・3参照）。コミューン・レベルの経済委員会はコミューンに必要なものを確認し、それを連合レベルでの関係する評議会に渡す。他のレベルでは、西部クルディスタン人民評議会システムによって異なる地域の必要なものが決定されている。

民衆に必要なものを充足させるには、工業が必要である。二〇一五年後半の時点では、エコロジーに配慮し、民主主義的で、コミューン的な工場をいかに建設したらよいかという議論が行われている。[*18] エコロジーに配慮した民主主義的工業を建設するという理念は、社会的に必要なすべてのものを含むというように発展させられている。しかし、禁輸措置によりこれはまだ長くかかりそうで、ロジャヴァへの攻撃が継続しているのでこの計画は遅れている。それでもエネルギー供給についての計画は進行中である。例えばアフリンの数ヵ所では太陽エネルギーに転換されている。

12・7　協同組合の拡大

表面的な観察では協同組合は、基礎的な必需品の供給のために創設され、緊急時の戦時行政の臨時の措置と見えるかもしれない。しかし、ヘモは私たちに次のように言った。「私たちは協同組合をいたる所に建設していいます。民衆は電気や水などに関わる問題を他の誰かが解決してくれるだろうと見て待っていることはなく、自ら前に進み協同組合を組織したのです。評議会はそうした問題を解決するために協同組合を創設できます」。

不足物資を与えるよりもむしろ、ロジャヴァは例えば協同組合による製粉工場や製パン所を建てることによって、民衆の基本的な必需品を供給するように体系的に試みている。「社会的契約」によると主食の食料品と天然資源は民衆のものなので、その価格はできるだけ低く抑えられている。ヘモは、「私たちは石油でさえ皆のための天然資源と考えています。その価格を上げたくありません」と述べた。ディーゼル油は原価で売られ、石油販売からの収入は自治行政にいき、行政はそれを基盤施設に投資する。このように石油からの富は農業協同組合を振興させるために使われる。

ロジャヴァには別の形の商売と経済もあるが、社会的経済のモデルの拡大が早い。現在自衛の概念には、外部からの干渉に対する経済の防衛も含まれている。

協同組合システムは失業問題を解決している。ユーセフ博士の説明は以下のようである。「コミューン、協同組合そして必要に基づく経済を通じて、どの人も自分のやり方で生産に参加でき、失業はない。コミューンが設立されるところでは、失業が資本主義体制そのものの結果であることが明白になる」[*19]。ユーセフ博士によるとアフリンでは、「革命前は四五万人の住民に対してごくわずかの仕事しかなかった。現在人口は二倍になっているが、実際の問題としてすべての人に仕事がある」。

最終的にはすべての部門が協同組合として組織されるであろう。ヘモは次のように語った。「私たちは、道路建設、公共部門、農業、商売、ビジネス、つまり全部門で協同組合を建設しています。とりわけ水と電気の供給を保障することで自治行政を支えています。目下のところ、プロジェクトの大半は農業ですが、それは私たちの暮らす地域が主に農業地域だからです。私たちは全員に、その環境と寄与にもよりますが、家を持てる機会を与えるという目的でも協同組合を建設しているのです」。

話し合いは、再生産の労働の認知とコミューン化をめぐっても行われている。すなわち、女性が家庭で家族のために行う目に見えない無給の労働である。経済学者のアズィゼ・アスランは次のように述べた。「家事労働をはじめすべての『不可視の』労働が社会化されることを望む。なぜ女性が家で洗濯機を使うべきなのか。村や地区に洗濯場があってはいけないのだろうか。幼稚園や共同炊事場があってはならないのだろうか。……これらは『男性と女性の労働』の家父長制的でジェンダー差別的な分離が廃棄されるいくつかの方法である[*20]」。

基本的にクルド人の自由運動はさらにいっそうのコミューン所有を主張している。クルディスタンコミュニティ連合（ＫＣＫ）の共同議長のジェミル・バイクは次のように語る。「水、土地、エネルギーは社会全体のものであり、社会全体によって使われるように役立てられねばならない。社会がこれらの財産の共同所有者である限り、個人は誰もそれを私的に使えない。さらに、そのような社会は経済的な支配に従属することはありえない。それ故に、水と土地とエネルギーを統制することを諦めてはならない。特に水と土地とエネルギーは国家に属すべきではない。これらのものを統制すると主張する国家は、専制的でファシズム的である」。

さらにこれらの資源は全員が無料で利用できなければならないとバイクは主張する。「クルド人はそれらの代金を絶対的に支払うべきではない。どうやって水を売ることができるのだろうか。エネルギーもクルディスタンの民衆の財産であり、売られることはありえない。もちろん社会は浪費させない方法を見出さなければならないが、水もエネルギーも不可欠なものであり売られてはならない。……石油でさえクルディスタンの全民衆に属するものである[*21]」。

社会が水と土地とエネルギーの利用について確実に決定できるようにするために、社会が必要とするものの情報が専門家の手から離され、社会化されるべきであろう。このためには教育が決定的である。バイクは

「私たちは民衆に、どうしたら協同組合が社会的経済を形成できるのかを教育しています。このことをさらに進めるために経済アカデミーを設立する予定です」と述べた。

民主主義的自治の経済プロジェクトは、連帯に基づくオルタナティブな国際経済をめざす道として考えられている。クルダクシ博士は、「私たちは世界全体が最終的に採用するであろうし、実際に採用しなければならないモデルを開発した。遅かれ早かれ、私たちは成功するであろう。なぜなら、私たちの成功は社会の成功であろうから」と述べている。

12・8　これからの課題

アメリカ主導の連合がイスラム国と戦う人民防衛隊・女性防衛隊を援助しているときでさえも、ロジャヴァへの経済面での禁輸措置はそのままである。ロジャヴァには人道的援助はほとんど何も届いていない。ロジャヴァの部隊はイスラム国に反撃するために利用されるであろうが、ロジャヴァの社会的・政治的モデルは、飢えて死に至るかもしれない。

それでも搾取のない経済を作り上げ、それを社会のコミューン的で民主主義的な管理下に置くという目標への積極的な支持は続いている。この目標を達成しようと働くことで、ロジャヴァは国際的に広がるモデルになりうる。コミューン経済に不可欠な協同組合を創設している経験には深い感銘を覚える。

状況によって経済の少なくとも一部はしばらくは資本主義的であろうが、協同組合が大きくなりすぎず、私企業のようにふるまわず、互いに犠牲を払っての成長ではないようにすることが長期的には重要である。最後のことはロジャヴァでは生じていないが、国際的にはそういう事例はいくつかある。ロジャヴァでのそうした否定的な進行は排除できないかもしれない。重要なのは、協同組合をコミューンの民主主義的な管理下に置き続けることである。「社会的契約」の新たな草案には協同組合のための条項が入るだろう。

地域や州のレベルでの事業は現在、他の何よりも石油生産、その分配、エネルギーと水の供給、運輸、ゴミ処理、パンの製造のほとんど、公共交通を組織化している。これらの事業は、評議会と民主主義的自治行政組織の統制下にあり、法によって管理され、社会に確実に埋め込まれ、完全に民衆に利用されるように行われねばならない。

評議会は地区と州レベルでのこれらの事業を管理しているけれども、事業所の労働者は労働組合を組織しなければならない。二〇一四年五月の時点ではまだ組織されていないが、そうするように労働者は促されている。強い参加の権利を持つ強い労働力だけが、労働条件を改善する一方、社会的課題も実現できるのである。州評議会の経済委員会でさえ間違った決定を下すことはありうる。

同様に、透明性と民主主義的管理が重要である。評議会はすでにこの機構を若干制度化したが、それをもっと直接的に実行すべきであろう。世界の大半の国家では透明性と民主主義が欠落していて、公共事業が全体の利益によって導かれることが本来あるべきよりもずっと少ないことを忘れないようにしよう。経済的に強い事業は、いわゆる「隙間市場」を満たそうとする小規模で意欲的な私的企業に対抗して仕事をするだろう。「社会的契約」は独占の形成を禁止しているが、この条文が強化され、独占に向かう傾向はなんであれ早く見つけ出さねばならない。

農業の多様化は政治上の進展とは関わりなく着実に追求されねばならない。禁輸措置は、工業向けの単一栽培モデルを越える農業を再編成する機会としてとらえねばならない。農業の再編成はまたエコロジーの観点からも必要である。

新しいエネルギー源も必要である。紛争のために二〇一二年に起こった止むを得ないエネルギーの低消費から教訓を引き出すことができる。発電機や発電所をつくって革命前のエネルギー使用水準を保持しようとするのではなく、評議会システムは食料生産や輸送や住宅供給の新しい政策を採用することで、エネルギー使用を恒久的に減少させるべきである。資金と自然力とを結びつけて使われる技術的に効果のある方策が、ある程度助けになるだろう。二〇一四年はこの議論は不十分なままだったが、幸先のいい始まりとなった。

もしトルコが禁輸措置の解除を決定し、革命が予期どおりにいっそう成功するならば、大きな課題が生じるかもしれない。ロジャヴァは世界市場に対して開放され、通商が一見限界なく始まるであろう。ロジャヴァで生産される商品（石油、小麦、オリーヴ、オリーヴ油など）は海外で販売され、たくさんの収入をもたらすだろう。しかし同時にロジャヴァは、便利なものの流入によって圧倒されるだろう。こうして国境を開くことは、可能性を開くとともに危険性をもたらすであろう。もしこういうことが起これば、ロジャヴァはどのようにして経済のコミューン的特徴を守れるであろうか。ロジャヴァの生産物のどれが輸出され、誰が輸出するのだろうか。収入はどのようにして使われるのだろうか。どの生産物が海外から入るべきであり、その量はどのくらいか。輸入関税はどのくらいの高さに設定されるべきか。協同組合による生産のレベルと構造はどうしたら守れるだろうか。外国からの投資は認められるべきか、もし認められるなら、どれをどのような形態で認めるのか。

二〇一二年以来、ロジャヴァはゆっくりと例外的な経済形態を発展させてきた。もし境界が通商のために開かれたら、協同組合と公共事業は上記の問題が解答を見出すまで守られねばならない。境界の開放によって、ロジャヴァで急速に私的企業が成長するのを認めるべきではない。むしろ、協同組合と公共事業が利益を得るべきであろう。革命がその意味を奪われて、軍事的にではなく経済的に敗北したことは歴史上あまりにも多い。それがロジャヴァで起こってはならない。幸いなことに、私たちは革命の歴史全体の経験から本質を洞察する力を拾い集められるという利点を持っている。

第 13 章
環境に関わる諸課題

ロジャヴァの根本的に新しい社会は、環境にかかわる大きな難問に直面している。それは、石油と天然ガスの生産と消費、農業と運輸業、ゴミ処理と排水の扱い、家屋の建設に関する問題である。バース党政権が優先した政策は、最大限の効率を持って地域の天然資源を開発し、長期間にわたり農業生産を最大化し、基本的な公共サービスを最小の投入資本で維持することであった。これらの政策の環境への影響はほとんど考慮されていなかった。その結果としてマイナスの影響は大きく、憂慮すべき遺産となっているが、ロジャヴァは今日戦争と禁輸措置の結果、いっそう大きな問題に直面している。革命はいくつかプラスの影響をもたらしたが、全体としてマイナスの影響の蓄積のほうがずっと大きい。

クルド自由運動は、深まる環境の危機を一九九〇年代から分析しはじめ、この問題を権力のヒエラルキーと資本主義的近代、とりわけ新自由主義と関連づけた。この点に関しては、クルド自由運動は、クルディスタンやトルコでの他のほとんどの左翼運動の中で際立っていた。環境問題の重要性は二〇〇〇年代に進展して、民主主義的連合主義の政治理念において認められた。二〇〇五年に発表されたパラダイムにおいて、環境は民主主義とジェンダーの平等と並んで大きく強調された。

とりわけ生物種の維持と気候変動に焦点が当てられて、民主主義的連合主義はクルド人社会に環境問題の自覚を初めてもたらした。環境に関する初期の言説はどちらかというと皮相なものだったが、ここ数年で生活をエコロジカルに転換すべき理由が把握され、現在は環境問題の原則が、自由な社会のあらゆる局面で本質的とされねばならないという議論が闘わされている。人類はすべて自然の一部であり、自然の諸要素から確かに恩恵を受けているが、自然より上位の存在ではないのである。クルド自由運動は、エネルギーと物資が世界で消費されている莫大な量を批判し、そのレベルをもっと低くし、それを誰にも平等にすべきだと主張している。

ロジャヴァでの革命が始まった頃、環境問題へのおおかたの自覚は中東の他の社会に比べても大きくはなかった。運動の活動家が環境に対する意識と調和した社会に変革しようと努力しているのだが、自覚はまだ限定的なままである。

13・1　生物多様性の破壊

古代にはシリア北部は密林に覆われていたが、三〇〇〇年に渡る伐採のために非常に多くの樹木がなくなってしまった。特に一九世紀半ばからは地域の人口が急速に増え、大量の木が使われた。アフリンでは昔からのトキワ樫と松の森林が少なくとも地域の三分の一を覆っていたが、一九〇四年から一九二一年に運行されたベルリン・バグダッド鉄道が、蒸気機関車の運行を維持するために広大な面積の樹木を切り倒した。[*1] 森林は広大なオリーヴ・プランテーションに代えられ、地域の生物多様性を劇的に狭めた。コバニもアフリンほどではなかったが、樫の密林があった。それも主には小麦の、また大麦、綿、オリーヴ、ブドウの栽培で消滅した。

ジジーレにも、土地がすべて小麦生産に転換されるまでトキワ樫の森林と湿地帯さえもあった[*2]。アムーデ郊外には、湿地帯がある有名な森林が八〇年前でもまだあって、そこではガゼルが歩き回っていた。これらの人気のある動物は、徐々に狩猟で大量殺害され二〇世紀には絶滅した。最後の「天然の樹木」は半世紀前になくなり、ほとんどの植物種と動物種はジジーレ州から消滅した。居住地、道路、鉱山、家畜牧場に使われていたところを除くすべての土地が、農業用に当てられた。

一九七〇年代、地域の農民が確実に小麦以外を栽培しないようにするために、国境のトルコ側にあるトマトが疫病をはやらせ、それがジジーレにも蔓延し、将来何年にもわたり作物をダメにするという噂をシリア国家が広めた。そのため、トマトだけでなく果物も野菜もすべて「自発的に」栽培がやめられた。村人たちは、樹木を植えないように促された。なぜなら植えると土地を没収され、しかもその補償もされなかったからだ。樹々の中で生活した体験は忘れられていった。

現在の議論は、自給自足のためにロジャヴァの農業を多様化するという前提から出発している。作物の多様化により土壌が豊かになり、総じて植物にも動物にも良好であろう。議論されているのは、小規模の森林か農業をしない土地を動植物の広域生育地の中に網の目で配置することや、少なくとも農地の間に樹木を植えるという提案である。しかし残念なことに、こうした提案はまだ議論の段階に留まっている。政治的な意志の決定者も村人も環境意識は高くない。樹木があったという歴史的な記憶はほとんど失われ、進行している戦争によって、配慮しなければならない他のことがたくさん出てきた。もし生物多様性を長期間におよんで高めようとするならば、政治組織が樹木や森林の栽培のことを綱領に入れなければならない。なぜなら農民たちはそれに自ら素早く取り掛かりはしないからである。新しい政治システムにとっての名誉は、二〇一五年春に、デリーク市近傍に多様な樹木が植えられた最初の「国立公園」を創ったことである。

写真13・1　デリークの経済省での都市園芸

一九七〇年代にシリア国家は、作物に化学肥料と殺虫剤を使い始めた。おそらくこれにより土壌の質と地下水に害が及んだ。しかし禁輸措置が強制されたため、ほとんどの農民の使う化学肥料は激減し、以前の水準のわずか四分の一か三分の一になった。大土地所有者は、余裕があるのでずっと多くの化学製品を利用している。小規模な農民の中には伝統的な肥料の使用に戻っている者もいるが、二〇一五年の時点では多くない。有機性廃棄物を肥料にすると、生産量は減っても土壌や水や自然は守れる。ジジーレでは必要以上の小麦が育つので、収穫量が五〇パーセント減っても、栄養補給の観点からは深刻な問題にはならないだろうが、影響を受ける農民への補償の方法が考えられねばならない。

二〇一五年後半、禁輸措置が厳しくなったために肥料の価格は四倍に上がった。その結果多くの農民が選んだのは、土地の一部だけを耕すか、まったく耕さないかであった。二〇一六年には農産生産高の深刻な落ち込みが見積もられた。一方、都市や農場からの排泄物を使って地元で有機肥料を製造する施設をいくつかの地域で建てることで、化学肥料の欠乏を克服する計画が進行している。肥料を変えることでいっそう自給自足の経済になるだけでなく、農業生産物と土壌の質が改良されて生物多様性を高めるであろう。[*3]

13・2 水の危機

以前から予期されていた水不足が二〇一二～一三年に現実になった。北部クルディスタンに源を発するハブール川（アラビア語ではアル・カブル川）は、セレーカニイェの泉で水量を増し、ヘセケへと流れてユーフラテス川に注ぐ。しかし、ハブール川は冬場の二～三ヵ月しか流れず、一年の残りの月の川床は乾燥している。デリーク地域からヘセケへと流れるラムズィアン川は、比較的大きいが一年の五～六ヵ月しか水がない。北部クルディスタンのマーディン山脈に源流があり、ニセビーンとカーミシュロの近くを流れるチャクスチャクス川だけが一年のほとんどのあいだ水がある。

ジジーレとコバニでは川の水の平均水量が減っており、汚水を下流に運ぶには水量が不足している。さらに、ニセビーンの一〇万人の住民が未処理の汚水を川に捨てるので、チャクスチャクス川の水質は恐ろしいことになっている。この川で水浴すると誰でもが確実に病気になる。しかし非常に多くの農民が畑の灌漑のためにチャクスチャクス川を利用しているので、健康への影響は容易に想像できる。

カーミシュロとセレーカニイェの汚水処理施設は現在稼働しておらず、汚水は現在下水網から直接ハブール川とチャクスチャクス川に処理されずに流れ込んでいる。ニセビーンでは新しい水処理施設を建設する計画を持っていたが、財政難そして最近ではとりわけ二〇一六年春のトルコ軍の破壊活動によって中断させられた。

二〇一四年に私たちがカーミシュロ自治政府の職員と話をした時、職員はこの問題を強く自覚していたようだが、財政面や技術面で方法に限界があるので川を綺麗にする可能性はほとんどない。それでも職員たちは、街の中の川床の両岸に散乱しているゴミを綺麗にしようと熱心に取り組んでいる。以前よりは少なくなったとはいえ、人々はまだ橋や道路ぎわから河岸や直接川床にゴミを投げ捨てている。近隣住民や店主や学校と協力して、カーミシュロ自治体はゴミをなくすキャンペーンを始めようとしている。汚水処理施設がまだある他の場所では、水の処理に現在あたっている職員に必要な技術的な知識がなく、施設は最小限しか保守されていない。

夏になりカーミシュロが水不足になると、幸いなことにデリークからパイプラインで水が移送される。デリークではずいぶん前に建設されたダムによって満水の貯水池が保たれている。さらに飲料水はまだ北部クルディスタンの国境地帯の近辺、例えばセレーカニイェで供給されている。セレーカニイェで得られた水は人民防衛隊が監視してパイプラインで運ばれている。

地下水

三世紀にわたりロジャヴァの人々は、地下の貯水池から飲み水を汲み上げてきた。濾過をそれほどしなくても水質は良い。アフリンとデリークの地区には最大の地下水の蓄えがある。

しかし、地下水の水位は下がっている。二〇～三〇年前は、水を汲み上げるには一〇～二〇メートル下まで掘れば十分だった。私たちが聞いた人によれば、現在は一〇〇～二〇〇メートルだという。しかも揚水ポンプもパイプも古くなっていて、そのために失われる水があり水質も低下している。禁輸措置によってロジャヴァには部品を取り替える手段がない。

地下水の危機がもっとも切迫している地域は、ヘセケ地域などの南部地域である。歴史的にヘセケ（人口は約三〇万人）は地下から水をくみ上げていたが、ここ数十年は農業の工業化が進んだために、地下水の水質が劇的に低下した。なぜならジジーレ州の川や細流はすべてヘセケに集まり、地域全体の化学肥料や殺虫剤や除草剤の残留物を運んでくるからである。今へセケのどの建物にも雨水を集めるための水タンクが屋上に置かれている。飲料水はセレーカニイェ地域の井戸から運ばざるを得ず、三日ごとに六時間かけてヘセケ内で分配される。

トルコの位置

トルコは包括的なダム・システムによって三州に流れ込むユーフラテス川を統制している。トルコで進行中の東南アナトリア計画によって、現在までに二四のダムと一七基の水力発電所がユーフラテス川に建設された。このダムの目的の一つは、灌漑用貯水池を創ることである。[*4] ロジャヴァとトルコとの国境の丘に立てば、北部クルディスタン側の畑がロジャヴァよりもずっと緑に覆われているのが一目でわかるだろう。この理由は、何年にもわたりユーフラテス川の流れが、ダムによって減少してきたためである。トルコは、川から直接灌漑するために水の流れも変えている。灌漑のこのような工業化によって、ロジャヴァに流れ込む水の流れは量も質も悪くなっている。

ロジャヴァは地下の貯水池をトルコと共有もしているが、過去一五年間、トルコには手頃で効率的なモーターがあり地下水をずっと簡単に汲み出してきた。トルコ国家は灌漑のために水を汲み出す井戸に何の規制もしていない。その結果、地下水面は劇的に下がっており、ロジャヴァに破滅的な影響も考えられる。たとえ灌漑に使われた水が多少は地面にまた浸透するにせよ、水の損失は著しい。

トルコの治水政策に加えて、気候変動も水の欠乏の原因となっている。一九九〇年代の終わりからユーフラテス川とティグリス川の流域（つまり北部クルディスタン、ロジャヴァ、シリアの中央部から東部、イラク、イランの西部）では降雨量が八〜一〇パーセント減っており、川床への影響はいっそう大きい。[*5]

北部クルディスタンと比べると、ロジャヴァの一エーカー（約四〇・五アール）あたりの水の使用量はすくない（シリア国家の水の管理はトルコよりも良い）が、汲み出される水の量はまだ相当なものであり、長期間の維持はできない。ロジャヴァでも治水政策が地下水を減らしてきた。数十年にわたりジジーレ州はおよそ三〇〇〇の井戸から灌漑用水を得てきた。革命後井戸への統制は撤廃され、今の井戸の数は不明である。私たちと話をした民主主義的社会運動の活動家は地下水の水位が減っていることを自覚していたが、地下水を公正に管理するための細かな実行計画を持っていなかった。

二〇一六年五月にコバニ州の農業相は、水の供給を保護するために井戸の数を制限する決定をした。[*6]賢明な決定であり、特にジジーレ州でも真似られるべきで、この制限は厳格に施行され監視されるべきであろう。[*7]たとえトルコとロジャヴァが優れた治水政策を実行し、降雨量が突然増加したところで、以前に近い水準まで地下水が再び満ちるには数十年かかるであろう。しかしトルコは、非常に大きな政治的変動が必要な社会・生態学的な治水政策を容易には採用しないであろう。ロジャヴァは地下水のほとんどが北部クルディスタンから来ているので、自分では治水にほとんど貢献できない。それでもロジャヴァの民主主義的自治政府は、井戸の数や容量を規制するなど、問題を改善するいくつかの方法を採りうるだろう。

このような統制や法や規制を導入することに加えて、ロジャヴァは自覚を高める取り組みをするべきだろう。水の使用量を減らし、より効率的に使うように民衆を教育すれば、違反した人を処罰するという脅かしよりもずっと大きな影響力があるだろう。農民や当事者との話し合いやセミナーならば長い目での成功に役立つであろう。

ロジャヴァはいくつかの耕作地を、特に小麦栽培のための土地を灌漑しないで済むかどうかを考えるべきである。水の供給が減っても、作物を多様化する道を閉ざしてはダメであるが、新しく栽培される作物は灌漑がほとんど不要か、無しで済むようにすべきだろう。たとえ禁輸措置のため近い将来の実行が難しくとも、もっと効率的な灌漑の技術と方法を話し合わねばならない。

13・3　廃棄物の処理

他の深刻な環境問題は衛生と廃棄物処理であり、これらは健康上の問題でもある。解放後、自治政府が営繕していたロジャヴァの廃棄物処理システムは、いくつかの都市でだんだん機能しなくなった。コバニ、アフリン、デリーク、ティルベスピーではゴミの収集が大きな中断がなく続けられた。なぜなら西部クルディスタン人民評議会が行政を引き継ぎ、自治体職員が仕事を続けたからだが、カーミシュロではいくつかの問題が数ヵ月続いた。シリア国家の行政官は国家の支配下の近隣地区に逃げ出し、その結果二〇一二〜一三年の秋と冬にはカーミシュロのほとんどの地区でゴミが収集されないままだった。しかし二〜三週間後「革命的青年」がゴミ収集のキャンペーンを組織した。イェキティヤスターもこのキャンペーンに参加し、これらすべての結果、自覚が高まり新しい地方行政がカーミシュロや他の地域でもどんどん創設された。

二〇一四年までには、ロジャヴァのどこにでもゴミ収集と処理の動きが機能していた。無蓋小型トラック、軽トラック、バケット付き掘削機がゴミ用のトラックに転用された。二〇一四年五月時点でカーミシュロ自治行政に利用可能な車は七台あるが、期待以上に効率的に動いておらず修理が必要だった。戦争と禁輸措置によって、ゴミ処理用トラックと施設を手に入れるのが困難になっている。言い換えれば、廃棄物収集と処理のシステムには大きな変化は起こっていなかった。

収集されたゴミは穴に運ばれてそこに置かれ、多くは焼却されている。現在使用中の穴の多くは二〇一二年以前に掘られた。こうした規制されていないゴミ捨て場のために深刻な健康・環境問題が起こっている。廃棄物は地下水を汚染し、家屋の近くのゴミ捨て場からの風に乗ったゴミと悪臭で人と動物の健康が害されているかもしれない。カーミシュロで私たちはゴミ捨て場から一キロメートルも離れていない所に飲料用の井戸を見かけた。ジジーレ最大のゴミ捨て場は、周辺の村々からの廃棄物も受け入れており、カーミシュロの水の供給へ大きな危険を与えている。地域保健委員会の医者は、都市の子どもたちが水の媒介する病気にかかっている割合が平均よりも多いと私たちに語った。潜在的な危険は知られていたのに、カーミシュロのゴミ穴は一九九九年に掘られた。飲料水用の井戸は三〇年以上使われてきた。

自治行政はいくつかの解決策を話し合っている。もっとも単純なのは、飲料水用の井戸から離れた都市の南に新しい穴を掘ることであろう。適切な場所は確認されているが、他の二つの村落は直接影響を被るだろう。

費用がかかるが合理的な解決策は、今のゴミ捨て場のすぐそばに一部建設されている廃棄物焼却施設を完成させることであろう。シリアでの戦争のために計画は中断しているが、七五パーセントは完成していると衛生の専門家は語った。たとえちゃんとした建設会社やチームが見つかっても、禁輸措置によって必要な設備が州内に入るのがもちろん阻止されるかもしれない。しかしどんな設備や機械が必要なのかがはっきりしていない。さらに施設を管理するのに必要な専門家がロジャヴァにいそうもない。

しかし廃棄物問題にとって良い点が一つある。それは解放以来、禁輸措置のためにトルコや南部クルディスタンからロジャヴァにくる商品の流れが減っているので、廃棄物の流れが顕著に減少している。しかも物不足の経済状態のために人々は商品、容器、機械、ケーブル、木材、設備などなんでもリサイクルできるものは再利用し、転用している。しかしいまだにロジャヴァに入ってきてリサイクルできないものもある。特にビニール袋である。都市の周辺部では何千ものビニール袋が広場に散らかり、風に舞っている。車で私たちがヘセケに入った時に見たのがこれである。

13・4 大気汚染

ジジーレでは大量のディーゼル油が精製され消費されており、都市内の空気の汚染はかなりひどい。現在車とバスはディーゼルで走っている。ディーゼルが使えるので、自動車や他の車の数は革命以来ほとんど減っていない。さらに、原油精製技術の水準が革命前と同じレベルに戻っていないので、大気汚染の悪化の一因となっている。さらに問題なのは、商店や家庭で使われ、毎日五時間の電力を供給している多くのディーゼル発電機である。発電機は通りにいると音が聞こえ、姿を見かけるが、大気汚染と騒音公害の著しい原因となっていて、深刻な健康問題にもつながっている。この状態が長く続けばそれだけいっそう結果は重大であろう。

13・5 石油生産

ジジーレの油田はティルベスピーとデリークの間にあり、リメランの街の近くにある。他の場所と同様、ロジャヴァの石油経済は環境にかなり影響を与えている。原油の採掘、輸送、精製、分配により土壌と農地への汚染が生じている。二〇一一年までジジーレで掘り出された石油は、ロジャヴァの外部のホムスで精製されていた。革命によってジジーレで石油精製ができるようになったが、環境が維持できる水準にほとんど適合しない単純な方法で行われたので、土壌は再び汚染された。最悪に見積もると汚染した排水はルムズィアン川で処理される。分量は多くないが、この小川の流れ全体を汚染するに十分な量である。現在この小川は魚も他の生き物もまったくいない状態でリメランからヘセケへと流れている。数十キロメートルに及んでこの水は畑を灌漑するために用いられることはない。この水に入って遊ぶ子どもたちは危険にさらされる。

ジジーレの環境相のロックマン・アーデは、全民衆に危険性を伝えようとしており、技術的な手段と能力が利用できれば今以上のことができるだろうと、繰り返し強調している。

全般的にジジーレの人々はジレンマに直面している。石油の精製が続けられて自分たちや防衛のための電力や移動用燃料が供給される一方、環境と健康が危険にさらされている。石油がなければ電力、交通手段、厳しい環境破壊、防衛は中断するだろう。近い将来にはこの矛盾は解消しないだろうが、好ましくない影響は短期間で最小にでき、この危険性は全民衆に知らされるであろう。わずかな方法と金額があれば適切な手段が講じられるはずである。

13・6　展望

困難にも関わらず、ロジャヴァの人々は生活必需品を手に入れられる。誰も飢えていないし水も使える（水質が良いとは限らないが）。パンも油も安い。基本的な権利を皆が享受している。人々の連帯が広がり、その恩恵を皆が受けている。困難を克服しようと農業の多様性などで大きな創造性を注いでいる。

しかし、三つの州の技術的・人的な能力は明らかに限られているので、環境に対して深刻で否定的な影響を与えている。人々は発電のためにディーゼル発電機を私的に使い、それが環境上も健康上も由々しい影響を及ぼしているが、他の発電場所からの潤沢なクリーンな電力が利用できるまでは、ディーゼル発電を禁じることは不可能であろう。今日、家庭でもコミューンでもディーゼル発電を規制するために組織的に骨を折って教育している。戦争そのものが環境破壊の源であり、防衛戦争でさえ自然に害を与えている。

このような難問題のいくつかは短期的に解決しない。生産と消費の決定的な転換を含む長期間の環境上の課題に立ち向かうには、学校、協同組合、コミューン、人民評議会で環境問題に関わる努力が求められている。いっそう包括的な手段へと向かう歩みが進められてきており、ロジャヴァ周辺で多くの小さな計画やセミナーが行われるという結果を生んでいる。二〇一五年に環境問題への自覚を広めるために、最初の環境アカデミーがジジーレに創設された。

しかしながら困難な状況は、生産、消費、運輸、その他の社会の局面を環境に配慮したやり方に変えるためのよい機会だと考えられるだろう。有機肥料を製造する計画は、単に禁輸措置期間にうまく対応する方法としてだけで考えるのではなく、長期間にわたる計画化と組織化がなされねばならない。家庭の中庭や学校の周りの小さな「ゲリラの庭」は食料主権を発展させる上で決定的である。農地に対する公の統制は生物多様性を増すチャンスだと考えねばならない。日常生活でのプラスチックや廃棄物を減らすのは一般的に良いことである。戦争や禁輸措置が終わったあとでも今の水準は維持されるべきである。もし人々が、少なく持つことそして健康的な消費に慣れていけば、その目的は達成されるであろう。

ロジャヴァは、二〇〜三〇年前には普通だった量の水を決して再び利用できないであろう。水の危機から学ばねばならない。もしトルコが何らかの方法ですべてのダムをなくし、すべての大規模灌漑を止めたとしても、三州に住む人々が使える水は概して少なくなるに違いない。数百万人の人が下流に住んでいる。少ない水で済む農業のやり方を作り上げることは、ロジャヴァの自給自足体制を向上させ、自らの地方経済を強化するであろう。革命は、民主主義的連合主義のイデオロギーの枠組みの中で、環境重視の社会を創造するための重大な決定ができる地点に立っている。

第14章
隣人たち

二〇一一年三月に始まったシリアの反乱は、その初めから終わりまでスンニ派の間に大きく広がり、様々な分派からなるシリアの多数派スンニ派のアラブ人から構成されていた。[*1] アサド政権を倒すために、二〇一一年七月二九日に結成された自由シリア軍（FSA）は、多様な勢力の同盟となり急成長した。反乱が内戦へと高まり、アサド政権が恐ろしい虐殺を行うと、シリア人は自由シリア軍に群れをなして加わった。二〇一一年九月自由将校運動が自由シリア軍に加わり、自由シリア軍は最大の武装反対運動になった。戦闘員は軍人やスンニ派アラブ人に加えて、キリスト教徒やクルド人のいくつかのグループだけでなく、トルコやアラビアやマグレブからも参加した。自由シリア軍の司令部と大半の地方のグループは、西側諸国やトルコや湾岸諸国の情報機関にまもなく動かされるようになり、自由シリア軍はシリアの多くの都市で始まった地方での防衛委員会に対する支配力を獲得しようとした。「シリアを不安定にする計画をずっと持っていた国々、とりわけアメリカとサウジアラビア」は、機会が来たと見た。[*2]

14・1　シリア反体制派のイスラム主義化

バース党政権への蜂起が戦争の様相を呈したとき、反対派勢力は次第にムスリム同胞団と同胞団の前線組織のネットワークの影響下に入った。バース党政権に代わる政府として、シリア国民評議会が二〇一一年八月二三日に創設された。主にトルコの影響下に、NATO（トルコも含む）、サウジアラビア、カタールの支持の下にイスタンブールで会合が行われた。[*3] カタールはムスリム同胞団の支援者であり、シリア国民評議会は同胞団が支配していた。科学と政治財団のペトラ・ベッカーが述べるように、「シリア国民評議会のメンバーの三二〇人中七八人が、ムスリム同胞団だった」。二〇一二年六月、シリア国民評議会のシリア人メンバーのバッサム・イシャクは、「シリア人という自覚のあるすべての人、そしてすべての範囲の革命勢力」の参加を促すために、シリア国民評議会を改革する取り組みを指導した。しかしこの改革は失敗した。「我々が得たものはマイノリティを代表するわずかな者と、すでにシリアの状況を支配し始めていたイスラム主義の一団の強力な代表者であった」。その後は、自由シリア軍を名乗っていたグループだけでなくシリア国民評議会もほとんどイスラム主義者であった。[*4]

二〇一二年一一月、シリア国民評議会は「シリア革命と反対勢力の国民連合」（以下、「シリア国民連合」（NC）と標記）の創設に参加した。シリア国民連合はシリアに対するアメリカ、NATO、湾岸諸国の影響力を強化するために結成された。カタールが会議を主催し、それによりシリアの反体制派勢力はイスラム主義への道へますます導かれていった。サウジアラビア、カタール、トルコはこのイスラム主義化を妨害するどんな試みも阻止した。[*5] 一九八二年のハマの虐殺にも関わらず、「シリアのムスリム同胞団は軍事的イスラムの伝統に確固として立脚していた」。[*6]

西側はイスラム主義化を黙認するか、無視した。スンニ派同盟がアサド政権に反対する最もあてにできる梃子と思えたからである。シリアのジハーディストが強くなった重い責任は西側にある。アサド政権の利益とロジャヴァの自己統治に敵対する勢力が、いわゆる「シリアの友」と協働する利害関係集団によって創設された。「シリアの友」はトルコ、湾岸諸国、特にサウジアラビアとカタールであり、イランに対するもっとも強烈な反対派である。[*7]

二〇一二年一二月、トルコのアンタキアで最高軍事評議会（SMC）が、主に非民主主義的な反体制派勢力の新しい司令部組織として創設された。シリア・イスラム主義解放戦線（SILF）のようなサラフィストとジハーディストを志向するグループとが参加したので、最高軍事評議会でもジハーディスト勢力が支配権を獲得した。[*8]

ジャブハット・アル・ヌスラ／ジャブハット・ファテ・アル・シャーム

ジャブハット・アル・ヌスラ・リ・アリ・アシュ・シャーム（シリア人民支援戦線）は、二〇一一年後期にアル・カイダの指導者アイマン・アル・ザワヒリに忠実なシリア人のアブ・モハメド・アル・ジャウラニによって結成された。一三のサラフィスト集団とともにアル・ヌスラはこの地域に過激なイスラム主義首長国を建国しようと努めた。アル・ヌスラはアル・カイダとの提携関係を公然と認めていた。イスラム国と対照的に、アル・ヌスラの戦闘員の多くはシリア人である。

最高軍事評議会はアル・ヌスラとの密接な協力関係を深めた。[*9] 二〇一二年国際世論の強い要求でアメリカ合衆国は、それまで躊躇していたが、やむなく国務省の海外テロリスト組織のリストにアル・ヌスラを載せた。広範囲のシリア人反対派も抗議していたが、その中にはシリア国民連合の当時の委員長アフマド・モアズ・アル・カティブ・アル・ハサニもおり、この人は非常に強く抗議していた。[*10]

二〇一三年初めまではアル・ヌスラはシリアで最強の武装集団だった。自由シリア軍はジハーディストと活発な協力関係をもち、アル・ヌスラは自由シリア軍との繋がりを深めていった。アレッポ出身の自由シリア軍の軍事指導者、北部シリアでの自由シリア軍の軍事責任者、そしてリーワ・アル・タウィド（これはムスリム同胞団と提携し、カタールに支援されている）の指導者のアブドュラ・ジャバル・アキディは、二〇一三年三月二九日にアル・ヌスラについて質問されて次のように述べた。「アル・ヌスラは我々の仲間。あなた方西側の人がアル・ヌスラを見るのとは違う見方で、我々は見ている。我々にとってテロリストでは決してない！　アル・ヌスラは、アサドを追放したいのだ[*11]」と。

民族主義的なクルド人政党のいくつかは、自由シリア軍に接近しており、ペシュヴェル（「未来」）運動のようにトルコの政策を強く志向していた。ペシュヴェルはシリア国民評議会と自由シリア軍に強い繋がりを持ち、クルド人自由運動を拒絶している。ヨーロッパでのペシュヴェルのメディアは、ジハーディストの犯罪を相対化し、ロジャヴァの自治政府に反対する宣伝で知られている。ドイツに拠点があるウェブサイトの「クルドウォッチ」はペシュヴェル運動とメンバーが共通で、シリア国民連合と密接につながっている。「クルドウォッチ」は、ヨーロッパの世論に言い寄ってペシュヴェルの立場をあげようとして一見客観的な表現を用いている。

二〇一六年七月二八日アル・ヌスラはアル・カイダから分離し、ジャブハット・ファテー・アル・シャーム（シリア征服戦線）と名を改めた。トルコとカタールは二〇一五年からこの分離を促してきて、その結果アル・ヌスラは国際的な合法性を獲得できた。アメリカは名前や立場を変えてもこの集団に対する評価は変わらないと述べた。

セレーカニイェへの攻撃

ロジャヴァは自らは戦闘作戦を避けるようにしていた。人民防衛隊は多くの党派の参加による防衛力として設立されたが、地域を内戦に引きずりこむような自由シリア軍のような勢力を許容しなかった。[*12]アル・ヌスラと自由シリア軍は、ロジャヴァに対する共通の敵対意識を共有していた。自由シリア軍司令官のアキディは、ロジャヴァに反対する政策を次のようにはっきりと述べた。「クルド人は国家を創設した。私たちはシリアが分割されるのを許さない」と。この典型的な反クルドの主張はトルコでも唱えられた。[*13]トルコとNATOに支援されてイスラム主義者の勢力は、ロジャヴァに対してますます攻撃的になった。

二〇一二年一一月、アル・ヌスラとシリア・イスラム主義解放戦線のような自由シリア軍の一部からなる約三〇〇〇人の重武装したジハーディストが、セイランピナールでトルコ・シリア国境をひっそりと越えてセレーカニイェを攻撃した。この目的はカーミシュロに突き進み、ジジーレの自治政府を倒すことであった。[*14]戦闘が四日続いた後、セレーカニイェは占領された。自由シリア軍は、この侵略を「自由シリア軍によるラス・アル・アインの解放」と躍起になって宣伝した。しかし「解放」は虐殺、蹂躙《じゅうりん》という形をとり、シャリーア法が過度に適用された。七ヵ月間セレーカニイェは占領され、その間ペシュヴェルのマッサール・テンモ旅団は、シリア・イスラム主義解放戦線とアル・ヌスラとに協力した。[*15]

二〇一三年六月、既に述べたように人民防衛隊・女性防衛隊はセレーカニイェを解放し（8・4参照）、アル・ヌスラと自由シリア軍を追い出した。二〇一三年一〇月に私たちがこの都市を訪ねた時、数十人の目撃者（スンニ派アラブ人、キリスト教徒、ヤズディ教徒、クルド人）は、ジハーディストの恐怖政治を私たちに語った。多くの壁に「我々は惨殺するために来た」と血で書かれていた。ジハーディストが占拠していた裁判所で私たちは、アル・ヌスラの軍がトルコ国境を越え数千人が雪崩れ込んだことをほのめかす、アル・

ヌスラの署名入りの書類を見つけた。
二〇一三年七月二三日、アメリカ合州国の連邦議会は自由シリア軍への武器供与を認めた。[16] 七月二六日に、七〇人の自由シリア軍司令官が最高軍事評議会の指導下にトルコのアンテプ（ディロク）に集まり、ロジャヴァに対する公式声明を発表した。その中でアブドュラ・ジャバル・アキディは次のように言明した。「我々が持っているのと同じくらいの量の軍需品を、誰もが持っているはずである。我々がクルディスタン労働者党の言うことを聞き入れてもいつも裏切られる。……これからは同情するつもりはない。情けは無用だろう。人間の力の限り、クルディスタン労働者党を根こそぎにするだろう」[17]。ANHAのニュース局は、シリアからクルド人を追放し、根絶する時が来たという何人かの発言を聞き取ったと報じた。自由シリア軍の軍事評議会の他のメンバーのアブドュルカバール・エル・イケリによるビデオでの声明も、クルド人を絶滅させると恫喝《どうかつ》した。[18]
二〇一三年七月三一日と八月一日の間、自由シリア軍とアル・ヌスラのメンバーはクルド・アザーディ旅団（これはシリア・クルド民族評議会内のアザーディ一派に忠実である）とともに、ティル・ハシルとティル・アランというロジャヴァ自治政府の統制下になかったアレッポ近郊の二つの町で、虐殺を行った。村人たちが左翼クルド人の民主統一党に協力しているというのが虐殺正当化の理由であった。[19] 生存者が私たち著者の一人に語ったのは、ティル・ハシルの攻撃前にアル・ヌスラと自由シリア軍のメンバーは、クルド人を「不信心者」とよび、クルド人たちがアサド政権との協力を望んでいると言い立てた。別の生存者は次のように話した。「アル・ヌスラと自由シリア軍は、ティル・ハシルの近隣に入り込みモスクの拡声器でクルド人の女性、クルド人の家、クルド人の財産はハラールだとがなり立てた」。ハラールとは、力づくで好き勝手にしていいということである。「それからティル・ハシルとティル・アランが包囲されました。誰も逃げられなかった」。逃げ出す市民に狙撃兵が発砲した。「奴らは女性を捕まえ、拷問し、レイプした。略奪し、子どもでさえ殺した。アポイスト（オジャランの支持者）が誰かなど尋ねようとせず、クルド人であれば十分だったのです……。最初に攻撃されたのは『民衆の家』とともに働いていた人たちでした」[20]。およそ七〇人が殺されたが、正確な人数は確定しようがない。数百人が捕らえられた。

生存者の報告によれば、クルディスタン民主党のシリアでの分派のシリア・クルド民族評議会の私兵が、ティル・ハシルとティル・アランの虐殺に加わった[21]。

私たちがジジーレにいたあいだほとんど毎日、その頃「イラクとシリアのイスラム国」と呼ばれていた急成長したジハーディスト集団がいつも市民に対して残忍な攻撃をしたと聞いた。二〇一四年五月二九日「イラクとシリアのイスラム国」は、ヤズディ教徒と目されたが実際はアラブ人難民が暮らしていたセレーカニイェ地域の三つの村に侵略して、七人の子どもを含む一五人を虐殺した[22]。クルド・メディアによるこの陰湿な虐殺の写真を見て私たちは夜寝られなかった。イェキティヤ・スターのグリスタン・オスマンは私たちに「ジハーディストに喉を切られたデリーク出身の若者がいます。若者の母はその夜から一睡も出来ていません。いまナイフのことを見聞きすると、いつも母は心を失うのです」と語った。

虐殺を目撃した何十人もが起こったことを非常にはっきりと報告しているのに、南部クルディスタンの政党やシリアでのその仲間は、この殺害を個別的な戦闘での死だと言った[23]。二〇一三年九月九日、ドイツ政府がシリア全般での、特別にティル・ハシルとティル・アランでのジハーディストによる虐殺について質問を受けたが、その返答は、「その質問について、有用で実質的な情報はない」[24]であった。ドイツ政府は「状況が深く憂慮されて」いるといい、クルディスタン民主党に近い筋からの情報源から情報を求めていた。

二〇一一年から二〇一四年、自由シリア軍およびアル・ヌスラと「イラクとシリアのイスラム国」を含むその提携勢力とによるロジャヴァへの攻撃は、国際的な沈黙によって迎えられた。それはこの攻撃を世界が黙認してもよいと考えている証拠であった。

14・2 イスラム国

二〇一三年八月、「イラクとシリアのイスラム国」（ＩＳＩＳ）はシリア内で勝利の行進を開始し、ラッカ市を侵略した。二〇一四年六月にはイラク第二の大都市モスルを占領した。モスルはイラクの商業の中心地で、シリアへの通路として最も重要な地点である。ラマダン初日の六月二八日に「イラクとシリアのイスラム国」は「イスラム国」（ＩＳ）と名を改め、世界的な規模のカリフ国だと自ら宣言し、七〜八世紀のイスラムの拡大を想起させた。イスラム国は現在のシリア、レバノン、ヨルダン、パレスチナに及ぶ「大シリア」（ビラド・アス・シャム）を、復活させたイスラム世界帝国の中核として乗っ取ろうとしている。「カリフ国」の用語を使うことでイスラム国は、一世紀に及ぶ中東に対する西側による支配と強奪の後で、文化的正統性、宗教的純粋性、政治的統一を願う多くのムスリムにアピールしている。[*25]

イスラム国の発祥はアメリカが主導したイラク侵略に遡る。二〇〇三年八月ヨルダン人のアブ・ムサブ・アル・ザルカウィが、イラクのシーア派だけでなく多国籍軍を標的にしたグループのジャマアット・アル・タウィド・ワル・ジハード（一神教とジハード）を創設した。戦争の間に過激化していたサダム・フセインのかつての将校の何人かがジハーディストに加わった。二〇〇六年一〇月イラクのアル・カイダはスンニ派の数部族や他の反乱兵士と協力し、ムタイビーン連合を作り、その後自らイラクのイスラム国と宣言した（ＩＳＩ）。[*26] 二〇一〇年にイラク人のアル・バクル・アル・バグダディが指導権を握った。

二〇一四年九月インターネット上に流れた動画には、走る車に乗ったイスラム国のメンバーが半自動の武器で歩いている人や運転手に発砲し、背景にナシード（戦闘の歌で、この場合はジハードの歌）を歌っているのが見えた。二〜三日後、銃弾で蜂の巣になった数百人のイラク兵の映像がイスラム国のホームページ上に載った。[*27] イスラム国は入隊者に一連の厳しい規則に従うように要求するが、参加するものは誰でも新しい世界の創造に関われるという魅力的なメッセージを送っている。女性防衛隊の指導者ルケン・ジリクは次のように述べた。「ティル・コーチャーの解放後にイスラム主義者の遺体を調べたところ、出身地がアフガニスタン、リビア、パキスタン、トルコ、ヨーロッパなのが分かりました。ほとんどの人が、北アフリカ、トルコからでしたが、チェチェン、ヨーロッパからも来ていました。一人はなんと中国からでした」。人民防衛隊によると、二〇一三年に捕虜にされた五八七人のジハーディストのうち、シリア出身はわずか九一人だった。[*28]

イスラム国は中東に二万五〇〇〇人から一〇万人の戦闘員を持っているといわれた。このうちほとんど半数は世界各国からの出身であった。セレーカニイェの女性防衛隊の戦闘員は私たちに、イスラム国戦闘員のほとんどは報酬目当ての傭兵であり、子どもも何人かいると述べた。[*29] 女性防衛隊の戦闘員アキシン・アメッドは、「ＩＳＩＳ戦闘員は恐れることなく死んでいきます。奴らは、戦っている国のことを何も知らずに戦っている」と私たちに話した。実際、現地の人との繋がりがまったくないので、イスラム国は無慈悲かつ制限無しになる。二〇一四年五月にジジーレの最西部ティル・ハンズィールの人民防衛隊の前線部隊の指導者は、捕虜となったジハーディストの中には自分たちがイスラエルと戦っていると思っていた、と述べた。ある女性防衛隊の戦闘員はこのような世間知らずに同情すると言ったが、「私たちの若者五名の喉を切った一六歳の若者と私たちはどのような関わりがあるのでしょうか」とアキシン・アメッドは自問した。

ジハーディストたちは、競合しているサラフィストやジハーディストのグループには特別な残虐さを発揮し、自分らのグループの戦闘員さえ残虐に殺戮した。「グループを離れたがった者は、ダワラ（国家）の上級メンバーによって無慈悲に惨殺された」と命からがら逃げだした脱走者が報告した。[*30]

コバニの戦闘

二〇一四年九月一五日、イスラム国は全北部シリアを奪うという目的をもって、コバニの州自治政府を攻撃した。イスラム国はモスルのアメリカの保管所から奪った重火器と約五〇台の戦車を含む現代的兵器システムを使った。イスラム国はたちまち三〇〇以上の村落と都市の一部に侵略し、大量殺人を行った。数万人の人々が逃げたので、イスラム国は二週間以内にコバニを奪うだろうと自信を持って宣言した。

二年間以上コバニはジハーディストの攻撃を追い払い続けていたが、世界はとうとうこの戦闘に気づいた。国際的な報道機関が、イスラム国の攻撃を追跡するには好都合ないわゆる「報道の丘」という国境のトルコ側の丘に陣取った。一〇〇メートルほどしか離れていない所で、数千人の人民防衛隊と女性防衛隊の戦闘員が市民とともに、これまでどの軍隊も止めたことがない敵に決死の抵抗を繰り広げていた。重火器はほとんど持っていなかった。トルコは国境に戦車を配置した。すぐにでもイスラム国を支援する準備をしているようであった。

クルド側の要求はたった一つであった。コバニへの援助が届くように幹線道路を一本開くこと、そうでなければ完全に切断されていた。イスラム国は三方からコバニを包囲したので、道路はトルコを通らざるを得なかった。しかしトルコ政府は安全な道路を開き、必需品の援助物資である食料、医薬品、建設資材などを都市に搬入する認可を拒否した。支援を試みて市内に着いた人々は何度もガス弾と実弾をもつトルコ軍と警察に妨害された。援助団体のメディコ・インターナショナルは数台の救急車の搬入の許可のために当局と数ヵ月闘わねばならなかった。民主統一党の共同議長のサリ・ムスリムは簡潔に説明した。「トルコ人はクルド嫌悪症を患っている。それが今回のすべてだ」と。[*31]

多くの人にとってイスラム国は止められないように思え、イスラム国はコバニの人々にパニックと諦めを注入しようとした。エルドアン政府はコバニが陥落するだろうと予想し、アメリカ国務大臣のジョン・ケリーもそうであった。しかし人民防衛隊と女性防衛隊は戦い続けた。ある時、九人の人民防衛隊と女性防衛隊の戦闘員が、コバニから数マイルの村のゼルズーリでイスラム国への抵抗に立ちあがった。九人は三二時間以上イスラム国の大部隊を寄せつけなかった。イスラム国が学校を奪い取り始めたとき、イスラム国の手に落ちないように九人は自分たちの体を爆破した。九人の献身はコバネでの抵抗を奮い立たせた。他の戦闘員もこの先例にならい、アリン・ミルカンはミシュテヌールの丘で自分の体と爆発物でイスラム国の戦車を止めた。

コバニの守り手に対する世界からの敬意が増している時でさえ、イスラム国はトルコから防衛と援助を受けていた。[*32] イスラム国戦闘員はほとんど障害なく国境を越えることが出来た。エルドアンは、アフリンとアレッポからラッカを越えてヘセケに至る、つまり全ロジャヴァにわたる「緩衝地帯」を作ると提案した。これは自治政府を消滅させ、ロジャヴァをトルコ政府の統制下に置くものだった。エルドアンは、民主統一党、人民防衛隊、ロジャヴァ、クルディスタン労働者党を一括りにし、すべてイスラム国と同じ「テロリスト」と同一視した。アメリカはこの提案を拒否した。

コバニの絶望的な状況を聞き、数百万人の共鳴者が政府の沈黙を破ろうとトルコとクルドの都市でデモをした。一〇月六日から八日にトルコ国家はデモ参加者を残酷に攻撃し、四〇人以上が殺害された。ヨーロッ

写真 14・1　人民防衛隊・女性防衛隊のお祝い、
コバニにて、2015 年 10 月

パの報道機関は、シリアでトルコが何もしないことにデモ参加者が抗議していたと報道したが、反対派は真実を知っていた。反対派はトルコがイスラム国に対する積極的な支援を止めるように要求していたのである。[*33]

結局、コバニの守り手への支援を求める民衆の圧力が非常に強力になったので、アメリカはこれ以上無視できなくなった。カタールとサウジアラビアも象徴的にだけ参加したできたばかりの国際的な連合が、コバニのイスラム国に爆撃を始め、人民防衛隊と女性防衛隊に武器を空中投下し始めた。コバニを支援するよう圧力を受けたエルドアンは、クルディスタン民主党のペシュメルガの約一四〇人がコバニ防衛のために多少の重火器を持ってトルコ内を通過するのを二回許可した。二〇一四年一〇月と一二月、ペシュメルガはコバニ防衛のために、人民防衛隊と女性防衛隊、ブルカン・アル・フィラートに加わった。

一月二七日、四ヵ月に及ぶ激しい戦闘の後コバニは解放された。そのわずか二〜三日後に三六五の村落がほとんど解放された。クルド人はいたるところで喜んだが、コバニの住民は高い代価を支払った。少なくとも五〇〇人の人民防衛隊と女性防衛隊の戦闘員が殺され、ほとんどどの家庭にも殉教した家族がいた。都市の建物のおよそ八〇パーセントが破壊された。

コバニの抵抗によって、イスラム国の不敗神話が打ち砕かれ、イスラム国との戦争は形を変えた。「フランクフルター・アルゲマイネ」紙の編集者ライナー・ヘルマンは次のように語った。「西側は自分たちの同盟者が、過激主義者の手に結果的に渡った武器をシリアに供給している一方、ただずっと手を拱いていたのはなぜかと自問しなければならない。これを最後に、シリアで問題になっていることを認識し、政策を変えねばならない[*34]」。

ゆっくりと再建が進んでいるとき、イスラム国はとてつもない虐殺をしでかした。二〇一五年六月二六日、イスラム国の二つの集団が南からコバニを攻撃し、他方で三つ目の集団がマーシッピナーのトルコの国境地点を通過して、直接街に入ってきた。目的は都市の支配を獲得することで、ユーフラテス川を越えた所から西にいる数千人のイスラム国戦闘員に援護されていた。イスラム国のテロリストたちは髭を剃り、人民防衛隊とブルカン・アル・フィラートの制服を身に着けていた。コバニの家々に侵入して次々に二八八人以上の市民を、その多くは子どもを、殺害した。この虐殺は、コバニの民衆に恐怖を抱かせ、支援者を脅して街から逃げ出させることを目的にしていた。

この虐殺行為はイスラム国が国境越えを公然と行ったのだから、トルコの支援がなければ不可能だった[*35]。ある目撃者は次のように語った。「機関銃を持ったイスラム国の五台の車がトルコ国境を公然と通過し、誰もそれを止めなかったのはどうやったらできるのだろうか。イスラム国と公正発展党は同じ考え方で行動している[*36]」。イスラム国のテロリストは、トルコ国境から侵入しただけでなく、終わった後何人かは国境を越えてトルコへ戻ったのである。

村々には、ジハーディストが地雷を埋めていったので、農業がほとんどできなくなった。ほとんど毎週、地雷を踏んだり、イスラム国が残した他の爆発物で死んだりした人々がいた。二〇一五年六月にコバニとジジーレが地理的に繋がってからは、コバニの食料の供給は東にある姉妹州に頼らざるを得なくなった。言うまでもないが、ロジャヴァ周辺に敵対的な集団が存在することは、禁輸措置の一部になっていて、それによりロジャヴァの経済・政治面での国際的な孤立が強化されている（12・3参照）。

14・3　クルド地域政府

ジハーディストの攻撃がクルド人全体に向けられていたので、人民防衛隊は地域内部の敵対関係を封印し、ジハーディストに対するすべてのクルド人の団結を求めた。二〇一四年六月、人民防衛隊はペシュメルガとともに南部クルディスタンを防衛する用意があると自ら宣言した。宣言は以下のようである。「我々人民防衛隊は、現在一八ヵ月以上これらの過激主義者と（ロジャヴァで）戦ってきた。イスラム国のならず者の目的はクルド人を根絶やしにすることだとたびたび耳にしている。我々はこのならず者に抵抗することで貴重な経験を得、我々の戦闘員は英雄的に戦ってきた」。人民防衛隊は、すべてのクルド人に党派にかかわらず団結して共通の敵と戦うように主張した。[*37]

しかしそうはならなかった。バルザーニ率いるクルディスタン民主党は「トルコ、シリア、イランのクルド人の排除と交戦を積極的に行う政策」[*38]を表明したと、作家のディラー・ディリクは述べている。実際、クルディスタン民主党はロジャヴァへの禁輸措置の原因となっており、自らの政治的利害に基づいて禁輸措置

写真14・2　禁輸措置の強化のためにクルド地域政府が掘った掘割に反対するデモに参加するアラム人

を交互に緩めたり強化したりしていて、セマルカを渡る船橋を意のままに開放したり閉鎖したりしている。二〇一四年二月、クルディスタン民主党は、ロジャヴァとの境に沿って長さ二〇マイル（約三〇キロメートル）の塹壕を掘る決定さえした。表向きはジハーディストからの防衛のためだが、実際は境をまたがる取引を妨害し、禁輸措置を完全にするためであった。

クルド地域政府は、自分たちはバグダッドから独立していると大げさに宣伝することで満足していたが、実際はトルコとアメリカに依存していた。クルド地域政府の体制はロジャヴァとは根本的に異なっていて、利権政治が基本であり、そこではクルディスタン民主党とクルディスタン愛国者連合という統治に当たる二大政党が石油から上がる富を支持者に分配するのである。ディリクが述べているように、統治しているクルディスタン民主党は自由を次のように定義している。「資本主義的な経済発展であり、それは『自主的な』石油販売、贅沢なホテルやショッピング・センターを理想的なものと考え、一方で（一九二〇年代に）引かれた国境線を積極的に支持し、それによりクルド人の抑圧の一因をつくっている」のである。経済の九五パーセントは石油からの収入に基づいており、石油のほとんどがトルコに売られる。石油に恵まれたクルド地域政府を「新しいドバイ」に変えるという新封建主義的な計画が進められている。クルド地域政府は、中でもクルディスタン民主党はリメラン周囲の油田を支配しようという強い関心を示している。

バルザーニのクルディスタン民主党は、資本主義的・家父長制的なクルド国民国家を建設し、トルコとの同盟を強化しようとしている。民主主義的自治体制は、クルド地域政府の体制に挑むものとなっており、なんとしても破壊されなければならない。クルディスタン民主党にもクルディスタン愛国者連合にも忠実ではないクルド地域政府に住む住民は、社会的に排除されている。体制の存続のために高度に発展した治安装置が必要とされており、抗議する者に対して何度も暴力と弾圧を行ってきて、二〇一三年のヒューマン・ライツ・ウォッチの報告書によると、報道の自由が厳しく制限されている。[*39]

クルディスタン民主党は、昔から別のやり方でもロジャヴァを不安定にしようとしてきた。二〇一四年一月、自動車爆弾がデリークの中心、コングレヤ・スターの事務所の前で爆発した。一組の父と子が殺され、街にはパニックが広がった。その時クルディスタン民主党は南部クルディスタンとの境界を開いたので、多くの人々が逃げ出した。私たちがその二〜三ヵ月後に街に入った時、コングレヤ・スターのベリーヴァンは、禁輸措置のため、教育を受けた人、医師、技術者は南部クルディスタンで給料の良い仕事を見つけようとこの地域を去ってしまうと私たちに説明した。

クルディスタン民主党の敵愾心が証明されたのは、アブドゥルハキム・バシャールのクルディスタン民主党（シリア）の幹部であるベシル・アブドゥルメシド・ムッサが、自治政府に対するロジャヴァでの爆弾攻撃の準備中に逮捕された時であった。ムッサは、自分が南部クルディスタンでクルディスタン民主党の諜報員として働いていると完全に自供し、詳細に説明した。[*40] 二〇一四年五月末、クルディスタン民主党は私たちがロジャヴァに入ったティル・コーチャーの境界の交差点を封鎖した。

二〇一四年八月、イスラム国は北部イラクに何の歯止めもなく勢力を拡大した。ペシュメルガのほとんどはイスラム国を止める気もなかったし、できもしなかった。クルディスタン労働者党の戦闘員がクルディスタン愛国者連合ペシュメルガとともに、二〜三の都市に配置された。一九九〇年代からマクスムール（マクムール、ヒューラー（エルビル）から二五マイル（四〇キロメートル））は、北部クルディスタンからきた難民の大きなキャンプの所在地であった。二〇一四年八月、イスラム国はマクスムールを攻撃し、ヒューラーが危険になった。クルディスタン民主党ペシュメルガは、ジハーディストを追い払えず逃げ出した。クルディスタン労働者党戦闘員だけが、多民族の大都市キルクークの防衛を完遂するためにクルディスタン愛国者連合ペシュメルガを支援した。[*41]

クルド地域政府の憲法によると、バルザーニがペシュメルガ軍の最高司令官である。前に述べたように（8・9参照）、二〇一四年八月イスラム国がヤズディ教徒を殲滅しようとしてシェンガルに侵略した時、ペシュメルガは教徒を守るという自らの責任を実践できなかった。実際、クルディスタン民主党は一万一〇〇〇人のペシュメルガを撤退させ、ヤズディ教徒の人々をほとんど無防備な状態に取り残し、その結果一万人のヤズディ教徒が虐殺された。しかし、人民防衛隊・女性防衛隊そしてクルディスタン労働者党はシェンガルから数万人のヤズディ教徒を救い出した。

クルディスタン民族会議〔一九九九年に創設されたクルド人諸政党の同盟で、文民による亡命組織。本部はブリュッセル〕の共同議長ニリュファー・コチは、責任はバルザーニにあると言う。「ペシュメルガが二〇万人いるとしても、シェンガル、マクスムール、ラビアなどへのイスラム国の攻撃によって、バルザーニには国を守ることが出来ないことが示された。ペシュメルガだけでなく、治安部隊も最高責任者が統制している。だから、政治上の意志決定者は責任を負わねばならない」[*42]と述べた。

もう一つの政党クルディスタン愛国者連合のペシュメルガは、以前イスラム国の侵略に対して降伏したことを自己批判した。キルクークの知事のナジメルディン・カリムは、クルディスタン民主党が民主統一党と人民防衛隊のことを「反民主主義的」だと以前に非難していたのが間違いだと認めた。「私たちは民主統一党や人民防衛隊のことを理解しておらず、間違っていた。何年も『イラクとシリアのイスラム国』に彼らは抵抗してきたのに、私たちといえば一〇〇万人のイラク人兵士という軍隊があるのに、数時間も持ちこたえられなかった[*43]」。

コバニでの戦闘の最中にアメリカはクルド地域政府に対して、政策を変えて「イラクとシリアのイスラム国」と戦う人民防衛隊と女性防衛隊への少なくとも象徴的な支援をするように公的に圧力をかけた。二〇一四年一一月、バルザーニは幾分か禁輸措置を緩和し、クルド地域政府は多少の物品がロジャヴァとの境界を越えるのを許可した。二〇一四年のコバニの防衛が成功したことに続いて、クルディスタン労働者党がマクスムールを成功裏に防衛したので、クルディスタン民主党は政策の再考を強いられた。イスラム国に対する統一戦線が現れた。それには、ペシュメルガ、クルディスタン民主党とクルディスタン愛国者連合、民衆防衛隊（ＨＰＧ）からの戦闘員とＹＪＡスター、人民防衛隊、女性防衛隊まで網羅していた。シリア・クルド民族評議会さえもが、二〇一四年一〇月二二日の権力を分有するというドフク協定に取り決められたように、ロジャヴァの自治政府とともにこれからは活動するという選択をせざるを得なくなった。

しかし協調関係は長続きしなかった。二〇一五年の二〜三ヵ月間クルド地域政府は、民衆に民主主義的自治を宣言させないようにするために、シェンガルを禁輸措置下においた。クルディスタン民主党ペシュメルガは、他のクルド人勢力がこの地域に入らないようにするために道路を閉鎖し、禁輸措置を再度強化した。その後二〇一五年一一月、ともに活動した人民防衛隊・女性防衛隊、クルディスタン労働者党、ペシュメルガ、現地のヤズディ教徒勢力が、共同でシェンガルをイスラム国から最終的に解放した。バルザーニはその後、すべてがペシュメルガの功績として、人民防衛隊と女性防衛隊やクルディスタン労働者党が解放に参加したことを否定した。[*44]

こうした背景があってこそ、二〇一五年一二月にクルディスタン民主党はモスル地域への数千人のトルコ兵士の派遣を受け入れたのであった。

14・4　公正発展党統治下のトルコ

クルド地域政府とロジャヴァの境界は時々行き来できるが、トルコとの国境にはまったく入り込めない。二〇一二年の解放により、ロジャヴァはトルコに狙われているクルディスタン労働者党に加わった。アフリンの住民が国境を越えようとすると、トルコ軍に殺された。アフリン州政府は、現在住民が公的な許可なく街を立ち去るのを禁止しているが、それは住民がトルコの国境や地中海やヨーロッパで破滅に向かうのを止めようとしているように思える。二〇一四年五月に私たちがロジャヴァにいた時、夫が待っているヨーロッパに行くことを希望していた二人の子どもの母親がトルコ兵に撃たれた。他の越境者、密輸業者、難民も同じ運命にあった。二〇一六年一月から五月の間に、ロジャヴァも含むシリアから出ようとした三〇人以上がトルコ兵に殺害された。[*45]

ジハーディストへの支援

ロジャヴァからの人々にはトルコ国境が閉じられているとしても、トルコ兵の監視下でジハーディストには開かれており、ジハーディストは簡単にトルコ内に入って補給し直してから国境を越えて戦争に戻る。シリア―トルコ国境は、世界でもっとも厳重に監視されている国境の一つだが、数千人のイスラム国とアル・ヌスラの武装ジハーディストは、トルコでの資材調達、輸送、宿泊、訓練を行うのに妨害なく国境を越えている。私たちがそれをはっきりと見たのは、二〇一五年秋、新たに解放された都市のギレ・スピー（ティル・アビヤド）を訪れた時だった。トルコはこの都市に以前は電気を供給していたが、人民防衛隊・女性防衛隊がここを二〇一五年六月に解放すると、電気を止めた。

かつての首相、現在の大統領のレジェップ・タイイップ・エルドアンと支配政党の公正発展党のもとで、トルコは権威主義的な権力を獲得し、数十年前のように西側ではなく旧オスマン帝国地域を志向する「新オスマン」計画に没頭している。トルコはサラフィー派のジハーディストに非常に好意的である。さらに、北部クルディスタンのクルド人自由運動との紛争で立場を強化することに熱心であり、ロジャヴァを絶滅させるためにどんな手段でも用いようとしている。

ロジャヴァのはじめ頃、トルコはシリア国民評議会のムスリム同胞団と連携していた。そのとき公正発展党はエジプト大統領モハメド・モルシをその会議に出席するように招待した。しかし二〇一三年七月、モルシは軍事クーデターで追放され、それにより中東でのムスリム同胞団の立場が全体的に弱まった。その結果、同胞団は自由シリア軍の最高軍事協議会とシリア国民連合での影響力を失った。[*46]

トルコはジハーディスト集団への支援を提供し続けた。内務大臣ムアマー・ギュラーは、ハタイの州知事にジハーディスト戦闘員への資材調達の便宜、輸送と訓練を提供するように指示した。[*47] この指示はトルコ諜

写真14・3　旧イスラム国訓練キャンプでの発見物、
「サウジアラビアとトルコは手を携えている」という文字が刻まれている。

報機関の支援を受けて実行された。[48] このパターンは何回も繰り返されている。

トルコは、アル・カイダの系列のアル・ヌスラに武器を提供し、上述したようにアル・ヌスラが国境を越えてセレーカニイェを侵略するのを認めた。[49] 二〇一四年一九日、アンテプで一台のトラックが停止させられ、ＭＩＴ（トルコの諜報機関）に向けて国境の町レイハンリに手投げ弾を運び込むのが発見された。トラック運転手はかつてそこでアル・ヌスラに武器を手渡したことがあると認めた。[50] 二〇一五年にアル・ヌスラは、トルコの部隊とともにジャイシュ・アル・ファタ同盟の一員としてアフリンを攻撃した。[51]

イスラム国

イスラム国とトルコとはおびただしい繋がりがあり、それは少なくともアンテプ（クルド語でディロク）に近いカルカミシュの難民キャンプから始まっている。ここはイスラム国戦闘員の訓練に使われていた。[52] 相当な量の武器と軍需品が国境を越えて密輸されていた。負傷したジハーディストはきまってトルコで治療を受けている。戦場からトルコの救急車で移送さえされ、治療を受け、その後また戻って戦闘を再開した。[*53] イスラム国は、売却するための文化的遺物だけでなく、莫大な量の石油をトルコに運んでいるようである。国連が違法としているこの取引は、イスラム国の経済にとって決定的であり、イスラム国はそれによってシリアとイラクで領土を確保できている。イスラム国に対するコバニでの戦争の時のように、トルコは軍事補給品の後背地である。[*54]

二〇一四年アフメト・ダヴトール首相は、イスラム国のジハーディストはテロリストではなく、単なる「怒りに駆られた若者だ」と言った。[*55] 人民防衛隊・女性防衛隊がギレ・スピー（ティル・アビヤド）を解放した時、国境の町アクチャカレでトルコが遺棄した二四トンの硝酸アンモニウムが見つかった。ジハーディストがここから持っていくはずだった。人道支援という口実で公式には肥料だと言われたが、イスラム国の軍事用に企てられたもののようであった。その後トルコは、国境の北ちょうどに七〇〇メートルに区域を設定し、ロジャヴァからここに入る者は誰でも銃撃される。ギレ・スピー周辺の畑で働いている普通の市民がトルコの重火器によって攻撃されている。

アーラー・アル・シャーム

二〇一一年に現れたアーラー・アル・シャーム（レヴァント自由民のイスラム運動）は、シリア反体制派勢力の最大のものの一つである。アル・カイダと提携し、トルコ、サウジアラビア、カタールにも支援されている。研究者のグイド・シュタインベルクはアーラー・アル・シャームをアル・ヌスラと「イデオロギー的に非常に近く」、サラフィストでもあると特徴づけている。西部アレッポのイドリブ周辺の地域を統制しているアル・ヌスラが働きかけた同盟であるジャイシュ・アル・ファタを通じて組織的にサラフィストと繋がっている。[56]

ジャイシュ・アル・ファタ

ジャイシュ・アル・ファタ（征服軍）は二〇一五年に形成され、アル・カイダと提携しているジャブハット・アル・ヌスラとアーラー・アル・シャームとが指導するジハーディスト同盟である。ジャイシュ・アル・ファタはトルコ、サウジアラビア、カタールからの支援を受けており、二〇一五年三月二八日イドリブのシリア都市と、その後アレッポとアフリンの周辺地域にある州の多くを占領した。[57] これが原因となってこの地域は現在、イスラム国に替わる「穏健な反体制派」を組織することに向かっている（この組織は統制下にある地域の通貨としてトルコリラを導入した）。オバマ政権と強く結びついているアメリカのシンクタンクの大西洋協議会は、イスラム国に対抗してジャイシュ・アル・ファタと協働するようにアメリカ政府に助言した。[58]

ジャイシュ・アル・イスラム

ジャイシュ・アル・イスラム（イスラム軍）は、サウジへ亡命中のシリア人族長の息子ザーラン・アローシュによってリーワ・アル・イスラムの名の下に二〇一二年に創設された。二〇一三年に名を改め南部シリアではとりわけ強力である。アーラー・アル・シャームとジャイシュ・アル・ファタと同様、カタールとサウジアラビアとトルコに支援されている。イスラム国を作り、シャリーア法を強制するかもしれない。

14・5　北部クルディスタンの民主主義的自治

一方少なくとも二〇〇九年以来クルド人は、北部クルディスタンに民主主義的自治を設立しようと活動してきた。クルド人たちは、地区評議会、地域評議会、女性評議会、環境評議会、青年評議会などをつくり、多くの都市で民主主義的自治を創設した。さらにロジャヴァでのように、評議会システムのなかでの女性の解放を行なった。[*59] 多くの場所で、法廷と調停委員会は評議会と提携して、家父長制的な暴力をやめさせ、強制結婚や一夫多妻婚を罰した。広範囲の教育計画の結果、民衆は次第に運動の倫理的価値観を共有することを理解し、多くの場所で女性や子どもへの暴力行為が恥ずかしいことだと考えられている。もし家庭内暴力をふるっていることが知られればそのような人物は誰も民主主義的自治の機関には参加できない。

しかし、北部クルディスタンの状況はロジャヴァとは基本的に異なっている。なぜなら、北部はトルコの国家的支配下にあり、トルコはクルド自由運動をほぼ三五年間無きものにしようとしてきたからである。すなわち数千人の活動家と政治家を逮捕し、戦争を仕掛けて虐殺を実行した。一九九〇年代には国家の軍隊は四〇〇〇以上の村落を破壊し、三〇〇万人の住民を追放し、一万七〇〇〇人以上の市民を虐殺した。このような状況の下でクルド自由運動は地下に潜って、基本的な民主主義制度を組織せざるをえなかった。

公然活動としてはクルド人の議会政党はこの三〇年間、次々に急成長した。政党はトルコ議会に議席を獲得できなかった。その理由は意図的に（議席を得るための得票率が）一〇パーセントという高さにハードルが設定されていたからで、その結果クルド人の間に議会主義が現れる大きな障害となった。しかし、禁止が繰り返されたにも関わらず新しい政党が現れ、特にクルド人地域では選挙での支持がますます高まった。民主社会党（ＤＴＰ）がほとんどのクルド人自治体では多数派として二〇〇九年三月に勝利した。二〇一一年にはＢＤＰという民主社会党の後継政党も選挙で成功を収めた。

こうした成り行きによって、公正発展党政府はクルディスタンコミュニティ連合に反対する作戦として有名な一連の弾圧をクルド人運動に加えた。政府は、市民社会のグループ、自治体政府、報道機関、労働組合の人々のおよそ九〇〇〇人以上をテロリズムとして告発し、何年も投獄した。民主社会党やＢＤＰで市長や議員の職にあった者、あるいは公の仕事や地区評議会に関わっていた者などは誰でも刑務所に閉じ込められた。刑務所は混雑状態になった。

二〇一二年、人民民主党（ＨＤＰ）の組織が、全トルコの解放勢力をつなぐために結成された。統一した反対派の代表が創設されたのである。人民民主党は、北部クルディスタンで地方レベルを組織している民主地域党（ＤＢＰ）と同盟している。

二〇一五年六月七日のトルコ議会選挙で人民民主党は一〇パーセントのラインを簡単に越え、投票数の一三パーセントを獲得した。議会代表制なので人民民主党は、エルドアンの大統領独裁制への野望を挫く用意があった。民主主義的自治のモデルは、トルコ内でクルド人にも非クルド人にも明らかに多くの支持者がいる。

北部クルディスタンでのトルコの戦争

トルコ国家は人民民主党の選挙での勝利に我慢ができず、一一月に新たな「解散総選挙」を求めた。人民民主党の獲得率を確実に下げるために、政府は反クルドの狂気じみた偏見を煽り、その結果トルコ内で一〇〇以上の人民民主党の事務所が攻撃された。

その年の夏、イスラム国とトルコとの協働はもっと明確になった。七月、トルコとクルドの左翼運動の連帯を志向する若い活動家が、スルチに集まった。コバニを再建する取り組みを支援する途上であった。七月二〇日、一人のイスラム国ジハーディストが爆弾を爆発させ、若者三四人が死亡し、一〇〇人以上が負傷した。その前日この殺人者は警察による拘留から解放されて、警察の監視リストに載せられていた。

七月二二日、アンカラはアメリカがイスラム国に対する軍事行動のためにインジュルク空軍基地を使うのを認めた。これによりトルコ国家は、「テロリズム」に対する連合に加わった。しかしトルコ政府が言う「テロリズム」とは、クルディスタン労働者党も含むクルド人政治家と活動家のことであった。トルコはクヮンディィル山脈への爆撃を続ける一方で、イスラム国に対抗する動きはほとんど行わなかった。

二〇一五年一〇月一〇日、左翼の組織が、クルディスタン労働者党とトルコ国家の平和交渉を訴えて、アンカラでデモをした。爆弾が二個爆発し、死者一〇三人、負傷者四〇〇人を出した。二人の自爆犯の一人はスルチの爆撃犯の弟で、二人ともイスラム国とつながっていた。[60]

公正発展党の反クルド・キャンペーンが成功したことが証明されたのは、一一月の解散総選挙で人民民主党の得票率が一三パーセントから一〇・八パーセントに低下したからである。この数字は人民民主党が議席を持つのには足りたが、大統領独裁制へ突き進む公正発展党を止めるには不十分だった。

二〇一五年の夏の終わりと秋に、評議会のあるクルドの都市のジズレ、ボタン、ゲヴァー、シルネックスなどのクルド人活動家が、この新たな弾圧状況にどう対応すべきかと話し合った。多くの者は民主主義的自治を宣言することを決意した。[61]

青年運動は二〇〇九年の再来を受け入れるのを拒絶し、二〇一五年一二月に自治的で内密の青年組織のYDG-HとYDG-Kが、いくつかの都市で解放区の宣言をし、トルコの治安部隊と戦うために男女市民防衛部隊（YPS -Jin）をロジャヴァの人民防衛隊と女性防衛隊をモデルに創設した。[62] この組織が武装した自衛に移行したことは、社会に広く受け入れられた。スール近隣のディヤルバクルだけでなく、ジズレ、コレメルク、ゲヴァー、ニセビーン、シィロピ、シィルヴァン、ヴァルト、ユクセコバにも塹壕が掘られ、バリケードが建てられた。

これに対しトルコ国家は、これらの都市での二四時間外出禁止令を強制することで応えた。外出禁止令のもとでは必需品を手に入れるためでさえ外に出ることは誰にも許されなかった。町や村は警察と軍隊によって厳しく封鎖され、救急車でさえ外から入ることは出来なかった。

トルコの武装部隊は戦車で侵入し、重火器で攻撃した。兵士と警官がドアを壊して家内に突入し、屋根に登って狙撃手を配置した。狙撃手は罪に問われずに撃つことができた。通りには撃ち殺された遺体が横たわったが、家族は遺体の回収もできなかった。シルネックス近隣のディクルのショレシュガー・デリクは、私たちの一人に次のように語った。武装部隊は「休みなく私たちを攻撃しました。占領軍に対抗するために私たちは塹壕を掘りました。生きるためにです。……ここで抵抗しているのは男女市民防衛隊だけではありません。肩を組んで民衆もともに戦っています。……虐殺に直面しているのです。もうたくさんです」。

大砲の砲弾と空からの爆撃で、トルコの武装部隊は占領した都市や包囲した都市で虐殺を行い、数百人の市民が虐殺された。その破壊の規模は一九九〇年代とほぼ同じだったと人権協会（ＩＨＤ）の前議長ムハレム・エルベイは、次のように語った。「しかし、やり方が変わった。……以前は人々が秘密のうちに殺された。今はおおっぴらに殺されるのです。今日の状況は、九〇年代に比べると実際ずっと危険です。あのときはすべて内密でしたが、今はすべてが家族の面前で公にされ、犯罪者たちは自分たちが罪に問われないことにものを言わせて、わざわざ逃げることとすらしません[*63]」。

警察のやることはジハーディストの行為に似てきており、心理戦を使い、ひどい暴行を行い、偶像さえ使う。民衆にテロリズムを実行するエサドゥラ・チーム（アッラーのライオン）という特殊部隊が作られた。ムハレム・エルベイは、この部隊の髭面の男たちは「以前はトルコのナショナリストと右翼過激派からなる死の部隊を構成していましたが、現在は外見がイスラム教徒で、髭を伸ばし、イスラム教を引き合いに出して、ナショナリズムや性差別の標語や言葉を壁に書くのです」と述べた。

こうしたことは「テロリスト」のクルディスタン労働者党と戦うという口実で行われている。ディヤルバクルの住民シェリフェは次のように語った。「トルコの首相と共和国大統領は、ここにはクルディスタン労働者党がいると言いますが、スールの私たちはクルディスタン労働者党員ではなく、ただの人です。私たちは自分たちと子どものいる近所を守っています。私たちは民衆でありここで暮らしているのです。死を恐れてはいません。どんなことが起ころうとこれ以上失うものはないのです」。

この本を書いている間も破壊は続けられている。数ヵ月も外出禁止下に置かれている都市もある。しかしそれでもコミューンは拡大を続けていくだろうし、民主主義的自治による社会の変革への深い望みは容易に踏みつぶされないだろう。

14・6　トルクメン人民兵

トルコの公正発展党政府は、新オスマン帝国という野望のもと、国境の両側でのクルド人の運動を壊滅させることを渇望している。二〇一五年六月一六日人民防衛隊・女性防衛隊がギレ・スピー（ティル・アブヤド）を解放したことは、公正発展党にとっては後退であった。なぜならこの結果、ジジーレとコバニが地理的につながったからだ。それ以来トルコは繰り返し、ギレ・スピー周辺の農村地帯を砲撃し攻撃を行った。*64

しかしトルコはなんとしてもアフリンとコバニが結びつくのを阻止せねばならない。トルコ国家は現在、コバニとアフリンの間に回廊地帯を設けて分離させておけるようにできることは何でもしている。トルコがこの地域で誰を主な敵と見做しているかは明らかである。

トルコは繰り返しこの回廊地帯を爆撃した。イスラム国の拠点であり、イスラム国とトルコが繋がる国境の横断箇所であるジャラブルスでは、住民はイスラム国の支配に対して支援を求めている。しかし、人民防衛隊・女性防衛隊が二〇一六年春に川を横断しようとした時、トルコ砲兵隊が砲撃を加えトルコの飛行機が爆撃をした。

この時点で、トルコはアフリンとコバニを分離させておくという課題を遂行するために、もう一つの勢力を見出した。トルクメン人の私兵である。一九世紀にオスマン帝国が一八七七〜七八年の露土戦争に敗北して、何人かの戦争難民をシリアに入植させた。今日のシリア・トルクメン人はこの人々の末裔であり、オスマン帝国の滅亡後もシリアに残った。この人々は中央アジアのトルクメニスタン共和国とは、ほとんどあるいはまったく直接の繋がりはない。

シリアのトルクメン人の人数はおよそ一〇万〜二〇万人で、アレッポ、ダマスカス、ホムス、ラタキャなど三つの州に住んでいる。アフリンとコバニ間の帯状の地帯に約一五〇のトルクメン人の村落がある。この地域は、ジャブハット・アル・ヌスラやアーラー・アル・シャームのような他のサラフィー派と流動的に同盟しながら、イスラム国に掌握されている。トルコ政府は村々に人民防衛隊・女性防衛隊を誹謗中傷する宣伝を流布し、村人たちは動員されて逃亡するか、民兵に加わるかしている。トルコ政府は、例えば人民防衛隊が西部トルコでの爆撃の張本人だというような偽りの情報を拡散している。しかし、これは実際はクルディスタン労働者党から分離したＴＡＫが行ったのであり、ＴＡＫは自分たちがやったと認めている。

トルクメン人は、新オスマン帝国イデオロギーだけでなくテューラニズム、すなわちかつてはフィンランドからモンゴリアまで広がっていたと考えられ、いつか再び勃興するに違いないとされる中央アジアのテュルク語圏の「帝国」を想定する汎テュルク神話でも役割をあてがわれている。この民族主義的な偽科学は、極右トルコ人のイデオロギーの構成要素であり、民族運動党（ＭＨＰ）と新ファシストの「灰色の狼」によって拡散されている。

トルクメン人の民兵は二〇一五年に結成され現在約一万人の戦闘員からなり、多くはトルコ軍退役兵、特殊部隊、極右幹部である。民兵はトルコだけでなくサウジアラビアとクルディスタン民主党が創ったスルタン・ムラト旅団の新オスマン主義者の軍旗の下で軍事作戦に従事している。[*65] この旅団は、ジャイシュ・アル・ファタと密接に活動し、作戦センターをジャブハット・アル・ヌスラと共有している。[*66] さらにイスラム国と協力しトルコ諜報機関と繋がりがある。[*67] ジャラブルス周辺でジャイシュ・アル・ファアタとイスラム国と組んで行われたスルタン・ムラト旅団の軍事作戦は、事実上トルコの言う「緩衝地帯」の実現である。ＡＮＨＡニュースによると、二〇一六年四月一四日トルコ諜報機関の監督下に、武器がキリスの国境を越えて搬入された。ウズベク人とトルクメン人の戦闘員がそれを国境で待ちかまえ、トルコの「占領地帯」を強化するためにアザズに持ち込まれた。

14・7　シリア民主軍とジハーディスト

アーラー・アル・シャームやジャイシュ・アル・イスラムのような過激イスラム主義者がアル・ヌスラ戦線と緊密に繋がっていても、ＮＡＴＯ諸国は、これらの組織を外見上穏健な立場にあると見做し続けている。

国際的な大国が設定したシリアの将来を話し合うジュネーヴでの交渉プロセスの三回目が、二〇一六年一月と二月に始まった。アーラー・アル・シャームやジャイシュ・アル・イスラムが参加者に加えられ、実際にジャイシュ・アル・イスラムのムハンマド・アローシュが交渉委員会にいる。[*68] しかし、ロジャヴァの自治政府と民主統一党は、トルコの反クルド・ヒステリーが受け入れられて特別に排除された。

三州は政治的な守りの立場に留まり続けることはなかった。ジュネーヴからの排除の対応として、シリアでの多民族・多宗教のオルタナティブの社会に向かう第一歩として、三月一七日に「ロジャヴァ・北部シリアの連邦制」(6・9参照)が宣言された。これは二〇一五年一一月一一日のシリア防衛部隊(シリア民主軍)の創設のすぐあとに続いた。

二〇一六年六月、シリア民主軍はジャラブルスとラッカ間の道路を閉鎖し、マンビジュへの大規模攻撃をはじめた。人民防衛隊とシリア民主軍双方の指揮者フセイン・コチャーは、この部隊は「ダーイシュ(イスラム国)テロリストから全シリアの土地を解放する」ことを決心していると述べた。[*69] しかし例によって、解放を妨害したのがトルコであり、トルコは武器を配給し、ジャラブルスとギレ・スピーで人民防衛隊と女性防衛隊とシリア民主軍に直接爆撃を行うことさえした。アメリカは軽火器の投下と空爆でシリア民主軍を支援する一方で、トルコに関しては明確な立場をとっていないし、アーラー・アル・シャームとアル・ヌスラ戦線に対してすらそうである。これらは北部アレッポとイドリブ県の大部分を支配し、スンニ派ではない村落を攻撃している。人民防衛隊・女性防衛隊は全力でこの集団と戦っている。

アレッポ

アレッポでは、シェイク・マクスードのクルド人地区が、人口は減ってしまったが、直接民主主義のやり方でいまだ自己統治を行っている。しかし何度も攻撃の標的になってきた。二〇一六年から、ジハーディスト民兵が重火器とミサイルでこの地区を強力に攻撃した。アーラー・アル・シャームとジャイシュ・アル・イスラムは化学兵器を使った。[*70] シリア・クルド民族評議会党のクルド人部隊がシェイク・マクスードへの攻撃に参加した。「ロジャヴァ・ペシュメルガ」という党の民兵とともにジハーディスト側に立ってであった。アーラー・アル・シャームからジャブハット・アル・ヌスラへ宛てた二〇一六年一月四日付の最近見つかった書簡によって、それが真正であれば、クルディスタン民主党とシリア・クルド民族評議会が公正発展党とトルコ諜報機関の支援によって、アレッポに軍部隊を送ったことが立証される。[*71] これを書いている七月の時点で一〇〇人以上の市民がこれらの攻撃で殺された。一方で、シリア民主軍はマンビジュ周辺の地域のアラブ人民衆を解放し、民衆は歓呼した。[*72]

二〇一六年三月、クルド地域政府はセマルカの国境の通過地点を完全に封鎖した。ジャーナリストに対してさえもであった。[*73] 六月に南部クルディスタンでの抗議があり、その後クルディスタン民主党は国境を再開すると発表したが、現実は民衆が通過したり食料を移送したりするのを厳しく制限している。

クルド地域政府とトルコとジハーディストによるロジャヴァへの禁輸措置をやめさせ、革命側の勢力が強化されねばならない。それにより民主主義的な中東を作るプロジェクトが遂行されうるだろう。

第 15 章
展 望

15・1　ロジャヴァと覇権勢力

中東は、さまざまな世界的な覇権勢力の利害領域が衝突する場所である。地方や地域の勢力は、何かしらの国際的勢力ブロックに従属するか、直接にその手下として奉仕するよう強いられている。

シリアは一方でのNATO諸国とそれと同盟するスンニ派、他方でのロシア、中国、イランとそれらと同盟するシーア派が覇権をめぐって戦う場所となった。「勢力のある国ならどこでも、シリアに関する計画を持っている」とイルハム・アーメドは二〇一四年に私たちに手短に述べた。[*1] アーメドはさらに次のように語った。「私たちはここで民衆の蜂起や内戦について語っているだけではない。外からの勢力が重要な役割を演じている。戦争にはロシアやヨーロッパが加担している。それぞれの勢力は、自分たちの思い込みに合うシステムを打ち立てようとし、みなシリアでの影響力を失うのを恐れている。もしそれを失えば、全中東での影響力を失うだろうし、得られたはずのパイの一部すら剥奪されるからだ[*2]」。宗派単位のブロックが作られるのは、中東の悲劇的な歴史の症状である。地理的な紛争はエスニック上の、あるいは宗教宗派上のレベルで戦われ、そのとき様々な民衆が焚きつけられて互いに戦闘する。クルディスタン民衆会議のニリュファー・コチは、シリアでの現在の内戦は「まったくの権力闘争であり、……アル・カイダ、アル・ヌスラ戦線、いわゆるイスラム国、ハマス、ヒズボラは、より大きな勢力の名の下で代理戦争を戦っているのです」[*3]と述べた。

一九八〇年代初めから、クルド人自由運動は、優れた技倆でこの「地雷原」を通り抜ける道を選んできて、そのとき反目して戦っているどの覇権勢力にも自らが利用されないようにしてきた。一歩一歩、クルド人の運動は、男女が解放され、コミューン型経済、本質的な民主主義、環境を自覚した社会というその目標を達成するために活動している。運動が構築したものを広げるために、議論する場所と時間をどんな場合でも利用する。人民防衛隊・女性防衛隊の影響力が最大の時にあっても、クルド人の自由運動は公平で平和的に解決する用意がある。それがトルコ国家の軍と戦うのは積極的に自衛する時だけである。運動は我慢強く権利を主張し、自分たちのために戦い、自分たちを拡大させている。

左翼の中には、トルコでの親クルド議会政党が伸びるのを疑問視している者もいるが、私たちは大きな重要性があると考えている。サセックス大学のカムラン・マーティン博士によると、これらの政党によって、「クルディスタン労働者党の軍事的力量、組織的能力、クヮンディル山脈の諸地域への支配と結びついて、トルコでのクルド自由運動が自らの進歩的な社会・政治的な目的のために国際的・地域的な矛盾を有利に用いるようなレベルの高い、複雑な外交をトルコで行うのが可能になった。その結果は印象的である。すなわちNATOで第二の軍をもつ国家に平和的な『解決』プロセスに入るようにさせ、このプロセスの存在そのものが、トルコの政治において先例のない民主主義的な達成物を作っている」[*4]。

二〇一五年一一月一日の選挙結果は期待外れだったが、親クルドで左翼の人民民主党（ＨＤＰ）がそれでもほぼ一一パーセントの得票をした。さらに人民民主党は現在も外交と平和的解決を基本的な目標と考えている。人民民主党の社会的重要性は、異なる文化と異なる左翼政党の出身の人々がともに提携し、レイシズムと家父長制を克服しようとしていることである。トルコとヨーロッパの左翼の一部はこの方向を理解できず、平和達成のために繰り返し努力しているクルド人自由運動を革命的な理想への「裏切り」と見做している。この教条的、伝統主義的、ヨーロッパ中心主義的、民族主義的な見方は、戦争を革命と、戦略を戦術と誤解している。この見方では、この地域のすべての人々の命を守るという中心目標をもつ運動を非難することになるだろう。

二〇一四年一〇月にイスラム国に対抗するアメリカが指導する連合が、世論に押されて一定の範囲内でコバニの防衛を協力して行わざるを得なくなった時に、左翼の間にもう一つ論争が生じた。ロジャヴァの民衆はこの展開を歓迎した。それ以来アメリカの支援が増大したことは、イスラム国との戦いにとっては肯定的な要因だが、クルド自由運動にとっては危険性が持ち込まれている。なぜなら資本主義的近代の力が運動を吸収しようとするからである。いまも戦術上かつ作戦上の同盟が存在している。自己統治している三州の人民防衛隊と女性防衛隊は、イスラム国に対抗する最強の地上軍を代表し、「ロジャヴァ・北部シリアの連邦制」と結びついたシリア民主軍は、二〇一六年三月の全シリア平和プロセスでの一構成要素となった。地域勢力も国際的勢力も今はロジャヴァを見過ごすことはできない。

ロシアがシリア内戦に関わったからには、ロジャヴァがロシアかアメリカのどちらかを選ぶのが必要だと考える者もいた。しかしロジャヴァは自らの第三の道に従う。イスラム国との実際の戦闘において、ロジャヴァは外国の利害に利用されることはないだろう。クルディスタンコミュニティ連合の議長ジェミル・バイイクはBBCトルコに次のように語った。「我々はロシア側でもアメリカ側でもない。……誰も我々を受け入れないかもしれないが、我々もその人たちを受け入れないだろう。クルド人との単なる戦術的な同盟を結ぶことはもう誰にもできないだろう。そういう日々は終わった。『クルド人を利用しよう、クルド人は優秀な戦士だ、クルド人を戦わせせよう、そうすれば我々の経済的・軍事的な利益になる』とまだ言う者がいても、そんな人は間違っている。クルド人は、昨日と同じではない。クルド人は今自らの運命を、自らの手中にしている。今、私たちと戦略的に結びつく者は誰でも勝利するだろう」。

確かに、このような〔大国との連携の〕拒絶によって、ロジャヴァの状況は複雑になるだろう。国際的な連合の一部はイスラム国に反対してシリア民主軍とともに活動しているが、それでもトルコがロジャヴァを日々攻撃していることには沈黙している。それにもかかわらずロジャヴァは私たちの見るところでは、革命的な反ファシストのプロジェクトであり、その重要性は一九三〇年代のスペイン共和国でのプロジェクトに次ぐ第二義的なものでは決してない。資本主義の西側諸国はスペイン民衆を見捨てて、そのためフランコのファシズムが打ち勝つのを助けた。西側諸国はスペイン革命よりもフランコのほうが受容できると考え、それが革命の崩壊の原因となりファシズムが勝利するのを助けた。

このような歴史的視点から人民防衛隊・女性防衛隊への軍事的支援に関する現在の議論を考えるべきである。もしアメリカがスペイン共和国に武器を送っていたとしても、抗議する者はほとんどいなかったであろう。スペインで起らなかったことが、ロジャヴァでは事実となった。このことは初めは矛盾しているように思えよう。コバニでは左翼のプロジェクトがイスラム国のファシズムによって絶滅されるという見通しに直面しており、それには真剣な国際的な支援があった。今日は一九三六〜三七年のように、あらゆる人道主義者《ヒューマニスト》が自国の政府に断固として圧力をかけねばならず、それは特にロジャヴァが破壊されるのを見たがっている政府に対してである。さらに、ロジャヴァを支援し、イスラム国とその同盟者への支援から手を引くようにも政府に圧力をかけるのである。アメリカとペシュメルガがコバニのために努力しているのは、ただ人民防衛隊・女性防衛隊の精力的なコバニの防衛、報道機関やヨーロッパやトルコや世界中の民衆による国際的な圧力、そしてアメリカの広範囲にわたる検討の結果である。ジェミル・バイイクの表現によると、イスラム国は今それに「支援を提供している者によって創られた」のである。[*5]

カムラン・マティンは、西側の左翼にとってロジャヴァが持っている意義を、次のように説明している。「敵意のある反左翼的なトルコ政府が公然と抵抗していること、そしてアメリカ主導の連合が人民防衛隊・女性防衛隊とともに立ち上がるのを躊躇していること、こうしたことが克服できるのはヨーロッパでの親クルドの世論の圧力によってだけだろうが、さらにコバニを防衛している者への軍事物資の援助を含む無条件の支援を提供するようにアメリカ主導の連合に圧力をかけることに西側左翼が成功することは、左翼の全体的な反帝国主義戦略にとって実際に重要な戦術的な勝利であった。……それゆえに左翼はコバニの防衛者への西側の軍事的援助を絶対に排除すべきではないし、排除を許してはならない。左翼はむしろ、このような援助の具体的な条件と状況、およびコバニがそのために立ち上がっているより大きな政治的なプロジェクトと運動を支援することに活動を集中すべきである。さらに左翼は、このような限定的な援助の提供が、援助提供者たちの様々な目的の妨害となる民主主義的で左翼的な地域プロジェクトにとって、どのような裏の意味合いがあるのかを注意深く調べるべきである」。[*6]

自己統治の州が国際的に認知されることは非常に重要であろう。ところでロジャヴァの民主主義的自治行政は、多少は外交的な接触を維持しているが、国際的な援助組織がロジャヴァの難民のための援助を提供することは公式にはいまだに妨害されている。人道主義的な団体は、シリア国家がすべての支援を受け入れるように要求しているが、ロジャヴァにそれを認めることは不可能である。たとえロジャヴァが求めているものが、自らの国民国家の創設や南部クルディスタンへの併合ではなく、民主主義化されたシリア内部での自治という立場であってもそうである。二〇一四年六月と二〇一六年四月にシリアで大統領選挙と議会選挙が行われたとき、カーミシュロの周辺に住むシリア政権支持者は投票したが、ロジャヴァの自治政府は、政権が三州を認めない限り三州も政権を認めないという理由で選挙をボイコットした。

これと同じような条件が、二〇一四年一月の第二回ジュネーヴ会議と二〇一六年一月の第三回ジュネーヴ会議への参加をめぐる交渉にも認められた。会議の目的は内戦の解決策を徹底的に議論して考えだすために、民族主義的なシリア国民連合とイスラム主義的ジハーディスト反対派同盟とシリア政府を一つにまとめることであった。ロジャヴァの移行政府も参加を模索したが、トルコは反クルド政策に固執して、クルド人が「政権反対派」に加わるように求めた。この要求は、アラム人と他の社会集団にも適用されている強制的同化というトルコとシリアの政策を永続させることに他ならなかった。

クルディスタンコミュニティ連合の執行評議会のサブリ・オクは、次のように述べた。「クルド人はアイデンティティを捨てさえすれば、ジュネーヴへ行けるということです。これは不当であり、クルド人への侮辱です。……クルド人抜きのシリアの解決はあり得ません」[*7]。クルド人がいないので、何回か開催されたジュネーヴ会議は初めから失敗が運命づけられていた。西側諸国にとって、正しい「反対派」を会議に入れるしかないことが明確になったが、一方でアメリカは、二〇一四年にはトルコの立場を支持した。二〇一六年により中立的になったのは、人民防衛隊・女性防衛隊との戦術的な軍事協力とシリア戦争でのトルコの危険な役割のためであった。

アメリカ軍がロジャヴァを支援しているのは、イスラム国が世界の脅威になったという事実のためである。トルコとサウジアラビアがイスラム国を後押ししている一方で、アメリカが沈黙を守っていた。そして来るべき脅威をアメリカが予見していなかったと考えるのは素朴な考えだろう。二〇一四年夏に見解が変化した、イスラム国は止められねばならないと。

アメリカのような覇権を持つ政治勢力は、オルターナティブな運動を周辺化するか、非合法化するか、殲滅するかのいずれかができない場合、一定の水準での、あるいは決定的な時での運動との協働が役に立つと考え、この運動を従属させ、革命的で解放を目指す運動の内実を変えようとする。私たちがロジャヴァで会った活動家の多くは、この危険性を自覚しており、独立的な立場を維持するのに成功するだろうと述べた。

民主主義的社会運動のメンバーのアルダール・ハセリールは革命の成功のためには、ロジャヴァは外国勢力に依存してはならず、民衆に根を張り続けねばならないと述べた。すなわち、「政権、反体制派、また国際勢力も、それが利益になるならば今日我々を支援するだろうが、明日勢力関係が変化すれば、心変わりするだろう。だからこそ我々は、民衆の支持だけで建設しているのだ。民衆とその力によって、私たちは自らの未来を築けるだろう[*8]」と語った。

15・2 シリア内部での解決策

クルド自由運動は、これまで見てきたようにシリアの将来について自らの見解を持ち、二〇一一年夏の民主的変革のための全国調整委員会（NCC）の創設以来、平和的で民主主義的な解決策を主張してきた。二〇一四年一月に三州は「社会的契約」を発表した。これには三州が自らを民主主義的シリアの一部分と考えていると述べられている。同じことは、二〇一六年三月に宣言された「ロジャヴァ・北部シリアの連邦制」にもあてはまる。「社会的契約」のどこにも、長期的な目標としても選択肢としても、独立国家を獲得するとは述べられていない。むしろ、民主主義的連合主義にしたがって、クルド人の運動は現存の国民国家や家父長制を受け入れることなく、シリアの現在の国境内で包括的な民主主義的政治による解決策を実行しようとしている。

したがって、二〇一四年一月以降、民主主義的自治行政の主要目的の一つは、シリア全土でロジャヴァの社会モデルの承認を得ることであり、アル・ヌスラ、イスラム国などの政治的過激主義者を除くシリアの大半の政治勢力との対話を求めた。その反応として、アサド政権と民族主義的イスラム主義反対派はひときわ目立って沈黙を続け、ロジャヴァが達成したことを見くびりさえした。しかし、二〇一五年のコバニでのロジャヴァの防衛部隊の勝利はまったく新しい画期を開いた。シリアの他の部分の状況が悪化している時でさえ、ロジャヴァは前進し、イスラム国に初めての大きな敗北を負わせた。その後、アラブ人、アラム人、トルクメン人、クルド人がギレ・スピー（ティル・アビヤド）の解放の際に協力し続けたのであった。ロジャヴァが際立っていたので、ますます多くの政治勢力が民主主義的自治行政と話をし始めた。二〇一五年一〇月のシリア民主軍と、二〇一五年一二月のシリア民主主義評議会（ＭＤＳ）の結成は、地域全体の希望の指針である。ロジャヴァから遠い都市でも現在民主主義的自治を採用している。二〇一五年九月、南部シリアのアス・スワイダというイスラム教ドルーズ派の都市も自ら民主主義的自治行政を宣言し、アス・スワイダからの代表団が支援と情報を交換するためにロジャヴァを旅した。民主主義的自治モデルは成熟しつつある。

シリア民主主義評議会には多くの党派や組織が参加しているが、それらの中には民主主義的自治、例えば地域調整小委員会と両立できるという考えを持っているものもある。その党派や組織は血まみれの戦争のなかで抑圧されてきているが、ロジャヴァとの潜在的な戦略的同盟者であり続けている。他の同盟者になりそうなのは、二〇一三年に創設されクルド人、アラブ人、アラム人の女性から成るシリア女性運動であるが、この市民運動がロジャヴァの外部に足場を得るのは簡単ではないであろう。実際ロジャヴァの自治政府が受け入れるのは、強く非中央集権化され、民主主義的で、多文化的な行政そのものに他ならないであろう。ロジャヴァは、自らの自由と達成物がシリア全体に広く受け入れられ、合法的に確立されることを強調している。

現在も続いている野蛮な戦争と国内外の何百万人の難民のことを考えると、大半の人は民主主義的な政治的解決策など非現実的だと考えるであろう。しかし、もしロジャヴァが軍事的、政治的、社会的に安定し、イスラム国が著しく撃退され、バース党政権や他のイスラム主義者とジハーディスト勢力が弱体なままならば、状況は変化するだろう。ロジャヴァの重要性が認識され、シリアの他の民主主義勢力が強くなり、好戦的な党派とその国際的支援者が戦争で疲弊し、あるいはその党派間の衝突があまりにも高くつくような場合、平和的な政治的解決が最終的に話し合いの俎上に上るであろう。二〇一六年ではまだ早すぎるだろう。しかし、私たちがいるのは中東である。そこでは事態の展開が一定の条件下では非常に早く変化するだろう。

しかし、二〇一六年では平和が視野に入ってきていない。民主統一党とロジャヴァが第三回ジュネーヴ会議から排除されたことで状況が進んでいる。停戦が宣言されたが、明らかにそれは自治政府には適用されず、自治政府はシリア国民連合とシリア政権によって組織的に攻撃されている。第三回ジュネーヴ会議からの排除のあと、「ロジャヴァ・北部シリアの連邦制」の宣言は多元的なアイデンティティによる民主主義的シリアを建設するための新しい次元をもたらした。コバニとアフリンの間の回廊地帯の解放によって、地域の民衆が実力をつける可能性がもたらされた。それは自治政府という自由な空間だろうし、いかなる併合も生じないであろう。なぜなら、民主主義的自治のモデルは説得によって行動するのであり、自発的であるからだ。それは資本主義的近代と国民国家の権力とは対照的である。

ジジーレとコバニの間の回廊地帯が解放され、この回廊地帯でのイスラム国のテロによる統治が粉砕されて包囲された地域が救済されたように、アフリンにも救援が必要である。アレッポやアザズや他の場所から何千人もの難民がアフリンに着いて支援物資を求めている。この地域の解放も住民と協力して行われるだろう。

しかし、「連邦制」の発表に対する戦闘中の全党派の反応は否定的であった。それはトルコ、シリア政府、シリア反体制派である。これらは、たとえ他の点では敵同士であっても、新しいモデルに脅威を覚える一体的な国民国家であり、ロジャヴァに対立して共に行動できるからである。

15・3 国際的連帯

私たちがロジャヴァの活動家に最善の連帯の形は何かと聞くと、もっともよくある返答はいつでも、「あなた自身の国で強い革命運動を作り上げること」であった。私たちはこの返答を聞いて、まさに連帯という概念を再考することになった。西側左翼の歴史において連帯は結局主体―客体関係であり、この関係にあっては強力な解放運動に対する植民地本国の切望と必要とに、連帯の「客体」が依存していた。しかし、このような形の連帯は、伝統的に産業化されていない、そして歴史的に搾取されてきた南側の国々への植民地主義的な見方を再生産することである。主要都市の左翼は時に、これらの地域の「貧しい人々」を自分たちは助けるのだと考える。しかし提供される「助け」は映写スクリーンのような役目を果たす。期待していることが実現されないまま進むので、連帯しあっている双方は失望して終わる。

この問題は、過去一〇年間のほとんどの連帯の運動に生じた。しかしロジャヴァの活動家は、連帯が意味することはともに連帯運動を作り上げることであり、お互いに学び合い支援し合う運動であると語った。コバニでのイスラム国に対する勝利は、ロジャヴァのプロジェクトの勝利であったし、それゆえ重要な地域での左翼の強いオルタナティブとなるであろう。コバニのために戦闘しているロジャヴァは西側のテレビ画面に映され、国際的な連帯が急速に高まった。コバニを陥落させるままにするという西側政府の思惑だったが、世界中の何百万人の人々が街頭に繰り出し、政府が介入しないということが不可能になった。

しかし、多くの人にとってもっとも重要な問題は、国家が介入することだけでなく、革命を守ることでもあった。オーストラリアとドイツからの志願者がイスラム国との戦闘に加わった。幾人かは倒れ、幾人かはまだ戦っており、他の幾人かはロジャヴァの再建と医療援助品の供給とインフラストラクチャー計画のためのキャンペーンを始めた。この人々は、ロジャヴァをすべての支援から切り離したい連中の銃の照準器に入った。というのは、三四人の若い社会主義者がスルチへの爆撃で殺されたのである。それは若者たちがコバニで孤児のための家を立てる準備の最中であった。禁輸措置政策だけでなく、この残酷な攻撃は、イスラム国に爆弾を投下できる一方で、コバニに食料と医薬品を投下できないことを示した。資本主義的近代の見地からすれば、中東での革命的オルタナティブは支配階級には衝撃だろうし、ヨーロッパや世界中に予見できない結果をもたらすであろう。覇権勢力同士で、バース党政権やエルドアン政権ですら、これらの間の大きな相違にも関わらず、ロジャヴァ・プロジェクトを妨害し殲滅しようとして団結するのには、それだけの理由がある。

左翼にとってロジャヴァとの連帯は、慈善の問題ではなく必要なことである。目下のところ、ロジャヴァは物質的な援助だけでなくあらゆる種類の専門家を必要としている。必要なのは、医師、エンジニア、法律家、熟練工、農業技術者、それに民主主義的自治を建設する用意のある人々である。関心のある人間は、ロジャヴァのモデルの根底にある政治的内容を自ら身につけるべきである。そうすることで、民主主義的自

写真15・1　デモの後、小型トラックに乗り合わせる
市民と人民防衛隊・女性防衛隊戦闘員

治に媒介された、資本主義的近代のオルタナティブとしての運動、そして本質的な民主主義、ジェンダーの解放、環境問題への自覚、協同組合的経済を進める長期にわたる運動が浴びている現在の不快な怒声を転換できるだろう。

二〇一四年秋以来、緊急の訴えがヨーロッパで進んでいる。特に医療と人道的な援助、寄付の要請である。ブルジョア的で国家志向的な慈善による寄付のキャンペーンに参加するよりも、むしろロジャヴァと連帯して活動する組織とともに働くのを望む人もいる。しかし女性組織と女性協同組合を支援する重要な寄付のキャンペーンが進行中である。同様に重要なのは「コバニのための武器」を集めるキャンペーンである。それは西側の軍事援助から人民防衛隊・女性防衛隊が独立するのを守るためである。コバニの防衛によって、コバニと他のプロジェクトを再建する希望が多くの市民運動に与えられた。

二〇一五年一二月の時点で、コバニの以前の住民四五万人のうち一八万七千人が戻っている。この人々は街を綺麗にする努力をしてきた。技術上の援助が乏しいにも関わらず、一四〇万トンの瓦礫が片付けられた。しかし禁輸措置のために、帰還者全員に物資を提供できるほど再建は十分に早く進んでいない。コバニからきた活動家のベリタンは次のように説明した。「国際的な連帯があることで、私たちは大変に自信を持ち、多くの人が戻ってきました。再建できるという大いなる希望を持っていました。しかし今冬になろうとしているのに、何も起こっていません。数千人の人々はテント生活を強いられています[*9]」。

実用的な技術面だけで連帯を考えるべきではない。コバニを守っていた者にとって、二〇一四年一一月一日にベルリンからメルボルン、テヘランからカブールにかけて人々がロジャヴァのためのデモンストレーションをしようと通りをいっぱいにしたことは大きな意味を持った。ロジャヴァとの連帯運動は、国際的な脈絡を無視してはならないし、それゆえにドイツやNATOや他の国際勢力の政策を批判しなければならない。中心となる要求の一つは、クルディスタン労働者党へのドイツの非難をやめさせ、EUとアメリカが続けている「海外テロリスト組織」のリストからクルディスタン労働者党を除外し、トルコやサウジアラビアやカタールや他の中東諸国への武器輸出を終わらせることでなければならない。

15・4　コミューン主義か野蛮か

民主統一党の共同議長のアーシャ・アブドュラは、次のように書いている。「我々は毎日少しずつ良くなっていることを知っている。我々の社会は、自らの運命を自らの手の内に摑んでいなければならないと真に確信して抵抗を続けるだろう。抵抗が長く続けば続くほど、それだけいっそう多くの経験をこの闘争で蓄積するだろう。現在シリアの民衆は非常な苦難のもとにあるが、私たちはその困難を自由の代価だと考えている」[*10]。

革命は、進歩的勢力が地域に対する統制を獲得する日に終わるのではない。実際はその日に始まるに過ぎない。革命的な党派が権力にしがみつき、広範囲の民衆を意志決定から排除し、それにより党派自身と民衆との溝を広げていくときに、革命は失敗する。何年にもわたる議論のなかで、西部クルディスタン人民評議会と民主主義的社会運動およびその中心的創始者である民主統一党というロジャヴァの民主主義運動は、国家社会主義を批判し、その誤りの繰り返しをどうしたら避けられるかを話し合った。

ロジャヴァでは様々な評議会の意志は党派が表明するのではなく、広範囲で活動する活動家と、高いレベルでは民衆が直接選んだ代表とが表明する。この運動は全住民を下から組織し、すべての人を直接民主主義的な意志決定過程に統合しようとしている。コミューンを評議会の基礎単位そして草の根民主主義として認定することによって社会的諸関係は女性を支持するものに転換し、国家は不必要になる。現存の経済的諸関係を批判しながら、環境問題への取り組みが現在どこにでも存在する。

もちろん、数多くの問題と困難がロジャヴァには残っている。その理由の大半は、数十年の長きにわたるバース党独裁によって人々は政治的に経験不足にされ、保守的な社会構造が根深く残っているからである。もっとも活動している活動家でさえ過ちを犯す。古い体制に錨を下ろした思考様式は、一日では、一年でさえも克服されないであろう。この過程は何年もあるいは数十年もかかるだろう。しかしロジャヴァの民衆にとって大いに有利なのは、革命以前においても民衆はすでに、民衆と女性の組織化という数十年の経験を積んできたことである。民主統一党と人民防衛隊がこれまで存在しなければ、解放はきっとなされなかったであろう。進歩的な女性組織と民主主義的組織は、エジプトやイエメンやチュニジアやリビアでの場合のように乱暴に押し除けられていたであろう。イスラム主義者やクルディスタン民主党のような反動勢力がおそらくロジャヴァで権力を握ったであろう。

革命は外からの攻撃によっても失敗する。湾岸諸国とトルコから武器と資金をどっさり与えられたイスラム主義者は今日、非暴力革命を粉砕しようとしている。人々はイスラム主義者の攻撃から村と街を守ろうとして今、毎日死んでいるし、経済的な問題は最悪な状況にある。繋がりのない三つの部分に分断された狭い地域では、完全な経済的自給自足を組織することはほとんど不可能である。食料は高騰し、電気と水道水はしばしば欠乏している。

しかし、こうした問題を解決しようとする意志は、強い。反動勢力とファシスト勢力は毎日、少しずつ押し返されている。ロジャヴァの民衆は苦難の中で勝ち取った価値も故郷も放棄しないであろう。強い組織を創設し、より良い生活の未来図を説明し、その理念を実践に移すために組織を活用することによって、女性や市民社会の他の構成員たちは、確実に将来押し潰されることのない強力な手段を手にしている。この革命が勝利し、それが全シリアと中東とそれ以上に希望を与えるだろうという信念も非常に重要である。ロジャヴァの多くの人々は、自分たちの革命の成果が全地域のモデルだという確信を持って防衛に当たっている。

民衆を駆り立てているのは、中東という大いに異質的な地域には客観的にみてオルタナティブがないことを知っていることである。あるいは言い換えれば、コミューン主義か野蛮かということである。クルド人の自由運動は繰り返し後退から回復し、なおいっそう進んでいる。北部クルディスタンは幾度も弾圧の荒波を受けて被害を被ってきたが、ここの民衆は民主主義的自治の成長を促し、強化してきた。ちょうどそれは、マクスムールの難民キャンプと南部クルディスタンのメディア防衛地帯でも同じであった。この革命は民衆の知性と感情を摑む一つの力である。「私たちは生活（life）をこよなく愛しているから、そのために死ぬのは厭わない」と、クルディスタン労働者党の創始者マズルム・ドーアンはかつて語った。ロジャヴァでは人々は今、自分を最初から作り直さなければならない。社会が軍事的に自己防衛している時なので、学校、行政、法廷、経済的生産など、これらすべてが激動しており、すべてが根本的に新たな秩序を持たねばならないのである。ロジャヴァの革命と解放のプロジェクトには、私たちの無条件の連帯が必要である。ロジャヴァの革命が生き残ることは、自由なコミューン的生活、ジェンダーが解放されたエコロジー社会への希望が生き残ることである。疎外された社会にいる私たちは、自らの社会での生活を再考し、勇気を得るためにロジャヴァを当てにすることができる。

あとがき

民主主義的自治の哲学

アーシャ・アブドュラ

私たちは皆、性、肌の色を持って、そして宗教、言語、文化、民族的な所属のなかで誕生する。こうした違いにも関わらず、私たちは皆、同じ庭に咲く花のように倫理的、人道的な原則を共有している。愛、共感、家族、正義、信頼はどの社会でも大切にされる価値観であり、裏切り、抑圧、搾取はどこでも拒絶される。しかし、早くは先史時代から現在に至るまで、専制君主、独裁者、暴君は、自分の利益のために人々を鋳型に押し込み、社会の自然的な土台を破壊しようとしてきた。権力者は「正義」とか「法」の名の下に社会を抑圧し自然を荒廃させようとしてきた。支配される者からは法が呪いの言葉とみなされる一方で、政治も社会的に「欺瞞の技」と意識されるようになった。正義・法は、個人と社会と自然の間の諸関係の破壊ではなく、質を高めることでなければならないはずである。

権力者は、統治される者に対する自分の覇権を構築し、正当化するために、社会を無力化し、人々を階級や集団に分断し、相互に疎外し、お互いに争い合うように促す。時とともに個人主義が強まり、個人はエゴイズムに押しやられ、誰も信頼しないところまでに至った。権力を持つ搾取者は人々に不信感をそそのかし、競争に駆り立て、不正義を助長する。その一方で民衆は、弱く孤立した組合や小さな地方の団体を作るために、歴史の中で何十回となく立ち上がり、独裁者から基本的な権利を奪い返すために闘って、たくさんの命を犠牲にしてきた。

自然と社会の双方にまで及ぶシステムである国家の建設過程を専制政治という観点から見ると、このシステムは統治者が搾取という目的を実現する手段となった。国家による社会への抑圧的な干渉は永久化し、人間性と自然に対する人間の関係もこの抑圧的な干渉として発展した。したがって、自然からの人間の疎外だけでなく自己からの疎外もいっそう深まった。

国家は社会を最小の部分にまで断片化し、国家に執着する思考様式によって、人間性は頂点から底辺まで、深刻な社会的、政治的、経済的な危機を被っている。資本主義体制は自らを難攻不落のものと考えているが、その中に暮らす人々からもう信頼されていない。資本主義体制がもたらしたのは、自然災害、文明の病、貧困、心理的不安、資本主義的搾取、戦争であり、これらすべてがこれまで人々の生活をほとんど完全に支配してきた。莫大な科学的技術的進歩があるのに、あいにく誰もまだこの混沌と破壊から人々を救い出す方途を見出していない。資本主義体制自身が変化を拒否しているので、私たちは不確かな未来へと導かれている。

言語に絶する社会と環境の破局へと向かっている状況から脱出する道を見出すために、オルタナティブのモデルを開発しなければならないのはまさに死活問題である。多くの著述家、哲学者、学者、理論家が民主主義的なモデルを建設する必要性を公衆に説明しようと努力してきた。それは自然を搾取するのではなく包摂し、人々が自分自身の生命と生活をコントロールでき、性的不平等が克服され、民族戦争と宗教戦争が終わりを告げ、人々の集団間で平和の架橋が構築され、貧困と搾取がこれ以上存在しない、そういうモデルである。

言い伝えによると、パンドラが箱を開けるとあらゆる邪悪なものが世界中に解き放たれたという。恐怖にかられたパンドラは箱をバタンと閉じ、希望だけが中に残った。ロジャヴァは中東というパンドラの箱に隠された希望であるかのようだ。その希望は戦争の暗黒から私たちを救うことができる。シリアの一部であるロジャヴァの全州に創設されている民主主義的自治の基本的目標は、権力に基づく国家システムの力を制限し、社会のあらゆるエスニック的・宗教的集団が栄えることのできる道を創造することである。それらの集団は、自らの社会的特徴にしたがって自由に発展し、それにふさわしい自らの組織の仕組みを創造できるはずである。

民主主義的自治は、立法及び執行評議会、最高選挙委員会、地域評議会、地区評議会、コミューン、自治行政、そして女性評議会というレベルで、ロジャヴァの各州で実行されている。あらゆる個人と制度は憲法裁判所の判断によって平等な権利と義務を持っている。どの州でも、州の課題を実行するために民衆は自らの自由意志によって評議会と執行委員会を結成する権利を持っている。アラブ人、アルメニア人、アッシリア人、チェチェン人、チェルケス人、クルド人、ロマの人々、トルクメン人が、キリスト教徒、ムスリム、ヤズディ教徒のように宗教が異なっている人々だが、お互いに親しくそばで暮らしている。この地域はあらゆる点で多様である。この多様性の真っ只中に自由かつ正義の社会秩序が建設されている。ジジーレ州の行政は宗教的信条や民族的背景がどうであろうと、民衆が自己統治のすべてのレベルに参加できると確言した。ロジャヴァの各州に設立された民主主義的自治制度は、街角や村や地区や都市などに住む人々を包括している。このような広い範囲で民主主義的な政治文化の意識が活気づいている。

ロジャヴァでは、エスニシティ、言語、宗教あるいは文化の違いに応じて大地を狭く区分けする線は、一本でさえ引かれることはないであろう。共同で自己統治を実行する境界線のない共同生活によって、民衆のグループの間の敵意は終わることだろう。この敵意は、もともと近代国民国家によって創られたのである。コミューン・システムを通じて政治的な意志決定をするために、社会のすべての人を街頭から村、地区、そして都市へと組織化することによって、さらに、このような制度の動かし方の意識を育成することによって、私たちは、民衆が自分たちの助けになるものと害になるものを決定できるレベルに達するという希望が持てる。この方法によって、社会を構成する集団の間の相違が争いを先鋭化させるのを防げるし、それどころかコミューン的な共同生活に寄与するであろう。

中東では、国民国家は多くの宗教的・エスニック集団にとって苦痛、破壊、虐殺、抑圧のモデルとなってきた。ここでは国民国家はエスニシティの同質性という仮定の上に創設された。独裁政権と全体主義政権は、専制的支配というシステムそのものを防衛するという名目で人々の間の違いを無視した。その基本パラダイムは、一人の自分や一つの家族あるいは一つの部族のための利益であった。

ついに中東と北アフリカの民衆は、このような政権に最終的に反旗を翻した。ロジャヴァの私たちもそのような政権に反対する蜂起の一つであった。しかし、私たちは破壊と暴力を選ぶ代わりに、第三の道を選んだ。事態はもうかつてのようではないと私たちは決定した。どのような方向を取るべきかを私たちは議論した。一元的な権力の軍事的な国民国家に代わるモデルとして民主主義的自治による自己統治を発展させた。

民主主義的自治は、大地の特別な部分を特別なエスニシティにあてがおうとはしない。むしろ大地を誰もが自分のアイデンティティをもって自由に生活できる場所だと考えている。民主主義的な民族（ネーション）のモデルにはクルド人、アラブ人、トルクメン人、アルメニア人、アラム人、そしてこの社会のすべての人が含まれている。この人々は、自分の言語や宗教や文化を持っており、自ら自由に作った制度を通じて地域の行政に積極的に参加するように促されている。派閥主義が生んだ混沌はシリアの運命であって、それ以外の未来はあり得ないと言われてきた。しかし、このプロパガンダを支える知識と反するものを、まさに民主主義的民族と民主主義的自治がロジャヴァで達成している。自由と平等を基礎とする自己統治の新しいモデルが出現して、同質化した抑圧的で自由を制限する近代資本主義国家に取って代わろうとしている。中東は宗教的原理主義と民族主義的で中央集権的な国家のある地域であり、宗教上、文化上、エスニシティ間の敵意が大殺戮や集団虐殺を引き起こしている。この状況のもとで、社会のすべての部分で政治的な自覚が促進されるだけでなく、コミューン的で連帯を目指す共存を攻撃するすべての者が、共同の自己防衛を通じて打ち破られるのも、民主主義的自治が創り出した自由に他ならないであろう。

中東の女性は、他のどの集団よりも差別にさらされている。世界の民主主義体制は、誇らしげに「民主主義の守り手」だと売り込みながら、ロジャヴァで行われた程度にまで女性の解放をもたらし得たことは未だない。民主主義的自治においては、性の平等は二重指導体制を実行していることに表現されていて、「被差別者を優遇する肯定的差別」の原則は、社会システムと女性の組織が完成されるまで依然として有効であろう。ロジャヴァの全組織において、女性はメンバーの少なくとも四〇パーセントを構成しなければならない。女性はロジャヴァのあらゆる部分で積極的な役割を演じている。自分を守り、社会の安全を引き受けることから、家族の問題を調整し、指導者として活躍することまでである。中東では、家父長制と伝統的家族構造が女性に大きな抑圧を及ぼしているが、民主主義的自治による自己統治によって新しい社会秩序ができあがりつつある。ロジャヴァの各州で伝統的社会の家父長制に反対して、未成年の結婚や一夫多妻制などと闘うとき、女性が主役を演じる。各州の目的は、家父長制的な考え方を捨て去り、あらゆる点で女性を解放することである。社会のもっとも小さい組織でさえ、女性の間の連帯が強くなっていくことを支援している。女性評議会、協同組合、アカデミー、センターにおいて、女性は自由な生活を建設する過程のすべての局面で主体として参加している。民衆の評議会があるところならばどこでも、女性評議会も結成されている。評議会の女性はロジャヴァの全女性に革命の目的と成果を報告する。女性協同組合とワークショップで女性たちは商売を仕込まれ、それにより経済的な自立の支えが得られる。女性は民主主義的自治における主導的な行為者であり、民主主義的自治を発展させ、実行し、防衛する責任ある役割を演じている。

シリアのそれ以外の地域では、シリア政権による単一政府の一元的な政治によって住民の集団間の寛容さはすべて失われたと言えよう。長年にわたり、政権はシリアを構成している集団の間に不信と疑念の風潮を助長した。シリアの住民集団はそれぞれ、分離し境界を定められた地域を割り当てられている。人口配置の意味では隣り合わせで存在しているのに、互いに分離している。中東では現在に至るまで、中央集権的、一元的、そして民族主義的な国家体制が繰り返し、私たちの多様な社会を均質的に再編成しようとしてきた。多様であることは豊かであることではなく、問題があるとみなされてきた。

私たちの地域の至る所で、「マイノリティの問題」があるとよく耳にする。大殺戮と集団虐殺がマイノリティに対して行われていて、確かにこれまで「民族浄化」もいくつかあった。しかし現在クルド人は大殺戮と集団虐殺というこの政策に挑むために立ち上がっている。私たちの社会はモザイクのように多様であり、一元的な国家原理はこれにはふさわしくなく、たとえどんなに大きな力が行使されようと、この原理は実行され得ない。

したがってロジャヴァにおける私たちのプロジェクトの課題は、このモザイクを作っているすべての人が共に生きられるようにすることである。ロジャヴァは、破壊的で一元的なシステムは機能しないという事実を手本にしている。チュニジアやエジプトでのいわゆる「アラブの春」において、多数派の民主主義体制の形成が企てられたことを考えてみよう。その土台にある精神構造は「選挙に勝てば、民衆に選ばれれば、法律を変えることも含めてなんでもできる」ということだった。ここで語られているシステムには、まるで参加ということがなかった。ロジャヴァは正反対である。ロジャヴァでは参加と合意形成が志向され、その中には異なる言語、アイデンティティ、個性を持つすべての人が包摂されている。これこそがいかにロジャヴァが中東の新しい希望を表しているかということである。シリアが怒りの爆発へと落ち込んでいった時でさえ、ロジャヴァでは、戦争の周辺部にあって、平和の空気のなかで正義のシステムが勃興するのが目撃された。

それがどのように起こったのかは、いくつかの要因によって説明できる。もっとも重要なものの一つは、建設されているシステムに見られる態度と論理である。すなわち、ロジャヴァの社会の多数派を構成している女性の参加を保証しようとする意志である。今日、ロジャヴァでの封建的な態度は弱まり、構造としては崩れている。しかし、読み書きができない人口の最大の割合は女性である。それは保守的な傾向があるためだが、その傾向は宗教ではなく、伝統に根を張っている。これらの要素はロジャヴァの新しいシステムの発展を引き起こした。しかしもっとも重要なのは、女性を正面に持ってくるという政治的イデオロギーと組織化の努力であった。民主主義的自治によって女性が参加することが容易になっている。

各州ではコミューナルな経済のモデルも採用されている。このモデルでは、利潤を最大化し自然を荒廃させる資本主義的モデルとは反対に、中心にあるのは社会的な利用である。コミューンの組織化を通じて市民は意識と感性を育てる。つまり自然への敬意と倫理的責任の感情を内面化する。経済、人間的な態度、エコロジー、これらは互いに分離できない。民主主義的自治は、これらのものを互いに補完しあうものと理解し、支配と搾取を超えた経済システムを心に描いている。このシステムでは人間と自然の内的関連が互いに理解され、強化される。ロジャヴァの各州はボトムアップで組織されている協同組合を支援し、確実にすべての工場と企業が民衆のコントロールのもとに置かれるようにしている。この方法によって資源が公平に分配され、分配の不平等が克服され、公平な経済秩序が発展するだろう。民主主義的自治においては、民衆の意志が経済的な意志決定の要点である。州の民主主義的組織には全住民が含まれ、市民の間に所属と責任の感覚を創造し、有害な慣習を止めるようにすべきである。

ロジャヴァで民主主義的自治を建設することによって、私たちは非中央集権的で民主主義的なシステムを創り上げている。それがシリアにも拡大されれば、あらゆるエスニシティ、アイデンティティ、言語をもつ民衆が役割を果たせ、女性が自治政府と生活の全領域で自らの声を発する民主主義の土台となるであろう。そのためにこそ私たちは闘いを続ける。私たちの目的は、自由、平和、平等、そして正義である。これらの価値を目指す戦いに私たちはすべてを捧げる用意がある。今もコバニでは無名の英雄たちもこの価値を守っている。英雄たちの武装闘争の強さは、意志の固さと決意と倫理的価値から引き出されたものである。自由はこの人々に守られて力強く広がっていくであろう。

二〇一四年一一月一八日　ロジャヴァ、コバニにて。

訳者あとがき

この書物（ミヒャエル・クナップ、アーニャ・フラッハ、エルジャン・アイボーア著のドイツ語原典のジャネット・ビールの翻訳による英語版）は日本ではほとんど紹介されていない、北部シリアのロジャヴァでの注目すべき社会変革運動の実態の報告の翻訳である。二〇一〇年から始まった「アラブの春」は翌年シリアに波及し、シリアではいわゆる内戦が起こったことは周知の通りだし、多くの書物や時に新聞記事でもその背景や経過が紹介されてきた。しかし、残念ながらこのロジャヴァでの動きはほとんど取り上げられず、高々「クルド人民主主義勢力」が、シリア内や周辺大国や外部の大国などの政治勢力間の力関係の中での「政治ゲーム」の一環として扱われる程度であるようだ。

この書物を以前からの大先輩で友人であり、教育評論を数多く執筆している佐々木賢氏から紹介され、翻訳を促された時、シリアや中東の歴史や現状については全くの門外漢である私が翻訳するよりももっと適切な方による翻訳を期待した。なぜなら、このシリアをはじめとする中東の状況やクルド人の現実については専門家が多々いるであろうし、その方々によってロジャヴァの革命が注目されていれば、本書の翻訳もそのような専門家によっていっそう適切な述語や訳語、文脈解釈となったであろうからである。それを思うと、内心忸怩たる思いがしている。

本書は、本文中でも再三強調されているように、資本主義近代や国家社会主義に代わるオルタナティブとしての直接民主主義に基づく政治・経済・社会の再構築、国民国家なき社会、家父長制を廃絶した女性の全き解放、多元的なエスニシティからなる社会を、ボトムアップによる民主主義的自治によって実現することを志向し実践しているロジャヴァの姿を生き生きと描写している。さらに、この社会変革が単に中東にとどまらず、アーシャ・アブドュラが本書の後書きで述べているように今後の世界が歩みゆく「希望」の道を示している。にもかかわらず、このロジャヴァの革命が日本では無視の状態に近いのは実に残念である。

中東の混迷やいわゆる難民の増大は多くのメディアの材料になってきたが、その只中でこのような社会変革運動が進んでいることは驚くべきことであろうし、感動的でさえある。崩壊した国家社会主義や破壊的な新自由主義政策を進めている資本主義世界システムに代わるものは何かという道を見出せないでいる日本での「本質的な民主主義」を求めているできるだけ多くの人々に、ロジャヴァでの「革命」の内実を伝えたいというのが本書を翻訳した大きな動機である。

翻訳は昨年の初めにはほぼ終わっていたが、英語版出版社（Pluto Press）からの版権の許可に思いの外時間がかかり、ようやく出版の運びとなった。この間、シリア、ロジャヴァの情勢は相当変化しているので、情報としてはアップトゥデイトではないのが悔やまれる。特に気がかりなのはシリア国家とトルコ国家からの今後の攻撃と弾圧の進展である。

ロジャヴァでの革命の歩みは茨の道であろうが、しかし、社会変革のオルタナティブとしてのロジャヴァ革命の価値は失われることは決してないであろう。

本書は冒頭にも書いた通り、元々はドイツ語版として出版され、一昨年秋にその第四版が出版されている（Michael Knapp, Anja Flach und Ercan Ayboğa, „Revolution in Rojava―Frauenbefreiung und Kommunalismus zwischen Krieg und Embargo“4. Aktualisierte Auflage,（VSA Verlag, Hamburg, 2018)。翻訳は、ジャネット・ビールの訳した英語版（“Revolution in Rojava―Democratic Autonomy and Women's Liberation in Syrian Kurdistan” translated by Janet Biehl, Pluto Press, London, 2016）を底本としている（ジャネット・ビールについては、著者紹介（ヨコ組み35ページ）を参照されたい）。ジャネット・ビールは本書の冒頭の「注解」で英語版はそれとして新たな価値を持つ「新しい本」と述べている。翻訳にあたってはドイツ語版も適宜参考とした。また、訳語について言えば、人名や地名については、クルド語、アラビア語、トルコ語での表記や発音をいくつかの資料にあたりできるだけ適切に判断して、その発音に近い日本語を当てようと努力したが、訳者には不案内の言語ゆえに不適切なものを当てていないかと恐れる。識者のご教示をいただきたい部分である。

なお、本書の表題について述べておきたい。ドイツ語版でも英語版でも主タイトルは「ロジャヴァの革命」であり、副題はドイツ語版が「戦争と禁輸措置の只中での女性解放とコミューン主義」、英語版の副題は「シリア・クルディスタンにおける民主主義的自治と女性解放」となっている。いずれも本書の内容の本質的一面を表現したタイトルといえるだろう。訳者としてはこのようなタイトルを望んでいた。

原注は巻末にまとめてあり、英語とドイツ語はそのままだが、クルド語とトルコ語の部分はできる限り日本語に訳してある。誤訳が心配であり、これもご教示いただきたいと考えている。

昨年八月に訳者がドイツを訪問した時に、現地の友人からドイツに住むロジャヴァのことに詳しいクルド人家族を紹介していただき、話を伺う機会があった。周知のようにドイツにはクルド人が数多く住み、この家族もその一員である。訳者にとって忘れられない出会いとなったのだが、その父親にロジャヴァの現状やオジャランのことなどの多くを質問し、丁寧に答えていただいた。その中で父親からロジャヴァというのは、roは「太陽」、javaは「〜の方へ」という意味だと教えていただいた。ロジャヴァ革命を象徴するような言葉である。この家族の詳細はここでは語れない。なぜならドイツにはトルコ政府の秘密警察がいるので、個人的な情報は公にして欲しくないと言われたからである。

繰り返すが、できるだけ多くの人のもとに本訳書をお届けしたいと念願している。日々ロジャヴァの現状を収集、分析し、新しい情報を教えていただいている松田博公氏に解説を書いていただけたのは望外の幸せであった。また、翻訳を勧めていただいた佐々木賢氏、出版までの労を取ってくださった青土社の西館一郎氏にも感謝の意を述べたい。

二〇二〇年一月

山梨 彰

解説

ネヴァー・エンディング・レヴォリューション

松田博公

1　危機にあるロジャヴァ革命

トルコの侵略

二〇一九年一〇月九日、トルコ軍がロジャヴァに攻め込んだ。トルコは三年間にわたってロジャヴァ侵略を続けて来た。二〇一六年八月にはユーフラテス川西岸の町ジャラブルスを攻略し、二〇一八年一月からはロジャヴァ西端の田園地帯アフリンを占領した。平和の泉作戦と名づけられた今回の攻撃は、四〇〇キロの国境に沿うロジャヴァの幅三二キロの地域からＳＤＦ（シリア民主軍）を排除しようとする全面侵略である。攻撃前の九月二四日、トルコのエルドアン大統領は、国連総会に乗り込み、ロジャヴァの地図を広げ、ここに行政、医療、教育施設を整えた「安全地帯」を設置し、トルコ国内のシリア難民三〇〇万人を「帰還」させると豪語した。「安全地帯」にはコバニ、ギレ・スピー、セレーカニイエ、カーミシュロなど拠点都市が含まれ、実現すればロジャヴァ革命には致命的打撃となる。

侵略の先兵は、シリア最後の反体制地域イドリブでシリア、ロシア両軍と戦ってきたイスラム原理主義軍とは名ばかりの強盗的な傭兵部隊、国民軍だった。アフリンで今も虐殺、拷問、略奪、誘拐、強姦を欲しいままにする彼らは、のっけから化学兵器を用い、戦争犯罪を繰り返した。そして、ツイッターに、SDFの戦死者を断首し、YPJ（女性防衛隊）隊員の遺体を踏みつけ、車で通りかかった女性政治家を処刑し、「アラー・アクバル（神は偉大なり）」と叫ぶ動画を次々にアップし蛮行を誇示した。そればかりか、シリア人権監視団は、国民軍にはイスラム国兵士が参加していると報告し、HAWARNEWSは、メンバーを八〇人以上、特定している。[*1]

重火器の砲撃と戦闘機、ドローンの空爆で抵抗を突破したトルコ軍と傭兵部隊は、またたく間に東西に一二〇キロ離れた二つの町、ギレ・スピーとセレーカニイェを制圧し、その間を三二キロの幅で占領した。クルド、アラブ、シリア、アルメニア、アッシリアなど諸民族が共存し、女性があらゆる領域で主体となり、全員参加の自治を実現してきた民主連合主義の八年間を押しつぶす政治地図は、トルコがアメリカ、ロシアと締結しSDFに押しつけた二つの停戦協定によって今は固定されている。

この作戦で、十二月半ばまでに、三十万人が避難を強いられ、住民四七八人が殺され、一〇四〇人が負傷した。死者のうち一五九人が子どもである。十二月二日には、遊園地が空爆に狙われ、アフリンからの避難民だった子ども八人と大人二人が殺された。

ロジャヴァ侵略が、トルコ国内の民主派の弾圧を伴うことも見逃せない。二〇一六年のクーデタ未遂事件以降、二〇〇〇万人クルド人の政党HDP（人民民主党）代表をはじめ、国会議員や自治体の市長など六〇〇〇人、ジャーナリスト一一六人が投獄され、トルコ南部のクルド人地域の自治組織は解体された。凄まじい抑圧体制で国内を固め、敢行された今回の侵攻なのである。

トランプの「裏切り」

エルドアンに国境を越えさせたのは、アメリカのトランプ大統領の一言だった。エルドアンは八月から「安全地帯」計画をトランプに示していたが、一〇月六日深夜の電話会談で、トルコ軍は今すぐに越境すると脅し、トランプはそれに応じて米軍を撤退させると約束した。ロジャヴァに基地を置く一〇〇〇人の米軍は、トルコに対する盾であり、撤退は、ロジャヴァを売り渡すことを意味していた。

トランプは、米軍のシリア撤退を二〇一六年の大統領選挙で公約していた。二〇一八年一二月に実行を試み、米軍指揮官やペンタゴン職員と軋轢を深め、国防長官が辞任した。それをも押して行った今回の独断専行に、ペンタゴンや共和、民主両党議員も反発したが、米軍は一〇月一三日、撤収を始めた。

二〇一一年、シリアを席捲する民主化運動の中で誕生したロジャヴァ革命の自衛組織YPG（人民防衛隊）、YPJと米軍との連携は、二〇一四〜五年、イスラム国のコバニ攻撃で、米軍の空爆支援を受けたことから始まる。YPG、YPJはイスラム国を追撃し、政治母体、北・東シリア自治局の支配地域はロジャヴァを超えて、ユーフラテス川西部や南東部にも大きく拡大した。そして、イスラム国の首都ラッカの攻略を前に、拡大した地域のアラブ人戦闘員を受け入れ、SDFが組織される。

アメリカはオバマ政権以来、「シリアの春」運動に乗じて、アサド政権の転覆を狙い、イスラム国、アルカイダなどのイスラム原理主義勢力や「穏健な」反体制武装組織を支援する軍事介入路線を採ってきた。イランに対抗する意味もあった。しかし、イスラム国やアルカイダがコントロール不能となり、「穏健な」勢力が衰えたので、クルド人部隊への依存を強める。SDFは、戦死者一万一千人（うち外国人義勇兵九五〇人）、負傷者二万四千人という多大な犠牲を払い、二〇一七年、ラッカを陥落させ、シリア全土の三分の一を管理化に置いた。そこには、シリア最大の石油埋蔵地域が含まれ、アサド政権への打撃は大きい。

アサド政権転覆を企図してきたアメリカ軍部や軍産複合体にとって、トランプ大統領の行動は「弾劾」にも値する迷走である。米軍指揮官や議員からは、イスラム国と共に戦った同志への「裏切り」だという憤りも噴出し、上下両院は、ロシアの防衛システム購入や一〇〇年前のアルメニア人の民族浄化を理由に、トルコへの制裁決議をおこなった。しかし、最高司令官である大統領の命令は、「覆水、盆に返らず」である。「狡兎《こうと》死して、走狗烹《に》らる」の中国の故事そのままに、SDFは、イスラム国殲滅の役割を終えた「走狗(猟犬)」として見捨てられた。しかし、「裏切り」は、トランプに始まるわけではない。

オジャランの顕彰は許さない

アメリカとロジャヴァの関係は元々、戦術的なものに過ぎなかった。ロジャヴァ革命を国際社会に認知させ、戦災復興のために貿易制限を撤廃するなど、政治、経済、人道のうえで必要な支援は何もしてこなかった。トルコは侵略の口実として、ロジャヴァ革命に携わるPYD(民主統一党)やSDFなどはテロリストだと言う。それらがトルコ国内で武装闘争をしてきたPKK(クルディスタン労働者党)の姉妹組織で、アメリカやEUもテロリストと認定するからである。しかし、インド、中国、ロシア、スイス、エジプトなどはテロリストとはしていない。ベルギーの上級裁判所も、最近、「PKKはテロリストではない。トルコ国内で民族抑圧政策と闘う武装集団だ」という判断を示している。[*2]

アメリカがテロリストから外せば、トルコは口実を失う。しかし、アメリカはトルコをNATO(北大西洋条約機構)につなぎ止めるためにそうせず、SDFはPKKとは別組織だと、二枚舌でごまかしてきた。そもそも、覇権国家アメリカが、PKKの獄中の指導者アブデュラ・オジャランの思想から誕生したロジャヴァ革命への共感などないことは、二〇一七年一〇月のラッカ陥落時のペンタゴンの対応に明らかだ。

SDFは、ラッカが陥落するとシティセンターにオジャランの巨大な旗をたらした。その前には何百人ものYPJ戦闘員が並び、家父長制の暗黒が生んだイスラム国の首都の解放を世界の女性に向けて告げた。ペンタゴンは直ちに声明を出した。「PKKは、米国が認定するテロ組織であり、地域の不安定化の要素である。ラッカ解放のただ中でPKK創立者、オジャランを顕彰することを非難する。*3」

ジュネーブで開催されている、シリア政府と反体制諸派を交えた和平のための制憲委員会に、北・東シリア自治局が参加することにも、アメリカは賛同していない。二〇一八年のアフリン侵略の際も、無関心を装った。「裏切り」はトランプに始まるのではない。議会も冷淡で、トルコの侵略に足場を提供してきたのである。

前言を翻したトランプ

この時期に米軍撤退に踏み切ったトランプの本意は、よく分からない。大統領選の公約通り、軍事予算を削減するためか。ビジネス利権で取引したとか、エルドアンにスキャンダルを握られ、脅迫されているなどの情報もあるが、確認できない。

ところが、いつものように、トランプは前言を翻した。トルコの侵攻が、懸念された結果を生んだのも理由の一つだった。二〇一八年末、トランプのシリア撤退表明に抗議し辞任した有志連合の元大統領特使ブレット・マクガークは、大統領決定後、ツイッターで警告した。「トルコが侵入すれば、SDFを粉砕し、イスラム国を拘置している刑務所が放棄されるだろう」。

言葉通り、一〇月一三日、警備の薄くなったラッカ県アインイーサの収容所で暴動が起き、イスラム国傘下の七五〇人が脱走した。批判を浴びて、トランプは指令を修正した。ロジャヴァの米軍は引き揚げるが、それより南の油田地帯には米軍を残留させ、イスラム国残党を追い、石油を守るという。

一一月に入り、SDFの総司令官マズルム・アブディは、有志連合との合同プログラムを再開し、残留する米軍と共に「テロとの戦い」を続行すると宣言した。

ロジャヴァの革命家にとって、アメリカは、オジャランが獄中から私淑したソーシャル・エコロジスト、マレイ・ブクチンを生んだ国だが、同時に先住民を虐殺し黒人奴隷を収奪した泥棒国家であり中東の混乱の元凶である。加えて、クルド民族には、アメリカの中東政策の道具として利用され、イラン・イラク戦争末期の一九八八年三月、イラクのクルド自治区のハラブジャでサダム・フセイン軍が化学兵器を使用し、住民一万五〇〇〇人以上が死傷した民族浄化を含め、過去一〇〇年間で八回もの忘れようのない記憶がある。[*4]

それでもなお、SDFは他国の石油を略奪し、シリアばかりかイランとも対峙する米軍部隊を「共闘」相手に選んだ。米軍との接点を保つこと、それは、いまやロジャヴァに覆い被さるアサド政権やロシアとのバランスの取り方の、わずかに残された選択肢だからである。

停戦協定による脅迫

これに先立つ、二〇一九年八月、トランプのシリア撤退の動きを見越して、SDFは、シリア政府に軍事的、政治的な対話を呼びかけている。シリア政権がロジャヴァの自治を認め、イスラム国と闘い勝利したSDFの固有性を評価し、諸民族、諸宗教が共存する民主連邦制を受け入れるようにという内容だった。しかし、アサド大統領は、国家主義に固執した。SDFを「分離主義」と決めつけ、「連邦制は国家を破壊する。シリアでは樹立され得ない」とこれまでの主張を繰り返した。外務在外居住省副大臣ファイサル・ミクダードも、SDF、SDC（シリア民主評議会）、YPG、PYDなど北・東シリア自治局の組織について、「分離主義的な論理を持ち、外国勢力の存在に賭けようとする者とは対話しない」と言い放っている。

一〇月九日の侵略開始後、SDFは、ロシアを仲介者に、再びシリア政府にロジャヴァ防衛の緊急の軍事連携を求めた。ロシア、シリアは、アメリカに見捨てられ孤立無援のSDFを武装解除し、領土統一を進める好機と考え、交渉に応じた。一〇月一三日、SDF総司令官アブディは、「シリア軍が国境地帯に展開す

ロジャヴァの政治地図（2020年1月）

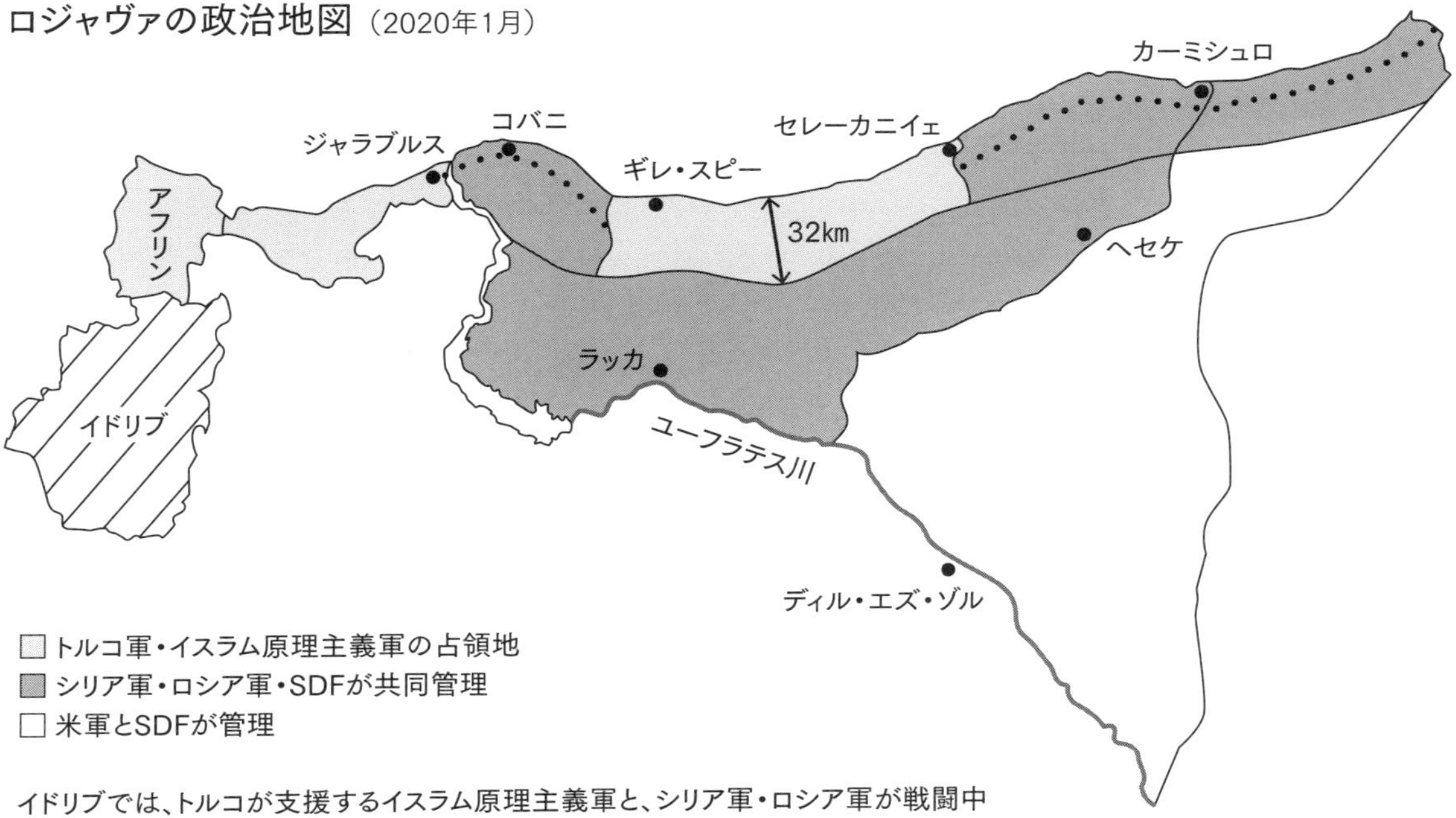

□トルコ軍・イスラム原理主義軍の占領地
■シリア軍・ロシア軍・SDFが共同管理
□米軍とSDFが管理

イドリブでは、トルコが支援するイスラム原理主義軍と、シリア軍・ロシア軍が戦闘中
・・・・は、国境から10km—トルコ軍・ロシア軍が合同パトロール中

ることに合意した」と発表した。それは、トルコ軍、国民軍とSDFの間に、シリア軍、ロシア軍が割り込み、ロジャヴァの安全が保障されるのと引き替えに、マンビジュ、ラッカなど、SDFが大きな犠牲を払って革命を広げた地域に、シリア軍、ロシア軍が進駐することを意味していた。

一七日には、トルコとアメリカが停戦協定を結び、国境から三二キロの「安全地帯」からSDFは退去した。続く二二日、ロシアの避暑地ソチで、ロシアのプーチン大統領とエルドアンが首脳会談を行い、一〇カ条の停戦協定を発表した。それには、以下の条項が含まれている。

・平和の泉作戦が実施されているギレ・スピーからセレーカニイェにいたる幅三二キロの地域はトルコの占領状態を維持する。

・一〇月二三日から、ロシア軍とシリア軍が上記地域を除く国境に展開し、国境から三〇キロ以内の地域からYPGの撤退を促す。上記以外の地域のうち、カーミシュロを除く幅一〇キロの地域で、トルコ軍とロシア軍が合同パトロールを開始する。

この停戦協定を受け入れれば、SDFないし北・東シリア自治局は、アフリンに続き、ロジャヴァの土地を大幅に失う。ロシア大統領スポークスマンは、脅迫した。

「過去数年間、アメリカはクルド人に最も近い同盟国だった。しかし、結局は見捨て裏切った。クルド人部隊が撤退しなければ、シリア警備隊とロシア軍警官は国境から去り、クルド人はトルコ軍によって押しつぶされるだろう」

と述べた。

SDFは受け入れ、ロシアの外相セルゲイ・ラブロフは、「この協定で、トルコの攻撃は終息するだろう」

しかし、攻撃はやまず、激しい砲撃が、トルコ、ロシア両軍の合同パトロール隊の近くにも迫った。SDFは、傍観していたロシア軍を批判した。「攻撃はロシア軍の目前で行われたが、ロシアは停戦保障国であるのに沈黙し、野蛮な侵略を止めようとしなかった」。

ロシアの権謀術数

ロシアは、ロジャヴァ侵略をあらかじめ認めていたのである。ストックホルムに本拠を置くニュース・ウェッブサイト、ノルディック・モニターは、二〇一九年八月九日付けで、ロシアはトルコがイドリブで支援するイスラム原理主義軍を引き揚げるのと交換に、クルド戦闘員を攻撃するのを許す秘密合意を五月以前に交わしていたと暴露し、合意文書の画像を公開している。[*5]

トルコとロシアの密約は初めてではなかった。二〇一八年一月のアフリン侵攻の際も、ロシアはイドリブのイスラム原理主義軍をアフリンに回すことを条件に、トルコの作戦を容認したと推測されている。[*6]

ロシアは、二〇一五年のシリア内戦介入以来、アサド政権の領土統一を支援してきた。そして、ロシアを仮想敵国とするNATOを弱体化するために、トルコやイランと関係を調整しつつ中東政策を進めてきた。ロジャヴァに対しては一面ではアサド政権より柔軟で、少なくとも文化的自治は認め、トルコ、アメリカが反対する制憲委員会への参加も支持している。それがアメないしニンジンだとすれば、ムチも使う。

ロシアは、当面の第一の戦略目標を、最後の反体制拠点イドリブの奪還に置く。だから、イドリブを占拠するイスラム原理主義勢力は少ないほうがよい。彼らの背後のトルコがこの勢力をイドリブから移動させるなら、ロジャヴァ攻撃を黙認しよう。それによってSDFは弱体化する。トルコやイスラム原理主義勢力がロジャヴァを占領しても、アサド政権が奪還できる時は、いずれ来るだろう。

これが、権謀術数から透けて見えるロシアのシリア内戦終結の見取り図である。そして、残留する米軍との「共闘」を選んだSDFに揺さぶりをかけている。イスラエルの新聞ハアレツは、二〇一九年一一月二六日付けで、SDFに警告するラブロフ外相の言葉を伝える。「クルド人はアメリカとの同盟を維持し、シリア政府との対話を避けている。しかし、これ以上、アメリカの支援に頼っても何の利益ももたらさない」。けれど、「裏切った」アメリカとのSDFの「再婚」は、このように迫るロシア、シリアとの交渉力を保ち、革命の持続を計るための苦衷に満ちた選択である。

ロジャヴァが国際社会の認知を求めて各国に外交事務所を設けたとき、ヨーロッパで最初にオフィスを置いたのはモスクワだった。だが、ロシアもアメリカ同様、覇権のためには、国なき民を利用するマキャベリズム国家である。いや、それ以前に、各国民国家がしのぎを削る資本主義近代の世界システムで、生き残りを計る無慈悲な大国には、権力の基盤を女性を中心とする草の根の民衆に置く、諸民族共存の近隣自治体連合社会など、眼中にないのだろう。

いつのころからかクルド民族には、「クルドの友達は、山だけだ」という言葉が言い伝えられている。

テロリストはどっちだ〜トルコとＩＳの密着

トランプの軽挙妄動とプーチンの深謀遠慮に助けられ、ロジャヴァに侵攻したエルドアンは、国境から「テロリスト」ＰＫＫを追放し、占領地に難民を「帰還」させると言えば国際社会は沈黙すると考えていただろう。その目論見は、想定外に頓挫する。

侵攻から一七日後の一〇月二六日、潜伏中のイスラム国の指導者アブ・バクル・バグダディが、米軍特殊部隊とＳＤＦに急襲され自爆した。その場所が問題だった。イスラム原理主義勢力がトルコの支援を得て立てこもるイドリブの、トルコ国境からわずか五キロの村で、近くにはトルコ軍の監視所があった。

翌日には、やはりトルコ国境のジャラブルス近くのイスラム原理主義勢力の占領地域で、バグダディの右腕の報道官アブー・ハサン・ムハージルがＳＤＦの情報を受けた米軍の空爆で殺された。二つの作戦は、トルコ軍には直前まで知らされなかった。バグダディたちがトルコの諜報機関に保護されていたのは間違いなく、情報流出を防ぐためである。

この事件は、これまで時折、報道されながら、欧米のメディアも真剣に向き合ってこなかったトルコとイスラム国の結びつきへの疑念を噴出させた。なぜ、国際的お尋ね者のイスラム国指導者が、揃いもそろってトルコの軍事管理下の国境に潜んでいたのか、トルコは答えるべきだ、と。

シリア内戦の初期からエルドアンはオスマン帝国の蘇りを夢見てアサド政権打倒をめざし、アメリカ、EU、サウジアラビア、カタールなどと共に、イスラム国、アルカイダなど原理主義勢力を助けてきた。なかでもイスラム国を、PKKの別働隊ロジャヴァを攻撃する「代理」として使った。資金と武器を与え、兵士を訓練し、軍事・謀略で提携し、負傷者を国内の病院で治療することさえしてきた。二〇一四年一〇月二日、ハーバード大学での講演で、当時のオバマ政権の副大統領ジョー・バイデンは述べている。「トルコ、サウジアラビア、アラブ首長国連邦などは何をしたのか？ アサドと戦うだれにでも、数億ドルの資金、数千トンの武器を注ぎ込んだ。これらの政策は、アルカイダ、イスラム国に関連する過激派を支援することになった」。

この暴露にエルドアンは激しく抗議し、バイデンは謝罪したが、その後も、調査ジャーナリストの報道、拘束されたイスラム国兵士の告白、対テロ専門家の研究など数々の証拠がインターネット上に溢れる。[*7]

トルコ国境を自由に往来するIS兵士

しかし、わざわざ秘密のベールを覗き込むまでもなく、あからさまな事実がある。世界中から四万人と言われるイスラム国兵士志願者がトルコに入り、国境を歩いてシリア、イラクに流入した。空港と国境の町を閉ざせば、イスラム国の拡大は未然に防げたのである。トルコはそれをしなかった。大手を振って国境を行き来するイスラム国兵士の中には、本書にあるように、コバニの復興支援のために集合していたトルコの若者たちを自爆攻撃した者、トルコ側からコバニに侵入し、住民二三〇人以上を殺害した者、ヨーロッパでテロを敢行した者などもいた。

有志連合の元大統領特使マクガークはトルコの侵攻の翌日のツイッターで語っている。「シリアの国境の町タルアビヤドは、イスラム国の主要な供給ルートであり、武器、爆発物、戦闘員がトルコから自由に流れていた。われわれは封鎖を要求したが、トルコは拒否した。SDFが国境を制圧し、タルアビヤドが使えなくなると、イスラム国はマンビジュで戦闘員を組織し、ヨーロッパでの攻撃を計画した。二〇一六年一一月一四日、戦闘員はマンビジュからトルコを経由してパリに移動し、一三一人を殺害した」。

トルコ国境は、イスラム国が略奪した石油を資金に替える玄関口でもあった。合計で一万二千台に上るタンクローリーの列が、トルコ国境に向かって延々と並んだ。二〇一五年九月、シリア内戦に参戦したロシアは、最初に、この車列を空爆し衛星放送で中継した。[*8] 同時に、エルドアンと家族がイスラム国との石油密輸ビジネスで莫大な利益を得ていると暴露した。[*9]

アメリカはどうしていたのか。タンクローリーの列を衛星から見下ろし、二年間、放置していた。

トルコ軍、国民軍の戦争犯罪やトルコ・イスラム国の癒着を、欧米の主流メディアが報道していた二〇一九年十二月三日、フランスのマクロン大統領がNATO会議中にトルコ批判を行った。

「トルコはイスラム国と戦った人々を相手に戦っている。そして時々、イスラム国やその代理と協同する。この集団に対するトルコの曖昧さは有害だ」。

「曖昧」なのは、世界のメディアも同じである。なぜ、トルコとイスラム国の蜜月関係を知りながら、王様は裸だと知っていても、指摘しないのが大人だといわんばかりに目をつぶってきたのか。理由の一つは恐らく、アメリカやイスラエル、NATO諸国も、直接、間接にイスラム国やアルカイダの組織化、軍事訓練、資金援助などに手を汚してきたからである。[*10]

トルコとイスラム国の関係は、その極端であからさまな例に過ぎない。

イスラム国とロジャヴァ革命の対称性

イスラム国に対するロジャヴァの戦闘は、数々の英雄を生んだ。ひげづらで大きな笑顔を絶やさないアブ・レイラは印象深い一人だ。SDFの一翼である反体制派のシリア自由軍「北の太陽」部隊の司令官だった彼は、二〇一六年六月五日、ラッカ陥落の前哨戦となったトルコ国境のイスラム国の拠点マンビジュの争奪戦のさなか、スナイパーの銃弾に斃れた。

アブ・レイラは、二〇一四年一一月七日のコバネの戦闘で、崩れた瓦礫に下半身が埋まったイスラム国の若い兵士を救出したことで知られる。瓦礫を手で掘り起こしながら、顔面蒼白の兵士に笑いかける動画が残されている。「至るところ人間性への憎しみと死をまき散らすイスラム国と違い、われわれは人間性を愛している。こいつを生かし、治療し、家族の下に送り返して、それを世界に知らせるんだ」。彼はその後、コバニにトルコ国境側から攻め込む敵に反撃する闘いで負傷した。傷が癒えると戦闘に復帰し、斃れた。[*11]

アブ・レイラは、アサド政権の下で抑圧と貧困に苦しむ若者として、二〇一一年から内戦に参加した。反体制派の自由シリア軍系組織に加わりアサド政権やイスラム国と闘い、やがて組織のクルド人差別を理由にたもとを分かち、クルド、アラブ、トルクメンなど複数の民族からなる「北の太陽」部隊を結成し、コバニ、ギレ・スピー、ヘセケ、アインイーサ、ティシュリン、マンビジュへと転戦した。

テロと反テロという二項対立で、イスラム国とロジャヴァ革命を二分するのは、意味がない。両者は、崩壊する資本主義近代に対抗する同じ運動の暗と明の二極である。イスラム国は、資本主義近代が生みだした差別と貧困、抑圧、アイデンティティ喪失を、キリスト教文明の所産とし、イスラム教スンニ派の最も原理主義的解釈である、サウジアラビアの奉じるワッハービズムの過激主義に立って宣戦布告した。

イスラム国は、革命なるものが孕む、権力への憎悪と裏返しの欲望を、最も残酷な形で組織化した。「パンドラの箱」の扉は開かれ、儀式化された断首、異教徒や性的マイノリティの虐殺、女性の奴隷化、民族浄化、少年兵の動員など、あらゆるサディスティックな「悪」がインターネットの陳列台に溢れ出た。それは資本主義近代が乗り越えたはずの中世的暴力の過剰な発現だった。イスラム国は資本主義文明の漆黒の陰画である。ナチスもそうだったように。

この開かれた「パンドラの箱」の底に残った「希望」、それがロジャヴァ革命である。その生命は、革命の導き手であるオジャランのグランドセオリーに宿っている。一九九九年、オジャランは逃亡中のケニアで、CIAの謀略によって逮捕され、トルコのイムラリ島の監獄で裁判に臨むための理論構築を始めた。一九七八年に自分たちが創設し、一九八四年から武装抵抗を始めたPKKの軌跡を回顧したオジャランは、クルド民族の運命を暴力闘争で切り拓こうとするPKKの戦略に民主主義という目的との矛盾を感じる。

逮捕前のオジャランは、すでに独立国家の建設を放棄し、民主化されたトルコ共和国の下での連邦主義に目覚めていた。やがて獄中で、ブクチンの書物と出逢い、多民族、多宗教が共存する地域コミューン連合を提唱するソーシャル・エコロジストへと自身とPKKの変身をうながす。

セルフ・ディフェンス（自衛）の思想

この作業で、オジャランは新石器時代やメソポタミア文明までさかのぼり、国家、戦争、暴力の考察をしている。

「国家は男性による発明であり、略奪を目的とする戦争がほぼ生産形態になった。戦争は生み出さず略奪する。古代における戦士社会の成立と家父長制、女性の奴隷化には密接な関係がある。生産に基づいていた女性の共同体的有効性が、戦争と戦利品に基づく男性の有効性に移行した。国民国家では社会全体が軍事化され、市民管理部は軍事装置のアクセサリーにすぎない。近代の歴史は、想像上の単一社会の名による少数者に対する文化的、物理的虐殺の歴史である。[*12]」

この視点からPKKをふり返り、オジャランはそこに、既成の国家と同じ組織構造と戦争や暴力に対する同じ思想を見て愕然とする。

「PKKは、他の政党と同様、国家のようなヒエラルキー構造の組織と考えられていた。それは、PKKが支持する民主主義、自由、平等の原則と矛盾する。別の矛盾は、PKKのイデオロギーにおける戦争の価値づけだ。戦争は政治の延長と理解され、戦略的手段としてロマンチック化されていた。[*13]」

国家と同じ抑圧的階層構造を持つ組織が、戦争をロマンチック化すれば、暴力は暴力を生んで見境なくエスカレートし、民主主義、自由、平等の原則から離れる。歴史を通じて抑圧的な政権は戦争に基づき、戦争の論理で社会を整えてきた。PKKが同じことをしてはいけないと、オジャランは総括した。

そして、提起したのが、「セルフ・ディフェンス（自衛）」の思想である。

「生物のすべての種には、それ自身の防御システムがある。ただの一つも無防備な種はない。宇宙のそれぞれの要素が存在を守るために示す抵抗を自衛と解釈できる。生物の自衛メカニズムから導き出せるもう一つの重要な結論は、存在の保護のみを目的としていることだ。彼らは、支配や植民地化のシステムを作ろうとはしない。支配と搾取のシステムは、人間という種によってはじめて発達させられた。[*14]」

薔薇の論理

この思想を、オジャランは「薔薇の論理」と名づけている。

「どんな社会集団も持つ防衛の権利は神聖なものだ。それは、集団の存在や価値への攻撃を防衛する不可欠な権利であるだけでなく、存在の防衛という理由自体を超えている。薔薇でさえ植物として、とげで花を守っていることを思い出して、私はこの民主的自治のパラダイムを『薔薇の論理』と呼びたい。美しい花を守るためにとげを使う薔薇の茂みのような自分を責める必要を感じるなら、おそらくそこに、無限に美しい自由な人間の生命の防衛のために戦う心の力があるのだ[*15]」。

「薔薇の論理」に従えば、武力の使用は自衛の目的のためにのみ正当化できる。略奪、領土拡張、支配、搾取、他者の奴隷化など、PKKが支持する解放的な目的に反するものは許されない。

この自衛のための部隊、現在のロジャヴァのYPG、YPJ、SDF、アサイシュなどは、単に軍事組織なのではない。オジャランは述べている。

「自衛の仕組みを持たない社会は、アイデンティティ、民主的な意思決定の能力、政治を失う。したがって、社会の自衛は軍事面だけに限定されない。アイデンティティの維持、独自の政治意識、民主化のプロセスを前提としている[*16]」。

オジャランは、宗教、民族、職業、地域、性別、年齢階層などあらゆる社会単位が自己確立のための自衛組織を持つべきであり、特に女性は固有の自衛組織を持たなくてはならないと強調する。

「社会の中で最も抑圧されている女性の自衛は極めて重要だ。古代に家父長制が成立すると、女性のすべての権利が奪われた。女性は自衛組織を形成し、こうした劣等視、嫌がらせ、レイプ、虐殺を回避できる。このため、女性は自分たちの歴史を学び、固有の組織を作り、生活のあらゆる分野で自分たちの領域を切り開き、独自の軍事力を作り出す必要がある[*17]」。

セルフ・ディフェンスの軍事行動は、イスラム国と見事に対称的だ。イスラム国の軍事は、コーランの最も原理主義的な解釈に基づき、人間の精神の深層にある支配と抑圧のサド・マゾ的欲求を暗黒のシステムに封じ込める閉鎖系の行為である。ロジャヴァのセルフ・ディフェンスの軍事は、中東の戦乱のカオスの中で、人々が民族と宗教を自由に生き、他者と共存し、秩序と希望を作り出すオートノミーとオートポイエーシスの開放系の行為である。ＳＤＦのラッカ陥落は、単にイスラム国殲滅の軍事行動ではない。ラッカの土地に、中東の民衆がこれまで知らなかった諸民族、諸宗教共存の女性を主体とする近隣コミュニティーの自治連合体を生みだし、自らの地域を自らが運営する直接民主主義を着地させる革命なのである。

ここには、資本主義近代の崩壊から芽生えた最も残虐で暴力的な運動と最もリバータリアン的で自由自治、解放的な運動が対峙している。ロジャヴァの人々を単に理不尽な民族浄化にさらされる弱者とし、国民国家を至上の価値とする視点から、国なき民の悲劇ととらえるだけでは、それは見えてこない。

2　諸勢力のせめぎ合いの中で

削減されたロジャヴァの土地

二〇一九年一〇月二二日のトルコ・ロシア停戦協定を受け入れ、ロジャヴァの土地は削減された。ＳＤＦが撤退した国境のギレ・スピーとセレーカニイェの間の一二〇キロ、幅三二キロの地域がトルコ軍と国民軍の占領下に入っただけではない。その西と東の地域も、国境から一〇キロの幅にわたってＳＤＦは身を潜め、シリア軍とロシア軍が進駐した。産業、文化、行政の中心地カーミシュロを除く、従来のロジャヴァ自治地域のほとんどが、シリア軍、ロシア軍、ＳＤＦの共同統制下に置かれている。トルコ政府は北・東シリア自治局は崩壊し、シリア北部のクルド人の政治的立場は失墜したとみなしている。

トルコ軍と傭兵部隊の国民軍は、停戦協定を無視し、なおも攻撃を仕掛け、ＳＤＦとシリア軍は連携して応戦を続けている。この状況で、アサド政権はＳＤＦにシリア軍への編入を迫り始めた。ＳＤＦが窮地にある今こそ、軍事的決着をちらつかせながら譲歩を迫る好機というわけである。しかし、この政治交渉は進んでいない。ＳＤＦが、南方の砂漠地帯に、石油を守ると称して居残った米軍と共同し、イスラム国のスリーパーセルの捜索作戦を再開したからである。アサド政権もロシアも、SDFの真意を測りつつ疑心暗鬼でいる。

ロシアのラブロフ外相は、「SDFのダマスカスとの対話は、米軍の存在に左右されて揺れ動き一貫性がない。合衆国のクルドを利用した分離主義がシリアの領土的統一を混乱に陥れている」と交渉の停滞にいらだちを隠さない。

一方、アサド政権はイランと連携し、SDFを構成するユーフラテス川中東部のアラブ部族を離反させようとしている。シリア人権監視団は、二〇二〇年一月二日、米軍のドローン攻撃で暗殺されたイラン革命防衛隊司令官カセム・ソレイマニが、前年の一二月二六日、アラブ部族の長老たちをテヘランに招き、米軍とSDFを攻撃するよう求めたと伝えている。それ以前の一二月五日には、シリア国家安全省長官アリ・マムルークが、二〇人ほどの長老とカーミシュロ空港で会い、息子たちをSDFから引き揚げるよう勧めている。[*18]

SDFにとっての挑戦

アラブ人部隊は、SDFの「アキレスのかかと」と見られているのである。イスラム国を追討する過程で一気に革命の地理を拡大したロジャヴァのYPG、YPJは、砂漠地帯に南下するとアラブ人を迎え入れ、SDFを組織した。一〇万人と称するSDFの六割は、アラブ人とされる。カニが自らの甲羅に合わせて穴を掘るように、ロジャヴァ革命を、クルド民族運動としか理解できないシリア、トルコ、イランの政権には、SDFを解体する近道は、アラブ人を離反させることだと思えた。

SDFにとっても、それは挑戦である。ロジャヴァ外の伝統的な部族社会から加わったアラブの若者が、中東の歴史にかつてなかった諸民族共存のユートピア構想をどれだけ理解できたのか。この挑戦に失敗すれば、SDFは崩壊し、自己変革とアイデンティティを養うセルフ・ディフェンスに基づく民主革命というオジャランの理念も挫折する。

二〇一九年一二月のインタビューで、SDF総司令官アブディは語っている。「領土は失ったが、戦闘の顕著な成果の一つとして、SDF内のクルド人と非クルド人の団結が実証された。トルコは、いったん攻撃すれば、アラブ人の居住地域、ラッカ、ディル・エズ・ゾル、マンビジュなどが決起し、非クルド人のSDF戦闘員が降伏すると期待していた。そんなことはなく、これまで以上に団結している。SDFに加わった者はSDFの考えと目標を信じる。この数カ月、SDFに加わるアラブ人は、トルコの侵略前より増えている」[*19]。

ツイッターの投稿には、二〇二〇年の最初の二週間に、ディル・エズ・ゾルのアラブの若者七七人が入隊したとある。アブディ総司令官の発言は、強がりではなかったのだ。

トルコやシリア、イランの打算は実らなかった。ロジャヴァ革命が、クルド人のための革命ではなく、中東の民族、宗教が共存するための革命だと砂漠のアラブ部族も理解していることを見損なっていたのだ。けれど、SDFの足元を掘り崩すアサド政権の隠密工作は、表面的な軍事協力の裏で続いている。

シリア政権は、単なる軍隊ではない革命のセルフ・ディフェンス部隊としてのYPG、SDFという設定を理解しない。依然としてSDFを解体してシリア軍に統合したいと考えている。いっぽうSDFは、「SDFの司令系統と組織の自立した地位」と分権制を認める新シリア憲法の下でならシリア軍に加わると主張する。アブディ総司令官は、「その枠組みでのみ、ロシアやシリア政府と議論できる」と言う。

驚いたことに、二〇二〇年一月一四日付けのロイター通信は、一三日に、敵対しているシリアの国家安全省長官マムルークとトルコの国家諜報機構長官ハカン・フィダンがモスクワで、二〇一一年の内戦開始後、初めて会合し、「ユーフラテス川東岸でYPGを排除するための共同行動をとる可能性」を議論したと伝えた。[20] トルコ側はアサド政権がYPGを制御すれば、シリアの経済復興に協力すると示唆したらしい。[21]

二〇二〇年一月一六日、エルドアンは、占領地にシリア難民の強制移住を始めると宣言した。アフリンには、国民軍の家族一七〇〇人が定住を始めた。

デュアル・パワー（二重権力）

状況が緊迫するほど、SDFは米軍に依存せざるを得ない。石油産出地域を占拠する米軍との連携が、SDFにアサド政権やロシア、アメリカとの交渉力を与える。しかし、ロジャヴァ革命はこの「偽の均衡状態」にいつまで安住できるだろうか。

カーミシュロの民衆は、二〇一九年一〇月二一日、撤退する米軍にトマトやジャガイモ、石を投げつけ、「裏切り者」と叫んだ。米軍への信頼は崩れ、もう元へは戻らない。ロジャヴァの革命家たちも、米軍との関係を批判的に見てこなかったわけではない。本書の共著者エルジャン・アイボーアは、二〇一七年、ロジャヴァの評議会や執行機関の活動家、政治家、約五〇人にインタビューし、だれもが、「アメリカの協力は自分の利益のためだ。革命はいつ終わるかもしれないこの軍事協力に依存すべきではない。しかし、そこから利益を引き出すようにはすべきだ」と、冷静に分析していることを知った。[22]

クルド問題の批評家フアッド・オベイジは、二〇一九年一二月、トルコの攻撃のさなかに書いた評論で、SDFが一〇万人規模の軍事組織になったことが、地域自治連合主義との間に矛盾を招いている、と分析した。米軍との関係を断ち、アサド政権が革命を扼殺しようとしても、人々が暮らす草の根の地域に自治共同体連合の夢を深く掘り続けること。それが、ブクチンの言う「デュアル・パワー（二重権力）」の理念をトルコ、シリアに生かそうとしたオジャランのユートピア構想にかなうと言う。[23] 革命の後退が覚悟される中で、今後、ロジャヴァでこのような議論が続くだろう。

もはやロジャヴァは、北・東シリア自治局やSDFだけの管理化にはない。トルコの占領地を抱え、シリア軍、ロシア軍が介入し、アサド政権が支配の網をかぶせようと虎視眈々に狙っている。諸勢力が絡みせめぎ合うロジャヴァで、一歩後退しつつ国家を掘り崩す住民自治連合の根を張る革命は、否が応でも、「二重権力」構築の闘いになる。地域でいのちをケアし育て治療する女性たちの共同の苦闘がますます求められるだろう。

SDF総司令官アブディは楽観的だ。「シリアはもう（アサド政権弾圧下の）二〇一一年以前のシリアではない。その古いシリアに戻ることはあり得ない」[*24]。

トルコの侵略は、ロジャヴァ革命の名を世界に知らせ、欧米を中心に国際連帯の波はかつてなく広がる。この気運も、後戻りはしないだろう。

3　決して終わらない女性革命

革命のプロジェクトは絶えない

二〇二〇年一月七日付けのKURDISTAN24は、国境の町コバニのルポを掲載している[*25]。賑やかだった商店街の人通りは絶えている。米ドル価値の上昇と食料輸入の不足が生活をさらに困難にしている。地元の人々を雇用していた国際NGOもいなくなった。

コバニ軍事評議会の白髪のイスメット・ハッサンは、トルコの攻撃は、イスラム国が町を包囲した時の死と破壊の日々を思い出させたと言う。逃げた人はまだ帰っていない。

シリア軍は国境にのみ配置されている。SDFはコバニを去り、地元の防衛隊が地域の安全を管理している。三〇歳のソズ・コバニは、シリア政府が帰ってきて、制度を押しつけるのではないかと恐れている。

「彼らは躊躇なくわたしを徴兵するだろう。前に八年間も徴兵された人を知っている」。彼は、三家族を支えているので軍隊には行けないと言う。多くのクルド人は、二〇一二年に始まるロジャヴァ革命までのアサド支配の暗い記憶を忘れない。

ハッサン自身が子どもにクルドの名前を付けたために、「ほぼすべてのシリアの刑務所」に投獄された。他のクルド人政治家は刑務所の中に姿を消した。

「みんな当然恐れている。けれど、わたしたちにはイスラム国と闘い斃れた一万一千人の大義に殉じた者がいる。破壊されたコバニ市も再建した」とハッサン。

戦火に脅えるコバニだが、革命のプロジェクトは絶えていない。二〇二〇年一月六日付けのノースプレス・エイジェンシーは、コバネ地域で、公園や道路、学校に植える植林のための苗床を作り、緑地を増やすために取り組む環境局の活動を報道している。[*26] 三ヵ月前に約一万二千本のヒノキとマツを植え、今は二万本のヒノキ、ヤシ、アカシアなどを苗床で育てている。環境局は、工業プラントから生じる汚染から自然を保護する仕事もしている。工業計画はすべて環境局の認可と監督を受けなければならない。

本書が書かれた時には、重要さが認識されたばかりのエコロジー活動は、その後、国際NGOの支援もあり、ラディカル・デモクラシー、女性解放と並ぶロジャヴァ革命の第三の柱として定着している。

革命のひな形「女性の村ジンワール」

エコロジーは、ブクチンが語り、オジャランが引き継いだように。革命プロジェクトのあらゆる領域をつなぐ環である。環境保護だけにとどまらない。自然と環境へのかかわり方を根底から変えることなしに、新しい社会と新しい生き方は創造できない。北・東シリア自治局エコロジー委員会は、二〇一九年一二月、スウェーデンの環境活動家グレタ・トゥーンベリさんも参加したマドリードの「気候のための社会サミット」

に連帯の挨拶を送った。

「わたしたちは、クライメート・ジャスティス（気候の公平性・正義）をこの時代の社会闘争のバックボーンと信じています。社会正義なくして地球の持続可能性はなく、地球上に生きるあらゆる生命の尊重なくして社会正義はない。クライメート・ジャスティスは、別の可能な世界のためのあらゆる闘いの多様性を守る最も広い傘です。わたしたちは多くの多様な領域をつなぐ、運動の中の運動としてそれを推進します[*27]」。

歴史上、戦争と革命の時代には、自然や生態系の保護など問題にならなかった。ロジャヴァ革命は、戦乱の中でエコロジーを気遣う人類史で初めての革命である。「女性の村ジンワール」の建設は、それを象徴する。それは、ロジャヴァ革命のひな形である。

「ジン」とは、クルド語で「女性」「生命」を意味し、「ワール」は「宇宙」「空間」「場所」である。「ジンワール」は「女性の居場所」と訳せるだろう。イスラム国の激しいコバニ攻撃をやっとはね除けた後の二〇一六年、地域コミュニティは戦闘で男手を失った妻と子どもの家族でいっぱいだった。「これから、どう生きればよいだろう。」。議論を深めるうちに、女性が子どもと暮らし、生活の糧を得、技術や知識を身に付け、医療や自衛の方法を学び、励まし合って元気になる自給自足のエコロジー共同体を作ろうと決まった。

ロジャヴァ各地の賛同や海外からも支援を得て、二〇一七年三月、女性たちの手によってカーミシュロ近くの麦畑で、泥レンガの家作りが始まった。やがて、三〇棟の平屋住宅と学校、集会所、パン焼き場、自然医学ヘルスセンター、女性の学びの場「ジンワールアカデミー」など合計五〇棟が建ち、八ヶ月後の二〇一八年一一月二五日、女性への暴力に反対する国際デーの日にオープンした。敷地内には自給自足のためのオリーブ、トマト、キュウリ、スイカ、パプリカ、ナスが植えられた農場や家畜小屋がある。

建物の壁には、ザクロを手に持つメソポタミアの女神クババやシリアの豊饒の女神アタルガティスなどの像が描かれている。そして、村のシンボルは、ヘルメルだとされた。この植物は、ロジャヴァのクルド人、アラブ人、シリア人、アッシリア人、アルメニア人、チェチェン人に家庭薬として使われてきた。二〇〇以上もの病気を治し、心を開き晴れ晴れさせると信じられている。

女性による女性のための学問ジネオロジー

村には民族を異にする五〇人ほどの女性が子どもと暮らしている。多くはイスラム国との闘いで夫を亡くした女性だ。ジンワールは、トルコの侵略後、しばらく別の場所に疎開していたが、いまは戻り、二〇二〇年一月には、薬草治療をする自然医学センターも活動を始めた。

ルメット・ヘヴァルは、村の建設の記録で、家の壁に昔のように泥レンガを使い、古代の女神や薬草をシンボルとした意味を強調している。[*28] そうしたエコロジカルな伝統は、身心の健康を守るだけではない。「このメソポタミア文明の発祥地で、女性たちは新石器時代から農業生産に従事し、生命を生みケアし育て治療する主人公として生きてきました。これらのシンボルから、その歴史を呼び覚まします」。

ジンワールの立場から、トルコの侵略について分析するビデオ・インタビューでも、ルメットは述べている。[*29]「ロジャヴァの女性は、中東の歴史に根ざし、地域の古代の人々として闘います。彼女たちは、歴史、文化、言語、信仰に目覚めています。その目覚めこそ、レジスタンスの源泉です」。

ひとは土地に根を持ち、歴史と共に生き、生命力を得る。それがエコロジーの思想である。ジンワールは、抑圧や暴力に傷つきおとしめられ、意欲を喪失した女性が、同様な女性たちと共同で生き直し、抵抗の倫理と主体性に基づいて自由な生活をするプロジェクトである。「ここは闘いで夫を亡くした女性、子どもと共にいる場所がない女性、家父長制から解放されたい女性が再生するための生活の知恵と技術を養う土地です。」とルメットは言う。

ジンワールは、シェルターであり、自己教育の学校である。そこで学ぶのは、本書にあるように、オジャランによって「ジネオロジー（女性の諸科学）」と名づけられた女性による、女性のための学問、科学である。それは、家父長制や国家、資本主義の色に染まった既成の政治、経済、生態学、歴史、健康、教育、芸術などすべてを組み替える試みである。

分離の論理

トルコが侵略を始めた一〇月九日、周辺の女性たちがジンワールに助けを求めて来た。「誰も頼れる者がいない。夫はわたしを殴りつける。離婚し、第二の妻を手に入れることもできると脅す」と訴える。「家父長的な男の性差別主義は、ロジャヴァでも変わっていない。そういう精神構造がイスラム国やトルコのファシズムを生んだのです。女性、子ども、自然、異なるコミュニティに対する抑圧、破壊、奴隷化は有機的に絡んでいます。女性たちは、それに対し、ジネオロジーとセルフ・ディフェンスの考え方で自己を教育し防衛し組織し、共同で立ち向かいます」とルメットは説明する。[*30]

ジンワールに居住できるのは、女性と子どもだけだ。男性の来訪は許されるが、宿泊はできない。ルメットは言う。

「大地で最も神聖な存在は女性と男性です。でも、今はそれが断絶している。わたしたちの目的は分離ではない。絆をもう一度結び合わせようとしているのです」。

そのために、女性はいったん男性から離れ、女性同士の自治共同体を作り、あらゆる制度が女性を隷属させてきた全歴史を相手に闘う力量と技術、思想、誇りを取り戻す必要がある。

女性解放のプロセスとして、男性からいったん「分離」する。その思想には、一九七〇年代の欧米のフェミニズムに加えて、オジャランの経験が色濃く反映している。

一九八四年に、ＰＫＫがトルコ国内で武装闘争を開始すると、軍事行動への女学生たちの参加も増えた。やがて分かったのが、女性が指揮を採ることへの拒否反応だった。男性だけでなく、女性も同性の指導力を疑った[31]。

オジャランは、女性が固有の問題との対決を通して力量をつけ、革命の主体になるには、女性だけの戦闘部隊を持たなくてはならないと考えるに至る。その「分離の論理」が、現在のジンワールやYPJにも流れている。

男性を〝殺せ〟

オジャランは、「男性を〝殺せ〟」と言う。男性に対して「自己の内なる家父長制的男性を変えろ」と要求し、女性に対して、男性支配の家父長制社会から「分離」し自立しなければ、女性の自由はなく、人間の抑圧、自然の収奪もなくならないと呼びかける。

「女性の革命は、革命の中の革命であり、国土の解放よりも優先される。解放された生活は、女性の革命により男性の精神構造と生活が変わらなければ不可能である。それは階級社会に立脚する五〇〇〇年の文明の革命であり、男性の解放も意味している[32]」。

「女性の解放に最もふさわしい回答は、家父長的な男性をつかまえ、分析し〝殺す〟ことである[33]」。

こんなオジャランの思想は「分離の論理」で組織化された女性防衛隊YPJで、どう息づいているだろうか。二〇一八年冬から二〇一九年春まで、SDFの一翼としてディル・エズ・ゾルの砂漠地帯でイスラム国を敗北させたユーフラテス地域のYPJ司令官クルディスタン・ワシュカニへは、二〇一九年一二月、ロナヒTVのインタビューに答えて語っている[34]。

「ことし三月のネウロズ（新年の祭り）はイスラム国に対する勝利の盛大な祝賀会になりました。それをきっかけに、この地域は地区評議会を作り始めました。わたしたちの目的は、防衛だけでなく社会を再構築し住民を教育し、アポ（オジャランの愛称）の社会構想を浸透させることです。アポは『植物は自分が根づいた土地で成長する』と語っています。みんな地域の自治にかかわり、自分たちの意思で問題を解決したかったのです」。

「民主社会と評議会における女性の役割は何ですか」という問いに、クルディスタンは答える。

「アポが言うように、女性を解放できるなら、社会を解放できます。多くの人々は、住民が自らを導き防衛し組織化できるか疑問で、近隣のコンミューン集会や地域評議会にも疑いを抱いている。わたしたちはこの土地の子どもで、八年間の革命という試験に合格しました。ＹＰＪ戦闘員としても女性としても自分を信じています。クルドとアラブの女性は士気と勇気を得ました。トルクメン人、シリア人の女性も抵抗運動に加わっています」。

二〇一九年には、ＹＰＪへの広範な参加があったという。

「この地域では、ＹＰＪの五〇パーセントが若いアラブ女性です。クルドとアラブの社会では、女性は子どもを育て食べ物を作り男性のニーズを満たす主婦とだけ見られてきました。だから、女性のＹＰＪへの参加は恐れられました。女性の軍事参加は、社会的、政治的、文化的、道徳的革命を生み出します。特に、女性が男性の許可なくしてどこにも行けない封建的なアラブ社会では、根本的な変化を意味します」。

いま、女性は近隣のコンミューン集会や地域評議会で社会や家族の問題を話し合う。「彼女たちが政治について話し、地域とシリアの戦乱の解決策を見つけようとするのは、それ自体革命です。女性はいま革命と倫理的、政治的な社会の先駆けになっています。」

いのちの連鎖を生きる

インタビューの終わり近く、クルディスタンは、トルコ軍、国民軍の攻撃が始まって三日後の一〇月一二日早朝、国境から三二キロのＭ４道路を走行中にイスラム原理主義軍に襲撃され、拷問のうえ処刑されたシリア未来党の三四歳の女性政治家、ヘヴリン・ハラフの死について感想を求められた。

「この戦争は、女性、社会、道徳に対して行われています。敵は『最初に女を殺せ！』と言います。それによって、社会の抵抗の意志と尊厳を打ち砕きたいのです。女性は社会のアイデンティティであり、生命の原則を表しているからです。敵は女性を奴隷にすることで、社会を家畜化し、人々を従属させたいのです」。

いまも数百人のYPJの女性がトルコ軍、国民軍と戦う最前線にいる。

「わたしの友人の多くは戦死し、敵の手に落ちた者もいる。しかし、女性が殺されても、女性は抵抗を諦めない。わたしたちの体は捕らえることができても、心を捕らえることはできない。わたしたちはこの土地で体を犠牲にしました。自由は代償なしでは達成できない。これは自由の代償です。」

BBCのアラブ語放送は、二〇二〇年一月九日、「平和を創る人の死」と題して、ヘヴリン・ハラフの虐殺の真相を探るドキュメンタリーを放映した。[*35]

革命の殉難者の家に生まれたヘヴリンは、若くして雄弁で、持ち前のカリスマ性を発揮し、シリアの戦乱を諸民族の対話で解決しようと奔走していた。殺害された朝は、トルコの侵略で負傷した住民をラッカに見舞う途中だった。

映像の末尾で、一九九〇年代のシリア潜伏時代のオジャランと親交があった母親シャドが気丈に語っている。

「ヘヴリンが殉難してから、何人かのクルドの女性が女の子を産み、ヘヴリンと名づけました。いまではわたしには一人以上のヘヴリンがいます。そしてもっとたくさんのヘヴリンを持つでしょう」。

いまロジャヴァでは、ヘヴリンのような殉難者や斃れたYPG、YPJの戦闘員の葬儀が間断なく続いている。参列者からは、「シェヒド・ナミリン（殉教者は死なない）！」という唱和が響き渡る。それは、わたしたちが死者の闘いを継続し、その価値観を生きれば、死者のエネルギーは死なず、魂は生きてわたしたちと共にある、という意味である。[*36]

土地の上で歴史をつむぎ、いのちの連鎖を生きる。このクルドの伝統文化の基盤の上に、オジャランはブクチンのソーシャル・エコロジーの思想を受け入れた。そして古代の民衆の自治の記憶を探り、中東の動乱のただ中に希望の未来を構想した。それは、女性が活き活きと自由に生き、そのことによって、子どもも男性も動物も植物も、全生命が連鎖し自由に生きる社会である。

どんな社会変革も、歴史にさかのぼって自治の原型を求め、地域の共同体に着地することなしには実らない。共同体が極限まで解体し、女性が男性と「平等」に賃金奴隷の道を歩む日本で、社会を変えようとするときも、ロジャヴァ革命に学ぶものは、それ以外ではない。

（2020.1.30）

1 'How ISIS turned into the Syrian National Army?', HAWARNEWS, 9 November 2019
2 'ISIS memebers are Criminal Army Now in National Syrian Army -2', HAWARNEWS, 10 November 2019
3 'Belgium Court of Cassation: PKK is not a terrorist organization', ANFNEWS, 28 January 2020
4 Ali Çiçek, 'Depoliticizing freedom: Imperialist attempts to separate Rojava from Öcalan', Komun Academy, 14 December 2018
5 Jon Schwarz, 'The U.S. is Now Betraying the Kurds for the Eight Time', The Intercept, 8 October 2019
6 'Turkey, Russia signed secret deal on Idlib that allowed military offensive against Kurds', Nordic Monitor, 9 August 2019
7 Thomas Schmidinger, 'Rojava: Revolution, War and the Future of Syria's Kurds' Pluto Press, 2018
Douglas Wade' 'How Turkey Funds, Arms, and Supports Daesh (ISIS, ISIL) - The Documentary Evidence', 24 Nobember 2015

Aaron Stein, 'Islamic State Networks in Turkey', The Atlantic Council's Rafik Hariri Center for the Middle East, October 2016

David L. Phillips, 'Research Paper: ISIS-Turkey List, Columbia University in the City of New York Institute for the Study of Human Rights

8 Eric Zuesse, 'Russia Counts 12,000 Turkey-Bound ISIS Oil Trucks from Iraq and Syria…', Global Research, 26 December 2015

9 Tom Brooks-Pollock, 'Moscow publishes satellite images purporting to show Turkish trucks filling up in Isis-controlled Iraq and Syria', The Independent, 4 December 2015

10 田中宇「ＩＳＩＳと米イスラエルのつながり」田中宇の国際ニュース解説、二〇一五年一一月二一日

11 'The Story of Abu Layla (Siege of Kobane / Kobani)', YouTube, 19 Junuary 2016

12 Abdullah Ocalan, 'The Political Thought of Abdullah Ocalan: Kurdistan, Woman's Revolution and Democratic Confederalism', Pluto Press, 2017

13 同右

14 同右

15 'The # Rose Theory of Abdullah Öcalan on self-defense', The Women's Revolution in Rojava, Facebook, 18 June 2018

16 Abdullah Ocalan, 'The Political Thought of Abdullah Ocalan: Kurdistan, Woman's Revolution and Democratic Confederalism', Pluto Press, 2017

17 同右

18 'Delegation of Arab tribes met with "Soleimani" at the invitation of "Tehran" to carry out attacks against U.S. Forces east Euphrates', The Syrian Observatory for Human Rights, 3 January 2020

19 Wladimir van Wilgenburg, 'The Future of Northeastern Syria: In Conversation with SDF Commander-in-Chief Mazloum Abdi', The Washinbton Institute, 10 January 2020

20 「トルコ高官はマムルーク国民安全保障会議議長とフィダンＭİＴ長官の会談でＹＰＧ排除に向けた連携の可能性について協議したとリーク、シリア側はこれを否定（２０２０年1月14日)」、シリア・アラブの春 顛末記：最新シリア情勢

21 Fehim Tastekin, 'Syrian crisis dictates peace between Damascus and Ankara', Al-Monitor, 26 January 2020

22 Ercan Ayboga, 'The Geopolitics of the Kurds and the case of Rojava', The Bullet, 14 February 2018

23 Fouâd Oveisy, 'Rojava after Rojava', Roar Magazine, 19 December 2019

24 Amberin Zaman, 'SDF commander says Kurds ready for dialogue if Ankara is sincere', Al-Monitor, 23 January 2020

25 Wladimir van Wilgenburg, 'Fear, uncertainty persists in legendary city of Kobani that resisted ISIS', KURDISTAN24, 7 January 2020

26 'Environment Bureau to lay ground works for raising green spaces in Kobani', North press agency, 6 January 2020

27 '[Video] Greetings from Ecology Committee of Rojava to the Social Summit for Climate', Women Defend Rojava, 8 December 2019

28 Rûmet Heval, ‹How we built Jinwar Women's Village in Rojava/northern Syria›, Komun Academy, 30 December 2018

29 '[Women's Voices] A perspective on the war from Jinwar women's village Part 1', YouTube, 13 Nobember 2019

30 '[Women's Voices] A perspective on the war from Jinwar women's village Part 3 [FINAL]', YouTube, 29 Nobember 2019

'[VIDEO]Gûzîken Hermel - The Hermel's seeds - A women's village presents itself: Jinwar', YouTube, 25 December 2019

31 Meredith Tax, 'A Road Unforeseen: Women Fight the Islamic State', Bellevue Literary Press, 2016

32 Abdullah Öcalan, 'Liberating Life: Woman's Revolution', International Initiative Edition, 2013

33 Abdullah Ocalan, 'The Revolution is Female', Abdullah Öcalan's writings in "il manifesto", 9 March 2010
34 'Interview with Commander Kurdistan of Euphrates Region YPJ', Women Defend Rojava, 30 December 2019
35 'Hevrin Khalaf: Death of a peacemaker - BBC News', YouTube, 14 January 2020
36 'Meaning of şehîd culture and women' Women Defend Rojava, 27 September 2019

松田博公（まつだ・ひろきみ）　一九四五年神戸市生まれ。元共同通信社編集委員。国際基督教大学卒。明治国際医療大学大学院伝統鍼灸学専攻修了。東洋鍼灸専門学校卒。身体自治の視点から鍼灸の思想を研究する。著書に『鍼灸の挑戦』（岩波新書）、『日本鍼灸へのまなざし』（ヒューマンワールド）、論文に「中国伝統医療の宇宙論――『黄帝内経』入門」などがある。

原注

序言

＊1　2014年夏以前は、イスラム国（IS）はイラクとシリアのイスラム国・イラクとレバントのイスラム国（ISIS/ISIL）と呼ばれた。

プロローグ

＊1　クルド地域政府（KRG、クルド語：Hikûmetî Herêmî Kurdistan）は、イラク・クルディスタンまたは南部クルディスタンと言われる北部イラクでクルド人が支配的に居住する地域での公式の統治組織である。地域政府は、2005年のイラク憲法によって創設され、クルディスタン民主党（Democratic Party of Kurdistan: KDP）が治めている。

＊2　クルディスタン民主党については14.3を参照。クルディスタン民主党とクルディスタン愛国者連合（PUK）は権力を両者で19年間独占していたが、2013年9月の新たな議会選挙で新ゴラン党が得票数が第二位になり、両者の独占状態は崩れた。

＊3　クルド語で「友人」を表し、「同志」の意味である。

第1章

＊1　Vladimir Minorsky,“Kurden-Kurdistan,“ in *Enzyklopädie des Islam, Geographisches, und Biographisches Wörterbuch der Mohammedanischen Völker*(Leiden/Leipzig,1927).

＊2　Kurdistan heute 18 (May-June 1996),　http://bit.ly/1Mhzfku.

＊3　Hüseyin Ağuıçenoğlu, *Genese des türkischen und kurdischen Nationalismus im Vergleich* (Münster 1997), p.182; Martin van Bruinessen, *Agha, Scheich und Staat: Politik und Gesellsc-*

haft Kurdistans (Berlin,1989),p.37; Minorsky, "Kurden-Kurdistan," p.1234.

＊4　Ismail Beşikçi, *Kurdistan: Internationale Kolonie* (Frankfurt a.M.,1991), p.31. ケマリズムは、アタテュルク（トルコの父の意）と呼ばれるトルコ国家の創始者ムスタファ・ケマルに始まる。

＊5　PKKの綱領（Köln、1978/1984）

＊6　Andrea Fischer-Tahir, *"Wir gaben viele Märtyrer": Widerstand und kollektive Identitätsbildung in Irakisch-Kurdistan* (Münster, 2003), p.55.

＊7　"Alle kurdischen Kantone rufen Demokratische Autonomie aus," *Civaka Azad*, January31, 2014, http://bit.ly/1dUwqHQ.

＊8　Katharina Lange, "Peripheral Experiences: Everyday Life in Kurd Dagh (Northern Syria) during the Allied Occupation in the Second World War," in Heike Liebau et al., eds., *The World in World Wars: Perspectives, Experiences and Perceptions from Asia and Africa* (Leiden,2010), pp.401 ～ 28.

＊9　"Syria," City Population, citypopulation.de/Syria.html.

＊10　アレヴィをアラウィー派と混同しないこと。「アラウィー派」という名称は、預言者ムハンマドの義理の息子のアリー及び、ムハンマドと娘のファーティマの子孫12人のシーア派イマームの系統に対する崇敬に由来する。12世紀までは、9世紀のイラクの聖職者のイブン・ヌセイヤーを指す「ヌサイリスNusayris」の方が普通の名称だった。Lieselotte Abid, „Die Religion ist für Gott-das Land ist für alle," in Fritz Edlinger and Tyma Kraitt, eds., *Syrien. Hintergründe, Analysen, Berichte*(Vienna, 2013).

＊11　Eugen Wirth, Syrien, *eine geographische Landeskunde* (Darmstadt, 1971).

＊12　Mohamed Cheikh Dibes, *Die Wochenmärkte in Nordsyrien*, vol.13 of *Mainzer geographische Studien* (Mainz, 1978).

＊13　「シリア・クルド人は自治政府を歓迎する」、*ARA News*, 2015.2.15 http://bit.ly/29DIMDY4.

＊14　Wirth, *Syrien*.

＊15　Günter Meyer, *Ländliche Lebens- und Wirtschaftsformen Syriens im Wandel: Sozialgeographische Studien zur Entwicklung im bäuerlichen und nomadischen Lebensraum* (Erlangen: Fränkische Geographische Gesellschaft, 1984).

＊16　"Course and Development of the Fighting in Kobanî," *Rojava Report*, July 22, 2014,

http://bit.ly/1QeiBF9.

＊17　Havey Morris, ”Kobanî Under Intense ISIS Attack, Excluded from UN Humanitarian Aid,” *Rudaw*, July 17, 2014 http://bit.ly/1Qr2Wgr.

＊18　ジャブハット・アル・アクラード（クルド前線旅団、クルド語でエニーヤ・クルダン Enîya Kurdan）は、主要にはクルド人の反乱集団であり、他の組織とともにアサド政権と IS と戦う。アル・アクラードは自由シリア軍（FSA）の分派として創設されたが、2013 年 8 月に ISIS と戦った後、PYD と結びついているとみなされたため FSA から排除された。

＊19　アラビア語の tall に由来する tell は丘であり、定住が繰り返された遺跡によって作られた古代の高台である。

＊20　“Amajetek ji kantona cizîrê li Rojava re …（ロジャヴァのジジーレ州の概要）,” Kanton Rojava, June 2,2015, http://bit.ly/1NMTl5W.

＊21　Karlos Zurutuza, “Democracy Is ‘Radical’ In Northern Syria,” IPS News Agency, December 21, 2015, http://bit.ly/1Qb3ZWF.

＊22　“Syria,” City Population, citypopulation.de/Syria.html.

＊23　Mako Qocgiri, “Aufbau der demokratischen Autonomie in Quamişlo,“ *Civaka Azad*, April 1, 2013, http://bit.ly/1HgDc5W.

＊24　“Syria,” City Population, citypopulation.de/Syria.html. citypopulation.de/Syria.html.

＊25　Hans Hopfinger, *Öffentliche und private Landwirtschaft in Syrien* (Erlangen, 1991)

＊26　Klaus Schmidt, *Sie bauten die ersten Tempel: Das rätselhafte Heiligtum der Steinzeitjäger: Die archäolgische Entdeckung am Göbekli Tepe* (Munich, 2006), p.37.

＊27　Heather D. Baker, “Wirtschaft und Verwaltung in Babylonien,” in Deutsches Archäologisches Institut et al., eds., *Uruk: 5000 Jahre Megacity* (Petersberg, 2013), p.275-81

＊28　文章として残っている最古の叙事詩の 1 つであるギルガメッシュ叙事詩では、英雄のギルガメッシュは、最初に市壁を備えたと言われるシュメール人都市のウルクの王である。

＊29　Helga Vogel, “Frauen in Mesopotamien: Lebenswelten sumerischer Stadtfürstinnen,” *Antike Welt*, February 2015, http://bit.ly/1POTcLe.

＊30　Isaac Finkelstein and Neil Asher Silberman, *The Bible Unearthed: Archaeology's New Vision of Ancient Israel and the Origin of Its Sacred Texts* (New York, 2002), p.105.

＊31　Marc van de Mieroop, *A History of the Ancient Near East, ca. 3000-323B.C.* (Hoboken,

NJ,2007) p.203.

＊32 Haluk Gerger, "Zerbricht die Ordnung in Mittleren Osten?,“ *Kurdistan Report*, no. 174 (July-August2014), http://bit.ly/1Iy5YyV.

＊33 John McHugo, *Syria: A Recent History* (London, 2015), e-Book, loc.1846.

＊34 Judith Wolf, "Ausländer im eigenen Land-Buchrezension,“ *Kurdica-die kurdische Enzyklopädie*, http://bit.ly/1H67p7B. David McDowall, *A Modern History of the Kurds,* 3rd edn. (London, 2003) pp.470f.

＊35 McHugo, Syria, loc.1956.

＊36 Ibid., loc.1971.

＊37 Tyma Kraitt, "Das Scheitern des Damaszener Frühlings: Baschar al-Assads uneingelöste Versprechen," in Fritz Edlinger and Tyma Kraitt, eds., *Syrien. Hintergründe, Analysen, Berichte* (Vienna, 2013), p.34.

＊38 Carsten Wieland, "Syrien und Irak. Panarabische Paradoxien und der Bankrott des Ba'athismus,“ in Edlinger and Kraitt, *Syrien*, p.89.

＊39 Ibid., p.91.

＊40 Ibid., p.92.

＊41 Albert Hourani, *A History of the Arab Peoples* (Cambridge, MA, 1991), p.404.

＊42 Katharina Lange, "Syrien: Ein historischer Überblick," *Bundeszentrale für politishce Bildung*, February 14, 2013, http://bit.ly/1EYMfSW.

＊43 Kraitt, "Das Scheitern des Damaszener Frühlings," p.33

＊44 Ibid., pp.34f.

＊45 Hourani, *A History of the Arab Peoples,* p.406.

＊46 McHugo, *Syria*, locs.2500,2516.

＊47 Ibid., locs.2500,2561ff.

＊48 Lange, "Syrien: Ein historischer Überblick."

＊49 Raymond Hinnebusch, "Syria: From 'Authoritarian Upgrading' to Revolution?" *International Affairs* 88, no.1 (2012): 95, and McHugo, *Syria*, loc.2595.

＊50 Patrick Seale, *Asad: The Struggle for the Middle East* (London, 1988), p.83.

＊51 Manus I. Midlarsky, *The Internationalization of Communal Strife* (London, 1992) p.112.

＊52 Kraitt, "Das Scheitern des Damaszener Frühlings," p.41.

＊53 McHugo, *Syria*, loc.3450.

＊54　Hinnebusch, "From 'Authoritarian Upgrading' to Revolution?" p.95.

＊55　Kraitt, "Das Scheitern des Damaszener Frühlings," p.50.

＊56　Samir Seifan, cited ibid., p.51.

＊57　Hinnebusch, "From 'Authoritarian Upgrading' to Revolution?" p.98.

第２章

＊ 1　Ismet Chérif Vanly, *Kurdistan und die Kurden*, 3 vols. (Göttingen, 1988), p.12.

＊ 2　Stefan Winter, „Die Kurden Syriens im Spiegel osmanischer Archivquellen,"unpublished paper, University of Quebec at Montreal, 2010, http://bit.ly/1KEQIzz.

＊ 3　„Die Revolution in Westkurdistan-Teil 1," *Civaka Asad*, n.d., http://bit.ly/1QcsYpm.

＊ 4　Judith Wolf, "Ausländer im eigenen Land-Buchrezension," *Kurdica-die kurdische Enzyklopädie*, http://bit.ly/1H67p7B.

＊ 5　John McHugo, *Syria: A Recent History* (London, 2015), e-Book, loc.4609.

＊ 6　David McDowall, *A Modern History of the Kurds*, 3rd edn. (London, 2003), p.475. 数字が異なる理由の一つは計算方法の違いによる。個人単位で数える場合とシリアによく見られる世帯単位で数える場合である。

＊ 7　Robert Lowe, "The Syrian Kurds: A People Discovered," Chatham House, January 2006, http://bit.ly/1cafjAZ.

＊ 8　McDowall, *A Modern History of the Kurds*, pp.474-5.

＊ 9　Ibid.

＊10　"Syrian Arab Republic," UN Development Programme, *Human Development Report 2014*, http://bit.ly/1KWqqcW; and "Syria Access to Electricity," TheGlobalEconomy.com, http://bit.ly/1DD94lm.

＊11　Telim Tolan,"Yezidentum: Eine Kurzübersicht," Dengê Êzîdiyan, http://bit.ly/1KXCKfR.

＊12　ここにいうジャジーラ地域は北部メソポタミアのことである。

＊13　アサド政権がロジャヴァを去った2012年7月と、過激なイスラーム主義者の戦争がロジャヴァで始まった2013年夏の間は、ジジーレでの建築ブームだった。2014年5月に私たちが訪れた時に至る所で見たのは未完成の家だった。

＊14　1ドゥナムは1平方キロメートル、約1/4エーカー。

＊15　Carl Drott, "Arab Tribes Split Between Kurds and Jihadists," Carnegie Endowment for International Peace, May 15,2014, http://ceip.org/1DWrs3a.

＊16　ティル・ヘミースの人口の20％はクルド人、80％はアラブ人である。アラブ人の20％はシャマールで、住民の大半はシャラビアである。

＊17　イスラム戦線に加えて、イスラム国（IS)、ジャブハット・アル・ヌスラ、シリア自由軍（FSA）の数部隊、リーワ・ハムザもこの攻撃に加わった。出所：2014年5月の民主主義的自治政府代表とのインタビュー。

＊18　"Til Hemîs Liberated by Joint Operation of YPG/YPJ, Syriac Units and Local Arab Tribes," *Rojava Report*, February 28, 2015, http://bit.ly/24AFIoV; "Kurds: Til Hemîs-Til Barak Operation Ended Successfully," *Kurdish Daily News*, March 10, 2015, http://bit.ly/1t-vGTRi.

＊19　"Kurdish Canton Led by an Arab Sheikh," *Bas News*, July 10, 2014, http://bit.ly/1JqMOJJ.

＊20　"Seyfo 1915-Ein Verbrechen gegen die Menschheit," Bethnahrin, http://bit.ly/1FIKRcl.

＊21　Ferhat Arslan,"Li Nisêbînê dêr û mizgeft hatin bombekirin（ニセビーンで教会とモスクが爆撃された)," *ANF News*, November 25,2016, http://bit.ly/1ILZsqU.

＊22　Jürg Bischoff, „Syriens Armenier fürchten um ihre Zukunft," *Neue Zürcher Zeitung*, April 14, 2014, http://bit.ly/1DWqJP1.

＊23　"ISIS-Kämpfer zerstören armenische Genozidgedenkstätte in Der ez-Zor,"*HayPress: Armenische Nachrichten*, September 22,2014, http://bit.ly/1GSccrp.

＊24　Syriac National Council, "Syriac Christians After Three Years of Civil War," Christian Coalition for Syria, January 7, 2014, http://bit.ly/1HeUJXW

＊25　"United Suryoye," Suryoye.com.

＊26　西部シリアの伝統、すなわちアンティオキア総大司教の古代教会には、アンティオキアのアラム正教会、アラムカトリック教会、アンティオキアのアラムマロン派教会が含まれる。東部アラムの伝統、すなわちセレウキア・クテシフォン首座主教区の古代教会には、アッシリア東方教会、古代東方教会、カルデアカトリック教会が含まれる。

＊27　全アラム語はセム語族に属する。古代アラム語は紀元前1千年紀の始めの文書に典拠がある。この言語から数世紀間に渡って新アラム語が発展した。今日では55万人いる多くがキリスト教徒の人々が、15ある新アラム語の派生語を喋る。

＊28　“Syria Population 2014,” *World Population Review*, http://bit.ly/1Pg9LAR; Syriac National Council to authors, n.d.

＊29　シリア・アッシリア人民族評議会議長バッサム・イシャクの話。インタビューアー：マイケル・クナップ、2014.6.4.、http://bit.ly/1ZGjgb2.

＊30　Syriac National Council, “Syriac Christians After Three Years of Civil War,” Christian Coalition for Syria, January 7, 2014, http://bit.ly/1HeUJXW.

＊31　Syriac National Council, “Syriac People in Syria,” Christian Coalition for Syria, n.d., http://bit.ly/1dhKgUm.

＊32　Ibid.

＊33　イシャン・ガウリエ、マイケル・クナップによる 2013 年 10 月のカーミシュロでのインタヴュー。

＊34　“3 Sprachen, 1 Land,“ *BasNews*, February 13, 2014, http://bit.ly/1S7xI1v.

＊35　Karlos Zurutuza, “Syrian Split Divides Christians,” *IPS*, May 4, 2014, http://bit.ly/1GmEcVQ.

＊36　“Bethnahrin Women Protection Forces Founded Against ISIS,” *English Bianet,* September 2, 2015, http://bit.ly/1IMOIKO

＊37　“Syrian Turkmen Commander Who ‘Killed’ Russian Pilot Turns Out to Be Turkish Ultranationalist,” *RT*, November 27, 2015, http://bit.ly/1Z6AmHj.

＊38　“Statements of Arabs and Turkmens from Giri Spi Reversed in Istanbul,” *ANF News*, July 12, 2015, http://bit.ly/1Uiahm6.

＊39　“Declaration of Establishment by Syrian Democratic Forces,” *ANF News*, October 15, 2015. http://bit.ly/1Z5mTQb.

＊40　“QSD Turkmen Commander: ‘Turkmens Are Syrians, not Turks,’” *Ronahi TV English*, December 3, 2015, http://bit.ly/1Ujao0M.

＊41　“Domari,” Ethnologue.com, http://www.ethnologue.com/language/rmt.

＊42　ヘヴァル・アマーはクルド人の運動を長年支援してきた。アマーの兄弟で情報部員だったディヤール・デリクはガレ（南クルディスタンのメディア防衛地帯にある）でのクルディスタン民主党（KDP）との戦闘で 1997 年に死んだ。もう 1 人の兄弟のメルディンはデリクの評議会議長である。その息子はティル・コーチャーでアサイシュとともに働き、妻は民主統一党（PYD）にいる。子どもは 7 人いる。

第3章

＊1　1979年から1992年まで政治囚として拘留されていたサキネ・ジャンシズは実質的にPKKの女性運動の指導者となり、女性軍のYAJKを共同で創設した。2013年1月10日、サキネと2人の女性運動活動家、フィダン・ドーアンとレイラ・シャレメズはパリで惨殺された。

＊2　Anja Flach, *Frauen in der kurdischen Guerilla: Motivation, Identität und Geschlechterverhältnis* (Cologne, 2007).

＊3　Abdullah Öcalan, *Democratic Confederalism* (Cologne, 2011), p.6, http://bil.ly/1AUntIO.

＊4　Flach, *Frauen in der kurdischen Guerilla.* 今日YAJKはYJAスター（自由女性のイシュタール同盟）として知られる。

＊5　「ディープ・ステート Deep State（トルコ語でDerin Devlet）」というのは、数十年前からあるトルコの国家内国家のことであり、軍隊、諜報機関、政治的・司法的・行政的なシステム、右翼過激派、組織犯罪者が密接に関わる相互ネットワークである。

＊6　"With Abdullah Öcalan from Athens to Nairobi," interview with Savvas Kalenteridis, Ekurd, May 7, 2013,（「オジャランとともにアテネからナイロビへ」、サヴァス・カレンテリディスへのインタヴュー）、http://bit.ly/28KQi1u; Helena Smith, "Athens in Crisis over CIA Links to Öcalan Capture," Guardian, December 21, 1999, http://http://bit.ly/28Jmkal; Murithi Muriga, "11 Years Ago: How Israel's Mossad Captured Kurdish Fugitive Abdullah Öcalan in Kenya," Afro Articles, March 1, 2010, http://bit.ly/28Jmal2y; "Die PKK und die Kurdenfrage," *N-TV*, July 10, 2008, http://bit.ly/28Kcasm.;

＊7　Abdullah Öcalan, *Jenseits von Staat, Macht und Gewalt* (Neuss, 2010), p.32.

＊8　Abdullah Öcalan, "Women's Revolution: Neolithic Era," http://bit.ly/296Nihg.

＊9　Lewis H. Morgan, *Ancient Society* (1877),（『古代社会』上下巻、ルイス・H・モルガン、青山道夫訳、1958年、1961年、岩波文庫）, Friedrich Engels, *The Origin of the Family, Private Property and the State* (1894),（『家族、私有財産、国家の起源』、フリードリヒ・エンゲルス、戸原四郎訳、1965年、岩波文庫）, and V. Gordon Childe, *Man Makes Himself* (1941).（『文明の起源』上下巻、G・チャイルド、ねずまさし訳、1972年、1973年、岩波新書）

＊10　Öcalan, *Jenseits von Staat, Macht und Gewalt*, p.11

＊11　Ibid., pp.21ff.

＊12　Joost Jongerden and Michael Knapp, "Communal Democracy: The Social Contract and Confederalism in Rojava," unpublished.

＊13　Murray Bookchin, *The Rise of Urbanization and the Decline of Citizenship* (San Francisco, CA, 1986).

＊14　Abdullah Öcalan, "Demokratik Konfederal Örgütleme ve Demokratik Özerklik（民主主義的連合主義組織と民主主義的自治）, " in Fırat Sezgin, ed., *Demokratik Ulus Çözümü* (Neuss, 2012) p.32.

＊15　Öcalan, *Democratic Confederalism*, p.26.

＊16　Hannah Arendt, *On Revolution* (New York, 1963), chap. 6.（『革命について』、ハンナ・アーレント、志水速雄訳、1995 年、ちくま学芸文庫、第 6 章）

＊17　Hannah Arendt, *Crises of the Republic: Lying in Politics; Civil Disobedience; On Violence; Thoughts on Politics and Revolution* (New York, 1969), p.89.（『暴力について〜共和国の危機』、ハンナ・アーレント、山田正行訳、2000 年、みすず書房）

＊18　Arendt, *On Revolution*

＊19　Jürgen Habermas, *Philosophical-Political Profiles,* trans. F.G. Lawrence (Cambridge, MA, 1983), pp.171ff.（『哲学的・政治的プロフィール〜現代ヨーロパの哲学者たち』上下巻、ユルゲン・ハーバーマス、小牧治、村上隆夫訳、1984 年、1986 年、未来社）。

＊20　Gustav Auernheimer, "Revolution und Räte bei Hannah Arendt und Rosa Luxemburg," in *UTOPIEKreativ*, nos. 201-2 (July-August 2007), p.700.

＊21　Rosa Luxemburg, "Rede der Gründungsparteitag der KPD," *Gesammelte Werke* (Berlin, 1974), p.4:512.（「大衆ストライキ、党および労働組合」、ローザ・ルクセンブルク、河野信子・谷川雁訳、『ローザ・ルクセンブルク 選集』第二巻、2013 年、現代思潮新社）。

＊22　Michael Hardt and Antonio Negri, *Declaration* (2012), http://bit.ly/1gxKMPn.（『叛逆——マルチテュードの民主主義宣言』、マイケル・ハート、アントニオ・ネグリ、水嶋一憲・清水知子訳、2013 年、NHK ブックス）。

＊23　Alain Badiou, *Ethics: An Essay on the Understanding of Evil* (London, 2002), pp.95-100.（『倫理〜〈悪〉の意識についての試論』、アラン・バディウ、長原豊・松本潤一郎訳、2004 年、河出書房新社）。

＊24　Hardt and Negri, *Declaration*, Joost Jongerden and Ahmet Hamdi Akkaya, "Democratic Confederalism as Kurdish Spring: The PKK and the Quest for Radical Democracy," in Mohammed M. A. Ahmed and Michael M. Gunter, *The Kurdish Spring: Geopolitical Changes and the Kurds* (Costa Mesa, CA, 2013).

＊25　Öcalan, *Democratic Confederalism*, p.26.

＊26　Öcalan, *Jenseits von Staat*, pp.266ff.

＊27　Jongerdern and Akkaya, "Democratic Confederalism as a Kurdish Spring," p.171.

第４章

＊１ 1990年代の初め、若い女性だったヒセンはPKKの女性部隊のYAJKに加入した。ロジャヴァ革命が始まると、ヒセンは民主主義的自治の建設を助けるために帰還した。

＊２　Abubeker Saydam, "Massaker gegen kurdische Bevölkerung in Syrien-Mehr als 70 Tote und Hunderte von Schwerverletzten in den kurdischen Regionen," *Pro Asyl,* March 16, 2004. http://bit.ly/1HV6t6F.

＊３ オスマン・オジャランはアブドュラ・オジャランの弟で、PKKの一員であった。2004年に組織を分裂させる企てに参加した。イデオロギー上の転向によって、オスマン・オジャランは組織をナショナリズムと新自由主義に沿う方向に向けさせようとした。それに失敗すると、オジャランは多くのメンバーを引き連れて何処かに去った。

＊４　Benjamin Hiller, „Die vergessene Front in Syrien," *Vice News*, http://bit.ly/1Hqh9b9.

＊５　Aldar Xelîl, interview by Devriş Çimen, "Laßt uns die Einheit Syriens gemeinsam stärken," *Kurdistan Report* 163（September -October）, pp.29-31, http://bit.ly/1RvdMYD

＊６　Werner Ruf, "Revolution und Konterrevolution in Nahost," in Fritz Edlinger and Tyma Kraitt, eds., *Syrien: Hintergründe, Analysen, Bericht*e (Vienna, 2013), p.163.

＊７　Carsten Wieland, "Syrien und Irak. Panarabische Paradoxien und der Bankrott des Ba'athismus," in Edlinger and Kraitt, eds., *Syrien*, p.92.

＊８　Ibid.

＊９　"Bürgerkrieg in Syrien: Assad-Gegner erwarten 100 Millionen Dollar aus den Golf-Staaten," *Spiegel*, April 2, 2012, http://bit.ly/1dhO6gk.

＊10　Mako Qocgirî, „Aus der Kraft der eigenen Bevölkerung-Die Revolution in Rojava schreitet voran,“ *Kurdistan Report*, no.172(2014), http://bit.ly/1Gj9bS4

＊11　Asya Abdullah, interview by Perwer Yas, “Die Demokratische Autonomie ist massgebend für ein demokratisches Syrien,“ *Civaka Azad*, October 18, 2012, http://bit.ly/1ET2TrV.

＊12　このうち有力なのは次の３つの政党である。アザディ党(指導者ムスタファ・クーマ)、エル・パルティ（指導者アブドゥルハキム・バシャール)、イェキティ。この三政党はともに、1957年に創設された南部クルドのクルディスタン民主党（KDP、指導者はやはりバシャール）のシリア支部のKDP-Sを結成した。KDP-Sが有力なのでシリア・クルド民族評議会（ENKS）はしばしばKDP-Sそのもののように動いている。

＊13　“Die Revolution in West Kurdistan-Teil 3,“ *Civaka Asad*, n.d., http://bit.ly/1cfpVi7.

＊14　ペルダ・コバニへの未発表のインタビュー。ペルダはヨーロッパで育ったクルド人で、その後人民防衛隊（YPG）に参加した。

＊15　“Die Revolution in West Kurdistan-Teil 1,“ *Civaka Asad*, http://bit.ly/1QcsYpm.

＊16　Hiller, „Die vergessene Front in Syrien,“

＊17　Ibid.

＊18　Frank Nordhausen, ”Zwischen den Fronten,“ *Frankfurter Rundschau*, September 15, 2012, http://bit.ly/1QkDvyX.

＊19　Hiller, ”Die vergessene Front in Syrien,“

＊20　Ibid.

＊21　“20 Regime Soldiers Killed in Clashes in Hassake,” *Syrian International News Agency*, May 22, 2014, http://bit.ly/28MxHio.

＊22　“Rojava Public Security Forces Declare Ceasefire in Qamişlo,” *ANHA*, April 23,2016, http://bit.ly/28JMkUL.

第５章

＊１　Zübeyde Sarı, “Women of Rojava,” Özgür Gündem, September 8, 2013.

＊２　“Der kurdische Widerstand verkörpert das Gute,“ *Die Welt*, October 18, 2014.

＊３　Elizabeth Griffin, “These Remarkable Women Are Fighting ISIS, and It’s Time You

Know Who They Are,“ *Marie Claire*, September 30, 2014, http://bit.ly/1kiDf8c.

＊4　“Women of the YPJ/Female State,” *60 Minutes Australia*, September 28, 2014, http://bit.ly/1IsUpvK.

＊5　Care Deutschland-Luxemburg E.V., *Arabischer Frühling oder arabischer Herbst für Frauen? CARE-Bericht zur Rolle von Frauen nach den Aufständen im Mittleren Osten und Nordafrika*, September 12, http://bit.ly/1MSa4k5.

＊6　Fatima Mernissi, *Beyond the Veil: Male-Female Dynamics in Modern Muslim Society* (Cambridge, MA,1975).

＊7　エヴィンへのインタヴューは、南部クルディスタンで2013年夏にドイツ人の国際主義者が行った。これは未発表である。

＊8　Ceni Fokus Nr. 1, *Der Hohe Frauenrat Koma Jinên Bilind* (Düsseldorf, 2011).

＊9　ベルデル（Berdel）とは、伝統的な婚姻方法であり、一方の家族が他方の家族に女性を与える際にもう一人の女性の交換か、家と家の間の不和の和解かが行われる。家父長制家族や封建的財産制度や部族がベルデルを促している。

＊10　“Malbata Demokratik û hevratiya azad”　[The Democratic Family and the Free Life Together], in *Xweseriyademokratik a jin* [Democratic Autonomy of Women] (Dengê Jiyan, 2013).

＊11　“Li Rojava civak bi rengê jinan të avakirin（ロジャヴァでは社会は女性の色（rengê）の上に成り立つ）,” Azadia Welat, n.d., http://bit.ly/1OZq6fl.

＊12　“Yekîtiya Star Establishes All-Women Commune in Til Temir,” *ANHA Hawar News*, June 26, 2015, http://bit.ly/1Rh70EM; “Women Establish Commune Center in Efrîn,” *ANHA Hawar News*, June 29, 2015, http://bit.ly/1Ni7w1n.

＊13　Quoted in “Die Revolution in Westkurdistan-Teil 8,” *Civaka Asad*, n.d., http://bit.ly/1PpKLr3.

＊14　Rosa Zilan, “Frauen als treibende Kraft,“ *Civaka Asad*, n.d., http://bit.ly/1Fs5ER8

＊15　Karlos Zurutuza,“For Kurdish Women, It’s a Double Revolution” Inter Press Service, November 5, 2013, http://bit.ly/1KjBS0A

＊16　“Kobanî Canton Declares Women’s Laws,” *Besta Nûce*, October 29, 2015, http://bit.ly/1mh9Ddg.

＊17　Asya Abdullah, interview by Pinar Öğünç, “Ohne die Freiheit der Frau keine Demokratie,“ *Radikal*, August 22, 2013, http://bit.ly/1QovIQD.

＊18　"Women in Efrin," *Ajansa Nûçeyan a Firatê* (hereafter ANF), September 25, http://bit.ly/1KjMLzi.

＊19　*Hawar News*, October 3 and 26, 2013.

＊20　*Hawar News*, September 21, 2013.

＊21　Asya Abdullah, interview by Pinar Öğünç, "Ohne die Freiheit der Frau keine Demokratie," *Radikal*, August 22, 2013, http://bit.ly/1QovIQD.

＊22　"Die Revolution in Westkurdistan-Teil 8," *Civaka Asad*, n.d., http://bit.ly/1PpKLr3.

＊23　"Aufruf zur Unterstützung der Frauenakademie in Amed und zur Frauendelegation im Sommer 2012 nach Kurdistan," CENÎ, n.d., http://bit.ly/1EYDFbx.

＊24　Janet Biehl, "Two Academies in Rojava," Biehlonbookchin.com, 2015, http://bit.ly/1xKAhcp.

＊25　"Information Dossier: Zu den Massakern in Westkurdistan (Rojava)," CENÎ, ca. 2013, http://bit.ly/1Ajhooy.

＊26　"Gurbetelli Ersöz-Ein Leben für Gerechtigkeit," http://bit.ly/1EiQclf.

＊27　Jina Azad Bingeha Civaka Azade, http://bit.ly/28Rp9co.

＊28　"Die Revolution in Westkurdistan-Teil 5," *Civaka Asad*, n.d. http://bit.ly/1JslHhp.

＊29　「人権協会（Komela Mafen Mirovan）のアキシン・アーメドとミヒャエル・クナップとの対話」。2013.10.11.

＊30　CENÎ, Informationsdossier zum IS.

＊31　ハラール（Halal アラビア語）は、イスラム法によって「許されている」という意味である。

＊32　Abdullah, interview by Öğünç.

＊33　「『私は30回レイプされた。昼食の時でさえも』。ISIS戦闘員に奴隷として売られたあと、体を提供させられた施設を欧米が爆撃するように頼んだヤズディ教徒の女性の絶望的な状況」、*Daily Mail Online*, October 21, 2014, http://dailym.ai/1RKHMhx.

＊34　クルド人女性運動は、土地の略奪、軍隊の配備、土地と人の搾取がレイプ文化の一部分だとみなしている。アーニャ・フラッハの以下の文章を参照。"Jineolojî-Radikales Denken aus Frauensicht: Bericht von der ersten europäischen Jineolojî-Konferenz in Köln," *Kurdistan Report*, no.173 (May-June 2014): 43-50, http://bit.ly/1URHYfJ.

＊35 Dilar Dirik, "Die kurdische Frauenbewegung und der Islamische Staat: Zwei gegensätz-

liche System in Kobanê,“ *Kurdistan Report*, no.176 (November-December 2014): 20-21, http://bit.ly/1M4ES5d.

＊36 “How Refugees Resist and Why They Don’t Need Your Help,” *Karawane*, June 22,2016, http://bit.ly/28TCSeR.

＊37 Anja Flach, “Ansätze für eine feministische Neuorganisierung in der BRD, Feministische Akademien,“ *Kurdistan Report*, no.182 (December 2015), http://bit.ly/1NN6r37.

＊38 「われわれについて」、クルディスタン女性評議会（KJK）、http://bit.ly/1lWFI9y. KJKは、民主主義的連合主義と女性解放イデオロギーを支持する全女性組織の上部団体である。KJKは、最高女性協議会（KJB）の後継組織として2014年に創設された。イデオロギー、組織、政治上の問題および戦略的に重要な女性運動の正当な自己防衛の問題について、KJKは決定し、その決定をまとめて実行する。構成組織はそれぞれ、KJKと法的に同一のものとして直接に、そして他の構成組織と連携して行動する。以下を参照。Gönül Kaya, “Eine neue Etappe in der Kurdistan-Frauenfreiheitsbewegung,” *Kurdistan Report*, no.179 (May-June 2015), http://bit.ly/1NP7nTt.

第6章

＊1 ジジーレ州地域には以下が含まれる。デリク、ティル・コーチャ、チル・アクサ、ギルケ・レゲ、ティルベスピー、クァミシュロ・ロジーラート、クァミシュロ・ロジャバ、アムーデ、ディルベシイェ、セレーカニイェ、ティル・テミール、ヘセケ、ティル・ヘミースである。アフリン州地域は、アフリン、ジンディレス、レコ、ビルビレ、シェラワ、マベタ、シェラ、シーイェである。コバニは再建途上なので地域名をあげるのは早すぎる。

＊2 Guney Yildiz, ”Kurdish-Jihadists Clashes Fracture Syria Opposition,” *BBC*, August 18, 2013, http://bbc.in/28Rc2FJ.

＊3 Murray Bookchin, *The Rise of Urbanization and the Decline of Citizenship* (San Francisco, CA, 1987), p.245

＊4 Aldar Xelil, ”Xelil: Rojava bütün ezilenler icin örnek bir devrimdir（ゼリル：ロジャヴァは抑圧された人々による模範的革命である）,” *ANF News*, November 16,2013, http://bit.ly/1DAlsCU.

＊5　Charter of the Social Contract, January 29, 2014, http://bit.ly/28PfEc2.「自治地域」のより正確な訳語は「民主主義自治統治」である。

＊6　Ibid.

＊7　Nilfüer Koç,"Die Rückkehr des hegemonialen Kriegs in Kurdistan," *Kurdistan Report*, no.175(September-October 2014), http://bit.ly/1MFMmcs.

＊8　US embassy in Damascus to Secretary of State, "No Divedend on SARG-Kurdish Back-channel Talks," *WikiLeaks,* November 25, 2009（ウィキリークス、2009.11.25)., http://bit.ly/1IHhEBg. SARG refers to "Syrian Arab Republic Government.（SARGとは、「シリアのアラビア人共和政府」をいう。）

＊9　この主張には疑問がある。2014年5月のロジャヴァのPYDのメンバーは、PYD自身の算出によれば約1,000人であった。PYDの目的は数を増やすことではなく、ロジャヴァでの民主主義的な変化を進めることである。移行政府には15以上の政党が代表として出ている。

＊10　Nick Brauns, "Embargo gegen die Revolution," *Kurdistan Report*, no.171 (January-February 2014), http://bit.1y/1cJL6rE.

＊11　MDSの多くのメンバーは、以前「民主主義的変革のため国民調整組織」に参加していた。この組織は2011年に始まったが、シリア内では影響力がないままだった。「シリア国民連合」に関係していたメンバーはMDSにはほとんどいなかった。

＊12　"Final Declaration of the Rojava Northern Syria Democratic Federal System Constituent Assembly." *Kurdish Question*, March 17, 2016, http://bit.1y/28YG8K0.

第7章

＊1　Antonio Gramsci, Gefängnishefte (Hamburg, 1991-99),vol.4.（『獄中ノート　著作集〜知識人論ノート』、アントニオ・グラムシ、松田博編訳、明石書店、2013。

＊2　Michael Hardt and Antonio Negri, *Declaration* (2012), http://bit.1y/1Ny3yjT.（『叛逆――マルチチュードの民主主義宣言』、マイケル・ハート、アントニオ・ネグリ、水嶋一憲・清水知子訳、2013年、NHKブックス）

＊3　Öcalan, *Jenseits von Staat*, p.263.

＊4　Öcalan, *Democratic Confederalism*, p.12〜13、http://bit.1y/1AUntIO

＊5　Cf. Tanil Bar-on, "From Marxism and Nationalism to Radical Democracy: Abdullah Öcalan's Synthesis for the 21. Century," *Kurdish Issue*, April 25, 2015, http://wp.me/p4jv-jX-d8.

＊6　Öcalan, *Jenseits von Staat*, p.263.

＊7　Nergiz Botan, "Rojava Devriminde sivil toplum nasıl çalışıyor?," *ANF*, August 21,2014.

＊8　"Doğrudan demokrasiyle toplum irade ve güç olurö,（直接民主主義により社会は意志と力になる）" *Yeni Özgür Politika*, December 23, 2010, 2010.12.23.、http://bit.ly/29yXYU5.

＊9　Harun Bozan, a member of the Revolutionary Youth bouard, interview,"Rojava'da devrimin öncüsü ve savunucusu gençler（ロジャヴァ革命の先駆者であり、擁護者でもある青年たち)," *Yeni Özgür Politika*, May 21, 2014.

＊10　Ercan Ayboğa, in *Yeni Özgür Politika*, June28, 2014.

＊11　Hanna Kohlmann and Michael Knapp, "Wir haben jung begonnen und jung werden wir siegen," *Kurdistan Report*, no.183 (January-February 2016), http://bit.1y/28R4SFX.

＊12　"Syria: Abuses in Kurdish-Run Enclaves," *Human Rights Watch*, June 19, 2014, http://bit.1y/28R8s2N.

第8章

＊1　Aras Masif, "Kobanê und die Heuchelei des Westens," *Kurdische Nachrichten*, October 8, 2014, http://bit.ly/1Spt6D8.

＊2　Andrea Seibel, "Der kurdische Widerstand verkörpert das Gute," *Die Welt*, October 18, 2014, http://bit.ly/1QEU64b.

＊3　Fabio Bucciarelli and Eduardo Matas, *Rojava: A Newborn Country*, 2014, vimeo.com/79114978.

＊4　Michael Knapp, "Die Verteidigungskräfte von Rojava-YPG/YPJ," *Kurdistan Report*, no.172 (March-April 2014),　http://bit.ly/1duOmrM.

＊5　"YPG: Kürdistan devrimi ve demokratik Suriye için savaşıyoruz (YPG: 我々はクルディスタン革命と民主主義的シリアのために闘う)," *Yeni Özgür Politika*, January 20, 2014. http://bit.ly/1NjIdef.

＊6　"Jihadists Expelled from Flashpoint Kurdish Syrian Town, NGO Says," *Now*, July 18,

2013, http://bit.ly/28YKvE3; Violations Documentation Center in Syria, "Under a Scorching Sun," August 2015, http://bit.ly/28QY7Dr ; "Angriffe Al Qaida naher Gruppen auf kurdische Selbstverwaltung," *Civaka Azad*, n.d., http://bit.ly/28Ox1LO.

＊7 YJA スターで女性が長年参加していたことを考えれば、武装したクルド人女性戦闘員の存在は自分の世代にとって異例なことではないと、若い著作者のディラー・ディリクは書いている。Dilar Dirik, "Western Fascination with 'Badass' Kurdish Women," *Jin, Jiyan, Azadi* (blog), February 17, 2015, http://bit.ly/1IvKPVd.

＊8 CENÎ, Informationsdossier zuRojava, November 13, 2013.

＊9 *ANF*, March 9, 2013; *ANHA*, August 30, 2013; *Kurdpress*, October 4, 2013.

＊10 "Frauen kämpfen um's Überleben und gegen religiösen Faschismus," *Global Dialoge -Women on Air*, radio broadcast, October 14, 2014, http://bit.ly/1QEVNi1.

＊11 "Die Revolution in Westkurdistan-Teil 8," *Civaka Asad*, n.d. http://bit.ly/1PpKLr3.

＊12 Balint Szlanko, *Among the Kurds of Syria*, film for Hungarian television, October 2, 2013, http://bit.ly/1G501oS.

＊13 Anja Flach, *Frauen in der kurdischen Guerilla: Motivation, Identität und Geschlechterverhältnis* (Cologne, 2007), pp.113ff

＊14 Zaher Baher, "The Experiment of West Kurdistan (Syrian Kurdistan) Has Proved that People Can Make Changes,"（ザハー・バハー、「西部クルディスタン（シリアのクルディスタン）の実験は民衆が変化を可能にすることを証明した」、*Libcom.org*, August 26, 2014, http://bit.ly/18rMBsZ.

＊15 Bucciarelli and Matas, *Rojava: A Newborn Country*. トルコの侵略については以下を参照。"YPG：Turkish Army Attacks Rojava Territory and Kills a Citizen,", *ANHA*, November 17, 2015, http://bit.ly/28TQZBL; Tukish Army Continues Attacks on Rojava, Leaving Two Children Killed," *ANHA*, February 16, 2016, http://bit.ly/1TKAtaW, "Turkish Army Attacks Qamislo with Mortars," *ANHA*、April 5, 2016, http://bit.ly/22bxVD9, and many others. その他多くあり。

＊16 "Sê sal ji Şoreşa 19'ê Tîrmehê (7 月 19 日の革命から 3 年)," *ANHA*, July 13, 2015, http://bit.ly/1NVKtGQ.

＊17 "In Syria, Clashes Between Arab Rebels, Kurds," *Washington Post*, November 28, 2012, http://wapo.st/28UkMwB.

＊18 Jonathon Burch, "Kurds Seize Town on Syria-Turkey Border, Ankara Concerned," *Reu-*

ters, July 18,2013, http://reut.rs/1KFgXFK ; Knapp, “Verteidigungskräfte von Rojava”, and David Wagner and Giorgio Cafiero, “In Kurdish Syria, a Different War,” *Foreign Policy in Focus*, September 5, 2013, http://bit.ly/28OEmYG.

＊19　トルコと ISIS との結託についての包括的な報告に関しては以下を参照。David L. Phillips, “Research Paper: ISIS-Turkey Links,” *Huffington Post*, March 7, 2016, http://huff.to/1Iaatvo この論文には結託の実例の多くが載せられている。ISIS だけでなく他のグループとトルコとの結託に関する報道は以下を参照。Allen McDufee, “Activists: ISIS Is Now Launching Attacks from Inside Turkey,” *Atlantic*, November 29, 2014, http://theatln.tc/1FIBSUA,; Bassem Mroue, “Islamic State Group Attacks Kobani from Turkey,” *Associated Press*, November 29, 2014, http://apne.ws/11DS506 ; Barney Guiton, “ISIS See Turkey as Its Ally’: Former Islamic State Member Reveals Turkish Army Cooperation,” *Newsweek*, July 11, 2014, http://bit.ly/28X1kR1 ; Natasha Berland, “Senior Western Official: Links Between Turkey and IS Are Now ‘Undeniable,’” *UK Business Insider*, July 28, 2015, http://huff.to/1Iaatvo ; Humeyra Pamuk and Nick Tattersall, “Exclusive: Turkish Intelligence Helped Shop Arms to Syrian Islamist Rebel Areas,” *Reuters*, May 21, 2015, http://reut.rs/1mt9pzG, 他に多くの事例がある。

＊20　Carl Drott, “Arab Tribes Split Between Kurds and Jihadists,” Carnegie Endowment for International Peace, May 15, 2014, http://ceip.org/1DWrs3a.

＊21　Szlanko, *Among the Kurds of Syria.*

＊22　“Syrian Kurdish Armed Non-state Actor Commits to Ban Anti-Personnel Mines, Sexual Violence, and Child Recruitment,”（「シリア・クルド人の武装非国家の関係者が対人地雷・性暴力・子どもの徴兵の禁止を誓約する」),*Geneva Call*, June 16, 2014, http://bit.ly/1S49Xon.

＊23　Elke Dangeleit and Michael Knapp,“Tall Abyad/Girê Spî: Angelpunkt im Kampf gegen den IS,“ *Telepolis*, July 2, 2015, http://bit.ly/1QDkadR.

＊24　ブルカン・アル・フィラート（Burkan Al-Firat: ユーフラテスの火山）は、ユーフラテス川地域の解放を目的とする人民防衛隊・女性防衛隊（YPG/YPJ）の指揮下での多くの抵抗組織の連合体である。2014 年 9 月 10 日、IS のコバニ攻撃の 5 日前に結成宣言がなされた。メンバーは他に、YPG/YPJ、アル・タウィド隊、リワ・トゥワール・アル・ラッカ、シャムス・アル・シャマル隊、セラヤ・ジャラブルス、ジャブハット・アル・アクラド、シィワール・ウムナー・エル・レクヮ、エル・

クェサス隊、リワ・アル・ジハード・フィ・セビリラーである。"YPG und FSA gründen gemeinsames Angriffzentrum," *Kurdische Nachrichten*, September 10, 2014, http://bit.ly/1SUiagz.

＊25 Dangeleit and Knapp,"Tall Abyad/Girê Spî."

＊26 2015年5月末、トルコの新聞『ジュムフリイェ（Cumhuriyet: 共和国）』が、トルコの諜報組織MITがISに武器を配っていたことを証明する写真と映像を提供した。するとエルドアン大統領は、編集主幹のジャン・ドゥンダーを非難し、2015年11月末にドゥンダーは逮捕された。2016年5月、ドゥンダーは「国家の機密情報を漏洩した」かどで5年10ヶ月収監の刑を言い渡された。"Devlet işi yapıyorduk," *Cumhuriyet*, June 11, 2015, http://bit.ly/1O24Ok9. "Amnesty International Calls on Turkey to Release *Cumhuriyet* Journalists," *Today's Zaman*, December 18, 2015, http://bit.ly/1TWcJxQ.

＊27 ヤジディ教徒の社会学者のハキム・フェーミ・イブラヒムとのビーレフェルトでの2015年12月の個人的会話。

＊28 "Weiteres Massengrab nahe Sindschar entdeckt," *Tagesschau.de*, November 28, 2015, http://bit.ly/1lEhW2x.

＊29 Föderation der Ezidischen Vereine e.V., "Sengal ist befreit-die Befreiungsaktion Sengals ist ein wichtiger Schritt für die Menschlichkeit," *Civaka Azad*, November 13, 2015, http://bit.ly/1IOE4hJ.

＊30 "Barzanî: 'Nur die Peshmerga haben Shingal befreit, keine andere Einheit war beteiligt,'" *ÊzîdîPress*, November 13, 2015, http://bit.ly/1TIjNhi.

＊31 "Syrien: Terroristen attackieren êzîdîsches Dorg Basufan," ÊzîdîPress, November 25, 2015, http://bit.ly/1NN0AuS. "Al-Qaeda Militants Bomb Kurdish Villages near Aleppo," *ARA News* November 14, 2015, http://bit.ly/1J2Zt4G.

＊32 アル・サナディドゥ部隊はシャマール部族（国境の両側に住み約100万人を擁する、地域で最大のアラブ人部族）の私兵である。アル・サナディドゥ部隊は、ISと戦うYPG /YPJを支援するために部族指導者のシェイク・ハミディ・ダーハムによって2015年初めに創設された。ハミディ・アル・ハディの息子のバンダール・アル・フマイディが指導している。"Al Sanadid Forces: 'We Go Wherever the YPG Goes," *ANHA*, July 15, 2015, http://bit.ly/1QloVtR.

＊33 ジャブハット・アル・アクラード、リワイ99、特別作戦センター455、リー

ワ・アル・セルジュキ、アーラー・アル・ザウィヤ、リーワ・スルタン・セリム、リーワ・シュヘダ・アル・アタリブを含む革命の軍隊。

＊34 “Declaration of Establishment by Democratic Syria Forces,” *Kurdish Question*, October 15, 2015, http://bit.ly/1J3aVxj.

＊35 “HSD veröffentliche eine Bilanz über die Operation im südlichen Hesekê,” *ANF*, November16, 2015, via ISKU, http://biy.1y/1l0FmJC.

＊36 “Heseke QSD Koyluler Karsilama 1,“ *ANF*, November 27, 2015, via YouTube, http://bit.ly/1RKHoiS.

＊37 “Kurdish-led SDF Launches Offensive on Syria's Raqqa,” *Al Jazeera*, May 25, 2016, http://bit.ly/1TKAtaW.

＊38 “Arab-Kurdish Coalition Captures More than 105 Villages and Farms from ISIS as part of Manbij Operation,” *ARA News*, June 15, 2016, http://bit.ly/18VVOQt.

＊39 “Lavrov: Little Doubt US Arms Delivered to Syrian Opposition to Fall into Terrorists' Hands,” *RT*, October 13, 2015, http://bit.ly/1lWtYs.

＊40 Roy Gutman, “Syrian Arab Militias Dispute They Received U.S. Airdrop of Ammunition,” *McClatchy DC*, October 20, 2015, http://bit.ly/1RKH6J0; “Declaration of Establishment by Democratic Syria Forces,” *Kurdish Question*, October 15, 2015, http://bit.ly/1J3aVxj.

＊41 *ANHA*、May 16, 2016.

＊42 “Operation in Rakka-neue strategische Phase,” *ISKU*, May 25, 2016, http://bit.ly/28V41P0.

＊43 イラクの1991年以前のバース党政権に反対する蜂起において、ペシュメルガの兵士として戦った女性はわずかだった。オリヴァー・ピーチャによるペルインへの以下のインタヴューを参照。“Ich war dort die einzige Frau,” *WADI,* late autumn 1993, http://bit.ly/1LgcqNx. もっともよく知られた女性戦闘員は、1974年にバグダッドで処刑されたレイラ・カシムである。レイラの肖像は今日YPJの多くの施設に掲げられている。しかし現在ペシュメルガは戦闘から女性を排除している。Judith Neurink, “No Frontline Deployment for Female Kurdish Troops,” *Rudaw*, September 28, 2014, http://bit.ly/1dLbZw8

＊44 “Kurdiche Terroristenjäger: Diese Kämpfer treiben den IS vor sich her,“ *T-Online*, December 2, 2015, http://bit.ly/1NN9OHt.

＊45　Thomas Pany, "Syrien: 'Neue Möglichkeiten' der USA Ahrar al-Sham? "*Telepolis*, September 22, 2015, http://bit.ly/28VYYnt.

＊46　"Kurdiche Terroristenjäger: Diese Kämpfer treiben den IS vor sich her," *T-Online*, December 2, 2015, http://bit.ly/1NN9OHt.

第9章

＊1　Human Rights Watch, *Under Kurdish Rule: Abuses in PYD-run Enclaves of Syria*, June 19, 2014, http://bit.ly/1F093Da. See also "PYD Responds to Human Rights Watch Report," *Peace in Kurdistan*, July 2014, http://bit.ly/1edIeVm.

＊2　"Asayîş birimlerine 2 bin insan hakları broşürü," *ANHA*, December 3, 2015.

第10章

＊1　Dilbilimci Dêriki, "Rojava'da dil devrimi silahlı mücadele ile başladı（ロジャヴァの言語革命は武装闘争から始まった）," DIHA-Dicle Haber Ajansi, April13,2014.

＊2　"Dorşin Akif ile Söyleşi," Zan Enstititü, http://bit.ly/1V4WdKO.

＊3　"Kobani Ready for New School Year," *ANHA,* September 29, 2015, http://bit.ly/1UhoF25.

＊4　"Rojava Revolution Has Created the Ground for Kurdish Education," *ANHA*, October 29, 2015, http://bit.ly/28UK1Rl.

＊5　Hawzhin Azeez Facebook Page, February 2, 2016, http://bit.ly/28UCm2C.

第11章

＊1　Anand Grover, "Substantial Progress on Health in Syria, But More Needs to Be Done, Says UN Expert, 2010," UN Human Rights Council, http://bit.ly/29c3gT3.

＊2　"Zerg Health Assembly Was Established," *ANHA*, December 31, 2015, http://bit.ly/1tvkJP7.

＊3　"Kobanî Health Congress Announced Final Declaration," *ANHA*, December 27, 2015, http://bit.ly/1OvQmln.

＊4　“Health Congress Resulted in Significant…,” *ANHA*, November 18,2015, http://bit.ly/23i85zB.

第12章

＊1　MGRKと地方移行政府の代表への著者によるインタビュー。以下も参照。Judit A. Szoyi, Eddy De Pauw, Roberto La Rovere and Aden Aw-Hassan, “Poverty Mapping in Rural Syria for Enhanced Targeting.” Presentation to the conference of the International Association of Agricultural Economists, Australia, August 12-18, 2006, http://bit.ly/1MEH-qEJ.

＊2　“Syrien,” Deutsche Gesellschaft für Internationale Zusammenarbeit GmbH(GIZ), 2014, http://bit.ly/1zTdrag.

＊3　Dr. Ahmad Yousef, interview by Sedad Yilmaz, “Wir wollen mit deer Kooperativen und Kommunen die Rechte der einfachen Bevölkerung gegen die Wohlhabenden schützen.（私たちは金持ちに対してつましく生きる民衆の権利を協同組合とコミューンとともに守るつもりだ),” *Kurdistan Report*, no.177 (January-February 2015), http://bit.ly/1QIs-juf. Unless otherwise noted, quotea from Dr. Yousef are taken from this source.

＊4　Ahmet Çimen, in *ANF*, July 17,2014.

＊5　Remziye Milhemed, “Das Wirtschaftsmodell in Rojava, Gespräch mit Civaka Azad,“ *Civaka Azad*, February 16, 2014, http://bit.ly/1dXbkYq.

＊6　Yousef, “Wir wollen mit den Kooperativen,” p.16.

＊7　Soner Cagaptay, Christina Bache Fidan and Ege Cansu Sacikara, “Turkey and the KRG: An Undeclared Economic Commonwealth,” Washington Institute, March 16, 2015, http://bit.ly/28Uy2z6.

＊8　Abdullah Öcalan, *Democratic Confederalism* (2011), p.21, http://bit.ly/1AUntIO.

＊9　Abdullah Öcalan, *Jenseits von Staat, Macht und Gewalt* (Neuss, 2010), p.268.

＊10　Dr Ahmad Yousef, in *ANF*, November 9, 2014.

＊11　Azize Aslan, speech to the DTK’s “Democratic Economy” conference, Amed, reported in “Hedef Komünal bir Ekonomi,” *Özgur Gündem*, July 14, 2014, http://bit.ly/1DA8Ewu.

＊12　“Ekonomist Kurdaxi: Suriye karanliga, Rojava aydinliğa gidiyor（シリアは闇に、ロジャヴァは光に),” *ANF News*, November 28, 2013, http://bit.ly/1PeVwOp. この章での

クルダクシ博士からの全ての引用の出典は、この論文からである。

＊13　Murray Bookchin, *The Rise of Urbanization and the Decline of Citizenship* (San Francisco, CA, 1987), p.263.

＊14　ヘモ（Hemo）とは、他の地域からの農産物の輸入に頼らずに自給する「生活」のことである。

＊15　Cf., “Blick nach Kobanî-Reisebericht eines Aktivisten der Karakök Autonomie,” *Libertäre Aktion Winterthur*, http://bit.ly/1QA8eX6.

＊16　本書の著者による個人的な調査。

＊17　ジャジーラ州経済省担当者からの著者への話、2015.11.2.

＊18　Ibid.

＊19　Yousef, “Wir wollen mit den Kooperativen,” p.16.

＊20　Aslan, speech to the DTK conference.

＊21　Cemil Bayık, “Su, Toprak ve Enerjı Komünlerini Kuralım（水、土地、エネルギーのコミューンを確立する),” *Yukesova Güncel*, September 11, 2014, http://bit.ly/1Ta7bDV.

第13章

＊1　Eugen Wirth, *Syrien eine geographische Landeskunde* (Darmstadt, 1971).

＊2　Kadri Yıldırım, *Kürt Tarihi ve Coğrafyası1-Rojava*（狼の歴史と地理 1- ロジャヴァ）(Diyarbakir 2015), pp.213,290,314.

＊3　Rojava Plan, “Feed the Revolution,” http://bit.ly/295ga9K.

＊4　これらの施設建設により無数の村と街が水中に沈んだ。この中には古代都市のゼウグマもある。トルコは、古代のクルド人都市のハサンケイフ近傍で建設中のイリスダム計画によって、ティグリス川の水の統制を企図している。ハサンケイフは新石器時代から人が住み、世界文化遺産の一部と考えられている。イリスダムが完成すればこの都市は水没するであろう。以下を参照。Necattin Pirincciioglu, *Agenda 21*, May 22, 2006; and Daniela Setton and Heike Drillisch, *Zum Scheitern verurteilt: Der Ilisustaudamm im Südosten Türkei* (Berlin, 2006).

＊5　Cyprus Institute, “Climate Change and Impacts in the Eastern Mediterranean and the Middle East,” n.d., http://bit.ly/297DiTn; K. Tielbörger et al.; “Middle-Eastern Plant Com-

munities Tolerate 9 Years of Drought in a Multi-site Climate Manipulation Experiment,“ *Nature Communications*, October 6, 2014, http://go.nature.com/1x6UbPP.

＊6 “Water Wells Are Not Drilled Without Permission,” *ANHA*, May 23, 2016, http://bit.ly/290QHtn.

＊7 F. Hole and B.F.Zaitchik, “Policies, Plans, Practice and Prospects: Irrigation in Northeastern Syria, *Land, Degradation and Development* 18, no.2 (March-April 2007): p.133-52.

第14章

＊1 Aron Lund, “Syria’s Salafi Insurgents: The Rise of the Syrian Islamic Front,” UI Occasional Parpers no.17, March 2013, http://bit.ly/1GpDnem; Emile Hokayem, *Syria's Uprising and the Fracturing of the Levant* (New York, 2013), loc.303ff.

＊2 Karin Leukefeld, “Vom Aufstand zum Krieg,” in Edlinger and Tyma Kraitt, eds., *Syrien. Hintergründe, Analysen, Berichte* (Vienna, 2013), p.62

＊3 シリア国民評議会（SNC）の非公式の創設はこの日付だが、公式には2011年12月18日、チュニス / ガマルトにおいてである。

＊4 Bassam Ishak, interview by Michael Knapp, “Den Wunsch des Volkes nach einem demokratischen, pluralistischen und säkularen Syrien verwirklichen,“ *Civaka Azad*, June 4, 2014, http://bit.ly/1It9Y2m.

＊5 Petra Becker, “Die syrische Muslimbruderschaft bleibt ein wichtiger Akteur,“ SWP-Aktuell, no.52 (August 2013), p.2 http://bit.ly/1QJtz0a.

＊6 Charles R. Lister, *The Syrian Jihad: Al-Qaeda, the Islamic State and the Evolution of an Insurgency* (New York, 2016), p.26

＊7 Cf. Armburster, *Brennpunkt Nahost*, loc.1590.

＊8 Aron Lund, “Syria’s Salafi Insurgents,” p.12

＊9 報道関係では、通例SMCはFSAとして認識されている。

＊10 Hazem al-Amine, “Jabhat Al-Nusra and the Syrian Oppostion’s Failure.” *Al-Monitor*, November 22, 2014, http://bit.ly/1B7lNvg; “Syria Oppostition Urges US to Reconsider Al-Nusra Move,” *Hurriyet Daily News*, December 12, 2012, http://bit.ly/1IGXcQM

＊11 Jörg Armburter, *Brennpunkt Nahost: Die Zerstörung Syriens und das Versagen des Westens* (Frankfurt, 2013), loc.1290.

＊12　Anja Flach, *Frauen in der kurdischen Guerilla: Motivation, Identität und Geschlechterverhältnis* (Cologne, 2007).

＊13　Multlu Çiviroğlu, "Nusra'nin Amaci Devlet Kurmakti（ヌスラの目的は国家を設立することだった)," *Yukesova Haber*, August 9, 2013, http://bit.ly/1C1Qbm2

＊14　Nils Metzger, "In Syriens Kurdengebieten herrscht ein brüchiger Friede," *Die Zeit*, March 4,2013, http://bit.ly/1S8Vo4R

＊15　ロナヒテレビはセレーカニイェでのアル・ヌスラとマシャール・テンモ旅団との協働を示すビデオを公開した。ビデオの根拠には出所の問題があるので、目撃者たちがビデオに関する私たちの解釈を支持していると言わねばならない。Plana Dagirkirina, *YouTube*、November 23, 2012, http://bit.ly/1IxSCBB. 旅団の指導者のオサマ・アル・ヒラリは2013年5月に再び姿を現し、そのときアル・ヌスラの側に立って人民防衛隊（YPG）と戦った。Rodi Khalil, "Recent Fighting in Til Tamir Escalstes," *Kurdish Blogger*, May 3, 2013, http://bit.ly/1GAVJo.

＊16　Tabassum Zakaria and Suzan Cornwell, "U.S. Congressional Hurdles Lifted on Arming Syrian Rebels," *AraNews*, July 23, 2013, http://bit.ly/1QssAqr.

＊17　"ÖSO Komutanı: PKK'nın kökünü kurutacağiz, (FSA 司令官。PKK を根絶する）" *Sabah*, August 8, 2013, http://bit.ly/1B6sYnM.

＊18　"Freie syrische Armee und Islamisten erklären den Kurdinnen den Krieg" *Civaka Azad*, August 4,2013, http://bit.ly/1Rpfta7; "Two Turkish Intelligence (MIT) Agents Killed in Syria," *Ekurd Daily*, August 17, 2013, http://bit.ly/291SVO0; "Massacre in Aleppo Continues," *Alliance for Kurdish Rights*, August 4, 2013, http://bit.ly/28YphTQ.

＊19　"Kürtlere saldırı kararn Antep'te alındı!（クルド人を攻撃する決定はアンテップで行われた！）" *ANF News*, August 2, 2013, http://bit.ly/28YphTQ.

＊20　ティル・ハシルとティル・ハランの生存者への著者による未公開インタビュー。カーミシュロ、2013.10.

＊21　Ibid.

＊22　"ISIS Propaganda: 'Wir haben Yeziden getötet, keine Sunniten!'—Klarstellung," Êzîdî Press, May 31,2014, ezidipress.com/?p=2120. このサイトには殺された人々のリストがある。

＊23　2013年10月のハキム・バシャールを含むシリア・クルド民族評議会（ENKS）の代表者たちと著者との会話。

＊24　“Antwort der Bundesregierung auf die Kleine Anfrage…“ *Deutscher Bundestag*, September 10, 2013 Drucksache 17/14738, http://bit.ly/1GB6mOl.

＊25　Stephan Rosiny, “‘Des Kalifen neue Kleider‘: Der Islamische Staat in Iraq und Syrien,“ *GIGA Focus*: Nahost, no.6(2014), http://bit.ly/1Baw0Yf. GIGA は「世界と地域研究のドイツ研究所」のことである。

＊26　Daniel Steinvorth, “Eine Söldnerarmee im Dienste des ‘Kalifen,‘“ *Neue Zürcher Zeitung*, November 16, 2015, http://bit.ly/1RhcC1Z.

＊27　“The Failed Crusade,” *Dabiq*, no.4, http://bit.ly/1HErIte.

＊28　Michael Knapp, “Ausschließlich zum Schutz der Bevölkerung agieren,“*Kurdistan Report*, no. 172 (March-April 2014), http://bit.ly/1QpZ4lc.

＊29　Abu Mohammed,“Syrian Children the Fuel of Bombing,“ *Raqqa News*, October 6, 2015, http://bit.ly/1SUkvrN.

＊30　Abu Hassan Karimov al Azeri, former ISIS member, interview, May 9, 2014, blog, http://bit.ly/1B7xJNL; Sherko Omer, “‘It Was Never My Intention to Join ISIS’: Interview with a Former Member of Islamic State,” *Newsweek*, November 6, 2014, http://bit.ly/1FJX-aS9.

＊31　Salih Muslim, interview by Özlem Topcu, “Die Türken leiden unter Kurdophobie,” *Die Zeit*, October 14, 2014, http://bit.ly/1G5rNR7.

＊32　David L. Phillips, “Research Paper: ISIS-Turkey Links,“ *Huffington Post*, March 7, 2016, http://huff.to/1Iaatvo; Barney Guiton, “’ISIS Sees Turkey as Its Ally’: Former Islamic State Member Reveals Turkish Army Cooperation,” *Newsweek*(European edition), November 7, 2014, http://bit.ly/1GfVQsK；“Turkey Supports IS, Wants to Revive Ottoman Empire-Syria’s UN Envoy,” *RT*, December 30, 2015, http://bit.ly/1JINlpO

＊33　Hannah Strange, “Battle for Kobane Rages and Protests Against Turkey’s ‘Inaction’ End in Kurdish Deaths,” *VICE News*, October 8, 2014, http://bit.ly/291K4sR.

＊34　Rainer Hermann, “Terrorstaat Irak,” *Frankfurter Allgemeine Zeitung*, June 11, 2014, http://bit.ly/1G5hOLP.

＊35　コバニでの目撃者による著者への話。2015.10.31.

＊36　Ibid.

＊37　“Rojava YPG Proposes Joint Action with South Kurdistan Peshmerga Against ISIS Terrorists,” *Kurdistan Tribune*, June 10, 2014, http://bit.ly/1IRT53u.

＊38 Dilar Dirik, “Islamischer Staat, kurdische (Un-)abhängigkeit und das Versagen des Nationalstaatsparadigmas,” *Kurdistan Report*, no.175 号（September-October 2014）、2014.9, http://bit.ly/1Gb7h4E.

＊39 “Iraqi Kurdistan; Free Speech Under Attack,“ *Human Rights Watch,* February 10, 2013, http://bit.ly/1B3xF1z.

＊40 Anha Frach and Michael Knapp, “Der Fall Beshir Abdulmecid Mussa-Starke Hinweise auf Verstrickung der südkurdische Regierung in Bombenanschläge in Rojava,“ May 26, 2014, http://bit.ly/1Ua98MK.

＊41 *Millyet.com.tr*, August 13, 2014, http://bit.ly/1B3y8kp.

＊42 Songül Karabulut and Nilüfer Koç, “Gute Zeiten für die Kurden-schlechte Zeiten für die Türkei,” *Kurdistan Report*, no. 176(November-December 2014), http://bit.ly/1cjkj0l.

＊43 Governor of Kirkuk,“IŞD’le savaşan YPG’ye karşı hata ettik（私たちは ISD と戦う YPG に対して誤りを犯した）, *DIHA*, June 12,2014.

＊44 Markus Bickel, “Die Schmach von Sindschar sitz tief,“ *Frankfurter Allgemeine Zeitung*, November 25, 2015, http://bit.ly/1YBBcKa.

＊45 According to the Syrian Observatory for Human Rights, in Anna Reimann and Raniah Salloum, “Syrische Flüchtlinge in der Türkei: An der Ganze droht der Tod,“ *Spiegel*, May 11, 2016, http://bit.ly/28XL8z5.

＊46 Aron Lund, “Syria’s Salafi Insurgents: The Rise of the Syrian Islamic Front,” UI Occasional Parpers no.17, March 2013, http://bit.ly/1GpDnem.

＊47 “Lekolin genelgeye ulaştı,“ *Yeni Özgur Politika*, July 27, 2014.

＊48 Jörg Armburster, *Brennpunkt Nahost: Die Zerstörung Syriens und das Versagen des Westens* (Frankfurt, 2013), loc.1766.

＊49 “Turkey ‘Protects & Supplies’ Al-Nusra Camps at Its Border-Syria’s YPG to RT,” *RT*, March 4, 2016, http://bit.ly/1OV2PrS; Kim Sengupta, “Turkey and Saudi Arabia Alarm the West by Backing Islamist Extremists the Americans had bombed in Syria,” *Independent*, May 12, 2015, http://ind.pn/1jLcHMT.

＊50 Nick Brauns, “An der Brust der AKP,” *Kurdistan Report*, no.175 (September-October 2014), http://bit.ly/1IWHvnG.

＊51 “Turkey Strikes Kurdish City of Afrin Northern Syria, Civilian Casualties Reported,” *Aranews*, February 19, 2016, http://bit.ly/1UcnyOJ; “Syria Calls on UN to Condemn Turk-

ish Attacks on Kurds," *Al Jazeera*, February 15, 2016, http://bit.ly/1VhEXnx.

＊52　人権協会（İnsan Hakları Dermeği:IHD）が証拠を示している。"İHD raporu（報告書）:IŞİD Türkiye'yi lojistik üs olarak kullaniyor (ISID は兵站基地としてトルコを利用), *DIHA*, July 25, 2014.

＊53　"IŞID militantları Türkiye'de tedavi ediliyor mu? (ISIS 戦闘員はトルコで治療を受けているか？)," *Radikal*, September 24, 2014, http://bit.ly/1QJqc9C

＊54　David L. Phillips, "Research Paper: ISIS-Turkey Links,“ *Huffington Post,* March 7,2016, http://huff.to/1Iaatvo; Barney Guiton, "'ISIS Sees Turkey as Its Ally': Former Islamic State Member Reveals Turkish Army Cooperation," *Newsweek*(European edition), November 7, 2014, http://bit.ly/1GfVQsK.

＊55　"Davutoğlu Says ISIL Is Driven by Anger, Avoids Calling It Terrorist," *Today's Zaman*, August 7, 2014, http://bit.ly/1kb6rxY.

＊56　Guido Steinberg, "Ahrar ash-Sham: Die syrischen Taliban," *SWP-Aktuell*, April 28, 2016.

＊57　Wiladimir van Wilgenburg, "The Rise of Jaysh al-Fateh in Northern Syria," *Terrorism Monitor*, 13, no.12 (June 12,2015), http://bit.ly/28TDaT0; Alessandrai Masi, "Jabhat Al-Nusra's Win in Idlib,“*International Business Times,* March 31, 2015, http://bit.ly291rfmo

＊58　"Chuck Hagel," *Atlantic Council,* March 28, 2015, http://bit.ly/1mv6FBW; Mohammed Alaa Ghanem, "Syria: An Opportunity in Idlib," *Atlantic Council*, April 3, 2015, http://bit.ly/1NFKCiC

＊59　TATORT Kurdistan, *Democratic Autonomy in North Kurdistan*, trans. Janet Biehl (Porsgrunn, Norway, 2013).

＊60　"Ankara Suicide Bomber was Brother of Suspect in Previous Attack, Turkey Says," *Guardian*, October 19, 2015,http://bit.ly/29660WA.

＊61　"Resistance Is On for Young Women of Silvan," *JINHA*, August 22, 2015, http://bit.ly/297XwLG; "Self-government Means an End to Police Killings," *JINHA*, August 25, 2015, http://bit.ly/29jfP0c; "Kurds Decide on Self-Government," *JINHA*, August 19, 2015, http://bit.ly/2992EAH; "140 Communes Formed in Cizre," *Kurdish Info*, September 24, 2015, http://bit.ly/29jgzST.

＊62　"YDG-K Cizre'de düğnevini basip evlenmek istemeyen kız çocuğunu aldı (YDG-K はジズレで結婚を望まない女性を連れて行った)," *Siyasi Haber*, November 10, 2015,

http://bit.ly/1P3ALHO. これらの組織は、強制結婚から少女を解放するような他の活動も行なっている。Mahmut Bozarslan, "With Spread of IS-like Tactics, Urban Warfare in Turkey Grows Bloddier," *Al-Monitor*, March 7, 2016, http://bit.ly/29970qK.

＊63 "The Current Situation of the HDP and DBP: Construction and Defence," interview with Muharram Erbey, *Kurdish Question*, March 25, 2016, http://bit.ly/295ktz4.

＊64 "Turkey Confirms Shelling Kurdish Fighters in Syria," *BBC*, October 27, 2015, http://bbc.in/29c0PC4.

＊65 "MHP'li eski başkanın oğlu IŞİD'le savaşiyor (MHP の元党首の息子が ISIS と戦う)," *Hurriyet*, July 9, 2014, http://bit.ly/1Np91bZ.

＊66 "Halep'te Ansar Al-Seria Operasyon Odasi Kuruldu（アレッポでアンサール・アル・セリアが手術室を開設)," *Türkmen Ajans,* July 2, 2015, http://bit.ly/1QDtT1R.

＊67 Michael Knapp, "Spiel mit dem Feuer," *Kurdistan Report*, no.181, (September-October 2015), http://bit.ly/1RyBtOJ.

＊68 Karen Zraick, "Syria Talks Are complicated by Competing Opposition groups,"*New York Times*, Januar 29,2016, http://nyti.ms/298QsS1.

＊69 "Kurdish Commander: Syrian Democratic Forces Prepared to Liberate the Whole Country from Radical Groups," *ARA News*, November 20, 12015, http://bit.ly/1J3e5B2.

＊70 "YPG Says Islamists Fired Chemical Weapons at Kurdish Neighborhood of Aleppo," *Rudaw,* March 9, 2016, http://bit.ly/2963jPy; "Amnesty: Attacks on Aleppo's Kurdish Section Amount to 'War Crimes,'" *Rudaw*, May 13, 2016, http://bit.ly/29413Yd; "'Chemical Gas Attack' on Kurdish-held Area of Aleppo Says Kurdish Red Crescent," *International Business Times*, April 7, 2016, http://bit.ly/29413Yd.

＊71 "Act of Aggression by KDP-ENKS-MIT," *ANHA*, March 14, 2016, http://bit.ly/29h8nWp.

＊72 "Village Rejoices After Being Freed from IS," AJ+ Facebook Page, June 2016, http://bit.ly/29h88dT.

＊73 "Rojava Officials Negotiate with Iraqi Kurds over Reopening Semalka Border Crossing," *AraNews*, May 26, 2016, http://bit.ly/28WQV3q.

第15章

＊1　イルハム・アーメドは、現在シリア民主主義評議会（MDS）の共同議長である。

＊2　"Die Revolution in Westkurdistan-Teil 2," *Civaka Asad*, n.d., http://bit.ly/1R84Yg.

＊3　Nilfüer Koç,"Die Rückkehr des hegemonialen Kriegs in Kurdistan," *Kurdistan Report*, no.175(September-October 2014), http://bit.ly/1MFMmcs.

＊4　Dr. Kamran Matin, "Kobanê: Was steckt alles in diesem Namen?" *Kurdistan Report*, 176(November-December 2014), http://bit.ly/1cmEuj8.

＊5　Cemil Bayık, "IŞİD'i büyüten güçler kurtarıcı olmak istiyor! (ISISを育てた者は救世主になりたかった！)," *Yüksekova Haber*, August 24, 2014, http://bit.ly/1O3JOpi.

＊6　Matin, "Kobanê: Was steckt alles in diesem Namen?"

＊7　Sabri Ok, "If Kurds Are Not Recognized As a Third Party They'll Reject Geneva: PKK," *Firat News*, reprinted in *EKurd Daily* ,January 16, 2014, http://bit.ly/1KjPFUI.

＊8　Mako Qoçgirî, "Aus der Kraft der eigenen Bevölkerung-Die Revolution in Rojava schreitet voran," *Kurdistan Report*, 172(March-April 2014), http://bit.ly/1IrNfGz.

＊9　個人的な会話から。2015年10月31日。

＊10　Asya Abdullah, interview by Pinar Öğünç, "Ohne die Freiheit der Frau keine Demokratie," *Radikal*, August 22, 2013, http://bit.ly/1QovIQD.

略語集

ENKS（Encûmena Niştimanî ya Kurdî li Sûrieyê） シリア・クルド民族評議会
2011年10月設立。シリアのクルド人諸政党のこの連合はKDP-SとPUK-Sが支配している。

FSA 自由シリア軍 武装グループ間の緩やかな連合で、もともとシリア軍からの脱走兵により結成された。トルコに基地のあるシリア国民評議会（SNC）の軍事部門である。

Gorran ゴラン 南部クルディスタンの政党。支配的な2つの政党であるKDPとPUKへの反対勢力として2009年に設立された。

heval クルド語で「友人」を表し、「同志」の意味である。

Hewlêr Agreement ヒューラー協定 PYDとENKS間の協定で、クルド最高評議会（SKC）を通じてロジャヴァで協働し、権力を分有するために2012年7月12日にヒューラー（アルビルErbil）で締結された。

HPG（Hêzên Parastina Gel） 民衆防衛隊 2000年設立。ARGKの後継のHPGは、クルディスタン労働者党（PKK）のゲリラ部隊であり、合法的な自衛勢力である。

Jabhat Al-Akrad（Kurkdish Front） クルド戦線 ロジャヴァ外のクルド人を守るためのクルド人自衛勢力。なによりもアザズからイスラム国を追放するために自由シリア軍（FSA）とともに活動した。2013年8月16日にPKKとの繋がりを疑われ、アレッポのFSA軍事評議会から追放された。

KCK（Koma Civakên Kurdistan） クルディスタンコミュニティ連合 根本的に民主主義的な自己統治を行うグループをまとめ上げるクルド人コミュニティの国家を超えた連合である。PKK内に創始され、民主主義的連合主義の実行とクルド人民衆の防衛に努める。

KDP（Partîya Demokratiya Kurdistanê） クルディスタン民主党 クルド地域政府（北部イラク・南部クルディスタンでの）の支配政党である。1946年4月に設立

され、1979年以降マスウード・バルザーニが指導者である。固有の自衛勢力と軍隊を有している。ヒューラー（アルビル）周辺の地域を統制し、党の分派によってクルディスタンの他の地域で作戦行動を行なっている。

KDP-S（Partiya Demokrat a Kurdî li Sûriyê）**シリアのクルディスタン民主党**　KDPのシリアでの姉妹政党であり、ENKSの指導的な政党である。

KNK（Kongreya Neteweyî ya Kurdistanê）**クルディスタン民族会議**　クルド人諸政党、市民社会連合、亡命組織の同盟であり、1999年5月に設立され、ブリュッセルに本部がある。

KRG **クルド地域政府**　南部クルディスタンと北部イラクの政府。

Kurdistan　クルディスタンの4地域。(1)北部クルディスタン、トルコ東南部にあり、バクールともいう。(2)西部クルディスタン、北部シリアにあり、ロジャヴァともいう。(3)南部クルディスタン、北部イラクにあり、KRGともいう。(4)東部クルディスタン、西北部イランにあり、バシュールともいう。

Medya Defense Zones **メディア防衛地帯**　西北部イラクの山岳部に位置し、この地帯にはカンディル、シネーレ、ザクルケ、ベディナンが含まれており、全部イランとトルコの国境の近くにある。970平方マイル（2,050平方キロメートル）に及び、1990年代以来クルディスタン労働者党が統制している。

MFS（Mawtbo Fohloyo Suryoyo）**アラム軍事評議会**　人民防衛隊・女性防衛隊と提携するアラム人防衛部隊。

MGRK（Meclîsa Gela Rojavayê Kurdistanê）**西部クルディスタン人民評議会**　2011年夏に創設されたロジャヴァとシリアでの評議会機構である。四段階の評議会から成り立つ。民主主義的社会運動（TEV-DEM）は上の2つの段階でのMGRKの委員会である。

NC（National Coalition of Syrian Revolutions and Opposition Forces）**シリア革命と反対勢力の国民連合**　2つの女性団体を含む60の種々の団体からなるシリア反対派グループである。カタールのドーハで2012年11月11日に創設された。執行委員会の中心にはKDP-Sのアブドゥル・ハキム・バシャールがいる。

PAJK（Partiya Azadiya Jinên Kurdistanê）**クルディスタン女性解放党**　北部クルディスタンに2004年に創設された。

PKK（Partiya Karkerên Kurdistan）**クルディスタン労働者党**　1978年11月27日に創設され、以来PKKはトルコ、シリア、イラン、イラクでのクルド人の自己

決定権と民主主義的権利のために戦ってきた。1984年8月15日以後、PKKはトルコ国家と武装闘争を行ってきた。1990年代初期からは政治的な解決に集中している。もっとも中心的な人物はアブドュラ・オジャランである。1990年代と2000年代に、PKKは民主主義的自治と民主主義的連合主義の概念を発展させ、それはロジャヴァの自己統治の基礎的な概念である。

PUK（Yekîtiya Nîştmanî Kurdistan）**クルディスタン愛国者連合**　ジャラル・タラバニが率いる南部クルディスタンのクルド人政党。KDPと権力を分有している。シュライマニア周辺のソラニー語の地域に権力の土台がある。

PUK-S（Partiya Demokrat a Pêsverû ya Kurdî li Sûriyê）**シリアのクルド人普及民衆党**　PUKのシリアでの姉妹政党

PYD（Partiya Yekîtiya Demokat）**民主統一党**　2003年に創設されたロジャヴァでの最大政党である。民主主義的自治を主張し、評議会システムに基礎をおいている。その憲章によればPYDはクルディスタンコミュニティ連合（KCK Rojava）の一員である。クルディスタン労働者党（PKK）との組織的な繋がりはないが、人民評議会と女性評議会を通じた草の根民主主義の建設という目標を共有している。

SDF（Hêzên Sûriya Demokratîk）**シリア民主軍**　2015年10月10日に創設され、イスラム国からシリアを解放し、自己統治の民主主義的シリアを樹立するという目標を持つ、クルド人、アラブ人、アラム人などからなる軍事同盟である。30の構成勢力の中には以下のものがある。人民防衛隊・女性防衛隊、シリアのアラブ連合、アル・サナディッド部隊、シリア軍事評議会、ブルカン・アル・フィラート作戦センター。

SKC（Desteya Bilind a Kurd）**クルド最高評議会**　2012年12月15日にヒューラー協定に基づいて創設され、民主党（PYD）とシリア・クルド民族評議会（ENKS）が対等に構成する統治委員会である。

SMC（Supreme Military Council）**最高軍事評議会**　自由シリア軍（FSA）の後継組織であり、ドーハ会議での結論を受けてトルコで2012年12月15日に創設された。ジハーディスト集団がいくつかこの広い軍事同盟に参加している。

SNC **シリア国民評議会**　シリア人亡命政府を自認する評議会である。トルコと湾岸諸国と結びつき、ムスリム同胞団が支配している。

TEV-DEM（Tevgera Civaka Demokratik）**民主主義的社会運動**　西部クルディス

タン人民評議会の調整組織であり、3州の評議会システムの上のレベルに置かれている。また、政治的党派、さまざまなNGO、社会運動、職業組織、商業組織も含んでいる。

Yekîtiya Star **女性スター同盟**　ロジャヴァで女性評議会、アカデミーなどの機構を設立したロジャヴァの包括的な女性組織である。「スター」は女神イシュタールに関わりがある。2016年の初めに名称をコングレヤ・スター（Kongreya Star）に変えた。

YJA Star（Yekîtîya Jinên Azad）**自由女性のイシュタール同盟**　YAJKとして1993年に創設された北部クルディスタンの女性ゲリラ軍である。

YPG（Yekîneyên Parastina Gel）**人民防衛隊**　ロジャヴァの中心的な防衛部隊であり、かつては男女混合であったが、2013年のYPJの分離後は全員男性である。

YPJ（Yekîneyên Parastina Jinê）**女性防衛隊**　2013年に創設されたロジャヴァの女性防衛部隊である。

著者について

アーニャ・フラッハ（Anja Flach）

文化人類学者で、ハンブルクのロイビン女性評議会のメンバーである。最近の著書として、*Frauen in der kurdischen Guerilla. Motivation, Identität und Geschlechterverhältnis in der Frauenarmee der PKK* (2007).（クルド人ゲリラの女性たち〜その動機、アイデンティティ、PKKの女性軍内での両性関係）（2007）。

エルジャン・アイボーア（Ercan Ayboğa）

ドイツに暮らしている間、環境技術者、そしてTATORTクルディスタンキャンペーンの共同創立者として働いた。北部クルディスタンでは、イリスダムに反対しハサンケイフを救う運動、およびメソポタミアエコロジー運動で長年にわたって活動している。

ミヒャエル・クナップ（Michael Knapp）

ベルリンのクルド連帯委員会で活動し、本質的な民主主義と社会運動を研究する歴史家である。

ジャネット・ビール（Janet Biel）

ロジャヴァ革命の理論的なリーダーであるアブデュラ・オジャランに大きな影響を与えた、アメリカ合衆国の哲学者・思想家のマレイ・ブクチンのもとで研究をしていた。マレイ・ブクチンの思想の根幹といえる社会生態学（social ecology）やアメリカの政治論に関する多くの本と論文を著している。かつてはブクチンの反国家的政治プログラムの擁護者だった。現在は本の出版社向けのフリーランスの原稿編集者としてニューヨークで働いている。

ビールはクルド人自由運動の支援者でもあり、2012年に「TATORT Kurdistan（クルディスタンの現状）」という連帯グループが著した

『北部クルディスタンでの民主主義的自治』をドイツ語から英語に翻訳した。この本は、民主主義的連合主義を実行するために、東南部トルコでのクルド人の運動が建設した民主主義的制度についてのフィールド研究である。さらにビールは2014年と2015年に北部シリアにあるクルド人が多く住むロジャヴァを訪問した。戦争下にありながら、ロジャヴァではクルド人の運動によって民主主義的連合主義とジェンダーの平等とエコロジーにもとづく新たな社会建設を実践しており、ビールはいくつかの訪問記を書き、2016年に本書『ロジャヴァの革命』(ドイツ語版)を翻訳した。

Revolution in Rojava
Democratic Autonomy and Women's Liberation
in Syrian Kurdistan

女たちの中東 ロジャヴァの革命
民主的自治とジェンダーの平等

2020 年 3 月 10 日　第 1 刷印刷
2020 年 3 月 20 日　第 1 刷発行

著者——ミヒャエル・クナップ　アーニャ・フラッハ
エルジャン・アイボーア
訳者——山梨 彰

発行人——清水一人
発行所——青土社
東京都千代田区神田神保町 1-29　市瀬ビル　〒 101-0051
電話　03-3291-9831（編集）、03-3294-7829（営業）
振替　00190-7-192955

組版——フレックスアート
印刷・製本——シナノ印刷

装幀——今垣知沙子

ISBN978-4-7917-7253-7　Printed in Japan